저자 약력

이치우(lcw66631@gmail.com)

인하대학교 문과대학 일어일문학과 졸업
일본 横浜国立大学 教育学部 研究生 수료
駐日 한국대사관 한국문화원 근무
(전)일본 와세다대학 객원 연구원
(전)한국디지털대학교 외래교수
(현)일본어 교재 저술가

저서

「최신 개정판 JLPT 일본어능력시험 한권으로 끝내기 N1/N2/N3/N4/N5」(다락원, 공저)
「4th EDITION JLPT 일본어 능력시험 [문자·어휘 / 문법 / 한자] 콕콕 찍어주마 N1/N2/N3/N4·5」(다락원)

JLPT 콕콕 찍어주마 N2 문자·어휘 4th EDITION

지은이 이치우
펴낸이 정규도
펴낸곳 (주)다락원

초판 1쇄 발행 2003년 9월 5일
개정2판 1쇄 발행 2010년 1월 5일
개정3판 1쇄 발행 2017년 12월 15일
개정3판 6쇄 발행 2025년 3월 24일

책임편집 최재영, 임혜련, 김은경, 송화록
디자인 정현석, 이승현, 하태호(표지)

🟥**다락원** 경기도 파주시 문발로 211
내용문의: (02)736-2031 내선 460~465
구입문의: (02)736-2031 내선 250~252
Fax: (02)732-2037
출판등록 1977년 9월 16일 제406-2008-000007호

Copyright © 2017, 이치우

저자 및 출판사의 허락 없이 이 책의 일부 또는 전부를 무단 복제·전재·발췌할 수 없습니다. 구입 후 철회는 회사 내규에 부합하는 경우에 가능하므로 구입문의처에 문의하시기 바랍니다. 분실·파손 등에 따른 소비자 피해에 대해서는 공정거래위원회에서 고시한 소비자 분쟁 해결 기준에 따라 보상 가능합니다. 잘못된 책은 바꿔 드립니다.

ISBN 978-89-277-1174-2 18730
   978-89-277-1168-1 (set)

http://www.darakwon.co.kr

- 다락원 홈페이지를 방문하시면 상세한 출판정보와 함께 동영상강좌, MP3자료 등 다양한 어학 정보를 얻으실 수 있습니다.
- 콕콕 기출 문제, 콕콕 예상 문제, 파이널 테스트의 해석은 다락원 홈페이지 학습자료실 또는 책날개의 QR코드로 다운로드 받을 수 있습니다.

머리말

　JLPT(일본어능력시험)는 일본어를 모국어로 하지 않는 학습자들의 일본어 능력을 측정하고 인정하는 것을 목적으로 하는 시험으로 일본국제교류기금 및 일본국제교육지원협회가 1984년부터 실시하고 있습니다.

　JLPT는 1984년 총 15개 국가의 21개 도시에서 응모자 7,998명(일본 국내 2,849명, 해외 5,149명)으로 제1회 시험이 개시되어, 2016년에는 866,294명(제1회 389,674명, 제2회 476,620명)이 응시하는 대규모 시험으로 발전하였습니다. 일본 정부가 공인하는 세계 유일의 일본어 시험인 만큼 JLPT는 일본의 대학, 전문학교, 국내 대학교의 일본어과 등의 특기자 전형과 기업 인사 및 공무원 선발에서의 일본어 능력에 대한 평가 자료로도 활용되고 있습니다.

　2010년부터 실시된 새로운 시험에서는 학습자들의 과제 수행을 위한 커뮤니케이션 능력을 측정하는 것을 목표로 하고 있으며, 기존 4단계에서 5단계로 단계 조정을 하게 되었습니다. 기존의 시험은 위의 급부터 1급-2급-3급-4급 구성이었지만, 새로운 시험에서는 N1-N2-N3-N4-N5로 바뀌었습니다. 여기서 「N」은 「NIHONGO(일본어)」, 「NEW(신)」의 첫 글자인 「N」을 가리킵니다.

　1990~2017년까지의 일본어 능력시험 문자·어휘의 분석을 토대로 이번에 『JLPT 콕콕 찍어주마 N2 문자·어휘』를 개정하여 출간하게 되었습니다.

　『JLPT 콕콕 찍어주마 N2 문자·어휘』 PartⅠ에는 1990~2017년까지 출제된 문자·어휘의 모든 단어와 연습 문제를, PartⅡ에는 예상 단어와 연습 문제를 실었습니다. 그리고 부록으로 학습자의 실력을 점검할 수 있도록 4회분의 「파이널 테스트」를 마련했습니다. 따라서 이 책만 충실히 공부한다면 JLPT N2 문자·어휘에 대한 고민은 더 이상 하지 않아도 되리라 확신합니다. 이 책으로 학습한 분들께 좋은 결과가 있기를 진심으로 기원합니다.

　끝으로 자료 수집과 분석을 도와준 이한나 님, 감수를 해 주신 米倉安生 님, 이 책의 출판에 도움을 주신 (주)다락원의 정규도 사장님, 그리고 일본어 출판부 직원들에게 이 자리를 빌어 감사를 드립니다.

저자 이치우

JLPT 일본어 능력시험에 대하여

1. **목적 및 주최** | JLPT 일본어 능력시험은 원칙적으로 일본 국내외에서 일본어를 모국어로 하지 않는 사람을 대상으로 하며, 일본어를 공부하거나 사용하는 사람들의 일본어 능력을 측정하고 인정하는 것을 목적으로 한다. 일본 정부가 세계적으로 공인하는 유일한 일본어 시험으로 국제교류기금과 재단법인 일본국제교육지원협회가 주최한다.

2. **실시 횟수** | 매년 7월 첫 번째 일요일과 12월 첫 번째 일요일 2회 실시한다. 하지만 주관 부서의 사정에 따라 변경될 수도 있으니 http://www.jlpt.or.kr 에서 확인하기 바란다.

3. **레벨** | 시험은 N1, N2, N3, N4, N5로 나뉘어져 있어 수험자가 자신에게 맞는 레벨을 선택하면 된다. 각 레벨에 따라 N1~N2는 언어지식(문자·어휘·문법)·독해, 청해의 두 섹션으로, N3~N5는 언어지식(문자·어휘), 언어지식(문법)·독해, 청해의 세 섹션으로 나뉘어져 있다.

4. **시험결과 통지와 합격 여부** | JLPT 일본어 능력시험은 다음 예와 같이 각 과목의 ①구분 별 득점과 구분 별 득점을 합계한 ②총점을 통지하며, 이 두 가지 기준에 따라 합격 여부를 판정한다. 즉, 총점이 합격점 이상이고, 각 구분별 득점(과목별 점수)이 기준점 이상이어야 합격이 된다.

〈일반 수험자 합격 기준점〉

2017. 7월 시험 기준

레벨	합격점/만점	기준점		
		언어지식	독해	청해
N2	90점 / 180점	19점 / 60점	19점 / 60점	19점 / 60점

*2017년 7월 시험에서는 총점으로는 100점, 기준점으로는 각각 19점이 모두 넘어야 합격이 되었다.
만약 한 과목이라도 19점을 넘기지 못하면 총점이 100점을 넘더라도 불합격이 된다. 이 점수는 매년 달리진다.

*A 씨의 성적표 (예)

① 구분 별 득점			② 총점
언어지식	독해	청해	
60 / 60	30 / 60	15 / 60	105 / 180

*총점은 105점으로 합격점은 충족하지만, 청해가 15점으로 기준점 19점을 넘기지 못했다. 따라서 A 씨는 **불합격**이다.

*B 씨의 성적표 (예)

① 구분 별 득점			② 총점
언어지식	독해	청해	
40 / 60	30 / 60	35 / 60	105 / 180

* 총점은 105점으로 합격점을 충족하며, 구분별 득점도 모두 19점 이상이므로 B 씨는 **합격**이다.

5. 시험 내용 | 각 레벨의 인정 기준을【읽기】,【듣기】라는 언어행동으로 나타낸다. 각 레벨에는 이 언어행동을 실현하기 위한 언어지식이 필요하다.

레벨	구성 (항목 / 시간)		인정 기준
N1	언어지식 (문자·어휘·문법) 독해	110분	폭넓은 장면에서 사용되는 일본어를 이해할 수 있다. 읽기 • 폭넓은 화제에 대해 쓰여진 신문의 논설, 논평 등 논리적으로 약간 복잡한 문장이나 추상도가 높은 문장 등을 읽고, 문장의 구성이나 내용을 이해할 수 있다. • 다양한 화제의 내용에 깊이 있는 내용을 읽고, 이야기의 흐름이나 상세한 표현 의도를 이해할 수 있다. 듣기 • 폭넓은 장면에 있어 자연스러운 속도의 정리된 회화나 뉴스, 강의를 듣고 이야기의 흐름이나 내용, 등장인물의 관계나 내용의 논리 구성 등을 상세하게 이해하거나 요지를 파악할 수 있다.
	청해	60분	
	계	170분	
N2	언어지식 (문자·어휘·문법) 독해	105분	일상적인 장면에서 사용되는 일본어의 이해에 더해, 보다 폭넓은 장면에서 사용되는 일본어를 어느 정도 이해할 수 있다. 읽기 • 폭넓은 화제에 대해 쓰여진 신문이나 잡지의 기사·해설, 평이한 논평 등 요지가 명쾌한 문장을 읽고 문장의 내용을 이해할 수 있다. • 일반적인 화제에 관한 내용을 읽고, 이야기의 흐름이나 표현 의도를 이해할 수 있다. 듣기 • 일상적인 장면에 더해 폭넓은 장면에서, 비교적 자연스러운 속도의 정리된 회화나 뉴스를 듣고 이야기의 흐름이나 내용, 등장인물의 관계를 이해하거나 요지를 파악할 수 있다.
	청해	50분	
	계	155분	
N3	언어지식(문자·어휘)	30분	일상적인 장면에서 사용되는 일본어를 어느 정도 이해할 수 있다. 읽기 • 일상적인 화제에 대해 쓰여진 구체적인 내용을 나타내는 문장을 읽고 이해할 수 있다. • 신문의 표제어 등에서 정보의 개요를 캐치할 수 있다. • 일상적인 장면에서 눈으로 보는 범위의 난이도가 약간 높은 문장은 대체 표현이 주어지면 요지를 이해할 수 있다. 듣기 • 일상적인 장면에서 비교적 자연스러운 속도의 정리된 회화를 듣고 이야기의 구체적인 내용을 등장인물의 관계 등과 맞춰서 거의 이해할 수 있다.
	언어지식(문법)·독해	70분	
	청해	40분	
	계	140분	
N4	언어지식(문자·어휘)	30분	기본적인 일본어를 이해할 수 있다. 읽기 • 기본적인 어휘나 한자로 쓰여진, 일상생활 중에서도 우리 주변의 화제의 문장을 읽고 이해할 수 있다. 듣기 • 일상적인 장면에서 약간 천천히 이야기하는 대화라면 내용을 거의 이해할 수 있다.
	언어지식(문법)·독해	60분	
	청해	35분	
	계	125분	
N5	언어지식(문자·어휘)	25분	기본적인 일본어를 어느 정도 이해할 수 있다. 읽기 • 히라가나나 가타카나, 일상생활에서 사용되는 기본적인 한자로 쓰여진 정형적 어구나 글, 문장을 읽고 이해할 수 있다. 듣기 • 교실이나 신변적인 일상생활 중에서도 자주 접하는 장면으로, 천천히 이야기하는 짧은 대화라면 필요한 정보를 캐치할 수 있다.
	언어지식(문법)·독해	50분	
	청해	30분	
	계	105분	

6. 성적표 교부 | 합격자에 한해 교부되는 급수별「일본어 능력 인정서」와 함께 응시자 전원에게 합격·불합격의 결과를 알려주는 통지서, 인정 결과 및 성적에 관한 증명서를 교부한다.

N2 문자·어휘의 문제 유형 분석

JLPT 일본어 능력시험 N2 문자·어휘 문제는 「한자읽기」, 「표기」, 「단어형성」, 「문맥규정」, 「유의표현」, 「용법」의 6가지 유형으로 32문제가 출제된다.

問題 1　한자읽기

밑줄 친 한자를 바르게 읽은 것을 찾는 문제로, 문자·어휘 32문제 중 5문제가 출제된다.

問題1　＿＿＿＿の言葉の読み方として最もよいものを、1・2・3・4から一つ選びなさい。

1　ずっと好調だったのに、最後の試合で敗れてしまった。
　　1　たおれて　　　2　やぶれて　　　3　みだれて　　　4　つぶれて

問題 2　표기

밑줄 친 단어를 한자로 바르게 표기한 것을 찾는 문제로, 문자·어휘 32문제 중 5문제가 출제된다.

問題2　＿＿＿＿の言葉を漢字で書くとき、最もよいものを、1・2・3・4から一つ選びなさい。

6　ハトは平和のしょうちょうだと言われている。
　　1　像徴　　　2　象微　　　3　象徴　　　4　像微

問題 3　단어형성

괄호 안에 들어갈 파생어(접두어·접미어)와 복합어를 찾는 문제로, 문자·어휘 32문제 중 5문제가 출제된다.

問題3　（　　　）に入れるのに最もよいものを、1・2・3・4から一つ選びなさい。

11　彼は医学（　　　）ではかなり知られた存在だ。
　　1　界　　　2　帯　　　3　域　　　4　区

問題 4　문맥규정

문맥에 맞는 어휘를 고르는 문제로, 문자·어휘 32문제 중 7문제가 출제된다.

問題4 （　　　）に入れるのに最もよいものを、1・2・3・4から一つ選びなさい。

16　さまざまなデータを（　　　）した結果、事故の原因が明らかになった。
　　1　視察　　　　2　検査　　　　3　発明　　　　4　分析

問題 5　유의표현

밑줄 친 단어나 표현과 의미가 비슷한 것을 찾는 문제로 문자·어휘 32문제 중 5문제가 출제된다.

問題5 ＿＿＿＿＿の言葉に意味が最も近いものを、1・2・3・4から一つ選びなさい。

23　このブームは長くは続かないだろう。
　　1　効果（こうか）　　2　状態（じょうたい）　　3　流行（りゅうこう）　　4　緊張（きんちょう）

問題 6　용법

주어진 어휘의 올바른 사용법을 묻는 문제로 문자·어휘 32문제 중 5문제가 출제된다.

問題6 次の言葉の使い方として最も近いものを、1・2・3・4から一つ選びなさい。

28　方針
　　1　台風の方針がそれたので、特に被害は出なかった。
　　2　私の今年の方針は漢字を600字覚えることだ。
　　3　この料理を作る方針を教えてください。
　　4　教育に関する政府の方針が大きく変わった。

이 책의
구성 및 특징

이 책은 JLPT 일본어 능력시험 N2 문자·어휘에 완벽하게 대응하도록 분석·정리하여, 일본어 능력시험의 출제 경향을 한눈에 파악할 수 있도록 한 수험서입니다. 1990년부터 지금까지 출제된 모든 기출 단어를 싣고, 연습 문제로 실제 시험에 익숙해지도록 하였습니다.

Part Ⅰ 문자·어휘 기출편

JLPT 일본어 능력시험 N2 문자·어휘에 출제된 기출 어휘를 2017~2010년, 2009~1990년으로 나누어 정리하고, 이를 확인하는 콕콕 기출 문제를 실었습니다.

Part Ⅱ 문자·어휘 예상편

출제 가능성이 높은 단어를 품사별로 정리하고, 이를 확인하는 콕콕 예상 문제를 실었습니다.

파이널 테스트

JLPT 일본어 능력시험 N2 문자·어휘 시험과 같은 형식의 파이널 테스트를 4회 수록하여 마무리 점검을 할 수 있도록 하였습니다.

★ 교재에서 사용된 약자는 읽기→한자읽기, 표기→표기, 문규→문맥규정, 형성→단어형성, 유의→유의표현, 용법→용법입니다.
★ 교재에서 분류한 품사는 절대적 기준이 아니며, 저자가 임의로 분류한 것입니다.
★ 명사와 な형용사 두가지 쓰임의 단어는 시험에 출제된 형태를 따랐습니다.
★ 콕콕 기출 문제, 콕콕 예상 문제, 파이널테스트의 해석은 다락원 홈페이지 또는 QR코드를 이용하여 다운로드 받을 수 있습니다.

차례

- 머리말 03
- JLPT 일본어 능력시험에 대하여 04
- N2 문자·어휘의 문제 유형 분석 08
- 이 책의 구성 및 특징 06

PART I 문자·어휘 기출편 10

問題 1 한자읽기 11
한자읽기 기출 2017~2010년 12
한자읽기 기출 2009~1990년 22

問題 2 표기 39
표기 기출 2017~2010년 40
표기 기출 2009~1990년 50

問題 3 단어형성 67
단어형성 기출 2017~2010년 68

問題 4 문맥규정 79
문맥규정 기출 2017~2010년 80
문맥규정 기출 2009~1990년 97

問題 5 유의표현 125
유의표현 기출 2017~2010년 126
유의표현 기출 2009~2000년 138

問題 6 용법 145
용법 기출 2017~2010년 146
용법 기출 2009~2000년 163

PART II 문자·어휘 예상편 179

명사 / 동사 / 복합동사 / い형용사 / な형용사
부사 / 파생어 / 외래어 / 유의어 / 기타

1. 파이널 테스트 1~4회 349
2. 파이널 테스트 정답 366

Part I

문자·어휘
기출편

問題 ① 한자읽기

1. 한자읽기 기출 2017~2010년
2. 한자읽기 기출 2009~1990년

① 한자읽기 기출 2017~2010년

問題1 한자 읽기는 문자·어휘 32문제 중 5문제가 출제됩니다. 음독과 훈독이 섞여 출제되며, 음독은 청음·탁음 및 장단음의 차이를 포함한 정확한 발음 표기를, 훈독은 문장 전체의 뜻이 통할 수 있는 읽기의 식별 능력을 요구합니다.

2017

- □ 幼い (おさな) 어리다
- □ 抱える (かか) (떠)안다, 책임지다
- □ 求人 (きゅうじん) 구인
- □ 絞る (しぼ) (쥐어)짜다, 짜(내)다
- □ 柔軟だ (じゅうなん) 유연하다
- □ 垂直 (すいちょく) 수직
- □ 強火 (つよび) 센 불
- □ 握る (にぎ) 쥐다, 잡다
- □ 乱れる (みだ) 흐트러지다
- □ 密閉 (みっぺい) 밀폐

2016

- □ 怪しい (あや) 수상하다
- □ 納める (おさ) 납입하다, 바치다
- □ 劣る (おと) 뒤떨어지다, 못하다
- □ 願望 (がんぼう) 바람, 소원
- □ 競う (きそ) 겨루다, 경쟁하다
- □ 貴重だ (きちょう) 귀중하다
- □ 治療 (ちりょう) 치료
- □ 伴う (ともな) 동반하다, 따르다
- □ 批評 (ひひょう) 비평
- □ 容姿 (ようし) 용모

2015

- □ 囲む (かこ) 둘러싸다
- □ 行事 (ぎょうじ) 행사
- □ 拒否 (きょひ) 거부
- □ 現象 (げんしょう) 현상
- □ 省略 (しょうりゃく) 생략
- □ 損害 (そんがい) 손해
- □ 乏しい (とぼ) (경험, 물자 등이) 부족하다
- □ 憎い (にく) 밉다
- □ 含める (ふく) 포함하다
- □ 油断 (ゆだん) 방심

2014

- 圧勝(あっしょう) 압승
- 傷む(いたむ) 상하다
- 大幅に(おおはばに) 큰 폭으로
- 極端に(きょくたんに) 극단적으로
- 悔しい(くやしい) 분하다
- 継続(けいぞく) 계속
- 除く(のぞく) 제거하다, 제외하다
- 貿易(ぼうえき) 무역
- 戻す(もどす) (원래 자리, 상태로) 되돌리다
- 幼稚だ(ようちだ) 유치하다

2013

- 改めて(あらためて) 다시, 재차
- 拡充(かくじゅう) 확충
- 隠す(かくす) 감추다, 숨기다
- 勧誘(かんゆう) 권유
- 姿勢(しせい) 자세
- 清潔だ(せいけつだ) 청결하다
- 積む(つむ) (경력을) 쌓다, (짐을) 싣다
- 逃亡(とうぼう) 도망
- 模範(もはん) 모범
- 世の中(よのなか) 세상

2012

- 削除(さくじょ) 삭제
- 撮影(さつえい) 촬영
- 占める(しめる) (비율, 자리 등을) 차지하다
- 焦点(しょうてん) 초점
- 装置(そうち) 장치
- 抽象的(ちゅうしょうてき) 추상적
- 破片(はへん) 파편
- 針(はり) 바늘
- 返却(へんきゃく) (책, CD 등의) 반환, 반납
- 略する(りゃくする) 생략하다

2011

- 祝う 축하하다
- 補う 보충하다
- 至急 시급, 급히
- 地元 그 고장, 그 지역
- 率直だ 솔직하다
- 調節 조절
- 豊富だ 풍부하다
- 密接だ 밀접하다
- 敗れる 지다, 패배하다
- 要求 요구

2010

- 辛い 맵다
- 規模 규모
- 景色 경치
- 相互 상호, 서로
- 備える 대비하다, 비치하다
- 尊重 존중
- 治療 치료
- 隣 옆
- 触れる 접촉하다, 닿다, 언급하다
- 防災 방재

콕콕 기출 문제 01 한자읽기　　　　　　　　　　　　　　　　　　　　　　/ 10

問題 1 　＿＿＿＿の言葉の読み方として最もよいものを、1・2・3・4から一つ選びなさい。

1 幼いころよく彼女と遊んだものだ。(17)
　　1　くどい　　　　2　ずるい　　　　3　おさない　　　　4　しつこい

2 ボランティアの仕事を通して貴重な経験をした。(16)
　　1　きっちょう　　2　きっじゅう　　3　きちょう　　　　4　きじゅう

3 僕の詩への批評が初めて雑誌に載った。(16)
　　1　ひひょう　　　2　ひびょう　　　3　ひへい　　　　　4　ひべい

4 細かい話は省略します。(15)
　　1　しょうやく　　2　しょうりゃく　3　せいやく　　　　4　せいりゃく

5 梅雨時は食べ物が傷みやすい。(14)
　　1　きずみやすい　2　きすみやすい　3　いだみやすい　　4　いたみやすい

6 読んだ本を元の場所に戻してください。(14)
　　1　わたして　　　2　のこして　　　3　かえして　　　　4　もどして

7 机の上には本が山のように積んである。(13)
　　1　むすんで　　　2　たたんで　　　3　つんで　　　　　4　あんで

8 議論の焦点は経済から環境問題に移った。(12)
　　1　じょうてん　　2　しょうてん　　3　じゅうてん　　　4　しゅうてん

9 私たちは彼の就職を祝った。(11)
　　1　うらなった　　2　ねがった　　　3　いわった　　　　4　いのった

10 国際交流は国家間の相互理解に役立つ。(10)
　　1　そうご　　　　2　そうごう　　　3　しょうご　　　　4　しょうごう

답　1③　2③　3①　4②　5④　6④　7③　8②　9③　10①

콕콕 기출 문제 02 한자읽기　　/ 10

問題 1　___の言葉の読み方として最もよいものを、1・2・3・4から一つ選びなさい。

1 秘書の求人広告を新聞に出した。
　1　きゅうじん　　2　きゅうにん　　3　きゅじん　　4　きゅにん

2 パーティーの会費を納めた人には、パーティー券が渡された。
　1　ためた　　2　さだめた　　3　もとめた　　4　おさめた

3 洪水で田畑が流されて農家に莫大な損害が出た。
　1　そんかい　　2　そんがい　　3　へいかい　　4　へいがい

4 その列車は大幅に遅れて到着した。
　1　だいはば　　2　だいふく　　3　おおはば　　4　おおふく

5 詳しくはまた改めてご連絡します。
　1　あらためて　　2　たしかめて　　3　まとめて　　4　ふくめて

6 その殺人犯は国外へ逃亡した。
　1　とうそう　　2　とそう　　3　とうぼう　　4　とぼう

7 冷房装置を取り付けました。
　1　しょち　　2　しょうち　　3　そち　　4　そうち

8 足りない栄養素を補うための食品が多く発売されている。
　1　やしなう　　2　すくう　　3　かばう　　4　おぎなう

9 彼はその委員会と密接な関係がある。
　1　みっせつ　　2　みつせつ　　3　ひっせつ　　4　ひつせつ

10 山田さんは将来に備えて貯金している。
　1　かかえて　　2　そなえて　　3　たくわえて　　4　ととのえて

답　1① 2④ 3② 4③ 5① 6③ 7④ 8④ 9① 10②

콕콕 기출 문제 03 한자읽기   / 10

問題 1 ＿＿＿の言葉の読み方として最もよいものを、1・2・3・4から一つ選びなさい。

① 彼女はこわがって私の手をぎゅっと握った。⁽¹⁷⁾
　1　ふった　　　2　にぎった　　　3　こすった　　　4　ほった

② 容姿で人を判断してはいけません。⁽¹⁶⁾
　1　ようす　　　2　よす　　　　　3　ようし　　　　4　よし

③ この記事は長いが、内容が乏しい。⁽¹⁵⁾
　1　ひとしい　　2　まずしい　　　3　やさしい　　　4　とぼしい

④ 天候の影響で、来店客数が極端に減った。⁽¹⁴⁾
　1　きょてん　　2　きょたん　　　3　きょくてん　　4　きょくたん

⑤ 彼女はいつも手を清潔にしている。⁽¹³⁾
　1　せいきつ　　2　せいけつ　　　3　せっきつ　　　4　せっけつ

⑥ 彼は後に続くすべての大統領にとっての模範となった。⁽¹³⁾
　1　もはん　　　2　もうはん　　　3　もほん　　　　4　もうほん

⑦ 彼の説明は抽象的すぎて分からなかった。⁽¹²⁾
　1　ゆうしょうてき　2　ゆうぞうてき　3　ちゅうぞうてき　4　ちゅうしょうてき

⑧ 大事なお知らせがありますので、至急ご連絡ください。⁽¹¹⁾
　1　しっきゅう　2　ちっきゅう　　3　しきゅう　　　4　ちきゅう

⑨ われわれは４対１でＡチームに敗れた。⁽¹¹⁾
　1　つぶれた　　2　みだれた　　　3　たおれた　　　4　やぶれた

⑩ 話し合いでは、少数意見も尊重しよう。⁽¹⁰⁾
　1　そんじゅう　2　そんちょう　　3　けいじゅう　　4　けいちょう

답 1② 2③ 3④ 4④ 5② 6① 7④ 8③ 9④ 10②

콕콕 기출 문제 04 한자읽기   / 10

問題 1 ＿＿＿の言葉の読み方として最もよいものを、1・2・3・4から一つ選びなさい。

1 強火で野菜をいためてください。(17)
　1　きょうか　　2　きょうび　　3　つよか　　4　つよび

2 記者団が大臣を囲んで質問を浴びせた。(15)
　1　かこんで　　2　ふくんで　　3　しずんで　　4　ぬすんで

3 わが子を奪った憎い犯人がやっと捕まった。(15)
　1　ほそい　　2　にくい　　3　えらい　　4　こわい

4 悔しいけれど、頭では彼女にはかなわない。(14)
　1　はずかしい　　2　おそろしい　　3　かなしい　　4　くやしい

5 働く母親の増加に伴い、保育施設の拡充が急務だ。(13)
　1　こうじゅう　　2　こうじゅ　　3　かくじゅう　　4　かくじゅ

6 世の中にはいろいろな人がいる。(13)
　1　よのなか　　2　せのなか　　3　ようのなか　　4　せいのなか

7 彼はガラスの破片で指を切った。(12)
　1　ひがた　　2　はがた　　3　ひへん　　4　はへん

8 地元の人々は新空港の建設に強く反対している。(11)
　1　ちもと　　2　ちげん　　3　じもと　　4　じげん

9 学生たちは現代文学に関するレポートを書くことを要求された。(11)
　1　よっきゅ　　2　よっきゅう　　3　ようきゅ　　4　ようきゅう

10 虫歯の治療に3か月かかった。(10)
　1　ちりょう　　2　じりょう　　3　ちりょ　　4　じりょ

답 1④ 2① 3② 4④ 5③ 6① 7④ 8③ 9④ 10①

콕콕 기출 문제 05 한자읽기 / 10

問題1　＿＿＿の言葉の読み方として最もよいものを、1・2・3・4から一つ選びなさい。

1　彼女は砂糖(さとう)を密閉容器に入れた。(17)
1　みつへい　　2　みっぺい　　3　みつべい　　4　みっべい

2　彼はやっと日本留学という長年の願望をかなえることができた。(16)
1　げんぼう　　2　げんぼ　　3　がんぼう　　4　がんぼ

3　送料を含めて8,000円になります。(15)
1　ながめて　　2　もとめて　　3　ふくめて　　4　つとめて

4　その問題は継続して話し合うことになった。(14)
1　けいぞく　　2　けいそく　　3　じぞく　　4　じそく

5　それは隠す必要はないですよ。(13)
1　わたす　　2　かくす　　3　さがす　　4　もどす

6　間違って、大事なメールを削除してしまった。(12)
1　さくじょ　　2　さくじ　　3　しょうじょ　　4　しょうじ

7　時計の針は10時5分前を指していた。(12)
1　ねじ　　2　はり　　3　くぎ　　4　かぎ

8　この件について君の率直な意見を聞きたい。(11)
1　りつじき　　2　りっちょく　　3　そつじき　　4　そっちょく

9　暑い日には辛いものが食べたい。(10)
1　しぶい　　2　にがい　　3　からい　　4　くさい

10　郵便局は図書館の隣にあります。(10)
1　うら　　2　となり　　3　そば　　4　むかい

답　1② 2③ 3③ 4① 5② 6① 7② 8④ 9③ 10②

콕콕 기출 문제 06 한자읽기   / 10

問題 1 ＿＿＿＿の言葉の読み方として最もよいものを、1・2・3・4から一つ選びなさい。

1 風で<ruby>髪<rt>かみ</rt></ruby>が乱れてしまった。⁽¹⁷⁾
　1　みだれて　　　2　くずれて　　　3　つぶれて　　　4　よごれて

2 彼はその事件に関するいっさいの質問に答えることを拒否した。⁽¹⁵⁾
　1　きょうひ　　　2　きょひ　　　　3　きょうふ　　　4　きょふ

3 油断したすきにパスポートを<ruby>盗<rt>ぬす</rt></ruby>まれた。⁽¹⁵⁾
　1　よだん　　　　2　よたん　　　　3　ゆだん　　　　4　ゆたん

4 図書館は月曜を除く毎日開館している。⁽¹⁴⁾
　1　はぶく　　　　2　のぞく　　　　3　ぬく　　　　　4　ひく

5 チームに入るよう何人かの友人を勧誘した。⁽¹³⁾
　1　かんゆ　　　　2　かんゆう　　　3　かんげ　　　　4　かんげい

6 私は姉の<ruby>披露宴<rt>ひろうえん</rt></ruby>の写真を撮影した。⁽¹²⁾
　1　さいえい　　　2　さつけい　　　3　さいけい　　　4　さつえい

7 <ruby>食器<rt>しょっき</rt></ruby>はこちらへ返却してください。⁽¹²⁾
　1　へんきょ　　　2　へんきょく　　3　へんきゃ　　　4　へんきゃく

8 この机は背の高さに応じて調節することができる。⁽¹¹⁾
　1　ちょうせつ　　2　ちょうさつ　　3　ちょうせい　　4　ちょうさい

9 資金不足のため、計画の規模は<ruby>縮小<rt>しゅくしょう</rt></ruby>された。⁽¹⁰⁾
　1　ぎも　　　　　2　きも　　　　　3　ぎぼ　　　　　4　きぼ

10 <ruby>林<rt>はやし</rt></ruby>先生は話の中で日本の<ruby>祭<rt>まつ</rt></ruby>りについて触れた。⁽¹⁰⁾
　1　あこがれた　　2　めぐまれた　　3　ふれた　　　　4　なれた

답　1① 2② 3③ 4② 5② 6④ 7④ 8① 9④ 10③

콕콕 기출 문제 07 한자읽기

問題 1 ＿＿＿の言葉の読み方として最もよいものを、1・2・3・4から一つ選びなさい。

1 レモンの汁を絞ってくれない？ (17)
　　1　しぼって　　　2　けずって　　　3　さぐって　　　4　うかがって

2 私は友達とテストの点数をいつも競っている。(16)
　　1　うばって　　　2　あらそって　　3　きそって　　　4　ねらって

3 大学生の学力低下は世界的な現象らしい。(15)
　　1　けんしょう　　2　げんしょう　　3　けんぞう　　　4　げんぞう

4 彼らはその試合で相手チームに圧勝した。(14)
　　1　ゆうしゅう　　2　あっしゅう　　3　ゆうしょう　　4　あっしょう

5 その会社は中東の国々と石油の貿易を行っている。(14)
　　1　ぼうえき　　　2　もうえき　　　3　ぼうい　　　　4　もうい

6 私たちは先生の前で気をつけの姿勢で立っていた。(13)
　　1　しぜい　　　　2　しっぜい　　　3　しせい　　　　4　しっせい

7 スマートホンは略してスマホと呼ばれている。(12)
　　1　りゃくして　　2　かくして　　　3　きゃくして　　4　やくして

8 彼は日本文化について豊富な知識を持っている。(11)
　　1　ほうふう　　　2　ほうふ　　　　3　のうふう　　　4　のうふ

9 その景色は言葉にできないほど美しかった。(10)
　　1　けいろ　　　　2　けいいろ　　　3　けしき　　　　4　けいしき

10 その工場の防災対策は十分ではない。(10)
　　1　ぼうさい　　　2　ほうさい　　　3　ぼうえん　　　4　ほうえん

답 1① 2③ 3② 4④ 5① 6③ 7① 8② 9③ 10①

② 한자읽기 기출 2009~1990년

1990~2009년까지의 일본어 능력시험은 현재의 시험과 달리 1~4급의 4개 급수가 있었습니다. 이 중 N2 수준으로 판단되는 것을 품사별로 정리하였습니다.

[1] 명사

- 汗(あせ) 땀
- 誤(あやま)り 잘못, 틀림
- ~一方(いっぽう) ~만 함
- 移転(いてん) 이전
- 以内(いない) 이내
- 違反(いはん) 위반
- 医療(いりょう) 의료
- 印刷(いんさつ) 인쇄
- 飲酒(いんしゅ) 음주
- 植木(うえき) 정원수
- 宇宙(うちゅう) 우주
- 腕(うで) 팔
- 雨量(うりょう) 강우량
- 運送(うんそう) 운송
- 栄養分(えいようぶん) 영양분
- 延期(えんき) 연기
- 応援(おうえん) 응원
- 応対(おうたい) 응대
- 欧米(おうべい) 구미
- お菓子(かし) 과자
- 奥(おく) (깊숙한) 안쪽
- ~億(おく) ~억
- 汚染(おせん) 오염
- 踊(おど)り 춤
- 改善(かいぜん) 개선
- 会談(かいだん) 회담
- 回復(かいふく) 회복
- 改良(かいりょう) 개량
- 係員(かかりいん) 담당자
- 肩(かた) 어깨
- 各国(かっこく) 각국
- 家庭(かてい) 가정
- 仮定(かてい) 가정
- 角(かど) 모퉁이
- 可能性(かのうせい) 가능성
- 貨物(かもつ) 화물
- 観察(かんさつ) 관찰
- 乾燥(かんそう) 건조
- 缶詰(かんづめ) 통조림
- 完了(かんりょう) 완료
- 機嫌(きげん) 기분
- 記事(きじ) 기사
- 技術(ぎじゅつ) 기술
- 規制(きせい) 규제
- 帰宅(きたく) 귀가
- 希望(きぼう) 희망
- 客(きゃく) 손님
- 救助(きゅうじょ) 구조
- 休息(きゅうそく) 휴식
- 共感(きょうかん) 공감
- 供給(きょうきゅう) 공급
- 協力(きょうりょく) 협력
- 漁業(ぎょぎょう) 어업
- 記録(きろく) 기록
- 議論(ぎろん) 토론, 논쟁
- 禁止(きんし) 금지
- 空港(くうこう) 공항
- 草(くさ) 풀
- 靴(くつ) 신, 구두
- 工夫(くふう) 궁리

☐ 雲 くも 구름	☐ 警告 けいこく 경고	☐ 警察 けいさつ 경찰
☐ 芸能 げいのう 예능	☐ 警備 けいび 경비	☐ 血液 けつえき 혈액
☐ 結果 けっか 결과	☐ 結婚 けっこん 결혼	☐ 欠点 けってん 결점
☐ 原因 げんいん 원인	☐ 減少 げんしょう 감소	☐ 現象 げんしょう 현상
☐ 限定 げんてい 한정	☐ 憲法 けんぽう 헌법	☐ 権利 けんり 권리
☐ 講演 こうえん 강연	☐ 公害 こうがい 공해	☐ 郊外 こうがい 교외
☐ 交換 こうかん 교환	☐ 航空 こうくう 항공	☐ 交差点 こうさてん 교차로
☐ 鉱山 こうざん 광산	☐ 高層 こうそう 고층	☐ 声 こえ (목)소리
☐ 氷 こおり 얼음	☐ 呼吸 こきゅう 호흡	☐ 故郷 こきょう 고향
☐ 小包 こづつみ 소포	☐ 混乱 こんらん 혼란	☐ ~際 さい ~때
☐ 最大 さいだい 최대	☐ 裁判 さいばん 재판	☐ 再利用 さいりよう 재이용
☐ 作業 さぎょう 작업	☐ 作物 さくもつ 작물	☐ 左右 さゆう 좌우
☐ 参加 さんか 참가	☐ 参考 さんこう 참고	☐ 賛成 さんせい 찬성
☐ 事件 じけん 사건	☐ 指示 しじ 지시	☐ 地震 じしん 지진
☐ 実験 じっけん 실험	☐ 湿度 しつど 습도	☐ 死亡 しぼう 사망
☐ 島 しま 섬	☐ 姉妹 しまい 자매	☐ 集会 しゅうかい 집회
☐ 習慣 しゅうかん 습관	☐ 住宅 じゅうたく 주택	☐ 住民 じゅうみん 주민
☐ 手術 しゅじゅつ 수술	☐ 首相 しゅしょう 수상	☐ 出席 しゅっせき 출석
☐ 出版 しゅっぱん 출판	☐ 首脳 しゅのう 수뇌, 정상	☐ 寿命 じゅみょう 수명
☐ 主要 しゅよう 주요	☐ 順番 じゅんばん 순번, 차례	☐ ~賞 しょう ~상
☐ 状況 じょうきょう 상황	☐ 商品 しょうひん 상품	☐ 情報 じょうほう 정보
☐ 正面 しょうめん 정면	☐ 職場 しょくば 직장	☐ 植物 しょくぶつ 식물
☐ 諸国 しょこく 여러 나라	☐ 処理 しょり 처리	☐ 資料 しりょう 자료
☐ 進学率 しんがくりつ 진학률	☐ 心臓 しんぞう 심장	☐ 進歩 しんぽ 진보
☐ 信用 しんよう 신용	☐ 信頼 しんらい 신뢰	☐ 人類 じんるい 인류
☐ 人類学 じんるいがく 인류학	☐ 数年 すうねん 수년	☐ 姿 すがた 모습, 자세

☐ 隅（すみ） 구석	☐ 性格（せいかく） 성격	☐ 成功（せいこう） 성공
☐ 生産（せいさん） 생산	☐ 成長（せいちょう） 성장	☐ 晴天（せいてん） 맑은 하늘
☐ 政党（せいとう） 정당	☐ 政府（せいふ） 정부	☐ 責任（せきにん） 책임
☐ 接触（せっしょく） 접촉	☐ 絶対（ぜったい） 절대	☐ 戦争（せんそう） 전쟁
☐ 洗濯（せんたく） 세탁	☐ 選択（せんたく） 선택	☐ 全部（ぜんぶ） 전부
☐ 操作（そうさ） 조작	☐ 掃除（そうじ） 청소	☐ 想像（そうぞう） 상상
☐ 相談（そうだん） 상담, 의논	☐ 総理大臣（そうりだいじん） 총리대신	☐ 損得（そんとく） 손실과 이익
☐ 退院（たいいん） 퇴원	☐ 代表（だいひょう） 대표	☐ 太陽（たいよう） 태양
☐ 戦い（たたかい） 싸움	☐ 他人（たにん） 타인	☐ 種（たね） 씨
☐ 束（たば） 다발, 묶음	☐ 頼り（たより） 의지	☐ 担当（たんとう） 담당
☐ 地域（ちいき） 지역	☐ 知恵（ちえ） 지혜	☐ 地球（ちきゅう） 지구
☐ 遅刻（ちこく） 지각	☐ 駐車（ちゅうしゃ） 주차	☐ ～兆（ちょう） ～조
☐ 調査（ちょうさ） 조사	☐ 頂上（ちょうじょう） 정상, 절정	☐ 著者（ちょしゃ） 저자
☐ 貯蔵（ちょぞう） 저장	☐ 通行（つうこう） 통행	☐ 次々（つぎつぎ） 차례차례
☐ 机（つくえ） 책상	☐ 都合（つごう） 형편, 사정	☐ 停車（ていしゃ） 정차
☐ 鉄橋（てっきょう） 철교	☐ 展開（てんかい） 전개	☐ 独立（どくりつ） 독립
☐ 登山（とざん） 등산	☐ 図書館（としょかん） 도서관	☐ 途中（とちゅう） 도중
☐ 努力（どりょく） 노력	☐ 泥（どろ） 진흙	☐ 内容（ないよう） 내용
☐ 仲（なか） 사이	☐ 日常（にちじょう） 일상	☐ 日課（にっか） 일과
☐ 二倍（にばい） 2배	☐ 値段（ねだん） 값	☐ 熱演（ねつえん） 열연
☐ 熱帯（ねったい） 열대	☐ 年齢（ねんれい） 연령	☐ 農業（のうぎょう） 농업
☐ 農産物（のうさんぶつ） 농산물	☐ 配布（はいふ） 배포	☐ 爆発（ばくはつ） 폭발
☐ 箱（はこ） 상자	☐ 発射（はっしゃ） 발사	☐ 犯罪（はんざい） 범죄
☐ 反対（はんたい） 반대	☐ 判断（はんだん） 판단	☐ 販売（はんばい） 판매
☐ 被害（ひがい） 피해	☐ 光（ひかり） 빛	☐ 悲劇（ひげき） 비극
☐ 筆跡（ひっせき） 필적	☐ 皮膚（ひふ） 피부	☐ ～秒（びょう） ～초

☐ 評価 (ひょうか) 평가	☐ 標識 (ひょうしき) 표식, 표지	☐ 平等 (びょうどう) 평등
☐ 評判 (ひょうばん) 평판	☐ 封筒 (ふうとう) 봉투	☐ 普及 (ふきゅう) 보급
☐ 服装 (ふくそう) 복장	☐ 舞台 (ぶたい) 무대	☐ 分野 (ぶんや) 분야
☐ 平均 (へいきん) 평균	☐ 貿易 (ぼうえき) 무역	☐ 方針 (ほうしん) 방침
☐ 放送局 (ほうそうきょく) 방송국	☐ 法律 (ほうりつ) 법률	☐ 星 (ほし) 별
☐ 募集 (ぼしゅう) 모집	☐ 万一 (まんいち) 만일	☐ 満足感 (まんぞくかん) 만족감
☐ 実り (みのり) 결실, 수확	☐ 未来 (みらい) 미래	☐ 虫 (むし) 벌레
☐ 目的 (もくてき) 목적	☐ 物語 (ものがたり) 이야기, 전설	☐ 約束 (やくそく) 약속
☐ 役目 (やくめ) 임무	☐ 家賃 (やちん) 집세	☐ 優勝 (ゆうしょう) 우승
☐ 夜中 (よなか) 한밤중	☐ 予報 (よほう) 예보	☐ 留学生 (りゅうがくせい) 유학생
☐ 流行 (りゅうこう) 유행	☐ 両替 (りょうがえ) 환전	☐ 両国 (りょうこく) 양국
☐ 例外 (れいがい) 예외	☐ 冷凍 (れいとう) 냉동	☐ 歴史 (れきし) 역사
☐ 列島 (れっとう) 열도	☐ 恋愛 (れんあい) 연애	☐ 連続 (れんぞく) 연속
☐ 連絡 (れんらく) 연락	☐ 老人 (ろうじん) 노인	☐ 労働 (ろうどう) 노동
☐ 論文 (ろんぶん) 논문	☐ 割合 (わりあい) 비율	☐ 割引 (わりびき) 할인

[2] 동사

☐ 与える (あたえる) 주다	☐ 余る (あまる) 남다	☐ 改める (あらためる) 고치다
☐ 祈る (いのる) 기도하다	☐ 浮く (うく) 뜨다	☐ 受ける (うける) 받다
☐ 映る (うつる) 비치다	☐ 置く (おく) 두다	☐ 怒る (おこる) 화내다
☐ 恐れる (おそれる) 무서워하다	☐ 覚える (おぼえる) 외우다, 느끼다	☐ 折る (おる) 접다, 꺾다
☐ 返す (かえす) 반환하다	☐ 抱える (かかえる) 안다, 껴안다	☐ 囲む (かこむ) 둘러싸다
☐ 重ねる (かさねる) 겹치다	☐ 決まる (きまる) 결정되다	☐ 配る (くばる) 나누어 주다
☐ 暮らす (くらす) 생활하다	☐ 比べる (くらべる) 비교하다	☐ 越える (こえる) 넘다
☐ 異なる (ことなる) 다르다	☐ 断る (ことわる) 거절하다	☐ 刺す (さす) 찌르다
☐ 沈む (しずむ) 가라앉다	☐ 占める (しめる) 차지하다	☐ 調べる (しらべる) 조사하다

☐ 背負(せお)う 떠맡다, 짊어지다	☐ 育(そだ)つ 자라다	☐ 備(そな)える 대비하다
☐ 倒(たお)れる 쓰러지다	☐ 耕(たがや)す 갈다, 경작하다	☐ 伝(つた)える 전하다
☐ 続(つづ)く 계속되다	☐ 閉(と)じる 닫다	☐ 届(とど)く 닿다, 도착하다
☐ 流(なが)す 흘리다	☐ 眺(なが)める 바라보다	☐ 悩(なや)む 고민하다
☐ 並(なら)ぶ 늘어서다	☐ 似(に)る 닮다	☐ 抜(ぬ)く 빼다
☐ 塗(ぬ)る 바르다, 칠하다	☐ 残(のこ)る 남다	☐ 述(の)べる 서술하다
☐ 昇(のぼ)る (해·달이) 뜨다	☐ 乗(の)り越(こ)える 극복하다	☐ 運(はこ)び去(さ)る 옮겨 버리다
☐ 働(はたら)く 일하다	☐ 減(へ)る 감소하다	☐ 掘(ほ)る 파다
☐ 招(まね)く 초대하다	☐ 守(まも)る 지키다	☐ 認(みと)める 인정하다
☐ 迎(むか)える 맞이하다	☐ 結(むす)ぶ 맺다	☐ 燃(も)える (불)타다
☐ 戻(もど)す 되돌리다	☐ 求(もと)める 구하다	☐ 焼(や)ける (불)타다
☐ 雇(やと)う 고용하다	☐ 破(やぶ)る 찢다, 깨다	☐ 渡(わた)す 건네다
☐ 笑(わら)う 웃다		

[3] い형용사

☐ 温(あたた)かい 따뜻하다	☐ 言(い)い難(がた)い 말하기 어렵다	☐ 美(うつく)しい 아름답다
☐ 偉(えら)い 위대하다, 장하다	☐ 幼(おさな)い 어리다	☐ 賢(かしこ)い 현명하다
☐ 軽(かる)い 가볍다	☐ 険(けわ)しい 험하다, 험악하다	☐ 細(こま)かい 잘다, 자세하다
☐ 寒(さむ)い 춥다	☐ 鋭(するど)い 날카롭다	☐ 深(ふか)い 깊다
☐ 珍(めずら)しい 신기하다	☐ 優(やさ)しい 상냥하다	☐ 良(よ)い 좋다
☐ 若(わか)い 젊다		

[4] な형용사

- ☐ 案外だ (あんがい) 의외이다, 뜻밖이다
- ☐ 異常だ (いじょう) 이상하다
- ☐ 主だ (おも) 주요하다
- ☐ 簡単だ (かんたん) 간단하다
- ☐ 逆だ (ぎゃく) 반대이다, 거꾸로이다
- ☐ 急速だ (きゅうそく) 급속하다
- ☐ 厳重だ (げんじゅう) 엄중하다
- ☐ 肯定的だ (こうていてき) 긍정적이다
- ☐ 幸いだ (さいわ) 다행이다
- ☐ 静かだ (しず) 조용하다
- ☐ 順調だ (じゅんちょう) 순조롭다
- ☐ 正直だ (しょうじき) 정직하다
- ☐ 新鮮だ (しんせん) 신선하다
- ☐ 全国的だ (ぜんこくてき) 전국적이다
- ☐ 確かだ (たし) 확실하다
- ☐ 単純だ (たんじゅん) 단순하다
- ☐ 適切だ (てきせつ) 적절하다
- ☐ 不規則だ (ふきそく) 불규칙적이다
- ☐ 部分的だ (ぶぶんてき) 부분적이다
- ☐ 豊富だ (ほうふ) 풍부하다
- ☐ 夢中だ (むちゅう) 열중하다
- ☐ 面倒だ (めんどう) 귀찮다
- ☐ 豊かだ (ゆた) 풍요롭다

[5] 기타

- ☐ 突然 (とつぜん) 돌연, 갑자기
- ☐ 比較的 (ひかくてき) 비교적

콕콕 기출 문제 08 한자읽기 　　　　　　　　　　　　　　　　　　　　　　　　／10

問題1 ＿＿＿の言葉の読み方として最もよいものを、１・２・３・４から一つ選びなさい。

1 彼は社長から全面的(ぜんめんてき)に信頼されている。(07)
　1　しんだん　　　2　しんらい　　　3　しんこう　　　4　しんよう

2 人類の起原(きげん)について少し述べます。(08·96)
　1　じんるい　　　2　にんるい　　　3　じんすう　　　4　にんすう

3 私たちは地下室に食料(しょくりょう)を貯蔵しています。(09)
　1　ちょうぞう　　2　ちょそう　　　3　ちょぞう　　　4　ちょうそう

4 彼は反対方向に歩き始めた。(07)
　1　ほんたい　　　2　はんだい　　　3　はんたい　　　4　ほんだい

5 人類の未来のために、資源(しげん)の再利用を進めるべきだ。(08)
　1　さいりよう　　2　ざいかつよう　3　ざいりよう　　4　さいかつよう

6 その山にトンネルを掘る計画がある。(09)
　1　けずる　　　　2　える　　　　　3　さぐる　　　　4　ほる

7 抗議(こうぎ)集会は何の混乱もなく１時間で終わった。(04·94)
　1　こんらん　　　2　こんなん　　　3　くんらん　　　4　くんなん

8 人間の性格は子どものころに形成(けいせい)される。(07)
　1　せいかく　　　2　せいしつ　　　3　しょうかく　　4　しょうしつ

9 私は植木に水をやるのを日課(にっか)にしている。(09)
　1　うえぎ　　　　2　うえき　　　　3　しょくぼく　　4　しょくもく

10 彼女は最新流行の水着(みずぎ)を着ている。(08·91)
　1　りゅぎょう　　2　りょうこう　　3　りゅうこう　　4　りょうぎょう

답　1② 2① 3③ 4③ 5① 6④ 7① 8① 9② 10③

콕콕 기출 문제 09 한자읽기　　　　　　　　　　　　　　　　　　　/ 10

問題 1　_____の言葉の読み方として最もよいものを、1・2・3・4から一つ選びなさい。

[1] 私は幼いころによくそこへ行った。 (09)
　1　かしこい　　2　おさない　　3　こまかい　　4　かわいい

[2] その衣料品店は全国に300の店舗を展開している。 (07)
　1　てんかい　　2　ぶんかい　　3　しょうかい　　4　かいかい

[3] その日は天気がよくて幸いでした。 (07)
　1　とくい　　2　ゆかい　　3　さいわい　　4　あいまい

[4] 住民は高層マンションの建設に反対している。 (07)
　1　こうそ　　2　こうそう　　3　こうぞう　　4　こうぞ

[5] 私は登山のときは靴下を3枚ぐらい重ねてはきます。 (07・95・90)
　1　かねて　　2　おもねて　　3　もねて　　4　かさねて

[6] 地球温暖化は、私たちにさまざまな影響を与えている。 (08)
　1　ちきゅう　　2　じきゅう　　3　ちきょう　　4　じきょう

[7] 基本的には子どもたちの自主性を尊重する方針を取っている。 (08)
　1　かたばり　　2　ほうじん　　3　かたはり　　4　ほうしん

[8] パンにジャムを塗ってください。 (08・04)
　1　ぬって　　2　はって　　3　ほって　　4　とって

[9] 自分の考えがはっきり述べられる人を雇いたい。 (09・01)
　1　うやまいたい　　2　うかがいたい　　3　やといたい　　4　もちいたい

[10] その品物は航空貨物で送られた。 (09)
　1　さくもつ　　2　にもつ　　3　こくもつ　　4　かもつ

답　1② 2① 3③ 4② 5④ 6① 7④ 8① 9③ 10④

콕콕 기출 문제 10 한자읽기 / 10

問題1 ＿＿＿の言葉の読み方として最もよいものを、1・2・3・4から一つ選びなさい。

1 品物(しなもの)はトラックで運送します。(09)
　1　ゆそう　　　　2　うんそう　　　　3　てんそう　　　　4　りんそう

2 第二次(だいにじ)大戦(たいせん)はもう過去(かこ)の歴史になってしまった。(00・93)
　1　りきし　　　　2　れきし　　　　　3　えきし　　　　　4　ねきし

3 人々は難民(なんみん)を温かく迎えた。(07)
　1　わかく　　　　2　こまかく　　　　3　やわらかく　　　4　あたたかく

4 欧米で生活する日本人の芸術家(げいじゅつか)は少なくない。(08)
　1　ようべい　　　2　ようめい　　　　3　おうべい　　　　4　おうめい

5 今世紀(こんせいき)になって科学が急速な進歩(しんぽ)を遂(と)げた。(91)
　1　きょうそう　　2　きゅうそう　　　3　きょうそく　　　4　きゅうそく

6 山田(やまだ)さんはアメリカへ行って成功した。(05・95)
　1　せいこう　　　2　せんこう　　　　3　せいこん　　　　4　せんこん

7 危(あぶ)ないものは子どもの手に届く所には置(お)けない。(02・92)
　1　とく　　　　　2　とどく　　　　　3　つく　　　　　　4　いただく

8 太陽(たいよう)の光はプリズムで七色(なないろ)に分(わ)けられる。(99・92)
　1　ひかり　　　　2　けむり　　　　　3　かおり　　　　　4　あかり

9 彼らはそれを得(え)るためにあらゆる努力をした。(06)
　1　きょりょく　　2　きょうりょく　　3　どりょく　　　　4　どうりょく

10 本田(ほんだ)さんはその町(まち)の郊外に住んでいる。(06)
　1　こうがい　　　2　ごうがい　　　　3　きょうがい　　　4　ぎょうがい

답　1② 2② 3④ 4③ 5④ 6① 7② 8① 9③ 10①

콕콕 기출 문제 11 한자읽기   / 10

問題 1 ＿＿＿＿の言葉の読み方として最もよいものを、1・2・3・4から一つ選びなさい。

1 遠足(えんそく)は雨のため１日延期された。(02·92)
   1 えんき   2 えんご   3 ていき   4 ていご

2 彼は議長(ぎちょう)としての役目を立派(りっぱ)に果(は)たした。(09)
   1 やくもく   2 やくめ   3 やきもく   4 やきめ

3 日本は南北(なんぼく)に長い国なので、いろいろな植物がみられる。(98)
   1 しょくぶつ   2 ちょくぶつ   3 しょくもつ   4 ちょくもつ

4 彼はハンディキャップを乗り越えて大学を卒業(そつぎょう)した。(90)
   1 のりかえて   2 のりこえて   3 のりがえて   4 のりごえて

5 この店は多くの商品を取(と)り扱(あつか)っている。(02·91)
   1 せいしな   2 しょうしな   3 せいひん   4 しょうひん

6 新聞の記事が読めるほど日本語が上達(じょうたつ)した。(02·92)
   1 きじ   2 きいじ   3 きごと   4 きいごと

7 子どもにとって外(そと)で遊ぶことは絶対に必要(ひつよう)だ。(99·92)
   1 ぜつだい   2 ぜつたい   3 ぜっだい   4 ぜったい

8 彼女は夏休(なつやす)み中の日課を決めた。(09)
   1 にちき   2 にちか   3 にっき   4 にっか

9 彼らは作業を午前(ごぜん)9時に開始(かいし)した。(04)
   1 さくぎょ   2 さくぎょう   3 さぎょ   4 さぎょう

10 農業人口(のうぎょうじんこう)が目(め)立(だ)って減っている。(05)
   1 そって   2 へって   3 あまって   4 いたって

답 1① 2② 3① 4② 5④ 6① 7④ 8④ 9④ 10②

콕콕 기출 문제 12 한자읽기 / 10

問題 1 ＿＿＿の言葉の読み方として最もよいものを、1・2・3・4から一つ選びなさい。

1 パンは冷凍しておくことができる。(00)
   1　れんとう　　　2　れいとう　　　3　れんぞう　　　4　れいぞう

2 ゆうべ夜中に近所で火事がありました。(95)
   1　よなか　　　2　やなか　　　3　よじゅう　　　4　やじゅう

3 朝早く、牛に食べさせる草をかりに行く。(94)
   1　くき　　　2　くさ　　　3　ね　　　4　は

4 この感動を表す適切な言葉が見あたらない。(02)
   1　てきせつ　　　2　てききり　　　3　てっきり　　　4　てっせつ

5 学生は午後1時に集会を開いた。(98)
   1　すうかい　　　2　すかい　　　3　しゅうかい　　　4　しゅかい

6 田中さんの専攻分野は文化人類学です。(08・96)
   1　じんぬいがく　　　2　にんぬいがく　　　3　じんるいがく　　　4　にんるいがく

7 大事な書類を入れた封筒を電車の中に置き忘れた。(99)
   1　ほうとう　　　2　ふうとう　　　3　ほうと　　　4　ふうと

8 次の場合は例外とします。(03)
   1　れいがい　　　2　れつがい　　　3　れんがい　　　4　れがい

9 スピードの出し過ぎが交通事故を招くのだ。(04)
   1　のぞく　　　2　まねく　　　3　いだく　　　4　はぶく

10 何か異常なことが起きたにちがいない。(03)
   1　こしょう　　　2　ししょう　　　3　ひじょう　　　4　いじょう

답 1② 2① 3② 4① 5③ 6③ 7② 8① 9② 10④

콕콕 기출 문제 13 한자읽기   / 10

問題 1 ＿＿＿の言葉の読み方として最もよいものを、1・2・3・4から一つ選びなさい。

1　東京とソウルは姉妹都市の協定を結んでいる。(93)
　　1　しばい　　　　2　しめい　　　　3　してい　　　　4　しまい

2　私は登山が好きです。(07·02)
　　1　とざん　　　　2　とうざん　　　3　とやま　　　　4　とうやま

3　彼はいたずらをしたと正直に認めた。(07)
　　1　しょうちょく　2　しょうじき　　3　せいちょく　　4　せいじき

4　あの家は老人と子どもばかりで働ける人がいない。(98)
　　1　ろうにん　　　2　ろにん　　　　3　ろうじん　　　4　ろじん

5　カードをみんなに 5 枚ずつ渡した。(91)
　　1　かした　　　　2　おとした　　　3　だした　　　　4　わたした

6　彼女は電話の応対が上手だ。(02)
　　1　おうたい　　　2　おうえん　　　3　おうよう　　　4　おうせつ

7　試験の結果が知りたい。(02)
　　1　けっか　　　　2　けつか　　　　3　けっが　　　　4　けつが

8　成長するにつれて彼女はますます美しくなった。(03)
　　1　せいなが　　　2　ぜいなが　　　3　せいちょう　　4　ぜいちょう

9　この本には文法上の誤りが多い。(03)
　　1　いつわり　　　2　さだまり　　　3　こだわり　　　4　あやまり

10　警官は犯人に向かってピストルを発射した。(04)
　　1　ほつしゃ　　　2　ほっしゃ　　　3　はっしゃ　　　4　はつしゃ

답　1 ④　2 ①　3 ②　4 ③　5 ④　6 ①　7 ①　8 ③　9 ④　10 ③

콕콕 기출 문제 14 한자읽기 / 10

問題1 ＿＿＿の言葉の読み方として最もよいものを、1・2・3・4から一つ選びなさい。

1 おおぜいの留学生（りゅうがくせい）が集会（しゅうかい）に参加（さんか）して意見（いけん）を交換（こうかん）した。 (98)
 1 るうがくせい 2 りょうがくせい 3 るいがくせい 4 りゅうがくせい

2 敵（てき）を防（ふせ）いで国を守（まも）ることが大事（だいじ）です。 (94)
 1 しばる 2 まもる 3 かぶる 4 はかる

3 軽（に）い荷物（にもつ）だから、預（あず）けないで持って行きます。 (97)
 1 かるい 2 やすい 3 やさしい 4 うすい

4 俳優（はいゆう）はみな熱演した。 (00)
 1 きょうえん 2 めいえん 3 ねつえん 4 こうえん

5 ぼくの部屋（へや）は毎日掃除するからきれいだ。 (99)
 1 しょうじょ 2 しょうじ 3 そうじょ 4 そうじ

6 駐車場（ちゅうしゃじょう）の車が歩行者（ほこうしゃ）の通行を妨（さまた）げている。 (01)
 1 こつう 2 こうつう 3 つこう 4 つうこう

7 漢字（かんじ）を覚（おぼ）えるのに何かいい工夫はありませんか。 (95)
 1 くふう 2 くうふ 3 こうふ 4 こうふう

8 あの弁護士（べんごし）はたくさんの事件を引（ひ）き受（う）けている。 (06)
 1 じけん 2 じこ 3 じたい 4 じじょう

9 赤字（あかじ）は3兆（おくえん）2583億円に達（たっ）した。 (03)
 1 ちゅう 2 ちゅ 3 ちょう 4 ちょ

10 歌舞伎（かぶき）は日本を代表（だいひょう）する芸能の一つである。 (05)
 1 きのう 2 ぎのう 3 けいのう 4 げいのう

답 1④ 2② 3① 4③ 5④ 6④ 7① 8① 9③ 10④

콕콕 기출 문제 15 한자읽기 　　　　　　　　　　　　　　　　　　　　　　　　　　　　　/ 10

問題 1 ＿＿＿＿＿の言葉の読み方として最もよいものを、1・2・3・4から一つ選びなさい。

① 父は私が日本へ行くことに<u>賛成</u>です。 (99)
　1　さんせ　　　　2　さんせい　　　3　さぜい　　　　4　さっせい

② 赤ん坊が寝ているから、<u>静かに</u>してください。 (99)
　1　やわらかに　　2　あたたかに　　3　たしかに　　　4　しずかに

③ あの人はパンの製造<u>販売</u>をやっている。 (02)
　1　はつばい　　　2　はんばい　　　3　ばくばい　　　4　ばいばい

④ <u>万一</u>のときのために貯金をしています。 (98)
　1　まんいち　　　2　ばんいち　　　3　まいち　　　　4　ばいち

⑤ 向こうの山に<u>雲</u>がかかってきました。あしたは雨でしょう。 (01)
　1　にじ　　　　　2　くも　　　　　3　ゆき　　　　　4　しも

⑥ 米は外国から<u>供給</u>を受けていない。 (95)
　1　きゅうきゅう　2　きゅうきょう　3　きょうきゅう　4　きょうきょう

⑦ 先生は試験に鉛筆の使用を<u>認めた</u>。 (03・94)
　1　とどめた　　　2　つとめた　　　3　まとめた　　　4　みとめた

⑧ 今年はいねの<u>実り</u>が悪かった。 (94)
　1　みのり　　　　2　いのり　　　　3　あまり　　　　4　はやり

⑨ 彼がその申し出を断ったのには<u>言い難い</u>事情があった。 (05)
　1　いいかたい　　2　いいがたい　　3　いいつらい　　4　いいづらい

⑩ 彼は３年<u>連続</u>してチャンピオンになった。 (04)
　1　れんぞく　　　2　れんそく　　　3　れいぞく　　　4　れいそく

답 1② 2④ 3② 4① 5② 6③ 7④ 8① 9② 10①

콕콕 기출 문제 16 한자읽기 / 10

問題 1 ＿＿＿＿＿の言葉の読み方として最もよいものを、1・2・3・4から一つ選びなさい。

1　まるで物語のようにおもしろいできごとだ。(01)
　1　ものがたり　　2　ものかだり　　3　ものかったり　　4　ものかたり

2　山田さんは無理をしすぎて、ついに倒れた。(98)
　1　おされた　　2　ひかれた　　3　たおれた　　4　かくれた

3　アメリカのような広い所では機械で畑を耕すそうだ。(94)
　1　もたらす　　2　ついやす　　3　かわかす　　4　たがやす

4　東京では、8月の初めごろが暑さの頂上です。(90)
　1　ちょうしょう　　2　ちょうじょう　　3　しょうじょう　　4　じょうしょう

5　きのう書店で著者のサイン入りの本を買った。(09·93)
　1　ちょしゃ　　2　ちょっしゃ　　3　ひしゃ　　4　ひっしゃ

6　父は会社の職場対抗野球試合で最優秀投手に選ばれた。(96)
　1　しきば　　2　しきじょう　　3　しょくば　　4　しょくじょう

7　難しい問題を手ぎわよく処理する。(01)
　1　しょり　　2　しょち　　3　そり　　4　そち

8　あの人は鋭い目でじっとにらんでいる。(97)
　1　するどい　　2　こまかい　　3　かたい　　4　ほそい

9　川に鉄橋をかける工事が行われている。(06)
　1　てっきょ　　2　てつきょ　　3　てっきょう　　4　てつきょう

10　彼女は昨日テレビで講演した。(05)
　1　ぎろん　　2　ぎえん　　3　こうろん　　4　こうえん

답　1① 2③ 3④ 4② 5① 6③ 7① 8① 9③ 10④

콕콕 기출 문제 17 한자읽기 　　　　　　　　　/ 10

問題 1 ＿＿＿の言葉の読み方として最もよいものを、1・2・3・4から一つ選びなさい。

1　その小説の舞台は合衆国の南部になっている。(07)
　　1　ぶだい　　　2　ぶたい　　　3　まいだい　　　4　まいたい

2　あの人の観察はじつにするどいね。(02·92)
　　1　かんさつ　　2　けんさつ　　3　かんさい　　　4　けんさい

3　私たちは公害を防ぐ努力をすべきだ。(08)
　　1　こうかい　　2　こうがい　　3　ごうかい　　　4　ごうがい

4　この本を出版するのに多くの人々が協力してくれた。(09)
　　1　きょりょく　2　どりょく　　3　どうりょく　　4　きょうりょく

5　かばんを四割引きで売っている。(91)
　　1　しわりひき　2　よんわりびき　3　よわりひき　　4　よつわりびき

6　彼女は年齢よりずっと若く見える。(07)
　　1　ねんれん　　2　ねんりん　　3　ねんりょう　　4　ねんれい

7　今度の試験に受かる可能性は全然ありません。(00)
　　1　かんのうせい　2　かのうせい　3　かんのうしょう　4　かのうしょう

8　教師は彼女の才能を正しく評価した。(02)
　　1　へいち　　　2　ひょうち　　3　へいか　　　　4　ひょうか

9　雨が降らないために地面の乾燥が進んでいる。(08)
　　1　けんぞう　　2　けんそう　　3　かんぞう　　　4　かんそう

10　この政党から総理大臣が出たことはない。(03)
　　1　たいしん　　2　たいじん　　3　だいじん　　　4　だいしん

답　1② 2① 3② 4④ 5② 6④ 7② 8④ 9④ 10③

콕콕 기출 문제 18 **한자읽기**　　　　　　　　　　　　　　　　　　　　　/ 10

問題 1 　＿＿＿　の言葉の読み方として最もよいものを、1・2・3・4から一つ選びなさい。

1 いつでもご都合のよい時においでください。(95·92)
　　1 とごう　　　2 とあい　　　3 つごう　　　4 つあい

2 さむいのでセーターを二枚重ねて着た。(07·95·90)
　　1 たばねて　　2 つらねて　　3 おもねて　　4 かさねて

3 予想とは逆に、彼は落選した。(96)
　　1 きゃく　　　2 きょく　　　3 ぎゃく　　　4 ぎょく

4 けんかの原因は、ほんの小さなことでした。(04·91)
　　1 げんいん　　2 げいいん　　3 げにん　　　4 げいん

5 動物園に連れて行ってやると子供に約束した。(92)
　　1 やくそく　　2 やっそく　　3 やくぞく　　4 やっぞく

6 十分に休息をとってください。(07)
　　1 きゅうそく　2 きゅうよう　3 きゅうけい　4 きゅうか

7 その原稿はすでに出版の用意ができている。(09)
　　1 しゅつはん　2 しゅつへん　3 しゅっぱん　4 しゅつぺん

8 彼はそのことを自分ひとりで判断するだけの知恵があった。(03)
　　1 しけい　　　2 しえ　　　　3 ちけい　　　4 ちえ

9 その事件は悲劇的な結末を迎えた。(04)
　　1 きげき　　　2 ひげき　　　3 こうげき　　4 しょうげき

10 友達はみんな、ぼくを応援してくれたんだよ。(06)
　　1 しえん　　　2 しんえん　　3 おえん　　　4 おうえん

답　1③　2④　3③　4①　5①　6①　7③　8④　9②　10④

問題 ❷
표기

1. 표기 기출 2017~2010년
2. 표기 기출 2009~1990년

① 표기 기출 2017~2010년

問題2 표기는 문자・어휘 32문제 중 5문제가 출제됩니다. 비슷한 한자에 유의하여 학습하는 것이 중요합니다.

2017

- 荒い (あらい) 거칠다
- 永久 (えいきゅう) 영구
- 好調 (こうちょう) 호조
- 凍る (こおる) 얼다
- 在籍 (ざいせき) 재적
- 従う (したがう) 따르다
- 救う (すくう) 구하다
- 討論 (とうろん) 토론
- 福祉 (ふくし) 복지
- 領収書 (りょうしゅうしょ) 영수증

2016

- 簡潔だ (かんけつだ) 간결하다
- 硬貨 (こうか) 동전
- 焦げる (こげる) 눋다, 타다
- 快く (こころよく) 흔쾌히, 기분 좋게
- 参照 (さんしょう) 참조
- 症状 (しょうじょう) 증상
- 製造 (せいぞう) 제조
- 保証 (ほしょう) 보증
- 招く (まねく) 초대하다, 불러오다
- 催し (もよおし) 모임, 주최, 회합

2015

- 鮮やかだ (あざやかだ) 선명하다, 또렷하다
- 争う (あらそう) 다투다, 경쟁하다
- 腕 (うで) 팔
- 驚かせる (おどろかせる) 놀래키다
- 距離 (きょり) 거리
- 講師 (こうし) 강사
- 混乱 (こんらん) 혼란
- 指摘 (してき) 지적
- 順調だ (じゅんちょうだ) 순조롭다
- 恵まれる (めぐまれる) (좋은 환경의) 혜택을 받다, 풍족함을 누리다

2014

- 援助(えんじょ) 원조
- 劣る(おと る) 뒤떨어지다
- 詳しい(くわ しい) 자세하다
- 逆らう(さか らう) 거역하다
- 湿っぽい(しめ っぽい) 축축하다
- 接続(せつぞく) 접속
- 批判(ひはん) 비판
- 拾う(ひろ う) 줍다
- 面倒だ(めんどう だ) 귀찮다
- 破れる(やぶ れる) (봉투 등이) 찢어지다

2013

- 傾く(かたむ く) 치우치다, 기울다
- 寄付(き ふ) 기부
- 削る(けず る) 깎다, 삭감하다
- 講義(こう ぎ) 강의
- 招待(しょうたい) 초대
- 真剣だ(しんけん だ) 진지하다
- 責める(せ める) 탓하다, 책망하다
- 即座に(そく ざ に) 즉각
- 努める(つと める) 노력하다, 힘쓰다
- 果たす(は たす) (역할, 임무 등을) 완수하다

2012

- 扱う(あつか う) 다루다, 취급하다
- 勢い(いきお い) 기세
- 至る(いた る) (~에) 이르다
- 訪れる(おとず れる) 방문하다, (철이) 찾아오다
- 肩(かた) 어깨
- 収穫(しゅうかく) 수확
- 積極的だ(せっきょくてき だ) 적극적이다
- 組織(そ しき) 조직
- 抵抗(ていこう) 저항
- 導く(みちび く) 인도하다

2011

- 与(あた)える 주다
- 管理(かんり) 관리
- 誘(さそ)う (같이 하길) 권하다
- 象徴(しょうちょう) 상징
- 属(ぞく)する (단체에) 속하다
- 登録(とうろく) 등록
- 討論(とうろん) 토론
- 激(はげ)しい 격하다, 심하다
- 福祉(ふくし) 복지
- 変更(へんこう) 변경

2010

- 焦(あせ)る 초조해하다
- 運賃(うんちん) 운임
- 開催(かいさい) 개최
- 暮(く)らす 살다, 생활하다
- 撮影(さつえい) 촬영
- 出世(しゅっせ) 출세
- 頼(たよ)り 의지
- 伝統(でんとう) 전통
- 乱(みだ)れる 흐트러지다
- 礼儀(れいぎ) 예의

콕콕 기출 문제 01 표기   / 10

問題2 ＿＿＿の言葉を漢字で書くとき、最もよいものを、1・2・3・4から一つ選びなさい。

1 昨日のイベントの出足(であし)はこうちょうだった。(17)
　1　好調　　　　　2　快調　　　　　3　好長　　　　　4　快長

2 われわれは田中夫妻(たなかふさい)をパーティーにまねいた。(16)
　1　招いた　　　　2　請いた　　　　3　沼いた　　　　4　清いた

3 ここからその町まではかなりのきょりがある。(15)
　1　踞離　　　　　2　踞理　　　　　3　距離　　　　　4　距理

4 彼の英語の語彙力(ごいりょく)は彼女よりかなりおとっている。(14)
　1　悪って　　　　2　負って　　　　3　劣って　　　　4　乏って

5 彼はめんどうな仕事を引き受けてしまった。(14)
　1　免到　　　　　2　免倒　　　　　3　面到　　　　　4　面倒

6 彼はその問題にしんけんに取り組んでいる。(13)
　1　信険　　　　　2　信剣　　　　　3　真険　　　　　4　真剣

7 世界じゅういたるところで日本の製品(せいひん)を目にすることができる。(12)
　1　至る　　　　　2　及る　　　　　3　満たる　　　　4　総る

8 A監督(かんとく)がチームを優勝(ゆうしょう)にみちびいてくれた。(12)
　1　招いて　　　　2　導いて　　　　3　誘いて　　　　4　伴いて

9 委員たちは教育問題に関してとうろんした。(17-11)
　1　討論　　　　　2　討諭　　　　　3　投論　　　　　4　投諭

10 私は両親と弟といっしょにくらしている。(10)
　1　暮らして　　　2　募らして　　　3　墓らして　　　4　暮らして

답 1① 2① 3③ 4③ 5④ 6④ 7① 8② 9① 10④

콕콕 기출 문제 02 표기 / 10

問題2 ＿＿＿の言葉を漢字で書くとき、最もよいものを、1・2・3・4から一つ選びなさい。

1 その医師が彼女の命をすくった。(17)
　　1　治った　　　2　助った　　　3　救った　　　4　療った

2 彼女はその真珠が本物であるとほしょうした。(16)
　　1　俣償　　　2　俣証　　　3　保償　　　4　保証

3 彼はその大学に専任こうしとして招かれた。(15)
　　1　構師　　　2　構士　　　3　講師　　　4　講士

4 くわしいことは後でお知らせします。(14)
　　1　許しい　　　2　討しい　　　3　詳しい　　　4　評しい

5 ズボンのお尻のところがやぶれてしまった。(14)
　　1　削れて　　　2　破れて　　　3　割れて　　　4　被れて

6 そんなささいなことで彼女をせめることはない。(13)
　　1　責める　　　2　憎める　　　3　怒める　　　4　疑める

7 やがて暖かい日がおとずれるだろう。(12)
　　1　参れる　　　2　往れる　　　3　訪れる　　　4　伺れる

8 もう一度チャンスをあたえてください。(11)
　　1　授えて　　　2　与えて　　　3　贈えて　　　4　供えて

9 その島では何か月もはげしい戦いが続いた。(11)
　　1　暴しい　　　2　極しい　　　3　激しい　　　4　険しい

10 その映画は一部パリでさつえいされた。(10)
　　1　録映　　　2　撮映　　　3　録影　　　4　撮影

답　1③　2④　3③　4③　5②　6①　7③　8②　9③　10④

콕콕 기출 문제 03 표기　　　　/ 10

問題2 ＿＿＿の言葉を漢字で書くとき、最もよいものを、1・2・3・4から一つ選びなさい。

1　王の即位10周年を祝うもよおしが開かれた。(16)
　　1　表し　　　　2　養し　　　　3　催し　　　　4　記し

2　彼女は私が言ったことをこころよく思っていないらしい。(16)
　　1　厳く　　　　2　快く　　　　3　良く　　　　4　潔く

3　その大統領選挙では多少のこんらんがあった。(15)
　　1　困難　　　　2　困乱　　　　3　混難　　　　4　混乱

4　うちの息子は親にさからってばかりだ。(14)
　　1　逆らって　　2　敵らって　　3　拒って　　　4　争って

5　この部屋の床は入り口の方へわずかにかたむいている。(13)
　　1　頃いて　　　2　傾いて　　　3　倒いて　　　4　到いて

6　彼女は彼の誘いをそくざに断った。(13)
　　1　速差に　　　2　即差に　　　3　速座に　　　4　即座に

7　かたをたたかれて振り返ったら上司だった。(12)
　　1　腰　　　　　2　腹　　　　　3　背　　　　　4　肩

8　政府は一定の食物の輸入をかんりしている。(11)
　　1　管理　　　　2　管利　　　　3　官理　　　　4　官利

9　何よりも国民のふくしの充実をはかるべきだ。(11)
　　1　福施　　　　2　福祉　　　　3　副施　　　　4　副祉

10　彼女は会社でのしゅっせが早かった。(10)
　　1　出世　　　　2　出成　　　　3　昇世　　　　4　昇成

답　1③　2②　3④　4①　5②　6④　7④　8①　9②　10①

콕콕 기출 문제 04 표기　　　　　　　　　　　　　　　　　　/ 10

問題2 ＿＿＿の言葉を漢字で書くとき、最もよいものを、1・2・3・4から一つ選びなさい。

1 君のことはえいきゅうに忘れない。(17)
　　1　延久　　　　2　永遠　　　　3　永久　　　　4　延遠

2 この自動販売機は５００円こうかが使えます。(16)
　　1　硬貨　　　　2　硬貸　　　　3　堅貨　　　　4　堅貸

3 彼女の結婚式の日のことを今でもあざやかに覚えている。(15)
　　1　健やかに　　2　明やかに　　3　確やかに　　4　鮮やかに

4 部屋の中がしめっぽい。(14)
　　1　泡っぽい　　2　汚っぽい　　3　湿っぽい　　4　汗っぽい

5 彼女は出身校に多額（たがく）のお金をきふした。(13)
　　1　寄符　　　　2　寄付　　　　3　貴符　　　　4　貴付

6 私は早寝早起き（はやねはやお）をするようつとめている。(13)
　　1　志めて　　　2　勧めて　　　3　労めて　　　4　努めて

7 今年の米のしゅうかくは今までで最高だった。(12)
　　1　収得　　　　2　収穫　　　　3　集得　　　　4　集穫

8 私は誕生パーティーに友達を５人さそっている。(11)
　　1　勧って　　　2　招って　　　3　誘って　　　4　請って

9 会議は１時から３時にへんこうになった。(11)
　　1　変替　　　　2　変換　　　　3　変改　　　　4　変更

10 彼は困ったときにとてもたよりになる。(10)
　　1　任り　　　　2　頼り　　　　3　依り　　　　4　授り

답　1③　2①　3④　4③　5②　6④　7②　8③　9④　10②

콕콕 기출 문제 05 표기　　　　　　　　　　　　　　　　　　　　　/ 10

問題2　____の言葉を漢字で書くとき、最もよいものを、1・2・3・4から一つ選びなさい。

1 すべての市民は<u>ふくし</u>サービスが受けられます。(17)
　　1　複祉　　　　2　複利　　　　3　福祉　　　　4　福利

2 彼らは建物の所有権をめぐって裁判で<u>あらそって</u>いる。(15)
　　1　争って　　　2　戦って　　　3　荒って　　　4　競って

3 <u>じゅんちょう</u>にいけば、1時間で着きます。(15)
　　1　順彫　　　　2　順調　　　　3　訓彫　　　　4　訓調

4 この列車は路線バスとの<u>せつぞく</u>が悪い。(14)
　　1　接属　　　　2　接続　　　　3　設属　　　　4　設続

5 この部分を5行ほど<u>けずって</u>ください。(13)
　　1　縮って　　　2　減って　　　3　略って　　　4　削って

6 自動車産業はこの市の経済にきわめて重要な役割を<u>はたして</u>いる。(13)
　　1　果たして　　2　務たして　　3　担たして　　4　任たして

7 彼女はボランティア活動に<u>せっきょくてき</u>に参加している。(12)
　　1　責局的　　　2　積局的　　　3　責極的　　　4　積極的

8 オリンピックの旗は5大陸を<u>しょうちょう</u>している。(11)
　　1　像徴　　　　2　象微　　　　3　象徴　　　　4　像微

9 パソコンが立ち上がらないので、<u>あせって</u>しまった。(10)
　　1　競って　　　2　暴って　　　3　焦って　　　4　騒って

10 わが校の野球部は長い<u>でんとう</u>がある。(10)
　　1　伝統　　　　2　伝達　　　　3　伝承　　　　4　伝授

답 1③ 2① 3② 4② 5④ 6① 7④ 8③ 9③ 10①

콕콕 기출 문제 06 표기   / 10

問題2 ＿＿＿の言葉を漢字で書くとき、最もよいものを、1・2・3・4から一つ選びなさい。

1 これの<u>りょうしゅうしょ</u>をください。(17)
　1 領収書　　　2 領収証　　　3 領収所　　　4 領収状

2 <u>かんけつ</u>に説明してください。(16)
　1 筒潔　　　　2 筒喫　　　　3 簡潔　　　　4 簡喫

3 有名な作家と知り合いになる機会に<u>めぐまれた</u>。(15)
　1 択まれた　　2 選まれた　　3 恵まれた　　4 思まれた

4 政府はその政策に対して厳しい<u>ひはん</u>を受けた。(14)
　1 非判　　　　2 非反　　　　3 批判　　　　4 批反

5 学生たちは<u>こうぎ</u>のノートをとった。(13)
　1 講議　　　　2 講義　　　　3 構議　　　　4 構義

6 この箱は丁寧に<u>あつかって</u>ください。(12)
　1 処って　　　2 拠って　　　3 吸って　　　4 扱って

7 その団体は200名で<u>そしき</u>されている。(12)
　1 祖識　　　　2 組識　　　　3 組織　　　　4 祖織

8 小林さんはそのテニスクラブに<u>ぞくして</u>いる。(11)
　1 続して　　　2 属して　　　3 族して　　　4 束して

9 来月、バス<u>うんちん</u>の値上げが予定されている。(10)
　1 運費　　　　2 運貸　　　　3 運貨　　　　4 運賃

10 踏み切り事故のため、ダイヤが大幅に<u>みだれた</u>。(10)
　1 暴れた　　　2 荒れた　　　3 破れた　　　4 乱れた

답 1① 2③ 3③ 4③ 5② 6④ 7③ 8② 9④ 10④

콕콕 기출 문제 07 표기 / 10

問題2 ＿＿＿の言葉を漢字で書くとき、最もよいものを、1・2・3・4から一つ選びなさい。

1 彼は興奮して息づかいが<u>あらく</u>なった。 (17)
　1　暴く　　　　2　荒く　　　　3　激く　　　　4　雑く

2 その大統領の暗殺は世界を<u>おどろかせた</u>。 (15)
　1　驚かせた　　2　警かせた　　3　競かせた　　4　競かせた

3 彼らは政府の<u>えんじょ</u>を受けて日本に留学している。 (14)
　1　補助　　　　2　援財　　　　3　捕財　　　　4　援助

4 彼は何かぴかぴか光っているものを<u>ひろった</u>。 (14)
　1　拾った　　　2　採った　　　3　捨った　　　4　授った

5 そのパーティーには多くの人々が<u>しょうたい</u>された。 (13)
　1　招待　　　　2　招介　　　　3　紹介　　　　4　紹待

6 激しい風の<u>いきおい</u>でたくさんの木がなぎ倒された。 (12)
　1　勢い　　　　2　乱い　　　　3　荒い　　　　4　暴い

7 それが政府に対する彼らの最後の<u>ていこう</u>だった。 (12)
　1　底抗　　　　2　抵抗　　　　3　底坑　　　　4　抵坑

8 <u>とうろく</u>するには以下の情報を記入してください。 (11)
　1　登縁　　　　2　登録　　　　3　答縁　　　　4　答録

9 次のサミットは東京で<u>かいさい</u>される。 (10)
　1　開講　　　　2　開演　　　　3　開催　　　　4　開幕

10 私は<u>れいぎ</u>正しい人が好きだ。 (10)
　1　礼儀　　　　2　礼義　　　　3　札儀　　　　4　札義

답　1②　2①　3④　4①　5①　6①　7②　8②　9③　10①

② 표기 기출 2009~1990년

1990~2009년까지의 일본어 능력시험은 현재의 시험과 달리 1~4급의 4개 급수가 있었습니다. 이 중 N2 수준으로 판단되는 것을 품사별로 정리하였습니다.

[1] 명사

☐ 相手(あいて) 상대	☐ 悪天候(あくてんこう) 악천후	☐ 誤(あやま)り 잘못, 틀림
☐ 安定(あんてい) 안정	☐ 胃(い) 위	☐ 委員会(いいんかい) 위원회
☐ 勢(いきお)い 기세	☐ 泉(いずみ) 샘	☐ 位置(いち) 위치
☐ 一杯(いっぱい) 한 잔	☐ 移動(いどう) 이동	☐ 違反(いはん) 위반
☐ 依頼(いらい) 의뢰	☐ 入(い)り口(ぐち) 입구	☐ 岩(いわ) 바위
☐ 祝(いわ)い 축하	☐ 宇宙(うちゅう) 우주	☐ 絵(え)の具(ぐ) 그림물감
☐ 追(お)い越(こ)し 추월	☐ 横断(おうだん) 횡단	☐ 欧米(おうべい) 구미
☐ お菓子(かし) 과자	☐ ~億(おく) ~억	☐ お湯(ゆ) 뜨거운 물
☐ 温泉(おんせん) 온천	☐ 温暖化(おんだんか) 온난화	☐ ~階(かい) ~층
☐ 改札口(かいさつぐち) 개찰구	☐ 開封(かいふう) 개봉	☐ 回復(かいふく) 회복
☐ ~限(かぎ)り ~만, ~한, ~껏	☐ 拡大(かくだい) 확대	☐ 楽器(がっき) 악기
☐ 壁(かべ) 벽	☐ 神(かみ) 신	☐ 革靴(かわぐつ) 가죽 구두
☐ 観客(かんきゃく) 관객	☐ 環境(かんきょう) 환경	☐ 関係(かんけい) 관계
☐ 関心(かんしん) 관심	☐ 乾燥(かんそう) 건조	☐ 観測(かんそく) 관측
☐ 缶詰(かんづめ) 통조림	☐ 管理(かんり) 관리	☐ 記憶(きおく) 기억
☐ 機会(きかい) 기회	☐ 危険性(きけんせい) 위험성	☐ 気候(きこう) 기후
☐ 岸(きし) 물가	☐ 貴重品(きちょうひん) 귀중품	☐ 喫茶店(きっさてん) 찻집
☐ 切符(きっぷ) 표, 티켓	☐ 機能(きのう) 기능	☐ 疑問(ぎもん) 의문
☐ 牛乳(ぎゅうにゅう) 우유	☐ 教育(きょういく) 교육	☐ 教師(きょうし) 교사
☐ 競争(きょうそう) 경쟁	☐ 共同(きょうどう) 공동	☐ 恐怖(きょうふ) 공포

☐ 協力(きょうりょく) 협력	☐ 許可(きょか) 허가	☐ 曲線(きょくせん) 곡선
☐ 議論(ぎろん) 토론, 논쟁	☐ 禁煙(きんえん) 금연	☐ 金額(きんがく) 금액
☐ 禁止(きんし) 금지	☐ 区域(くいき) 구역	☐ 薬(くすり) 약
☐ 管(くだ) 관, 대롱	☐ 具体化(ぐたいか) 구체화	☐ 訓練(くんれん) 훈련
☐ 経営(けいえい) 경영	☐ 景気(けいき) 경기	☐ 経済(けいざい) 경제
☐ 計算(けいさん) 계산	☐ 形式(けいしき) 형식	☐ 今朝(けさ) 오늘 아침
☐ 景色(けしき) 경치	☐ 欠点(けってん) 결점	☐ 煙(けむり) 연기
☐ 原因(げんいん) 원인	☐ 健康(けんこう) 건강	☐ 検査(けんさ) 검사
☐ 研修(けんしゅう) 연수	☐ 建設(けんせつ) 건설	☐ 建築家(けんちくか) 건축가
☐ 県庁(けんちょう) 현청	☐ 幸運(こううん) 행운	☐ 公園(こうえん) 공원
☐ 公演(こうえん) 공연	☐ 効果(こうか) 효과	☐ 郊外(こうがい) 교외
☐ 高学歴(こうがくれき) 고학력	☐ 交換(こうかん) 교환	☐ 工場(こうじょう) 공장
☐ 構造(こうぞう) 구조	☐ 交通(こうつう) 교통	☐ 行動(こうどう) 행동
☐ 鉱物(こうぶつ) 광물	☐ 国際(こくさい) 국제	☐ 腰(こし) 허리
☐ 骨折(こっせつ) 골절	☐ 小麦(こむぎ) 밀	☐ ～歳(さい) ～세, ～살
☐ 最高(さいこう) 최고	☐ 最低(さいてい) 최저	☐ 才能(さいのう) 재능
☐ 財布(さいふ) 지갑	☐ 採用(さいよう) 채용	☐ 坂(さか) 언덕
☐ 昨日(さくじつ) 어제	☐ 酒(さけ) 술	☐ 雑誌(ざっし) 잡지
☐ 参加(さんか) 참가	☐ 散歩(さんぽ) 산책	☐ 寺院(じいん) 사원
☐ 資格(しかく) 자격	☐ 式(しき) 식	☐ 四捨五入(ししゃごにゅう) 사사오입, 반올림
☐ 自信(じしん) 자신	☐ 実現(じつげん) 실현	☐ 湿度(しつど) 습도
☐ 失敗(しっぱい) 실패, 실수	☐ 指導(しどう) 지도	☐ 児童(じどう) 아동
☐ 事務所(じむしょ) 사무실	☐ 借金(しゃっきん) 빚	☐ 周囲(しゅうい) 주위
☐ 就職(しゅうしょく) 취직	☐ 周辺(しゅうへん) 주변	☐ 重量(じゅうりょう) 중량
☐ 宿泊(しゅくはく) 숙박	☐ 手術(しゅじゅつ) 수술	☐ 首相(しゅしょう) 수상
☐ 手段(しゅだん) 수단	☐ 出版社(しゅっぱんしゃ) 출판사	☐ 準備(じゅんび) 준비

☐ 紹介 (しょうかい) 소개	☐ 蒸気 (じょうき) 증기	☐ 状況 (じょうきょう) 상황
☐ 条件 (じょうけん) 조건	☐ 乗車券 (じょうしゃけん) 승차권	☐ 招待 (しょうたい) 초대
☐ 承認 (しょうにん) 승인	☐ 蒸発 (じょうはつ) 증발	☐ 消費者 (しょうひしゃ) 소비자
☐ 消防署 (しょうぼうしょ) 소방서	☐ 将来 (しょうらい) 장래	☐ 省略 (しょうりゃく) 생략
☐ 植物 (しょくぶつ) 식물	☐ 食欲 (しょくよく) 식욕	☐ 女優 (じょゆう) 여배우
☐ 進出 (しんしゅつ) 진출	☐ 深夜 (しんや) 심야	☐ 森林 (しんりん) 삼림
☐ 水滴 (すいてき) 물방울	☐ 生活 (せいかつ) 생활	☐ 世紀 (せいき) 세기
☐ 請求 (せいきゅう) 청구	☐ 税金 (ぜいきん) 세금	☐ 政治 (せいじ) 정치
☐ 成績 (せいせき) 성적	☐ 製造 (せいぞう) 제조	☐ 生徒 (せいと) 학생
☐ 性能 (せいのう) 성능	☐ 製品 (せいひん) 제품	☐ 成分 (せいぶん) 성분
☐ 性別 (せいべつ) 성별	☐ 設計 (せっけい) 설계	☐ 節約 (せつやく) 절약
☐ 背中 (せなか) 등	☐ 全額 (ぜんがく) 전액	☐ 選手 (せんしゅ) 선수
☐ 戦争 (せんそう) 전쟁	☐ 増加 (ぞうか) 증가	☐ 総人口 (そうじんこう) 총인구
☐ 想像 (そうぞう) 상상	☐ 装置 (そうち) 장치	☐ 底 (そこ) 밑바닥
☐ 祖父 (そふ) 할아버지	☐ 尊敬 (そんけい) 존경	☐ 存在 (そんざい) 존재
☐ 大成功 (だいせいこう) 대성공	☐ 大陸 (たいりく) 대륙	☐ 畳 (たたみ) 다다미
☐ 谷 (たに) 계곡	☐ 卵 (たまご) 계란	☐ 団体 (だんたい) 단체
☐ 遅刻 (ちこく) 지각	☐ 地帯 (ちたい) 지대	☐ 駐車場 (ちゅうしゃじょう) 주차장
☐ 注目 (ちゅうもく) 주목	☐ 超過 (ちょうか) 초과	☐ 頂点 (ちょうてん) 정점
☐ 貯金 (ちょきん) 저금	☐ 直接 (ちょくせつ) 직접	☐ 追加 (ついか) 추가
☐ 疲れ (つかれ) 피로	☐ 同時 (どうじ) 동시	☐ 到着 (とうちゃく) 도착
☐ 盗難 (とうなん) 도난	☐ 波 (なみ) 파도	☐ 涙 (なみだ) 눈물
☐ 荷物 (にもつ) 짐	☐ 歯 (は) 이(빨)	☐ 灰色 (はいいろ) 회색
☐ 拍手 (はくしゅ) 박수	☐ 発刊 (はっかん) 발간	☐ 発展 (はってん) 발전
☐ 発売 (はつばい) 발매	☐ 破片 (はへん) 파편	☐ 販売 (はんばい) 판매
☐ 被害 (ひがい) 피해	☐ ～匹 (ひき) ～마리	☐ 皮膚 (ひふ) 피부

☐ 表現(ひょうげん) 표현	☐ 夫婦(ふうふ) 부부	☐ 普及(ふきゅう) 보급
☐ 不況(ふきょう) 불황	☐ 付近(ふきん) 부근	☐ 物質(ぶっしつ) 물질
☐ 部品(ぶひん) 부품	☐ 変化(へんか) 변화	☐ 変更(へんこう) 변경
☐ 編集(へんしゅう) 편집	☐ 貿易(ぼうえき) 무역	☐ 報告書(ほうこくしょ) 보고서
☐ 帽子(ぼうし) 모자	☐ 宝石(ほうせき) 보석	☐ 防犯(ぼうはん) 방범
☐ 方法(ほうほう) 방법	☐ 訪問(ほうもん) 방문	☐ 法律(ほうりつ) 법률
☐ 募集(ぼしゅう) 모집	☐ 保存(ほぞん) 보존	☐ 骨(ほね) 뼈
☐ 祭り(まつり) 축제	☐ 窓(まど) 창문	☐ 万年筆(まんねんひつ) 만년필
☐ 湖(みずうみ) 호수	☐ 皆(みな) 모두	☐ 昔(むかし) 옛날
☐ 娘(むすめ) 딸	☐ 村(むら) 마을	☐ 群れ(むれ) 떼, 무리
☐ 免許(めんきょ) 면허	☐ 申し込み(もうしこみ) 신청	☐ 約束(やくそく) 약속
☐ 役割(やくわり) 역할	☐ 優勝(ゆうしょう) 우승	☐ 郵便局(ゆうびんきょく) 우체국
☐ 油断(ゆだん) 방심	☐ 輸入量(ゆにゅうりょう) 수입량	☐ 指(ゆび) 손가락
☐ 幼児(ようじ) 유아	☐ 予算(よさん) 예산	☐ 予測(よそく) 예측
☐ 理解(りかい) 이해	☐ 領収書(りょうしゅうしょ) 영수증	☐ 冷蔵庫(れいぞうこ) 냉장고
☐ 零度(れいど) 0도	☐ 輪(わ) 바퀴, 고리	☐ 割引(わりびき) 할인

[2] 동사

☐ 預ける(あずける) 맡기다	☐ 与える(あたえる) 주다	☐ 伺う(うかがう) 여쭙다
☐ 失う(うしなう) 잃다	☐ 追う(おう) 쫓다	☐ 補う(おぎなう) 보충하다
☐ 贈る(おくる) (선물) 보내다	☐ 遅れる(おくれる) 늦다, 지각하다	☐ 泳ぐ(およぐ) 수영하다
☐ 返す(かえす) 반환하다	☐ 限る(かぎる) 제한하다, 한정하다	☐ 乾く(かわく) 마르다
☐ 消える(きえる) 꺼지다	☐ 決める(きめる) 결정하다	☐ 暮らす(くらす) 생활하다
☐ 超える(こえる) 초월하다	☐ 異なる(ことなる) 다르다	☐ 断る(ことわる) 거절하다
☐ 困る(こまる) 곤란하다	☐ 転がる(ころがる) 구르다	☐ 捜す(さがす) 찾다
☐ 咲く(さく) (꽃이) 피다	☐ 叫ぶ(さけぶ) 외치다	☐ 支える(ささえる) 떠받치다

☐ 沈(しず)む 가라앉다	☐ 示(しめ)す 나타내다	☐ 進(すす)む 나아가다
☐ 座(すわ)る 앉다	☐ 倒(たお)す 쓰러뜨리다	☐ 立(た)ち去(さ)る 떠나다
☐ 達(たっ)する 도달하다	☐ 頼(たの)む 부탁하다	☐ 疲(つか)れる 지치다
☐ 続(つづ)く 계속되다	☐ 勤(つと)める 근무하다	☐ 問(と)い合(あ)わせる 문의하다
☐ 解(と)く 풀다	☐ 整(ととの)う 정돈되다	☐ 飛(と)ぶ 날다
☐ 泊(と)まる 묵다	☐ 取(と)りあげる 집어들다, 채택하다	☐ 流(なが)れる 흐르다
☐ 慣(な)れる 익숙해지다	☐ 逃(に)げる 달아나다	☐ 願(ねが)う 바라다
☐ 生(は)える (잡초, 수염 등이) 나다	☐ 省(はぶ)く 생략하다	☐ 引(ひ)き出(だ)す 꺼내다
☐ 拾(ひろ)う 줍다	☐ 広(ひろ)がる 넓어지다, 퍼지다	☐ 増(ふ)える 늘다
☐ 吹(ふ)く 불다	☐ 含(ふく)む 포함하다	☐ 防(ふせ)ぐ 방지하다
☐ 降(ふ)る 내리다	☐ 巻(ま)く 말다, 감다	☐ 増(ま)す 많아지다
☐ 招(まね)く 초대하다	☐ 守(まも)る 지키다	☐ 迷(まよ)う 헤매다
☐ 磨(みが)く 닦다	☐ 命(めい)じる・命(めい)ずる 명령하다	☐ 召(め)し上(あ)がる 드시다
☐ 用(もち)いる 사용하다	☐ 辞(や)める 그만두다	☐ 別(わか)れる 헤어지다
☐ 沸(わ)く 끓다	☐ 割(わ)れる 깨지다	

[3] い형용사

☐ 浅(あさ)い 얕다	☐ 暑(あつ)い 덥다	☐ 甘(あま)い 달콤하다
☐ 言(い)い難(がた)い 말하기 어렵다	☐ 忙(いそが)しい 바쁘다	☐ 痛(いた)い 아프다
☐ 薄(うす)い 얇다	☐ 詳(くわ)しい 상세하다	☐ 濃(こ)い 짙다
☐ 涼(すず)しい 시원하다	☐ 狭(せま)い 좁다	☐ 細(ほそ)い 가늘다
☐ 珍(めずら)しい 드물다	☐ 柔(やわ)らかい 부드럽다	☐ 若(わか)い 젊다

[4] な형용사

☐ 永遠だ 영원하다	☐ 永久だ 영구하다	☐ 快適だ 쾌적하다
☐ 逆だ 반대이다, 거꾸로이다	☐ 急速だ 급속하다	☐ 強力だ 강력하다
☐ 巨大だ 거대하다	☐ 強引だ 억지로 하다	☐ 個人的だ 개인적이다
☐ 残念だ 유감스럽다	☐ 順調だ 순조롭다	☐ 深刻だ 심각하다
☐ 心配だ 걱정스럽다	☐ 積極的だ 적극적이다	☐ 絶対的だ 절대적이다
☐ 必要だ 필요하다	☐ 皮肉だ 짓궂다, 얄궂다	☐ 複雑だ 복잡하다
☐ 明確だ 명확하다	☐ 有効だ 유효하다	☐ 豊かだ 풍요롭다
☐ 容易だ 용이하다	☐ 乱暴だ 난폭하다	

[5] 기타

☐ 一般(に) 일반(적으로)	☐ お互いに 서로	☐ 必ず 반드시
☐ 偶然 우연히	☐ 盛んに 자주, 열렬히	☐ 次第に 점차
☐ 絶えず 끊임없이	☐ 常に 항상	☐ 喜んで 기꺼이

콕콕 기출 문제 08 표기　　　　　　　　　　　　　　　　　　　　　/ 10

問題2 ＿＿＿の言葉を漢字で書くとき、最もよいものを1・2・3・4から一つ選びなさい。

1 冷たい<u>いずみ</u>に足をひたす。 (09)
　1 沓　　　　　2 湖　　　　　3 潮　　　　　4 泉

2 私に<u>こい</u>お茶を入れてください。 (08)
　1 苦い　　　　2 香い　　　　3 深い　　　　4 濃い

3 それはあなたの<u>こじんてき</u>な意見にすぎない。 (07)
　1 独人的　　　2 単人的　　　3 個人的　　　4 自人的

4 彼はその事故で右腕を<u>こっせつ</u>した。 (09)
　1 骨折　　　　2 肯切　　　　3 骨切　　　　4 肯折

5 列車の中で<u>さいふ</u>を盗まれた。 (09)
　1 財袋　　　　2 材布　　　　3 財布　　　　4 材袋

6 うちの子はまだ小学校の<u>せいと</u>です。 (07)
　1 生従　　　　2 生徒　　　　3 制徒　　　　4 制従

7 われわれは<u>めいかく</u>な答えを要求している。 (08)
　1 明確　　　　2 命確　　　　3 明雑　　　　4 命雑

8 戦争が再び起きないことを<u>つね</u>に願っています。 (08)
　1 等に　　　　2 常に　　　　3 主に　　　　4 毎に

9 成長するにつれて彼は知恵を<u>ました</u>。 (07)
　1 憎した　　　2 僧した　　　3 増した　　　4 贈した

10 腕を<u>みがく</u>には一生懸命練習しなければならない。 (07)
　1 磨く　　　　2 触く　　　　3 照く　　　　4 炊く

답　1④　2④　3③　4①　5③　6②　7①　8②　9③　10①

콕콕 기출 문제 09 표기   / 10

問題2 ＿＿＿の言葉を漢字で書くとき、最もよいものを１・２・３・４から一つ選びなさい。

1　法案が法律化する前に知事のしょうにんが必要です。 (08)
　　1　承任　　　　2　承認　　　　3　丞任　　　　4　丞認

2　その大会では、みんな活発に意見をこうかんしました。 (92)
　　1　交代　　　　2　交変　　　　3　交換　　　　4　交替

3　彼には、神のようなぜったいてきな存在がある。 (99)
　　1　絶体的な　　2　絶対的な　　3　総体的な　　4　総対的な

4　国会で予算いいんかいが開かれています。 (08)
　　1　季員会　　　2　禿員会　　　3　委員会　　　4　秀員会

5　今日、町でめずらしい形の自動車を見た。 (03・92)
　　1　珍しい　　　2　奇しい　　　3　異しい　　　4　妙しい

6　彼女はぼうしをかぶったままで座っていた。 (09)
　　1　帽支　　　　2　帽子　　　　3　冒支　　　　4　冒子

7　なるべく自動かいさつぐちを利用してください。 (00・92)
　　1　開礼口　　　2　改礼口　　　3　開札口　　　4　改札口

8　家の近くに大きなしんりん公園があります。 (99・92)
　　1　森林　　　　2　深林　　　　3　樹林　　　　4　山林

9　イギリスのしゅしょうは来月日本を訪問します。 (05)
　　1　首相　　　　2　首正　　　　3　首政　　　　4　首省

10　2人の選手は試合の後でおたがいに握手をした。 (05)
　　1　お共いに　　2　お協いに　　3　お互いに　　4　お双いに

답　1② 2③ 3② 4③ 5① 6② 7④ 8① 9① 10③

콕콕 기출 문제 10 표기　　　　　　　　　　　　　　　　　　　　　　　/ 10

問題2 ＿＿＿の言葉を漢字で書くとき、最もよいものを1・2・3・4から一つ選びなさい。

1 イギリス英語はアメリカ英語といろいろな点でことなります。(09)
　　1　異なります　　2　差なります　　3　違なります　　4　反なります

2 この道で80キロ以上で走れば、スピードいはんになる。(96)
　　1　位反　　2　以反　　3　異反　　4　違反

3 ゆうしょうをめざしてがんばりましょう。(97)
　　1　勇賞　　2　優勝　　3　勇勝　　4　優賞

4 弟はぶひんを買い集めて、ラジオを組み立てた。(98・92)
　　1　物品　　2　物分　　3　部品　　4　部分

5 学生わりびきはありますか。(02)
　　1　福引　　2　取引　　3　割引　　4　差引

6 あの会社はけいえいが上手なので、どんどん大きくなりました。(02・94)
　　1　経衛　　2　経営　　3　経栄　　4　経永

7 きのうの東京公演はだいせいこうだった。(90)
　　1　大精巧　　2　大勢興　　3　大盛況　　4　大成功

8 そのうるさい音楽を聞くと、いつも頭がいたくなる。(08・97)
　　1　疲く　　2　疫く　　3　病く　　4　痛く

9 彼は約束の時間に10分おくれた。(03)
　　1　遅れた　　2　滞れた　　3　留れた　　4　延れた

10 鳥がむれをなして湖にやって来た。(06)
　　1　団れ　　2　族れ　　3　群れ　　4　組れ

답　1①　2④　3②　4③　5③　6②　7④　8④　9①　10③

콕콕 기출 문제 11 표기   / 10

問題2 ＿＿＿の言葉を漢字で書くとき、最もよいものを1・2・3・4から一つ選びなさい。

1 宝くじに当たるなんて、あなたはこううんだ。⁽⁹⁷⁾
1　向運　　　2　高運　　　3　幸運　　　4　厚運

2 とうとう意識をかいふくすることがなかった。^(04·91)
1　回複　　　2　回復　　　3　解複　　　4　解復

3 こんな楽しい時がえいえんに続くといいのに。⁽⁹⁸⁾
1　永延　　　2　永遠　　　3　氷延　　　4　氷遠

4 警察は彼の家をさがして凶器を見つけ出そうとした。⁽⁰⁷⁾
1　捜して　　2　査して　　3　検して　　4　測して

5 政府は国民生活のあんていを図らなければならない。⁽⁹²⁾
1　安定　　　2　安底　　　3　安程　　　4　安低

6 くだを2本つないでください。⁽⁹²⁾
1　筒　　　　2　簡　　　　3　管　　　　4　箱

7 私は学生時代に楽しいきおくがある。⁽⁹³⁾
1　記憶　　　2　記憶　　　3　気億　　　4　気憶

8 生まれた時からずっとここでくらしている。⁽⁹⁵⁾
1　幕らして　2　莫らして　3　草らして　4　暮らして

9 株価は下がる一方だろうと専門家はかんそくしている。^(04·97)
1　観測　　　2　観則　　　3　歓測　　　4　歓則

10 あくてんこうのため出発できなかった。⁽⁰³⁾
1　悪天航　　2　悪天候　　3　悪天向　　4　悪天荒

답 1③ 2② 3② 4① 5① 6③ 7② 8④ 9① 10②

콕콕 기출 문제 12 표기　　　　　　　　　/ 10

問題2 　　　　の言葉を漢字で書くとき、最もよいものを1・2・3・4から一つ選びなさい。

① きのうの時点で判断にあやまりがあったようだ。(09)
　　1　限り　　　2　誤り　　　3　残り　　　4　余り

② しつどの高い日は不愉快です。(08)
　　1　汗度　　　2　汚度　　　3　清度　　　4　湿度

③ 未成年者の喫煙はほうりつで禁じられている。(09)
　　1　法立　　　2　放立　　　3　法律　　　4　放律

④ ピカソは20せいき最大の画家である。(96)
　　1　西紀　　　2　星紀　　　3　世紀　　　4　省紀

⑤ かべの穴にねずみが1匹逃げ込むのが見えた。(07)
　　1　底　　　　2　壁　　　　3　奥　　　　4　床

⑥ これはらんぼうに扱わないでください。(08)
　　1　乱爆　　　2　乱暴　　　3　舌爆　　　4　舌暴

⑦ 祭りではきょだいな鍋で500人分のうどんを作った。(07)
　　1　巨大　　　2　過大　　　3　偉大　　　4　絶大

⑧ 彼は友人の妹とふうふになった。(05)
　　1　婦夫　　　2　妻夫　　　3　夫婦　　　4　夫妻

⑨ 新しい校舎の建設場所についてぎろんが行われている。(03)
　　1　議諭　　　2　議論　　　3　儀諭　　　4　儀論

⑩ けいしき的ですが、一応ここにサインをしてください。(03)
　　1　刑式　　　2　刑弌　　　3　形式　　　4　形弌

답　1② 2④ 3③ 4③ 5② 6② 7① 8③ 9② 10③

콕콕 기출 문제 13 표기 　　　　　　　　　　　　　　　　　/ 10

問題2 ＿＿＿の言葉を漢字で書くとき、最もよいものを1・2・3・4から一つ選びなさい。

1 今の写真はしっぱいしましたから、もう一度とります。 (02・94)
　1 失配　　　2 失敗　　　3 矢配　　　4 矢敗

2 彼はいつもゆたかな心を持つよう心掛けている。 (95)
　1 富かな　　2 福かな　　3 豊かな　　4 幸かな

3 排気口からしきりにじょうきが上っている。 (09)
　1 蒸気　　　2 昇気　　　3 暑気　　　4 乗気

4 しょうぼうしょでは、昨夜の火事の原因を調査している。 (07)
　1 消妨著　　2 消防著　　3 消妨署　　4 消防署

5 彼は誕生日の贈り物にカメラをくれるとやくそくした。 (99)
　1 約束　　　2 約策　　　3 役束　　　4 役策

6 きっぷを買う行列は５０メートルもつづいた。 (07・98)
　1 縁いた　　2 続いた　　3 経いた　　4 継いた

7 通りすぎる車が看板をたおした。 (08)
　1 倒した　　2 致した　　3 到した　　4 至した

8 台風で農作物はおおきなひがいを受けた。 (02)
　1 彼害　　　2 破害　　　3 波害　　　4 被害

9 事業の成功には十分な資金が絶対ひつようである。 (05)
　1 秘容　　　2 秘要　　　3 必容　　　4 必要

10 その調査は山田さんにいらいしよう。 (04)
　1 以頼　　　2 以来　　　3 依頼　　　4 依来

답　1② 2③ 3① 4④ 5① 6② 7① 8④ 9④ 10③

콕콕 기출 문제 14 표기　　　　　　　　　　　　　　　　/ 10

問題2 　　　　の言葉を漢字で書くとき、最もよいものを1・2・3・4から一つ選びなさい。

1　女性のこうがくれき化により、社会に進出する女性が増えてきた。(91)
　　1　高学暦　　　2　広学歴　　　3　高学歴　　　4　広学暦

2　その山は言葉でひょうげんできないほど美しい。(08)
　　1　標言　　　　2　標現　　　　3　表言　　　　4　表現

3　電車の中でざっしを読んでいる人が多い。(06・91)
　　1　雑誌　　　　2　雑紙　　　　3　草誌　　　　4　草紙

4　卒業後の仕事を私はまだきめていません。(98)
　　1　効めて　　　2　規めて　　　3　期めて　　　4　決めて

5　「しゅうへん事態」という言葉のあいまいさが問題なのだ。(92)
　　1　周片　　　　2　周辺　　　　3　集片　　　　4　集辺

6　山田先生のしどうのもとで研究をしている。(01)
　　1　指道　　　　2　師道　　　　3　指導　　　　4　師導

7　私の姉は埼玉けんちょうに勤めています。(00)
　　1　厚庁　　　　2　県庁　　　　3　見庁　　　　4　原庁

8　飛行機の出る時刻を会社にといあわせてください。(90)
　　1　問い合わせて　2　訪い合わせて　3　説い合わせて　4　解い合わせて

9　彼はじきに新しい学校になれるだろう。(04)
　　1　憤れる　　　2　慎れる　　　3　情れる　　　4　慣れる

10　お姉さんが私の入学を祝ってこれをおくってくれた。(06)
　　1　貸って　　　2　贈って　　　3　受って　　　4　借って

답　1③　2④　3①　4④　5②　6③　7②　8①　9④　10②

콕콕 기출 문제 15 표기   / 10

問題2 ＿＿＿の言葉を漢字で書くとき、最もよいものを１・２・３・４から一つ選びなさい。

1 この学生は語学のさいのうがある。(02)
　1 才能　　　2 才脳　　　3 歳能　　　4 歳脳

2 彼女はととのった服装をしている。(02)
　1 補った　　2 理った　　3 整った　　4 汚った

3 問題を読んでしきをたて、計算する。(94)
　1 才　　　　2 式　　　　3 志　　　　4 菜

4 ２０１８年度の予算は２おく円を超えると言われている。(06·98)
　1 憶　　　　2 臆　　　　3 億　　　　4 噫

5 ３月にわれわれの交響楽団の東京こうえんがある。(90)
　1 高演　　　2 行演　　　3 広演　　　4 公演

6 これは地下２かいまである建物です。(98)
　1 諧　　　　2 皆　　　　3 借　　　　4 階

7 母はにもつをたくさん抱えて買い物から帰ってきた。(93)
　1 荷物　　　2 筒物　　　3 荷特　　　4 筒特

8 ひと月にさいてい５万円の経費がかかる。(97)
　1 最底　　　2 最低　　　3 再底　　　4 再低

9 この法規は交通事故を無くすのにゆうこうだろう。(93)
　1 有好　　　2 優好　　　3 有効　　　4 優効

10 やかんのお湯がわいた。(05)
　1 溶いた　　2 沸いた　　3 蒸いた　　4 熱いた

답 1① 2③ 3② 4③ 5④ 6④ 7① 8② 9③ 10②

콕콕 기출 문제 16 표기 　　　　　　　　/ 10

問題 2 ＿＿＿＿の言葉を漢字で書くとき、最もよいものを１・２・３・４から一つ選びなさい。

1 まつりの日はおおぜいの人が神社(じんじゃ)におまいりします。(01)
　1 察り　　　2 祭り　　　3 蔡り　　　4 際り

2 夏はすずしく、冬はあたたかい所に住みたい。(09·99)
　1 涼しく　　2 寒しく　　3 冷しく　　4 凍しく

3 春にはいろいろな花がさきだします。(00)
　1 吹き　　　2 開き　　　3 咲き　　　4 旺き

4 まもなく彼の仕事(しごと)も最高水準(さいこうすいじゅん)にたっするだろう。(96)
　1 達する　　2 徹する　　3 到する　　4 接する

5 犬にほねを買ってきてやったら喜(よろこ)んだ。(01)
　1 胃　　　　2 腎　　　　3 骨　　　　4 肩

6 彼は目的(もくてき)のためにはしゅだんを選(えら)ばない人間(にんげん)だ。(92)
　1 取担　　　2 取段　　　3 手担　　　4 手段

7 町の中をきれいな川がながれている。(00)
　1 流れて　　2 滴れて　　3 落れて　　4 波れて

8 あの人は、仕事(しごと)さえあたえてやれば、一生懸命働(いっしょうけんめいはたら)くでしょう。(95)
　1 支えて　　2 仕えて　　3 与えて　　4 備えて

9 彼女は出版社(しゅっぱんしゃ)で本のへんしゅうをしている。(06)
　1 練収　　　2 練集　　　3 編収　　　4 編集

10 アメリカ人の夫婦(ふうふ)を今晩(こんばん)食事にまねいています。(08)
　1 紹いて　　2 召いて　　3 招いて　　4 詔いて

답　1② 2① 3③ 4① 5③ 6④ 7① 8③ 9④ 10③

콕콕 기출 문제 17 표기 　　　　　　　　　　　　　　　　　　　　　　/ 10

問題2 ＿＿＿の言葉を漢字で書くとき、最もよいものを1・2・3・4から一つ選びなさい。

1 この本には一部(いちぶ)しょうりゃくがあります。(08)
　1 省略　　　2 省絡　　　3 消絡　　　4 消略

2 彼女は教員(きょういん)めんきょを取(と)りあげられた。(96)
　1 免共　　　2 免居　　　3 免教　　　4 免許

3 彼は新しいじむしょを大通(おおどお)りに開いた。(09)
　1 事務所　　2 治勤所　　3 事勤所　　4 治務所

4 むらじゅうの人々(ひとびと)がこの珍(めずら)しい光景(こうけい)を見に来た。(01)
　1 郡　　　　2 邑　　　　3 屯　　　　4 村

5 10人の応募者(おうぼしゃ)を面接(めんせつ)してすっかりつかれた。(05·94)
　1 疫れた　　2 疲れた　　3 痛れた　　4 療れた

6 彼女は英語のけんしゅうのためロンドンへ行っている。(08)
　1 研修　　　2 研習　　　3 検修　　　4 検習

7 試験(しけん)のせいせきはまもなく発表(はっぴょう)されます。(07)
　1 実積　　　2 成積　　　3 成績　　　4 実績

8 しんやに、階段(かいだん)から落(お)ちて骨折(こっせつ)してしまった。(09)
　1 真夜　　　2 進夜　　　3 寝夜　　　4 深夜

9 実験室(じっけんしつ)にはありとあらゆるそうちがある。(09·94)
　1 装置　　　2 総池　　　3 装池　　　4 総置

10 きのう、道(みち)でぐうぜん中学の時の友だちに出会(であ)った。(00)
　1 隅然　　　2 偶然　　　3 寓然　　　4 遇然

답 1① 2④ 3① 4④ 5② 6① 7③ 8④ 9① 10②

콕콕 기출 문제 18 표기　　　　　　　　　　　　　　　/ 10

問題 2　＿＿＿の言葉を漢字で書くとき、最もよいものを１・２・３・４から一つ選びなさい。

1　あなたの鼻(はな)は、しゅじゅつをすれば治(なお)ります。(91)
　　1　手術　　　　2　手述　　　　3　主術　　　　4　主述

2　自動車(じどうしゃ)はよろこんでお貸(か)しします。(02)
　　1　善んで　　　2　啓んで　　　3　吉んで　　　4　喜んで

3　この島(しま)には遠(とお)いむかしから人が住んでいた。(00)
　　1　昔　　　　　2　古　　　　　3　青　　　　　4　旧

4　その意見(いけん)について、わたしにはまだぎもんが残(のこ)っている。(02)
　　1　議問　　　　2　欺問　　　　3　疑問　　　　4　擬問

5　そうぞうし得(え)るあらゆる方法(ほうほう)をやってみた。(99)
　　1　創造　　　　2　創像　　　　3　想造　　　　4　想像

6　選挙(せんきょ)の結果(けっか)、きょうりょくな内閣(ないかく)ができるでしょう。(97)
　　1　競力　　　　2　強力　　　　3　恐力　　　　4　協力

7　農作物(のうさくぶつ)と天気(てんき)とは深(ふか)いかんけいがある。(02)
　　1　関係　　　　2　関系　　　　3　間係　　　　4　間系

8　われわれは同じ部屋(へや)をきょうどうで使(つか)っている。(03)
　　1　供同　　　　2　供働　　　　3　共同　　　　4　共働

9　ラジオ・テレビなどは電気(でんき)せいひんです。(04)
　　1　壮品　　　　2　装品　　　　3　制品　　　　4　製品

10　日本のそうじんこうは約(やく)１億(おく)２千万(まんにん)人である。(06)
　　1　全人口　　　2　算人口　　　3　計人口　　　4　総人口

답　1①　2④　3①　4③　5④　6②　7①　8③　9④　10④

問題 ❸
단어형성

1. 단어형성 기출 2017~2010년

① 단어형성 기출 2017~2010년

問題3 단어형성은 2010년에 새로 생긴 문제 유형으로, N2에서만 하나의 문제 항목으로 출제됩니다. 파생어나 복합어에 대한 지식을 묻는 문제로, 공란 메우기 형식으로 되어 있으며, 문자·어휘 32문제 중 5문제가 출제됩니다. N2 단어형성은 N2 수준의 어휘뿐만 아니라 N3~N5 수준의 어휘도 출제되므로 하위 수준의 어휘까지 공부해 두는 것이 좋습니다.

2017

- □ かいいんせい 会員制 회원제
- □ かいしゃいんふう 会社員風 회사원풍
- □ かぞくづれ 家族連れ 가족 동반
- □ じゅうたくがい 住宅街 주택가
- □ しょがいこく 諸外国 여러 외국
- □ しょねんど 初年度 초년도
- □ ぜんしゃちょう 前社長 전 사장
- □ てい 低カロリー 저칼로리
- □ ふせいかく 不正確 부정확
- □ まうしろ 真後ろ 바로 뒤

2016

- □ いぶんか 異文化 이문화
- □ かんりか 管理下 관리하
- □ けっこんかん 結婚観 결혼관
- □ こうすいじゅん 高水準 높은 수준
- □ さいしんせい 再申請 재신청
- □ しゅせいぶん 主成分 주성분
- □ にほんしき 日本式 일본식
- □ ねんだいじゅん 年代順 연대순
- □ べんきょうづけ 勉強漬け 공붓벌레
- □ みしよう 未使用 미사용

2015

- □ あくえいきょう 悪影響 악영향
- □ おうえんだん 応援団 응원단
- □ げんじつばなれ 現実離れ 현실에서 동떨어짐
- □ こどもづれ 子ども連れ 아이 동반
- □ しょうたいじょう 招待状 초대장
- □ せいこうりつ 成功率 성공률
- □ ふくしゃちょう 副社長 부사장
- □ まあたらしい 真新しい 아주 새롭다
- □ むせきにん 無責任 무책임
- □ わふう 和風 일본풍, 일본식

2014

- ムード一色 (いっしょく) 무드 일색
- 高性能 (こうせいのう) 고성능
- 諸問題 (しょもんだい) 여러 문제
- 未経験 (みけいけん) 미경험
- 作品集 (さくひんしゅう) 작품집
- 危険性 (きけんせい) 위험성
- 電車賃 (でんしゃちん) 전철비
- 一日おきに (いちにち) 하루 걸러
- 期限切れ (きげんぎれ) 기한이 끝남
- 線路沿い (せんろぞい) 선로 변

2013

- 再提出 (さいていしゅつ) 다시 제출
- 最有力 (さいゆうりょく) 가장 유력함
- 準決勝 (じゅんけっしょう) 준결승
- 音楽全般 (おんがくぜんぱん) 음악 전반
- 東京駅発 (とうきょうえきはつ) 도쿄역 발
- 食器類 (しょっきるい) 식기류
- 薄暗い (うすぐらい) 좀 어둡다, 침침하다
- 夏休み明け (なつやすみあけ) 여름 방학이 끝난 직후
- 風邪気味 (かぜぎみ) 감기 기운
- 親子連れ (おやこづれ) 부모와 자식이 동행함

2012

- 低価格 (ていかかく) 낮은 가격
- 半透明 (はんとうめい) 반투명
- 諸外国 (しょがいこく) 여러 외국
- アルファベット順 (じゅん) 알파벳순
- 国際色 (こくさいしょく) 국제색
- ビジネスマン風 (ふう) 비즈니스맨풍
- 投票率 (とうひょうりつ) 투표율
- 日本流 (にほんりゅう) 일본류, 일본식
- 仮採用 (かりさいよう) 임시 채용
- 真夜中 (まよなか) 한밤중

2011

- ☐ <ruby>悪<rt>あく</rt></ruby><ruby>条件<rt>じょうけん</rt></ruby> 악조건
- ☐ <ruby>現<rt>げん</rt></ruby><ruby>段階<rt>だんかい</rt></ruby> 현 단계
- ☐ <ruby>準<rt>じゅん</rt></ruby><ruby>優勝<rt>ゆうしょう</rt></ruby> 준우승
- ☐ <ruby>総<rt>そう</rt></ruby><ruby>売上<rt>うりあげ</rt></ruby> 매상 총액
- ☐ <ruby>非<rt>ひ</rt></ruby><ruby>公式<rt>こうしき</rt></ruby> 비공식
- ☐ <ruby>来<rt>らい</rt></ruby>シーズン 다음 시즌
- ☐ <ruby>医学界<rt>いがくかい</rt></ruby> 의학계
- ☐ <ruby>文学賞<rt>ぶんがくしょう</rt></ruby> 문학상
- ☐ クリーム<ruby>状<rt>じょう</rt></ruby> 크림 상태
- ☐ <ruby>一日<rt>いちにち</rt></ruby>おきに 하루 걸러

2010

- ☐ <ruby>旧<rt>きゅう</rt></ruby><ruby>制度<rt>せいど</rt></ruby> 구제도
- ☐ <ruby>高<rt>こう</rt></ruby><ruby>収入<rt>しゅうにゅう</rt></ruby> 고수입
- ☐ <ruby>再<rt>さい</rt></ruby><ruby>放送<rt>ほうそう</rt></ruby> 재방송
- ☐ <ruby>諸<rt>しょ</rt></ruby><ruby>問題<rt>もんだい</rt></ruby> 여러 문제
- ☐ <ruby>副<rt>ふく</rt></ruby><ruby>社長<rt>しゃちょう</rt></ruby> 부사장
- ☐ <ruby>商店<rt>しょうてん</rt></ruby><ruby>街<rt>がい</rt></ruby> 상점가
- ☐ <ruby>予約<rt>よやく</rt></ruby><ruby>制<rt>せい</rt></ruby> 예약제
- ☐ <ruby>就職<rt>しゅうしょく</rt></ruby><ruby>率<rt>りつ</rt></ruby> 취직률
- ☐ <ruby>集中<rt>しゅうちゅう</rt></ruby><ruby>力<rt>りょく</rt></ruby> 집중력
- ☐ 2<ruby>対<rt>たい</rt></ruby>1 2 대 1

콕콕 기출 문제 01 단어형성 / 10

問題3 (　　) に入れるのに最もよいものを、1・2・3・4から一つ選びなさい。

1　その情報は (　　) 正確です。 (17)
　1　不　　　　2　反　　　　3　非　　　　4　否

2　このホテルは会員 (　　) です。 (17)
　1　令　　　　2　制　　　　3　則　　　　4　形

3　その地域は国連の管理 (　　) にあります。 (16)
　1　限　　　　2　下　　　　3　付　　　　4　察

4　彼らの結婚式の招待 (　　) をもらった。 (15)
　1　態　　　　2　似　　　　3　流　　　　4　状

5　(　　) 性能のデジタルカメラが次々に発売されている。 (14)
　1　上　　　　2　優　　　　3　高　　　　4　良

6　新しいカードは期限 (　　) の前にお送りします。 (14)
　1　越え　　　2　終え　　　3　折れ　　　4　切れ

7　食器 (　　) は、この箱に詰めてください。 (13)
　1　属　　　　2　類　　　　3　種　　　　4　型

8　その店は、バンコクの中心街に位置することもあって、日本や (　　) 外国からの旅行者が多い。 (17・14・12・10)
　1　諸　　　　2　総　　　　3　多　　　　4　数

9　渋滞を予想して彼らは (　　) 夜中に出発した。 (12)
　1　正　　　　2　実　　　　3　真　　　　4　本

10　この仮説は医学 (　　) では受け入れられていない。 (11)
　1　帯　　　　2　界　　　　3　区　　　　4　域

답　1 ①　2 ②　3 ②　4 ④　5 ③　6 ④　7 ②　8 ①　9 ③　10 ②

콕콕 기출 문제 02 단어형성 / 10

問題3　（　　）に入れるのに最もよいものを、1・2・3・4から一つ選びなさい。

[1] 木材の輸入額が30年ぶりの（　　）水準に達している。 (16)
　1　頂　　　　2　上　　　　3　高　　　　4　特

[2] （　　）申請を行う場合、検査登録手数料が無料になる場合がある。 (16)
　1　再　　　　2　重　　　　3　復　　　　4　改

[3] この実験の成功（　　）は20回で90％近かった。 (15)
　1　帯　　　　2　率　　　　3　術　　　　4　裏

[4] 地球温暖化により引き起こされる（　　）問題に対処する事業となる。 (17・14・12・10)
　1　諸　　　　2　数　　　　3　複　　　　4　総

[5] 道順はとても簡単で、ひたすら線路（　　）の道を行くだけです。 (14)
　1　並び　　　2　付き　　　3　従い　　　4　沿い

[6] そんな（　　）暗い部屋でテレビを見るな。 (13)
　1　浅　　　　2　軽　　　　3　薄　　　　4　弱

[7] ここの本をタイトルのアルファベット（　　）に並べなさい。 (12)
　1　位　　　　2　序　　　　3　番　　　　4　順

[8] 交通事故や手術など、（　　）条件がかさなって試験に落ちた。 (11)
　1　悪　　　　2　苦　　　　3　損　　　　4　劣

[9] あの小説家は数々の文学（　　）を獲得している。 (11)
　1　号　　　　2　賞　　　　3　段　　　　4　位

[10] 午後3時の会議には、社長と（　　）社長も出席するそうだ。 (10・15)
　1　助　　　　2　補　　　　3　準　　　　4　副

답　1③　2①　3②　4①　5④　6③　7④　8①　9②　10④

콕콕 기출 문제 03 단어형성   / 10

問題 3 （　　）に入れるのに最もよいものを、1・2・3・4から一つ選びなさい。

1 （　　）年度の会費は無料になります。
　1　発　　　　2　開　　　　3　頭　　　　4　初

2 ホテルの中でも畳を敷き、日本（　　）の生活を持ち込んでいた。
　1　状　　　　2　類　　　　3　則　　　　4　式

3 そのせっけんの（　　）成分はオリーブ油です。
　1　主　　　　2　真　　　　3　本　　　　4　要

4 それはわれわれには（　　）経験のことだった。
　1　不　　　　2　未　　　　3　低　　　　4　少

5 書類に記入ミスがあったので、直してから（　　）提出した。
　1　改　　　　2　次　　　　3　再　　　　4　復

6 夏休みの宿題は夏休み（　　）にやるタイプです。
　1　止め　　　2　分け　　　3　閉め　　　4　明け

7 ロンドンやニューヨークは本当に国際（　　）の豊かな都市だ。
　1　色　　　　2　気　　　　3　香　　　　4　質

8 （　　）段階ではその件についてはっきりしたことは言えない。
　1　直　　　　2　現　　　　3　近　　　　4　当

9 バターと砂糖を合わせ入れてクリーム（　　）になるまで練ってください。
　1　流　　　　2　似　　　　3　状　　　　4　態

10 駅前の商店（　　）をそのまま歩いて行きましょう。
　1　町　　　　2　街　　　　3　域　　　　4　帯

답　1④　2④　3①　4②　5③　6④　7①　8②　9③　10②

콕콕 기출 문제 04 단어형성 　　　　/ 10

問題3 （　　　）に入れるのに最もよいものを、1・2・3・4から一つ選びなさい。

① 山下さんは（　　　）使用の切手を集めています。(16)
　1　外　　　　2　否　　　　3　未　　　　4　前

② 暴力映画は若者に（　　　）影響を与えると非難されている。(15)
　1　悪　　　　2　難　　　　3　被　　　　4　乱

③ 小学校1年生のランドセルは（　　　）新しい。(15)
　1　実　　　　2　真　　　　3　素　　　　4　本

④ 宮沢賢治氏の代表的な作品を収めた作品（　　　）が発行された。(14)
　1　団　　　　2　部　　　　3　族　　　　4　集

⑤ 彼女が次期生徒会長選の（　　　）有力候補です。(13)
　1　最　　　　2　特　　　　3　頂　　　　4　極

⑥ 風邪（　　　）なので早く家に帰った。(13)
　1　寄り　　　2　向き　　　3　気味　　　4　具合

⑦ 駅で痴漢騒ぎがあり、ビジネスマン（　　　）の男が線路に飛び降りて逃げた。(17·15·12)
　1　状　　　　2　式　　　　3　流　　　　4　風

⑧ 山田選手はテニス大会で（　　　）優勝した。(11)
　1　後　　　　2　準　　　　3　次　　　　4　副

⑨ 母は一日（　　　）に花に水をやっている。(11)
　1　おき　　　2　ぬけ　　　3　あき　　　4　かけ

⑩ 当院は予約（　　　）です。初診の方は、まずお電話で予約をお取りください。(10)
　1　則　　　　2　法　　　　3　系　　　　4　制

답　1③　2①　3②　4④　5①　6③　7④　8②　9①　10④

콕콕 기출 문제 05 단어형성   /10

問題3 （　　）に入れるのに最もよいものを、1・2・3・4から一つ選びなさい。

① 父が勤める会社の（　　）社長は、母の父親でした。
　1　先　　　　2　前　　　　3　昨　　　　4　去

② 最近勉強（　　）で毎日10時間近く勉強に時間をあてています。
　1　満ち　　　2　溶け　　　3　浸し　　　4　漬け

③ この重要な会議の途中で抜けるなんて彼女も（　　）責任だ。
　1　不　　　　2　非　　　　3　未　　　　4　無

④ その手術の危険（　　）は早くから指摘されていた。
　1　状　　　　2　態　　　　3　性　　　　4　素

⑤ 韓国の代表チームはついに（　　）決勝まで進んだ。
　1　前　　　　2　準　　　　3　次　　　　4　副

⑥ 映画館は親子（　　）でにぎわった。
　1　付き　　　2　伴い　　　3　添え　　　4　連れ

⑦ 今回の選挙の投票（　　）は前回を上回った。
　1　率　　　　2　割　　　　3　値　　　　4　比

⑧ わが社の今年の（　　）売上は、昨年を下回った。
　1　満　　　　2　合　　　　3　集　　　　4　総

⑨ 新制度ができた場合、（　　）制度からの移行がどうなるかが大きな問題だ。
　1　先　　　　2　旧　　　　3　昔　　　　4　元

⑩ 社会・社会福祉系学部は就職（　　）が高いようだ。
　1　倍　　　　2　度　　　　3　率　　　　4　割

답　1② 2④ 3④ 4③ 5② 6④ 7① 8④ 9② 10③

콕콕 기출 문제 06 단어형성 / 10

問題3　(　　)に入れるのに最もよいものを、1・2・3・4から一つ選びなさい。

1 (　　)文化に接するということは、新しい自分発見の手がかりとなる。(16)
　　1　異　　　　2　離　　　　3　違　　　　4　差

2 このドラマのストーリーは現実(　　)している。(15)
　　1　切れ　　　2　離れ　　　3　明け　　　4　沿い

3 私たちが泊ったのは和(　　)の旅館だった。(17・15・12)
　　1　通　　　　2　質　　　　3　風　　　　4　党

4 大きな図書館に行きたいが、遠いのでけっこう電車(　　)がかかる。(14)
　　1　賃　　　　2　金　　　　3　料　　　　4　財

5 音楽(　　)に興味があるので、人の歌を聞くのも大好きです。(13)
　　1　共同　　　2　共通　　　3　全般　　　4　全面

6 その会社は、(　　)価格の商品で市場の拡大を狙っている。(17・12)
　　1　安　　　　2　低　　　　3　少　　　　4　下

7 日本人の目線・感覚での商品選択・売価設定・日本(　　)のサービスを心がけております。
　　1　法　　　　2　類　　　　3　似　　　　4　流

8 外務大臣はその件について(　　)公式の見解を述べた。(11)
　　1　非　　　　2　無　　　　3　未　　　　4　不

9 今では(　　)収入の仕事もかなり増えてきている。(10)
　　1　上　　　　2　良　　　　3　高　　　　4　優

10 どんなスポーツも集中(　　)を養ってくれる。(10)
　　1　能　　　　2　力　　　　3　気　　　　4　考

답　1①　2②　3③　4①　5③　6②　7④　8①　9③　10②

콕콕 기출 문제 07 단어형성 / 10

問題 3 （　　　）に入れるのに最もよいものを、1・2・3・4から一つ選びなさい。

1 これらの本は年代（　　　）に並べられている。
　1 連　　　　　2 順　　　　　3 番　　　　　4 序

2 その俳優は子ども（　　　）で動物園を訪れた。
　1 添え　　　　2 伴い　　　　3 付き　　　　4 連れ

3 町は朝から祝賀ムード（　　　）だった。
　1 一面　　　　2 一例　　　　3 一色　　　　4 一種

4 私は一日（　　　）にジョギングをしている。
　1 あき　　　　2 とり　　　　3 とび　　　　4 おき

5 22時10分の東京駅（　　　）の新幹線に乗る予定だった。
　1 発　　　　　2 始　　　　　3 出　　　　　4 離

6 外からあまり見えないように、この窓は（　　　）透明のガラスにしてある。
　1 低　　　　　2 半　　　　　3 中　　　　　4 弱

7 今はまだ（　　　）採用だが、いずれ本採用になるはずだ。
　1 副　　　　　2 短　　　　　3 仮　　　　　4 半

8 （　　　）シーズンは、あの選手の活躍が楽しみだ。
　1 越　　　　　2 来　　　　　3 明　　　　　4 迎

9 このテレビ番組は多くの人の要望で（　　　）放送されている。
　1 復　　　　　2 更　　　　　3 改　　　　　4 再

10 われわれは2（　　　）1で試合に勝った。
　1 対　　　　　2 差　　　　　3 比　　　　　4 反

답 1② 2④ 3③ 4④ 5① 6② 7③ 8② 9④ 10①

問題 ④
문맥규정

1. 문맥규정 기출 2017~2010년
2. 문맥규정 기출 2009~1990년

1 문맥규정 기출 2017~2010년

問題4 문맥규정은 문자·어휘 32문제 중 7문제가 출제됩니다. 괄호 안에 들어갈 알맞은 단어를 고르는 문제로 폭넓은 어휘력을 요구하며, 한자 표기 여부나 품사에 관계없이 다양한 단어가 출제됩니다.

2017

☐ アピール	어필	このデザインはきっと若い女性に**アピール**しているのだろう。	이 디자인은 틀림없이 젊은 여성에게 어필하고 있을 것이다.
☐ 打ち消す	부정하다	その歌手はうわさを**打ち消す**のに懸命だった。	그 가수는 소문을 부정하는 것에 열심이었다.
☐ 穏やかだ	온화하다	今日は**穏やかな**天気だ。	오늘은 온화한 날씨다.
☐ 確保	확보	台風に備えて3日分の食料は**確保**してある。	태풍에 대비해서 3일분의 음식물은 확보되어 있다.
☐ ぎりぎり	아슬아슬하게	私は4時半の列車に**ぎりぎり**間に合った。	나는 4시 반 열차에 아슬아슬하게 시간에 대었다.
☐ 苦情	불평, 불만	レストランが汚いので、店員に**苦情**を言った。	레스토랑이 더러워서 점원에게 불평했다.
☐ 悔やむ	후회하다	彼はテレビでの失言を**悔やんだ**。	그는 텔레비전에서의 실언을 후회했다.
☐ 契機	계기	その発言が口論の**契機**となった。	그 발언이 말다툼의 계기가 되었다.
☐ そそっかしい	경솔하다, 덜렁대다	弟はいつも**そそっかしくて**怪我ばかりするんです。	남동생은 항상 덜렁대서 다치기만 합니다.
☐ バランス	밸런스, 균형	彼女は平均台の上で両手を広げて**バランス**を取りました。	그녀는 평균대 위에서 양팔을 벌리고 균형을 잡았습니다.
☐ ひそひそ	소곤소곤	彼らはよく隅で**ひそひそ**話している。	그는 자주 구석에서 소곤소곤 이야기하고 있다.
☐ 豊富だ	풍부하다	水も食料も**豊富に**ある。	물도 음식물도 풍부하게 있다.
☐ 名所	명소	会社の近くにある公園は桜の**名所**です。	회사 근처에 있는 공원은 벚꽃 명소입니다.
☐ 有利だ	유리하다	わが社に**有利な**条件で契約を取ることができました。	우리 회사에 유리한 조건으로 계약을 딸 수 있었습니다.

2016

☐ 安易だ	안이하다	深く考えずに安易に毎日を過ごす。 깊이 생각하지 않고 안이하게 매일을 보낸다.	
☐ 活発だ	활발하다	体の諸機能を活発にするため運動をする。 몸의 여러 기능을 활발하게 하기 위해 운동을 한다.	
☐ ぐったり	녹초가 된 모양, 축 늘어짐	子どもが高熱でぐったりしているのです。 아이가 고열로 늘어져 있습니다.	
☐ 邪魔	방해	倒れた木が通行の邪魔になっている。 쓰러진 나무가 통행의 방해가 되고 있다.	
☐ 収穫	수확	今日の釣りは大した収穫がなかった。 오늘 낚시는 이렇다 할 정도의 수확이 없었다.	
☐ ショック	쇼크, 충격	彼の死は僕には非常にショックだった。 그의 죽음은 나에게는 상당히 쇼크였다.	
☐ たのもしい	믿음직하다	本田さんにはたのもしい父がついている。 혼다 씨에게는 믿음직한 아빠가 곁에 있다.	
☐ 提供	제공	この番組はA社の提供でお送りいたしました。 이 프로그램은 A사 제공으로 보내 드렸습니다.	
☐ なだらかだ	완만하다, 원활하다	別荘はなだらかな山の中腹にある。 별장은 완만한 산 중턱에 있다.	
☐ のんびり(と)	한가로이	夕べは海岸をのんびりと散歩した。 어제 저녁은 해안을 한가로이 산책했다.	
☐ 引き止める	말리다	どうか引き止めないでください。 제발 말리지 마세요.	
☐ 普及	보급	携帯電話は全国に普及している。 휴대 전화는 전국에 보급되어 있다.	
☐ リーダー	리더	宮崎さんは組合のリーダーです。 미야자키 씨는 조합의 리더입니다.	
☐ 割り込む	끼어들다	赤い車がわれわれの前に割り込んだ。 빨간 차가 우리들 앞에 끼어들었다.

2015

단어	뜻	예문
☐ 輝かしい	빛나다, 눈부시다	輝かしい未来が君たちを待っている。 빛나는 미래가 너희들을 기다리고 있다.
☐ 完了	완료	首脳会談の準備は完了した。 수뇌 회담의 준비는 완료되었다.
☐ 柔軟だ	유연하다	一つの考え方に縛られず、柔軟な思考を持つ。 하나의 생각에 얽매이지 않고, 유연한 사고를 가지다.
☐ するどい	날카롭다, 예리하다	その案の問題点をするどく指摘した。 그 안의 문제점을 날카롭게 지적했다.
☐ 相違	상이함, 다름	二人の間には意見の相違がある。 두 사람 사이에는 의견 차이가 있다.
☐ たっぷり	듬뿍, 많이	この店の料理は、量がたっぷりある。 이 가게의 요리는 양이 많다.
☐ つぶす	(시간을) 때우다	私たちはテレビを見て時間をつぶした。 우리들은 텔레비전을 보며 시간을 때웠다.
☐ デザイン	디자인	その家具はデザインがとても現代的だ。 그 가구는 디자인이 아주 현대적이다.
☐ 特色	특색	日本の景色の特色は何ですか。 일본 경치의 특색은 무엇입니까?
☐ にごる	흐려지다, 탁해지다	川の水が茶色くにごっていた。 강물이 갈색으로 탁해져 있었다.
☐ バランス	밸런스, 균형	仕事と家庭のバランスをうまくとる。 일과 가정의 균형을 잘 잡다.
☐ びっしょり	흠뻑	彼女は暑い所で働いてびっしょり汗をかいた。 그녀는 더운 곳에서 일해서 땀을 흠뻑 흘렸다.
☐ 面する	면하다, 마주보다	その建物は海に面している。 그 건물은 바다에 면해 있다.
☐ 予測	예측	現時点では非常に接戦で予測はできません。 현시점에서는 매우 접전으로 예측은 할 수 없습니다.

2014

□ あらかじめ	사전에, 미리	資料はあらかじめコピーしておいてください。 자료는 미리 복사해 놓으세요.
□ 一気に	단숨에	この小説を最後まで一気に読んでしまった。 이 소설을 끝까지 단숨에 읽어 버렸다.
□ うとうと	꾸벅꾸벅 조는 모양	おじいちゃんはテレビを見ながらうとうとしていた。 할아버지는 텔레비전을 보면서 꾸벅꾸벅 졸고 있다.
□ 思いきって	과감히	彼らは思いきって話す勇気がなかった。 그들은 과감하게 말할 용기가 없었다.
□ 差し支える	지장이 있다	そんなに飲んだら明日の仕事に差し支えるよ。 그렇게 마신다면 내일 일에 지장이 있어요.
□ 体格	체격	木村さんはがっしりした体格をしている。 기무라 씨는 탄탄한 체격이다.
□ 蓄える	저장하다, 비축하다	必要な知識を蓄えておくことが大切だ。 필요한 지식을 저장해 두는 것이 중요하다.
□ 訂正	정정	その誤植は次の刷りで訂正された。 그 오식은 다음 쇄에서 정정되었다.
□ 導入	도입	農業に新しい科学技術を導入する。 농업에 새로운 과학 기술을 도입하다.
□ 腹を立てる	화를 내다	彼女がうそを言ったので腹を立てている。 그녀가 거짓말을 했기 때문에 화를 내고 있다.
□ パンク	펑크, 터짐	彼の自転車に乗っていたらパンクしてしまった。 그의 자전거를 탔더니 타이어가 터지고 말았다.
□ めざす	목표로 하다	選手たちは、次の大会での優勝をめざしている。 선수들은 다음 대회에서의 우승을 목표로 하고 있다.
□ やかましい	시끄럽다	こうやかましくては勉強できない。 이렇게 시끄러워서는 공부할 수 없다.
□ リラックス	릴랙스, 편안함	週末は家で好きな音楽でも聞いてリラックスしたい。 주말은 집에서 좋아하는 음악이라도 듣고 릴랙스 하고 싶다.

2013

단어	뜻	예문
□ あいにく	공교롭게도	あいにく美術館は閉まっていた。 공교롭게도 미술관은 닫혀 있었다.
□ 意欲(いよく)	의욕	彼には働く意欲が欠けている。 그에게는 일할 의욕이 결여되어 있다.
□ 解散(かいさん)	해산	その人気ロックグループは先月解散した。 그 인기 록 그룹은 지난달 해산했다.
□ 格好(かっこう)	모양, 모습	彼女は地味な格好をしていた。 그녀는 수수한 모습을 하고 있었다.
□ 見当(けんとう)	짐작, 예상	君の考えることぐらい見当がつくよ。 네가 생각하는 것 정도는 짐작이 가.
□ すっきり	말쑥함, 상쾌함	どうも気分がすっきりしない。 어쩐지 기분이 상쾌하지 않다.
□ スムーズ	순조로움	話し合いはスムーズに運んだ。 교섭은 순조롭게 진행되었다.
□ ぜいたくだ	사치스럽다	彼女は食事に関してはかなりぜいたくだ。 그녀는 식사에 관해서는 상당히 사치스럽다.
□ 専念(せんねん)	전념	鈴木さんは部活に専念している。 스즈키 씨는 동아리 활동에 전념하고 있다.
□ 中継(ちゅうけい)	중계	開会式の様子が会場から世界中に中継された。 개회식의 상황이 회장에서 전 세계에 중계되었다.
□ つまずく	발에 걸려 넘어지다, 실패하다	その人は、石につまずいて倒れた。 그 사람은 돌에 걸려 넘어졌다.
□ つらい	괴롭다	クラスのみんなと別れるのはつらい。 학급의 모두와 헤어지는 것은 괴롭다.
□ 比例(ひれい)	비례	彼の出費は収入に比例していない。 그의 지출은 수입에 비례하지 않는다.
□ 呼(よ)び止(と)められる	불러 세워지다	テレビのリポーターに突然呼び止められた。 텔레비전 리포터에게 돌연 불러 세워졌다.

2012

☐	いらいら	초조해함, 짜증남	彼が私のことに干渉するので本当に**いらいら**した。 그가 나에게 간섭하기 때문에 정말로 짜증났다.
☐	得る	얻다	どうやってその情報を**得た**のですか。 어떻게 그 정보를 얻은 것입니까?
☐	改正	개정	教育制度が**改正**された。 교육 제도가 개정되었다.
☐	抱える	안다, 떠안다	彼は大きな袋を両手に**抱え**ている。 그는 커다란 주머니를 양손에 안고 있다.
☐	かたよる	치우치다	**かたよった**食事は健康によくない。 치우친 식사는 건강에 좋지 않다.
☐	ぐち	푸념	彼女はいつも仕事の**ぐち**ばかり言っている。 그녀는 언제나 일의 푸념만 말하고 있다.
☐	ごろごろ	뒹굴뒹굴, 데굴데굴	彼は働きにも行かないで家で**ごろごろ**している。 그는 일하러 가지도 않고 집에서 뒹굴거리고 있다.
☐	辞退	사퇴	その高校は試合の出場を**辞退**すると発表した。 그 고등학교는 시합 출장을 사퇴한다고 발표했다.
☐	成長	성장	海外での経験が彼を大きく**成長**させた。 해외에서의 경험이 그를 크게 성장시켰다.
☐	着々と	척척, 착착	研究が**着々と**進んでいる。 연구가 착착 진행되고 있다.
☐	散らかる	흩어지다, 어질러지다	僕の部屋は今おそろしく**散らかって**いる。 내 방은 지금 심하게 어질러져 있다.
☐	適度だ	적당하다	君は**適度な**運動を心がけるべきだ。 너는 적당한 운동을 유의해야만 한다.
☐	場面	장면	昨夜のテレビの決闘の**場面**を見たかい。 어젯밤 텔레비전의 결투 장면을 보았나?
☐	夢中だ	열중하다	彼は昇進しようと仕事に**夢中**だった。 그는 승진하려고 일에 열중했다.

2011

解消	해소	ストレス解消には泳ぐのがいちばんだ。 스트레스 해소에는 수영하는 것이 제일이다.
改善	개선	これからもサービスの改善に努めて参ります。 앞으로도 서비스 개선에 힘써 나가겠습니다.
活気	활기	このクラスは活気に満ちている。 이 학급은 활기에 차 있다.
機能	기능	このスイッチは正常に機能しない。 이 스위치는 정상적으로 기능하지 않는다.
さっぱり	상쾌함	ジョギングの後は気分がさっぱりする。 조깅 후에는 기분이 상쾌하다.
視野	시야	その家はすぐには私の視野に入らなかった。 그 집은 당장은 내 시야에 들어오지 않았다.
分析	분석	われわれはその問題を詳細に分析した。 우리들은 그 문제를 상세하게 분석했다.
迫る	다가오다	申し込みの締め切りが明日に迫っている。 신청 마감이 내일로 다가왔다.
つまる	막히다	コピー機に紙がつまって、出てこない。 복사기에 종이가 막혀서 나오지 않는다.
強み	강점	山田さんの強みは謙虚であることだ。 야마다 씨의 강점은 겸허한 것이다.
反映	반영	この記事はわれわれの意見を反映していない。 이 기사는 우리들의 의견을 반영하고 있지 않다.
ぶらぶら	어슬렁어슬렁	約束の時間まで銀座をぶらぶらした。 약속 시간까지 긴자를 어슬렁거렸다.
ぼんやり	멍하니, 흐릿하게	ぼんやりしていると乗り過ごしてしまうよ。 멍하니 있다가는 내릴 곳을 지나쳐 버릴거야.
わりと	비교적	このフライドポテト、わりとうまいね。 이 감자 튀김은 비교적 맛있네.

2010

単語	意味	例文
相次(あいつ)いで	잇따라	貴重(きちょう)な遺跡(いせき)が相次(あいつ)いで発見(はっけん)された。 귀중한 유적이 잇따라 발견되었다.
あいまいだ	애매하다	この表現(ひょうげん)はあいまいでわかりにくい。 이 표현은 애매해서 이해하기 어렵다.
温厚(おんこう)だ	온후하다	私の上司(じょうし)はとても温厚(おんこう)な人です。 나의 상사는 아주 온후한 사람입니다.
シーズン	시즌	スキーのシーズンが近(ちか)づいてきた。 스키 시즌이 다가왔다.
上昇(じょうしょう)	상승	倒産件数(とうさんけんすう)は5パーセント上昇(じょうしょう)した。 도산 건수는 5퍼센트 상승했다.
徐々(じょじょ)に	서서히	状況(じょうきょう)は徐々(じょじょ)に変化(へんか)しつつある。 상황은 서서히 변화하고 있다.
通(つう)じる	통하다	彼はまじめすぎて、冗談(じょうだん)が通(つう)じない。 그는 너무 진지해서 농담이 통하지 않는다.
尽(つ)きる	끝나다	彼は仕事の悩(なや)みが尽(つ)きない。 그는 일의 고민이 끝나지 않는다.
のんびり	한가로이	週末は家でのんびりテレビを見ていた。 주말은 집에서 한가롭게 텔레비전을 보고 있었다.
発揮(はっき)	발휘	彼は非凡(ひぼん)な音楽の才能(さいのう)を発揮(はっき)し始めた。 그는 비범한 음악 재능을 발휘하기 시작했다.
評判(ひょうばん)	평판	新しい英語の先生は生徒(せいと)の間で評判(ひょうばん)がいい。 새로운 영어 선생님은 학생들 사이에 평판이 좋다.
含(ふく)まれる	포함되다	この飲み物にはアルコールが含(ふく)まれている。 이 음식에는 알코올이 포함되어 있다.
マイペース	마이 페이스	彼はゴールまでマイペースに走(はし)りつづけた。 그는 골까지 마이 페이스로 계속 달렸다.
有効(ゆうこう)だ	유효하다	この切符(きっぷ)は、明日まで有効(ゆうこう)です。 이 표는 내일까지 유효합니다.

콕콕 기출 문제 01 문맥규정 /10

問題 4 （　　　）に入れるのに最もよいものを、1・2・3・4から一つ選びなさい。

1. ゴボウには食物繊維が（　　　）含まれています。
   1 鮮明に　　2 活発に　　3 円満に　　4 豊富に

2. 現在多くの会社が音楽ダウンロードサービスを（　　　）しています。
   1 提供　　2 選出　　3 指示　　4 寄付

3. インターネットの（　　　）はわれわれの生活を変えました。
   1 伝染　　2 進行　　3 普及　　4 充満

4. 山田さんはいつも私の意見を（　　　）指摘した。
   1 おしく　　2 まぶしく　　3 くどく　　4 するどく

5. そのビルは大通りに（　　　）いる。
   1 面して　　2 介して　　3 画して　　4 属して

6. 今夜は早く寝てあすの試合のために体力を（　　　）おかなければならない。
   1 招いて　　2 蓄えて　　3 抱えて　　4 結んで

7. ちょうど出かけようとしたときに、（　　　）雨が降ってきた。
   1 せっかく　　2 わざわざ　　3 うっかり　　4 あいにく

8. シャワーを浴びたら、体も気分も（　　　）した。
   1 きらきら　　2 さらさら　　3 きっぱり　　4 さっぱり

9. 田中さんは（　　　）窓の外を眺めていた。
   1 ぼんやり　　2 ふんわり　　3 うっすら　　4 しっとり

10. 常識がない相手とは話が（　　　）。
    1 当たらない　　2 渡らない　　3 通じない　　4 構わない

답 1④ 2① 3③ 4④ 5① 6② 7④ 8④ 9① 10③

콕콕 기출 문제 02 문맥규정

/ 10

問題 4 （　　　）に入れるのに最もよいものを、1・2・3・4から一つ選びなさい。

① 初めてヨーロッパに行ったときにはカルチャー（　　　）を受けた。(16)
　1　アウト　　　　2　ダウン　　　　3　エラー　　　　4　ショック

② 若い女性は手袋をはめた手を上げ、私を（　　　）。(16)
　1　引き止めた　　2　取り付けた　　3　持ち寄った　　4　受け入れた

③ 招待状は出したが、彼は断るに（　　　）ない。(15)
　1　差異　　　　　2　変動　　　　　3　相違　　　　　4　立場

④ 3球団がその選手の獲得に（　　　）を示している。(13)
　1　活気　　　　　2　根気　　　　　3　意欲　　　　　4　意図

⑤ ワールドカップは世界じゅうに（　　　）された。(13)
　1　普及　　　　　2　接続　　　　　3　分配　　　　　4　中継

⑥ 大きな荷物を（　　　）階段をのぼるのはとても大変でした。(12)
　1　抱いて　　　　2　抱えて　　　　3　抱いて　　　　4　抱きしめて

⑦ 筋肉をつけるためには、（　　　）運動を毎日続ける必要がある。(12)
　1　対等な　　　　2　好調な　　　　3　簡略な　　　　4　適度な

⑧ 組織のトップに立つ人間は、広い（　　　）を持つことが必要だ。(11)
　1　視野　　　　　2　視界　　　　　3　視線　　　　　4　視察

⑨ 今日のプレゼンテーションは（　　　）よくできたと思う。(11)
　1　たいして　　　2　どうりで　　　3　わりと　　　　4　よけい

⑩ 私たちは何もせずに（　　　）1日を過ごした。(10)
　1　のろのろ　　　2　のんびり　　　3　ぐるぐる　　　4　ぐっすり

답　1 ④　2 ①　3 ③　4 ③　5 ④　6 ②　7 ④　8 ①　9 ③　10 ②

콕콕 기출 문제 03 문맥규정

問題4 （　　）に入れるのに最もよいものを、1・2・3・4から一つ選びなさい。

1 今日は何事もなく（　　）一日でした。
1 柔らかな　　2 穏やかな　　3 滑らかな　　4 緩やかな

2 その道は（　　）上り坂になっています。
1 おおげさな　　2 なだらかな　　3 でたらめな　　4 ささやかな

3 見えない所でメンバーを率いる重要な役目を果たすのが（　　）です。
1 リーダー　　2 ファン　　3 ゲスト　　4 ライバル

4 宿題を終えるには（　　）2時間かかります。
1 ふんわり　　2 ぼんやり　　3 たっぷり　　4 すっきり

5 これらの本人確認書類を（　　）コピーしておいてください。
1 先々　　2 遅くとも　　3 とっくに　　4 あらかじめ

6 コンピューターの（　　）によって事務処理にかかる時間が短縮された。
1 導入　　2 引用　　3 吸収　　4 移行

7 その事件は未解決のまま捜査本部を（　　）することとなった。
1 退出　　2 退場　　3 解散　　4 解放

8 男の子が小さな石に（　　）転んでしまった。
1 つっこんで　　2 つまずいて　　3 くっついて　　4 かたむいて

9 テレビの視聴者はみんなその（　　）にショックを受けた。
1 画面　　2 場面　　3 要所　　4 名所

10 君たちが力を（　　）すれば勝てると思う。
1 発揮　　2 発生　　3 発行　　4 発明

답 1② 2② 3① 4③ 5④ 6① 7③ 8② 9② 10①

콕콕 기출 문제 04 문맥규정 　　　　／10

問題4 （　　　）に入れるのに最もよいものを、1・2・3・4から一つ選びなさい。

1 山本さんは、（　　　）に就職活動をしています。(16)
　1 余計　　　　2 清潔　　　　3 活発　　　　4 極端

2 顧客目線のプロの存在が本当に（　　　）です。(16)
　1 したしかった　2 なつかしかった　3 くわしかった　4 たのもしかった

3 小林さんは、この机を自分で（　　　）して作った。(15)
　1 イベント　　2 デザイン　　3 マスター　　4 モデル

4 この小説はとてもおもしろかったので、最後まで（　　　）読んでしまった。(14)
　1 一気に　　　2 一斉に　　　3 一時的に　　4 一方的に

5 子どものいたずらにいちいち（　　　）を立ててもしかたがない。(14)
　1 心　　　　　2 気　　　　　3 腹　　　　　4 頭

6 上司に不満があっても口にできないのが（　　　）ところだ。(13)
　1 にくい　　　2 痛ましい　　3 つらい　　　4 重苦しい

7 彼は「残業が多い、給料が安い」と会社の（　　　）ばかり言っている。(12)
　1 非難　　　　2 苦情　　　　3 ゆううつ　　4 ぐち

8 彼は間近に（　　　）演奏会のことで頭がいっぱいだ。(11)
　1 限った　　　2 迫った　　　3 寄った　　　4 至った

9 あの先生の説明は（　　　）でわかりにくかった。(10)
　1 あいまい　　2 ささやか　　3 質素　　　　4 軟弱

10 久しぶりのクラス会で話の種が（　　　）ことがなかった。(10)
　1 枯れる　　　2 限る　　　　3 尽きる　　　4 衰える

답　1③　2④　3②　4①　5③　6③　7④　8②　9①　10③

콕콕 기출 문제 05 문맥규정   / 10

問題4 （   ）に入れるのに最もよいものを、1・2・3・4から一つ選びなさい。

1 さっき君たちは何を（   ）話していたんだい？ (17)
　1　ぐっすり　　　2　うろうろ　　　3　ひそひそ　　　4　ばっさり

2 1台の車が突然（   ）きて、事故を起こしそうになった。 (16)
　1　割り込んで　　2　見込んで　　　3　取り込んで　　4　引き込んで

3 その寺は（   ）歴史を持っている。 (15)
　1　するどい　　　2　なつかしい　　3　とぼしい　　　4　かがやかしい

4 佐藤さんの絵は鮮やかな色使いに（   ）がある。 (15)
　1　伝統　　　　　2　特色　　　　　3　象徴　　　　　4　焦点

5 おじいちゃんはストーブのそばに座って（   ）していた。 (14)
　1　ぎっしり　　　2　さっぱり　　　3　いきいき　　　4　うとうと

6 自動車のタイヤが（   ）して、空気が抜けている。 (14)
　1　ストライキ　　2　ミス　　　　　3　パンク　　　　4　ダウン

7 それが何のために作られたものなのかまるで（   ）がつかない。 (13)
　1　見当　　　　　2　目印　　　　　3　発想　　　　　4　仮定

8 たばこの喫煙量に（   ）して肺癌の発生率も高くなる。 (13)
　1　応答　　　　　2　比較　　　　　3　対応　　　　　4　比例

9 交通渋滞を（   ）するために新しい道路が作られた。 (11)
　1　削除　　　　　2　解消　　　　　3　停止　　　　　4　減量

10 私の上司は（   ）な人柄でめったに怒ることはない。 (10)
　1　優良　　　　　2　温暖　　　　　3　良性　　　　　4　温厚

답　1③　2①　3④　4②　5④　6③　7①　8④　9②　10④

콕콕 기출 문제 06 문맥규정   / 10

問題4 （   ）に入れるのに最もよいものを、1・2・3・4から一つ選びなさい。

1 私は事態を（   ）考えすぎていたようです。
　1 短気に　　　　2 柔軟に　　　　3 安易に　　　　4 率直に

2 建設工事はほぼ（   ）している。
　1 完了　　　　　2 決定　　　　　3 実現　　　　　4 達成

3 私たちは平和的解決を（   ）交渉に臨んだ。
　1 にぎって　　　2 みはって　　　3 めざして　　　4 とらえて

4 書類を整理したら、気分が（   ）した。
　1 すっきり　　　2 ぎっしり　　　3 きらきら　　　4 ぶらぶら

5 通りを歩いていたら見知らぬ人に（   ）。
　1 聞き取られた　2 呼び止められた　3 見分けられた　4 問い合わせられた

6 彼は私の金銭的援助の申し入れをきっぱりと（   ）した。
　1 退場　　　　　2 辞退　　　　　3 逃避　　　　　4 避難

7 生活習慣を（   ）してから、ほとんど病気をしなくなった。
　1 訂正　　　　　2 変換　　　　　3 改善　　　　　4 整備

8 女性の社会進出を（   ）して各地の保育園は満杯だ。
　1 採用　　　　　2 引用　　　　　3 放映　　　　　4 反映

9 多くの人が旅行する（   ）は、飛行機のチケットが高い。
　1 シーズン　　　2 タイム　　　　3 シリーズ　　　4 チャンス

10 料金には10パーセントの手数料が（   ）いる。
　1 納められて　　2 含まれて　　　3 割り込まれて　4 詰め込まれて

답　1③　2①　3③　4①　5②　6②　7③　8④　9①　10②

콕콕 기출 문제 07 문맥규정 /10

問題4 （　　　）に入れるのに最もよいものを、1・2・3・4から一つ選びなさい。

1　そのプロジェクトを立ち上げるのに必要な人材はすでに（　　　）した。
　1　制作　　　　2　保存　　　　3　作成　　　　4　確保

2　妻の家庭菜園から初めての（　　　）があがった。
　1　収穫　　　　2　成立　　　　3　採集　　　　4　取得

3　次の授業までインターネットカフェで時間を（　　　）か。
　1　こわそう　　2　たおそう　　3　つぶそう　　4　はずそう

4　やせるためには（　　　）のとれた食事をすることが重要だ。
　1　ストレス　　2　ステップ　　3　ビタミン　　4　バランス

5　十分眠っておかないと明日の仕事に（　　　）よ。
　1　差し支える　2　引っかかる　3　割り込む　　4　かかわり合う

6　テレビの音が（　　　）全然本が読めない。
　1　しつこくて　2　やかましくて　3　けわしくて　4　ずうずうしくて

7　司会をしてくれる人がいると、話し合いが（　　　）進む。
　1　クリアに　　2　ソフトに　　3　シンプルに　　4　スムーズに

8　なかなかバスがやってこないので（　　　）した。
　1　うっかり　　2　すっきり　　3　わくわく　　4　いらいら

9　かつてはこの港もたくさんの水場があり（　　　）にあふれていた。
　1　活発　　　　2　活気　　　　3　活躍　　　　4　活動

10　その選手はゴールまで（　　　）で走り続けた。
　1　テクニック　2　フレッシュ　3　アプローチ　4　マイペース

답　1④　2①　3③　4④　5①　6②　7④　8④　9②　10④

콕콕 기출 문제 08 문맥규정 　　　/ 10

問題4　（　　　）に入れるのに最もよいものを、1・2・3・4から一つ選びなさい。

1　入試に合格したからといって（　　　）ばかりはしていられないよ。
　1　のんびり　　　2　ぐっすり　　　3　がらがら　　　4　だぶだぶ

2　一つの考え方に固執せずに、（　　　）思考を持つことが大切だ。
　1　円満な　　　2　快適な　　　3　順調な　　　4　柔軟な

3　だんだん雨が激しくなって、傘を差していたのに服が（　　　）濡れてしまった。
　1　ぴったり　　　2　びっしょり　　　3　すっきり　　　4　ぎっしり

4　彼女は170センチ、70キロの（　　　）を生かして見事金メダルを獲得した。
　1　格好　　　2　容姿　　　3　体格　　　4　姿勢

5　彼は私を（　　　）させようとおもしろい話をしてくれた。
　1　キャンセル　　　2　リラックス　　　3　クリア　　　4　ダウン

6　業務で（　　　）情報は、当社の方針に反する使い方をしない。
　1　にぎった　　　2　はさんだ　　　3　得た　　　4　込めた

7　文化祭の準備は、計画どおり（　　　）進んでいる。
　1　さらさら　　　2　すらすら　　　3　着々と　　　4　続々と

8　このエアコンには、いろいろな（　　　）がついている。
　1　機能　　　2　効力　　　3　才能　　　4　効用

9　9月に入って（　　　）涼しくなり始めた。
　1　細々と　　　2　徐々に　　　3　順々に　　　4　軽々と

10　応募は10月31日の消印まで（　　　）です。
　1　有効　　　2　効用　　　3　権利　　　4　利点

답　1① 2④ 3② 4③ 5② 6③ 7③ 8① 9② 10①

콕콕 기출 문제 09 문맥규정   / 10

問題4 （　　　）に入れるのに最もよいものを、1・2・3・4から一つ選びなさい。

1　その高い建物が（　　　）になって私たちの窓からは見晴らしがきかない。 (16)
　　1　厳重　　　　2　邪魔　　　　3　退屈　　　　4　過密

2　帰宅した時には（　　　）して、シャワーを浴びる気にもなれなかった。 (16)
　　1　ぎっしり　　2　すっきり　　3　しっかり　　4　ぐったり

3　この絵は全体的に色が（　　　）いる。 (15)
　　1　くもって　　2　にごって　　3　くずれて　　4　かくれて

4　科学者の（　　　）がすべて当たるとは限らない。 (15)
　　1　予定　　　　2　予測　　　　3　予防　　　　4　予備

5　彼女に自分の本当の気持ちを（　　　）打ち明けた。 (14)
　　1　せっかく　　2　知らず知らず　3　うっかり　　4　思い切って

6　彼女は子育てに（　　　）するために仕事をやめた。 (13)
　　1　専念　　　　2　注目　　　　3　統一　　　　4　特定

7　法律が（　　　）されて、借入れのルールが大きく変わりました。 (12)
　　1　転換　　　　2　変換　　　　3　改正　　　　4　改造

8　彼らは話に（　　　）なっていたので、私が部屋に入ったことに気づかなかった。 (12)
　　1　強引に　　　2　頑固に　　　3　好調に　　　4　夢中に

9　プリンターの中で紙が（　　　）しまいました。 (11)
　　1　うまって　　2　しずんで　　3　もぐって　　4　つまって

10　この数か月、新しいゲームが（　　　）発売されている。 (10)
　　1　間もなく　　2　相次いで　　3　すいすい　　4　ぐんぐん

답　1② 2④ 3② 4② 5④ 6① 7③ 8④ 9④ 10②

2. 문맥규정 기출 2009~1990년

1990~2009년까지의 일본어 능력시험은 현재의 시험과 달리 1~4급의 4개 급수가 있었습니다. 이 중 N2 수준으로 판단되는 것을 품사별로 정리하였습니다.

명사

☐ あくび	하품	授業中に眠くて何度もあくびが出た。	수업 중에 졸려서 몇 번이나 하품이 나왔다.
☐ 足元（あしもと）	발밑	転ばないように足元に気をつけてください。	넘어지지 않도록 발밑을 조심하세요.
☐ 育児（いくじ）	육아	育児のため休暇をとっている。	육아 때문에 휴가를 내고 있다.
☐ 維持（いじ）	유지	商品の質を維持する。	상품의 질을 유지하다.
☐ 一度（いちど）	한 번	一度行ってみたいと思っている。	한 번 가 보고 싶다고 생각하고 있다.
☐ 緯度（いど）	위도	緯度の高い地域。	위도가 높은 지역.
☐ いねむり	앉아 졺	授業中にいねむりをしてしまった。	수업 중에 졸고 말았다.
☐ 引退（いんたい）	은퇴	彼は、歌手を引退したいと語った。	그는 가수를 은퇴하고 싶다고 말했다.
☐ 受付（うけつけ）	접수, 접수처	受付で聞いてみる。	접수처에 물어보다.
☐ うわさ	소문	そんなうわさは、でたらめだ。	그런 소문은 엉터리다.
☐ 影響（えいきょう）	영향	大きな影響を及ぼす。	큰 영향을 끼치다.
☐ 営業（えいぎょう）	영업	あの薬局は夜遅くまで営業している。	저 약국은 밤늦게까지 영업하고 있다.
☐ 演説（えんぜつ）	연설	あの議員の演説には人を納得させるものがある。	저 의원의 연설에는 사람을 납득시키는 데가 있다.
☐ 解釈（かいしゃく）	해석	学者によって解釈がちがう。	학자에 따라 해석이 다르다.

☐ 改造(かいぞう)	개조	倉庫を改造する。	창고를 개조하다.
☐ 覚悟(かくご)	각오	会社をやめる覚悟で。	회사를 그만둘 각오로.
☐ 確認(かくにん)	확인	安全の確認を怠らないようにしてください。	안전 확인을 게을리하지 않도록 해 주세요.
☐ から	속이 빔	からになったビン。	빈 병.
☐ 感覚(かんかく)	감각	手足の感覚がなくなってきた。	손발의 감각이 없어지기 시작했다.
☐ 環境(かんきょう)	환경	この病院は環境がいい。	이 병원은 환경이 좋다.
☐ 感情(かんじょう)	감정	感情を表すことば。	감정을 나타내는 말.
☐ 感動(かんどう)	감동	その話に深く感動する。	그 이야기에 깊이 감동하다.
☐ 管理(かんり)	관리	この公園は国が管理している。	이 공원은 국가가 관리하고 있다.
☐ きっかけ	계기	病気で入院したのをきっかけに。	병으로 입원한 것을 계기로.
☐ 記入(きにゅう)	기입	この欄に、お名前とご住所をご記入ください。	이 칸에 이름과 주소를 기입해 주세요.
☐ 希望(きぼう)	희망	日本へ行きたいという希望がある。	일본에 가고 싶다는 희망이 있다.
☐ 休暇(きゅうか)	휴가	ひさしぶりに休暇がとれた。	오랜만에 휴가를 낼 수 있었다.
☐ 共通(きょうつう)	공통	日本と共通の問題がある。	일본과 공통의 문제가 있다.
☐ 緊張(きんちょう)	긴장	とても緊張している。	매우 긴장하고 있다.
☐ 苦労(くろう)	고생	母は苦労してぼくを育ててくれた。	어머니는 고생해서 나를 길러 주었다.
☐ 限界(げんかい)	한계	一人でできることには限界がある。	혼자서 할 수 있는 일에는 한계가 있다.

単語	意味	例文
☐ 現象(げんしょう)	현상	都市への人口集中という現象を生み出す。 도시로의 인구 집중이라는 현상을 낳다.
☐ 克服(こくふく)	극복	弱点を克服して、オリンピック選手に選ばれた。 약점을 극복하여 올림픽 선수로 뽑혔다.
☐ ごぶさた	격조	長い間ごぶさたしております。 오랫동안 격조했습니다.
☐ 作業(さぎょう)	작업	機械を使った作業は危険だ。 기계를 사용한 작업은 위험하다.
☐ 参加(さんか)	참가	政治に参加する。 정치에 참가하다.
☐ 時期(じき)	시기	適当な時期を選ぶ。 적당한 시기를 고르다.
☐ 実験(じっけん)	실험	研究所で化学の実験をしている。 연구소에서 화학 실험을 하고 있다.
☐ 実現(じつげん)	실현	夢をとうとう実現させた。 꿈을 드디어 실현시켰다.
☐ 指定(してい)	지정	席は指定されていません。 자리는 지정되어 있지 않습니다.
☐ しめきり	마감	旅行の予約のしめきりは明日だ。 여행 예약 마감은 내일이다.
☐ 集中(しゅうちゅう)	집중	勉強に集中する。 공부에 집중하다.
☐ 順番(じゅんばん)	순번, 순서	一人ずつ順番に歌う。 한 사람씩 순서대로 노래를 부르다.
☐ すき	틈, 방심	ちょっと席をはなれたすきに。 잠깐 자리를 비운 틈에.
☐ 性格(せいかく)	성격	あの人は性格がよい。 저 사람은 성격이 좋다.
☐ 全体(ぜんたい)	전체	町全体が活気に満ちている。 마을 전체가 활기에 가득 차 있다.
☐ 尊重(そんちょう)	존중	相手の意見を尊重する。 상대방의 의견을 존중하다.
☐ 対策(たいさく)	대책	対策を立てる。 대책을 세우다.

☐ 対立(たいりつ)	대립	長期にわたって対立してきた。	장기간에 걸쳐서 대립해 왔다.
☐ 中心(ちゅうしん)	중심	議長が中心となり。	의장이 중심이 되어.
☐ 調節(ちょうせつ)	조절	子どもの身長に合わせて高さを調節する。	아이의 신장에 맞춰서 높이를 조절하다.
☐ 通信(つうしん)	통신	海外とも通信が可能になった。	해외와도 통신이 가능해졌다.
☐ 提案(ていあん)	제안	今日の会議で、計画の変更を提案する。	오늘 회의에서 계획 변경을 제안한다.
☐ 徹夜(てつや)	철야	ゆうべは徹夜した。	어젯밤은 철야를 했다.
☐ 手間(てま)	수고	このスープを作るには手間も時間もかかる。	이 수프를 만들려면 수고도 시간도 든다.
☐ 手前(てまえ)	바로 앞, 가까운 쪽	名古屋は大阪より手前にある。	나고야는 오사카보다 가까운 쪽에 있다.
☐ 土地(とち)	토지, 땅	土地の値段が上がる。	땅값이 오르다.
☐ 努力(どりょく)	노력	努力の結果。	노력의 결과.
☐ ながめ	전망	このホテルから見るながめはすばらしい。	이 호텔에서 보는 전망은 훌륭하다.
☐ 納得(なっとく)	납득	そんな説明では、だれも納得できない。	그런 설명으로는 아무도 납득할 수 없다.
☐ 配達(はいたつ)	배달	買った物を自宅まで配達してくれる。	산 물건을 자택까지 배달해 준다.
☐ 拍手(はくしゅ)	박수	スピーチが終わると、会場から拍手が起こった。	스피치가 끝나자, 회장에서 박수가 일었다.
☐ はし	끝, 가장자리	道のはしを歩く。	길가를 걷다.
☐ 発揮(はっき)	발휘	試合で実力を発揮するのは難しい。	시합에서 실력을 발휘하는 것은 어렵다.
☐ 発見(はっけん)	발견	めずらしい魚が発見された。	신기한 물고기가 발견되었다.

단어	뜻	예문
☐ 発売(はつばい)	발매	先月発売されたコンピューター。 지난달 발매된 컴퓨터.
☐ 比較(ひかく)	비교	50年前と比較してみましょう。 50년 전과 비교해 봅시다.
☐ 費用(ひよう)	비용	費用がいくらぐらいかかるか教えてください。 비용이 얼마 정도 드는지 가르쳐 주세요.
☐ 不満(ふまん)	불만	この会社に不満がたくさんある。 이 회사에 불만이 많이 있다.
☐ 摩擦(まさつ)	마찰	同僚と摩擦を起こすのを恐れる。 동료와 마찰을 일으키는 것을 두려워한다.
☐ まっさき	제일 먼저, 맨 앞	いつもまっさきにまどを開ける。 항상 제일 먼저 창문을 연다.
☐ 見(み)かけ	외관, 겉보기	見かけはよくない。 외관은 좋지 않다.
☐ 見出(みだ)し	표제어	新聞の見出しをながめるだけだ。 신문의 표제어를 바라볼 뿐이다.
☐ 向(む)かい	맞은편	学校の向かいにようちえんがある。 학교 맞은편에 유치원이 있다.
☐ 面接(めんせつ)	면접	一度面接を受けに来てください。 한번 면접을 보러 오세요.
☐ 要旨(ようし)	요지	文章を読んで、要旨をまとめる。 문장을 읽고 요지를 정리하다.
☐ 様子(ようす)	모양, 상황	ときどき様子を見に行く。 가끔 상황을 보러 간다.
☐ 容積(ようせき)	용량, 부피	このガラスびんの容積は2リットルだ。 이 유리병의 용량은 2리터다.
☐ 流行(りゅうこう)	유행	風邪がとても流行している。 감기가 매우 유행하고 있다.

동사

단어	뜻	예문
☐ あこがれる	동경하다	サッカー選手にあこがれる子どもたちは多い。 축구 선수를 동경하는 아이들은 많다.
☐ あずける	맡기다	子どもを友人の家にあずける。 아이를 친구 집에 맡기다.

☐ あふれる	넘치다	大雨で川の水が**あふれる**。 폭우로 강물이 넘치다.
☐ いじめる	괴롭히다	弟を**いじめて**しかられた。 남동생을 괴롭혀서 야단맞았다.
☐ いだく	품다	結婚生活に大きな夢を**いだいて**いる。 결혼 생활에 큰 꿈을 품고 있다.
☐ 受ける	받다	インフレの影響を**受けた**。 인플레이션의 영향을 받았다.
☐ 失う	잃다	財産をすべて**失って**しまった。 재산을 전부 잃어버렸다.
☐ おさめる	납부하다	税金を**おさめる**のは、国民の義務だ。 세금을 납부하는 것은 국민의 의무이다.
☐ かかえる	껴안다	さまざまな問題を**かかえて**いる。 여러 가지 문제를 안고 있다.
☐ 感じる	느끼다	私にはわがままだと**感じられる**。 내 생각에는 버릇이 없는 것 같다.
☐ きく	효과가 있다, 듣다	薬が**きいて**、痛みが止まった。 약이 효과가 있어 통증이 멈췄다.
☐ きれる	다 떨어지다	電池が**きれて**いる。 건전지가 다 됐다.
☐ くだく	깨다	**くだいた**氷をグラスに入れる。 깬 얼음을 잔에 넣다.
☐ けずる	깎다, 삭감하다	予算が**けずられて**しまった。 예산이 삭감되고 말았다.
☐ さからう	거역하다	あの人の命令に**さからう**なんて。 저 사람의 명령을 거역하다니.
☐ さまたげる	방해하다	ことばの壁が世界平和の実現を**さまたげる**。 언어의 벽이 세계 평화 실현을 방해한다.
☐ 覚める	잠이 깨다, 눈이 뜨이다	鳥の鳴き声で目が**さめた**。 새 울음소리에 잠이 깼다.
☐ 冷める	식다	スープが**さめて**しまった。 수프가 식어 버렸다.
☐ しく	깔다	和室に布団を**しいて**寝る。 일본식 방에 이불을 깔고 자다.

☐ しゃべる	수다 떨다	彼は一人でしゃべっている。	그는 혼자서 수다 떨고 있다.
☐ 属する	속하다	兄は人事課に属している。	형(오빠)은 인사과에 속해 있다.
☐ そなえる	대비하다	台風にそなえて、十分な注意が必要だ。	태풍에 대비하여 충분한 주의가 필요하다.
☐ そろえる	고루 갖추다	明日持っていくものをそろえてかばんの中に入れる。	내일 가져갈 물건을 챙겨 가방 안에 넣는다.
☐ たく	(밥을) 짓다	みそしるをつくって、ごはんをたいた。	된장국을 만들고, 밥을 지었다.
☐ 近づける	가까이 대다	鼻を近づけてにおいをかいでみた。	코를 가까이 대고 냄새를 맡아 봤다.
☐ つける	붙이다	習慣をつける。	습관을 들이다.
☐ 伝える	전하다	午前11時にうかがうとお伝えください。	오전 11시에 찾아뵙겠다고 전해 주세요.
☐ 照らす	비추다	湖の水面を月が静かに照らしていた。	호수 수면을 달이 조용히 비추고 있었다.
☐ とじる	닫다, (눈을) 감다	しばらく目をとじていた。	잠시 눈을 감고 있었다.
☐ ならう	따르다, 모방하다	私も姉にならって、水泳を始めることにした。	나도 누나(언니)를 따라 수영을 시작하기로 했다.
☐ のりこえる	극복하다	悲しみをのりこえる。	슬픔을 극복하다.
☐ 話しかける	말을 걸다	どきどきしながら話しかけてみた。	두근두근하며 말을 걸어 보았다.
☐ はやる	유행하다	今はやっている風邪は、高い熱が出る。	지금 유행하고 있는 감기는 고열이 난다.
☐ 任せる	맡기다	この仕事は私に任せてください。	이 일은 저에게 맡겨 주세요.
☐ やとう	고용하다	アルバイトをやとうことにしている。	아르바이트를 고용하기로 하고 있다.

い형용사

☐ あわただしい	분주하다	あわただしい毎日です。 분주한 나날입니다.	
☐ おそろしい	무섭다	暗い道を一人で歩くのはおそろしい。 어두운 길을 혼자서 걷는 것은 무섭다.	
☐ おとなしい	얌전하다	おとなしい子どもなので。 얌전한 아이라서.	
☐ かしこい	영리하다	本当にかしこい犬だ。 정말로 영리한 개다.	
☐ きつい	꽉 끼다	ズボンがきつくなった。 바지가 꽉 끼게 되었다.	
☐ くどい	장황하다, 되풀이해서 귀찮다	くどいようだが、それは重要なことなんだ。 지겹게 되풀이하는 것 같지만 그것은 중요한 일일세.	
☐ くわしい	자세하다	何があったのかくわしく話していただけませんか。 무슨 일이 있었는지 자세히 말해 주실 수 없습니까?	
☐ こい	짙다	うすいお茶よりこいお茶のほうが好きだ。 옅은 차보다 짙은 차를 더 좋아한다.	
☐ しつこい	집요하다	本当にしつこい人だ。 정말로 집요한 사람이다.	
☐ するどい	날카롭다	問題点をするどく指摘する。 문제점을 날카롭게 지적하다.	
☐ そそっかしい	덜렁대다	あの人はそそっかしい人だ。 저 사람은 덜렁이다.	
☐ だらしない	야무지지 못하다, 깔끔하지 못하다	彼の仕事ぶりはだらしない。 그의 일솜씨는 깔끔하지 못하다.	
☐ とんでもない	당치도 않다	手術したばかりなのに、働くなんてとんでもない。 수술 지 얼마 되지도 않았는데 일을 하다니 당치도 않다.	
☐ なつかしい	그립다, 정겹다	なつかしくて遅くまで話し込んでしまった。 정겨워서 늦게까지 이야기에 열중하고 말았다.	
☐ ひくい	낮다	ひくい声で話す。 낮은 목소리로 말하다.	
☐ まずしい	가난하다	まずしくて、食べるものに困っている。 가난해서 먹는 것에 어려움을 겪고 있다.	
☐ もうしわけない	면목 없다, 미안하다	もうしわけない気持ちでいっぱいだ。 미안한 마음으로 가득하다.	

な형용사

☐ 明らかだ	분명하다, 명백하다	原因が明らかになった。 원인이 분명해졌다.
☐ あたりまえだ	당연하다	自分の子どもをかわいいと思うのはあたりまえだ。 자기 아이를 귀엽다고 생각하는 것은 당연하다.
☐ 安易だ	손쉽다, 안이하다	安易に引き受ける。/ 安易な方法をとる。 손쉽게 인수하다. / 안이한 방법을 취하다.
☐ 意外だ	뜻밖이다, 의외다	けちな人が意外にも１００万円寄付したそうだ。 인색한 사람이 뜻밖에도 100만 엔 기부했다고 한다.
☐ おもだ	주요하다, 중심이 되다	おもに機械を外国に輸出している。/ おもな産業。 주로 기계를 외국으로 수출하고 있다. / 주된 산업.
☐ 格別だ	각별하다, 유별나다	今年の夏の暑さは格別だった。 올여름 더위는 유별났다.
☐ 厳重だ	엄중하다	国会議事堂のまわりは厳重に警備されている。 국회의사당 주위는 엄중하게 경비되고 있다.
☐ 地味だ	수수하다	パーティーに行くには、地味すぎる。 파티에 가기에는 너무 수수하다.
☐ 順調だ	순조롭다	工事は順調に進んでいる。 공사는 순조롭게 진행되고 있다.
☐ 慎重だ	신중하다	慎重にあつかってください。 신중하게 다뤄 주세요.
☐ 積極的だ	적극적이다	もっと積極的に取り組む。 좀더 적극적으로 임하다.
☐ たしかだ	확실하다, 명확하다	たしかなことは何もわからない。 확실한 것은 아무것도 모른다.
☐ 手ごろだ	적당하다	手ごろな値段のかばんをさがす。 적당한 가격의 가방을 찾다.
☐ 透明だ	투명하다	まるで透明なガラスのようだ。 마치 투명한 유리 같다.
☐ 苦手だ	서툴다	漢字を書くのは苦手だ。 한자를 쓰는 것은 서툴다.
☐ はでだ	화려하다	いつもはでな服を着ている。 언제나 화려한 옷을 입고 있다.
☐ 無事だ	무사하다	幸い無事だった。 다행히 무사했다.

□ 平和(へいわ)だ	평화롭다	戦争(せんそう)のない平和(へいわ)な社会(しゃかい)の実現(じつげん)を目指(めざ)す。 전쟁이 없는 평화로운 사회의 실현을 목표로 하다.
□ ほがらかだ	명랑하다	ほがらかな人はだれからも好(す)かれるだろう。 명랑한 사람은 누구라도 좋아할 것이다.
□ 有効(ゆうこう)だ	유효하다	寄付金(きふきん)の有効(ゆうこう)な使(つか)い方(かた)を検討(けんとう)する。 기부금의 유효한 사용법을 검토하다.
□ 愉快(ゆかい)だ	유쾌하다	山田(やまだ)さんは愉快(ゆかい)な人だ。 야마다 씨는 유쾌한 사람이다.

부사

□ 案外(あんがい)	뜻밖에	こわい人かと思っていたら、案外(あんがい)いい人だった。 무서운 사람이라고 생각했더니, 뜻밖에 좋은 사람이었다.
□ いきなり	갑자기	子どもがいきなり飛(と)び出(だ)してきた。 아이가 갑자기 뛰어나왔다.
□ いっせいに	일제히	止(と)まっていた車がいっせいに走(はし)り出(だ)した。 멈춰 있던 자동차가 일제히 달리기 시작했다.
□ いまにも	당장에라도	いまにも雨(あめ)が降(ふ)りだしそうな天気(てんき)。 당장에라도 비가 내릴 것 같은 날씨.
□ いよいよ	마침내, 드디어	いよいよ日本(にほん)へ出発(しゅっぱつ)する時が来た。 마침내 일본으로 출발할 때가 왔다.
□ いわば	말하자면	読書(どくしょ)とは、いわば心(こころ)に栄養(えいよう)を与(あた)えることだ。 독서란 말하자면 마음에 영양을 주는 일이다.
□ うっかり	깜빡	うっかり約束(やくそく)を忘(わす)れてしまった。 깜빡 약속을 잊어버렸다.
□ おのおの	각자, 각각	おのおの興味(きょうみ)のあるテーマについて作文(さくぶん)を書いた。 각자 흥미있는 테마에 대해 작문을 썼다.
□ がっかり	낙담하는 모양	がっかりしないでください。 낙심하지 마세요.
□ かならずしも	반드시 (~라고는 할 수 없다)	かならずしも出世(しゅっせ)するとは限(かぎ)らない。 반드시 출세한다고는 할 수 없다.
□ ぎっしり(と)	가득, 꽉	いろいろな缶詰(かんづめ)がぎっしりつまっていた。 여러 가지 통조림이 가득 차 있었다.
□ 結局(けっきょく)	결국	結局(けっきょく)役(やく)に立(た)たなかった。 결국 도움이 되지 않았다.

□ じきに	곧, 바로	雨はじきにやむでしょう。 비는 곧 그칠 것입니다.
□ しだいに	점차	雨と風がしだいに強くなってきました。 비와 바람이 점차 강해지기 시작했습니다.
□ しみじみ	절실히, 곰곰이	親はありがたいものだとしみじみ思った。 부모는 고마운 존재라고 절실히 느꼈다.
□ 続々(と)	잇달아, 끊임없이	この山には続々と登山客がやってくる。 이 산에는 끊임없이 등산객이 찾아온다.
□ ただちに	즉시, 당장	ただちに武器をすてて出てきなさい。 당장 무기를 버리고 나와라.
□ ちゃんと	제대로, 빈틈없이	毎回予習をちゃんとやってくる。 매번 예습을 제대로 해서 온다.
□ つい	그만	つい笑ってしまった。 그만 웃어 버렸다.
□ つねに	항상, 늘	家の中はつねに清潔にしておきましょう。 집 안은 항상 청결하게 해 둡시다.
□ どうしても	기어코, 꼭	どうしても行きたいのなら、一人で行きなさい。 기어코 가고 싶다면 혼자서 가세요.
□ どうせ	어차피	どうせよごすのだから。 어차피 더럽힐 거니까.
□ とっくに	훨씬 전에	小林くんなら、とっくに帰りましたよ。 고바야시 군이라면 훨씬 전에 돌아갔어요.
□ なんでも	무엇이든	なんでも自由に使ってもかまわない。 무엇이든 자유롭게 사용해도 상관없다.
□ なんとなく	어쩐지, 왠지	彼はなんとなく元気がないようだ。 그는 왠지 기운이 없는 것 같다.
□ ばったり(と)	뜻밖에 마주치는 모양, 딱	駅前で田中さんにばったり会った。 역 앞에서 다나카 씨를 딱 만났다.
□ ぴったり(と)	틈 없이 잘 맞는 모양, 꼭, 꽉	紙のはしをぴったりと合わせる。 종이 끝을 꼭 맞추다.
□ ぶらぶら	빈둥빈둥	しばらくぶらぶらしていた。 잠시 빈둥빈둥 놀고 있었다.
□ ほとんど	거의	ほとんど家の中で過ごしている。 거의 집 안에서 지내고 있다.

☐ まあまあ	그런대로	まあまあできた. 그런대로 되었다.
☐ まごまご	우물쭈물	初めて降りた駅でまごまごしていたら. 처음 내린 역에서 우물쭈물하고 있었더니.
☐ もちろん	물론	もちろん、日本も例外ではない. 물론 일본도 예외는 아니다.
☐ やたらに	무턱대고, 몹시	今日は朝からやたらに電話が多い. 오늘은 아침부터 정말 전화가 많다.
☐ よろこんで	기꺼이	いつでも喜んでお手伝いさせていただきます. 언제라도 기꺼이 도와 드리겠습니다.

외래어

☐ インタビュー	인터뷰	新聞記者がインタビューをする. 신문 기자가 인터뷰를 한다.
☐ エネルギー	에너지	電力などのエネルギーの供給. 전력 등의 에너지 공급.
☐ エンジン	엔진	エンジンが故障して、車が動かなくなった. 엔진이 고장 나서 차가 움직이지 않게 되었다.
☐ カロリー	칼로리	カロリーの高くない食事をする. 칼로리가 높지 않은 식사를 하다.
☐ キャンパス	캠퍼스	この大学はキャンパスがせまい. 이 대학은 캠퍼스가 좁다.
☐ コピー	카피, 복사	この書類のコピーを20人分お願いします. 이 서류를 스무 명분 복사해 주세요.
☐ コミュニケーション	커뮤니케이션	人間は言葉によるコミュニケーションを行う動物だ. 인간은 말에 의한 커뮤니케이션을 하는 동물이다.
☐ サービス	서비스	このホテルはサービスが良い. 이 호텔은 서비스가 좋다.
☐ シャッター	셔터	店は休みでシャッターが閉まっていた. 가게는 휴일이라 셔터가 닫혀 있었다.
☐ スカーフ	스카프	友だちはスカーフをしている. 친구는 스카프를 매고 있다.
☐ スケジュール	스케줄	今月のスケジュールはもういっぱいだ. 이번 달 스케줄은 벌써 꽉 찼다.

□ スタート	스타트	こちらの競技場から**スタート**する。 이쪽 경기장에서 스타트한다.
□ スムーズ	순조로움, 원활함	緊張していたので、**スムーズ**に話せなかった。 긴장하고 있었기 때문에, 순조롭게 이야기할 수 없었다.
□ チーム	팀	この２つの**チーム**が初めて戦う。 이 2개의 팀이 처음으로 싸운다.
□ テーマ	테마, 주제	論文の**テーマ**が決まる。 논문의 테마가 정해지다.
□ トップ	톱, 최상부	会社の**トップ**が決めたことだから。 회사의 상층부가 결정한 일이니까.
□ ドラマ	드라마	テレビで新しく始まった**ドラマ**。 텔레비전에서 새로 시작된 드라마.
□ ノック	노크	ドアを**ノック**してください。 문을 노크해 주세요.
□ プログラム	프로그램	コンサートの**プログラム**。 콘서트 프로그램.
□ リズム	리듬	この曲の**リズム**はおどりやすい。 이 곡의 리듬은 춤추기 쉽다.
□ レベル	레벨	まだ日常生活で十分役に立つという**レベル**ではない。 아직 일상생활에서 충분히 도움이 되는 레벨이 아니다.

접속사

□ さて	그건 그렇고	**さて**、このへんで、次のテーマに移りたいと思います。 그건 그렇고, 이쯤에서 다음 테마로 옮겼으면 합니다.
□ しかも	게다가, 그 위에	説明がわかりやすく、**しかも**くわしい。 설명이 알기 쉽고, 게다가 자세하다.
□ したがって	따라서	**したがって**米の収穫がかなり少なくなりそうだ。 따라서 쌀 수확이 꽤 적어질 것 같다.
□ すなわち	즉	母の母、**すなわち**私の祖母。 어머니의 어머니, 즉 나의 할머니.
□ そこで	그래서	**そこで**、パーティーを開くことにした。 그래서 파티를 열기로 했다.
□ それでも	그런데도	**それでも**留学したい。 그런데도 유학하고 싶다.

☐ ただし	다만	手書きでも可。ただし、きれいに書くこと。 손으로 써도 됨. 단, 깨끗하게 쓸 것.
☐ なお	또한	なお、時間は後ほどお伝えします。 또한 시간은 나중에 전달해 드리겠습니다.

숙어

☐ 顔が広い	발이 넓다	彼は顔が広い。 그는 발이 넓다.
☐ 気が長い	성미가 느긋하다	私は気が長い方だ。 나는 성미가 느긋한 편이다.
☐ 口がかたい	입이 무겁다	彼女は口がかたい。 그녀는 입이 무겁다.
☐ 首を長くする	애타게 기다리다	首を長くして待つ。 애타게 기다리다.
☐ しかたがない	어쩔 수 없다	初めてなんだからしかたがない。 처음이니까 어쩔 수 없다.
☐ ひどい目にあう	호된 일을 당하다	先週は本当にひどい目にあった。 지난주에는 정말로 호된 일을 당했다.
☐ 耳にする	듣다	このレストランの評判を耳にする。 이 레스토랑의 평판을 듣다.
☐ 目に見える	눈에 띄다	成績が目に見えて良くなった。 성적이 눈에 띄게 좋아졌다.

기타

☐ ～位	～위	バイオリンのコンクールで三位になった。 바이올린 콩쿠르에서 3위를 하였다.
☐ いつのまにか	어느새	本を読んでいるうちにいつのまにか寝てしまった。 책을 읽고 있는 동안 어느새 자고 말았다.
☐ いわゆる	소위, 이른바	子どもの数が減っているという、いわゆる「少子化」の問題。 아이들의 수가 줄고 있다는, 소위 '소자화' 문제.
☐ おかまいなく	신경 쓰지 마세요	あ、もう、おかまいなく。 아, 이제 신경 쓰지 마세요.
☐ おきのどくに	불쌍하게도	それはおきのどくに。 그거 안됐군요.

□ お世話になりました	신세 졌습니다	長い間、お世話になりました。 오랫동안 신세 졌습니다.
□ ～気味	～기운, ～경향	今日は風邪ぎみだから～。 오늘은 감기 기운이 있어서~.
□ ごえんりょなく	사양 말고	どうぞ、たくさんめしあがってください。ごえんりょなく。 자, 많이 드세요. 사양 말고.
□ ごくろうさま	수고하십니다	それはごくろうさま。 그거 수고하십니다.
□ しめた	됐다, 해냈다	「しめた。」と思った。 '됐다.'라고 생각했다.
□ ～沿い	～가, ～을 따라서	海沿いの道を通って家に帰る。 해안길을 통해서 집에 돌아오다.
□ そういえば	그러고 보니	そういえば、昨日も休みでしたね。 그러고 보니 어제도 쉬었지요?
□ 短～	단～	短期間で日本語が上手になる。 단기간에 일본어가 능숙해지다.
□ 不～	불～	不完全なものしか書けない。 불완전한 것밖에 적을 수 없다.
□ やむをえない	어쩔 수 없다	やむをえない事情で行けない。 어쩔 수 없는 사정으로 가지 못하다.

콕콕 기출 문제 10 문맥규정 / 10

問題4 （　　　）に入れるのに最もよいものを、1・2・3・4から一つ選びなさい。

1　この箱の（　　　）は約40リットルです。 (09)
　　1　容積　　　　2　濃度　　　　3　水圧　　　　4　重量

2　その時はもう目が（　　　）いました。 (08)
　　1　かれて　　　2　さめて　　　3　ほえて　　　4　ふけて

3　その薬品の取り扱いにはできる限りの（　　　）さが必要だ。 (08)
　　1　重要　　　　2　重大　　　　3　慎重　　　　4　貴重

4　昨日の火事では新型の化学消防車が威力を（　　　）した。 (09)
　　1　発行　　　　2　発射　　　　3　発表　　　　4　発揮

5　このたび国へ帰ることになりました。長い間（　　　）。 (04)
　　1　おせわになりました　　　　2　おかげさまで
　　3　おじゃましました　　　　　4　おまちどおさま

6　その建物は構造に（　　　）完全なところがありました。 (08)
　　1　無　　　　　2　不　　　　　3　非　　　　　4　未

7　その社説には「目も当てられぬ惨事」という（　　　）がついていた。 (08)
　　1　見かけ　　　2　見出し　　　3　見本　　　　4　見方

8　来客名簿にお名前を（　　　）するのを忘れないでください。 (07)
　　1　記憶　　　　2　記念　　　　3　記号　　　　4　記入

9　その学校は私が受験するには（　　　）が高すぎる。 (07)
　　1　パターン　　2　レベル　　　3　スタイル　　4　ゴール

10　A「お茶のおかわり、いかがですか。」 B「すぐ帰りますから、どうぞ（　　　）。」 (05)
　　1　おかまいなく　2　ごえんりょなく　3　かしこまりました　4　おまたせしました

답　1① 2② 3③ 4④ 5① 6② 7② 8④ 9② 10①

콕콕 기출 문제 11 문맥규정

問題4 （　　）に入れるのに最もよいものを、1・2・3・4から一つ選びなさい。

1. 私の（　　）英語の知識では、私の考えを十分言い表せません。
   1 けわしい　　2 あやしい　　3 まずしい　　4 こいしい

2. これは交渉を（　　）に進めるために必要な書類です。
   1 エチケット　　2 スムーズ　　3 スタイル　　4 アクセント

3. あの先生の授業はつまらなくて（　　）が出るよ。
   1 せき　　2 あくび　　3 しゃっくり　　4 くしゃみ

4. このケーキを作るには（　　）も時間もかかります。
   1 手入れ　　2 手続き　　3 手段　　4 手間

5. A「ここに座ってもよろしいでしょうか。」 B「どうぞ、（　　）。」
   1 ごしんぱいなく　　2 おじゃましました　　3 かしこまりました　　4 ごえんりょなく

6. デパートでは買った物を自宅まで（　　）してくれます。
   1 配達　　2 到達　　3 上達　　4 発達

7. シートを自分に合うように（　　）してください。
   1 調節　　2 安定　　3 処理　　4 共通

8. 若者はときどき運動をして（　　）を発散させる必要がある。
   1 アルコール　　2 カロリー　　3 ビタミン　　4 エネルギー

9. 私の家は国道（　　）なので、車の騒音になやまされている。
   1 建て　　2 沿い　　3 向け　　4 付き

10. A「あいつ元気ないけど、何かあったのかな。」
    B「（　　）、さっき部長に呼ばれてたな。」
    1 それとも　　2 なぜなら　　3 だって　　4 そういえば

답 1③ 2② 3② 4④ 5④ 6① 7① 8④ 9② 10④

콕콕 기출 문제 12 문맥규정   / 10

問題 4　（　　）に入れるのに最もよいものを、1・2・3・4から一つ選びなさい。

1 その有名な美術館は鉄道の駅を（　　）したものです。(06)
　　1 改善（かいぜん）　　2 改定（かいてい）　　3 改造（かいぞう）　　4 改正（かいせい）

2 開けるまえにドアを（　　）してください。(05)
　　1 サイン　　2 カーブ　　3 プラス　　4 ノック

3 みんなは彼女のことを（　　）性格だと言うが、彼女にだって優（やさ）しいところがあるんだよ。(06)
　　1 ずるい　　2 ゆるい　　3 きつい　　4 にぶい

4 明日午前9時より運動会を行う。（　　）、雨天（うてん）の場合は中止とする。(03)
　　1 さらに　　2 なお　　3 むしろ　　4 それでも

5 宿題も予習も（　　）すませたよ。(05)
　　1 どこかに　　2 とっくに　　3 いまに　　4 さらに

6 もっと（　　）な柄（がら）の着物はありませんか。(04)
　　1 地味（じみ）　　2 妥当（だとう）　　3 高度（こうど）　　4 率直（そっちょく）

7 A「今晩一緒に食事に行きましょうか。」 B「ええ。（　　）ですとも。」(90)
　　1 しかしながら　　2 もちろん　　3 したがって　　4 それだけに

8 その病気は助からないものと（　　）を決めていたが、不思議（ふしぎ）によくなった。(05)
　　1 覚悟（かくご）　　2 承知（しょうち）　　3 我慢（がまん）　　4 不満（ふまん）

9 病室は（　　）一定の温度をたもつようになっている。(05)
　　1 ついに　　2 すでに　　3 たんに　　4 つねに

10 彼は才能にめぐまれていながら、地位はまだ（　　）。(90)
　　1 うすい　　2 はやい　　3 ひくい　　4 すくない

답 1③ 2④ 3③ 4② 5② 6① 7② 8① 9④ 10③

콕콕 기출 문제 13 문맥규정 　　　　　　　　　　　　　　　　　　　　　　　　　　　　/ 10

問題 4　（　　）に入れるのに最もよいものを、1・2・3・4から一つ選びなさい。

1 急用だったのでタクシーに乗ったのに、車が混んで1時間もかかり、（　　）目にあった。 (96)
　1　まずい　　　　2　ひどい　　　　3　のろい　　　　4　おしい

2 彼女は試験がよくできたので（　　）顔をしている。 (01)
　1　ほがらかな　　2　なだらかな　　3　わがままな　　4　でたらめな

3 彼の偉大な計画はついに（　　）した。 (98)
　1　表情　　　　　2　現実　　　　　3　現象　　　　　4　実現

4 部員相互の（　　）が大切だ。 (03)
　1　コレクション　　　　　　　　　2　ファッション
　3　コミュニケーション　　　　　　4　オートメーション

5 演奏が終わると、会場から（　　）が起こった。 (03)
　1　拍手　　　　　2　理解　　　　　3　応援　　　　　4　握手

6 （　　）お会いしたいと思っていました。 (95)
　1　一部　　　　　2　一度　　　　　3　一方　　　　　4　一時

7 悪天候に（　　）、そこに行けなかった。 (93)
　1　さまたげられて　2　さかのぼられて　3　さけられて　4　さしつかえられて

8 先月（　　）されたエアコンは、売れゆきが非常によい。 (99)
　1　発行　　　　　2　発売　　　　　3　発電　　　　　4　発達

9 仕事はうまくいかなかったとしても、彼の（　　）態度がうれしいんだよ。 (90)
　1　消極的な　　　2　必然的な　　　3　積極的な　　　4　否定的な

10 （　　）ことはのちほど手紙でお知らせします。 (03)
　1　するどい　　　2　すまない　　　3　くわしい　　　4　けわしい

답　1② 2① 3④ 4③ 5① 6② 7① 8② 9③ 10③

콕콕 기출 문제 14 문맥규정   / 10

問題4　（　　）に入れるのに最もよいものを、1・2・3・4から一つ選びなさい。

1　父に（　　）息子も医者になった。(00)
　　1　ならって　　　2　ならべて　　　3　まざって　　　4　ならんで

2　これはたいへん良い品物です。（　　）値段も高いです。(93)
　　1　ところで　　　2　あるいは　　　3　したがって　　　4　ただし

3　初めてなので、やり方がわからず（　　）していたら、隣の人が親切に教えてくれた。(96)
　　1　はきはき　　　2　もともと　　　3　つるつる　　　4　まごまご

4　むずかしいと思っていたが、（　　）簡単だった。(04)
　　1　事実　　　　　2　案外　　　　　3　少々　　　　　4　当然

5　今度お金をもらったら、（　　）あの本を買うつもりだ。(99)
　　1　まっさきに　　2　まっすぐに　　3　まっさおに　　4　まっしろに

6　夏の太陽が庭を（　　）いる。(94)
　　1　輝いて　　　　2　射して　　　　3　光って　　　　4　照らして

7　（　　）期間で英語が上手になる方法はありませんか。(96)
　　1　短　　　　　　2　半　　　　　　3　小　　　　　　4　前

8　これを（　　）に末長くお付き合いしましょう。(96)
　　1　こころあたり　2　きっかけ　　　3　はじめ　　　　4　おかげ

9　（　　）になったビンやカンをこちらに捨ててください。(06)
　　1　あき　　　　　2　なし　　　　　3　から　　　　　4　すき

10　暗いから（　　）に気をつけてください。(03)
　　1　足元　　　　　2　足早　　　　　3　足音　　　　　4　足跡

답　1①　2③　3④　4②　5①　6④　7①　8②　9①　10①

콕콕 기출 문제 15 문맥규정   / 10

問題4 （　　）に入れるのに最もよいものを、1・2・3・4から一つ選びなさい。

1　（　　）はいくらかかってもかまいません。(00)
　1　価値　　　　2　価格　　　　3　費用　　　　4　利用

2　（　　）して彼の機嫌をとる必要はない。(01)
　1　苦痛　　　　2　苦学　　　　3　苦労　　　　4　苦情

3　彼女は障害を（　　）しようと頑張っている。(03)
　1　回復　　　　2　克服　　　　3　修理　　　　4　修正

4　大雨が降って、川が（　　）としている。(05)
　1　つもろう　　2　うなろう　　3　あふれよう　　4　こぼれよう

5　自然を（　　）にした詩を発表した。(90)
　1　テーマ　　　2　サンプル　　3　テンポ　　　4　ドラマ

6　大変な仕事とは思わないで、（　　）引き受けてしまった。(99·95)
　1　奇妙に　　　2　安易に　　　3　適切に　　　4　慎重に

7　私の弟はパイロットに（　　）いる。(08·99·93)
　1　はりきって　2　もとめて　　3　めざして　　4　あこがれて

8　この事件の解決は先生に（　　）ことにした。(06·97)
　1　うけとる　　2　あずける　　3　あたえる　　4　あずかる

9　ある人が場所を提供してくれた。（　　）子ども図書館を開くことにした。(95)
　1　すると　　　2　つまり　　　3　そこで　　　4　ただし

10　山田さんは（　　）値段の洋服を探している。(00)
　1　手ごろな　　2　そまつな　　3　気楽な　　　4　けんきょな

답　1③　2③　3②　4③　5①　6②　7④　8②　9③　10①

콕콕 기출 문제 16 문맥규정   / 10

問題４　（　　　）に入れるのに最もよいものを、１・２・３・４から一つ選びなさい。

① 今度の事件は金万能の時世が生んだ（　　　）だ。(90)
　1　象徴　　　　2　実現　　　　3　原因　　　　4　現象

② うちの大学は（　　　）が狭くなったので、移転することになった。(00)
　1　マーケット　2　キャンパス　3　キャンプ　　4　トンネル

③ この小包は、箱はこわれていたが、中は（　　　）でした。(93)
　1　無事　　　　2　不足　　　　3　用心　　　　4　安定

④ 丘の上からの（　　　）はすばらしい。(97)
　1　のぞみ　　　2　ながめ　　　3　かおり　　　4　ひびき

⑤ （　　　）ようだが、それは重要なことなんだ。(08・97)
　1　くどい　　　2　えらい　　　3　かゆい　　　4　ゆるい

⑥ 彼女の親切を（　　　）と感じた。(97)
　1　ちかぢか　　2　ひろびろ　　3　しみじみ　　4　せいぜい

⑦ 生徒たちは、（　　　）関心のある分野について作文を書いた。(95)
　1　ひとびと　　2　かたがた　　3　われわれ　　4　おのおの

⑧ （　　　）あした日本を出発します。(95)
　1　いろいろ　　2　いよいよ　　3　いちいち　　4　いきいき

⑨ ずっと前から好きだった彼女に、どきどきしながら（　　　）みた。(04)
　1　話しあって　2　話しだして　3　話しこんで　4　話しかけて

⑩ （　　　）次に、日本の政治についてお話を進めたいと思います。(04)
　1　さらに　　　2　すると　　　3　さて　　　　4　ところが

답　1④　2②　3①　4②　5①　6③　7④　8②　9④　10③

콕콕 기출 문제 17 문맥규정   / 10

問題 4 （　　）に入れるのに最もよいものを、1・2・3・4から一つ選びなさい。

1　新聞は政府に対して（　　）攻撃を加えた。 (92)
　1　したしい　　　2　するどい　　　3　にぶい　　　4　まずしい

2　そんなひどいことをされたら、怒るのが（　　）。 (98)
　1　あたりまえだ　2　おおざっぱだ　3　かわいそうだ　4　なまいきだ

3　医者にかかってから、目に（　　）良くなった。 (90)
　1　ついて　　　　2　入って　　　　3　余って　　　　4　見えて

4　部長はとてもいそがしい（　　）に追われている。 (04)
　1　オフィス　　　2　スケジュール　3　シーズン　　　4　ダイヤ

5　学校をサボって銀座へ行ったら先生と（　　）出会った。 (91)
　1　ばったり　　　2　たまに　　　　3　つい　　　　　4　ときどき

6　今朝はいつもより寒さを強く（　　）。 (96)
　1　信じた　　　　2　生じた　　　　3　感じた　　　　4　報じた

7　議長の選出方法について（　　）させてください。 (94)
　1　観察　　　　　2　展開　　　　　3　投票　　　　　4　提案

8　船は氷を（　　）進んだ。 (97)
　1　くだいて　　　2　きざんで　　　3　つぶして　　　4　くずして

9　彼はプロ野球から（　　）すると発表した。 (03)
　1　完了　　　　　2　失業　　　　　3　移動　　　　　4　引退

10　わけをよく説明したら、あの人だって（　　）するでしょう。 (04)
　1　伝言　　　　　2　診断　　　　　3　納得　　　　　4　記憶

답　1② 2① 3② 4② 5① 6③ 7④ 8① 9④ 10③

콕콕 기출 문제 18 문맥규정 / 10

問題4 （　　）に入れるのに最もよいものを、1・2・3・4から一つ選びなさい。

1 私は気が（　　）ほうだから、いつまででも待ちますよ。 (95)
　1　遅い　　　　　2　長い　　　　　3　細い　　　　　4　遠い

2 （　　）油断をして、風邪をひいてしまった。 (92)
　1　ついでに　　　2　ざっと　　　　3　すっきり　　　4　つい

3 お会いする場所と時間を（　　）してください。 (97)
　1　指定　　　　　2　推定　　　　　3　仮定　　　　　4　断定

4 楽しかった子どものころが（　　）。 (00)
　1　くやしい　　　2　おしい　　　　3　したしい　　　4　なつかしい

5 汽車は、（　　）遠ざかり小さくなっていった。 (06)
　1　ばったり　　　2　せっせと　　　3　ちかぢか　　　4　しだいに

6 静かに目を（　　）ください。 (91)
　1　さげて　　　　2　とじて　　　　3　とめて　　　　4　しめて

7 彼女は知事に（　　）することになっている。 (98)
　1　コンクール　　2　ステージ　　　3　インタビュー　4　レクリエーション

8 （　　）家庭をきずくのが私の願いです。 (05)
　1　平和な　　　　2　平気な　　　　3　簡易な　　　　4　安易な

9 サラリーマンの間でゴルフが（　　）いる。 (95)
　1　はやって　　　2　つながって　　3　やとって　　　4　かたよって

10 勉強をしているうちに（　　）寝てしまった。 (06)
　1　いつのことか　2　いつのまにか　3　いつでも　　　4　いつまでも

답　1② 2④ 3① 4④ 5④ 6② 7③ 8① 9① 10②

콕콕 기출 문제 19 문맥규정 　　/ 10

問題 4 （　　　）に入れるのに最もよいものを、1・2・3・4から一つ選びなさい。

1 山田さんはなんでも（　　　）引き受けてくれる。(99)
　1　幸せで　　　　2　喜んで　　　　3　望んで　　　　4　好んで

2 彼女が重体だということを（　　　）にして驚いた。(01)
　1　手　　　　　　2　口　　　　　　3　耳　　　　　　4　首

3 どうぞ、ざぶとんを（　　　）ください。(09)
　1　しいて　　　　2　のばして　　　3　かぶせて　　　4　ひっぱって

4 一回戦で、優勝候補の（　　　）と対戦した。(08)
　1　シリーズ　　　2　ゲーム　　　　3　メンバー　　　4　チーム

5 近代科学におよぼしたアインシュタインの（　　　）は非常に大きい。(97)
　1　関連　　　　　2　貢献　　　　　3　影響　　　　　4　反映

6 きょうは（　　　）元気がない。(92)
　1　なにも　　　　2　なんでも　　　3　なんとか　　　4　なんとなく

7 疲れて（　　　）眠い。(97)
　1　とっくに　　　2　やたらに　　　3　なんとか　　　4　おおよそ

8 今度の旅行では、（　　　）寺を見て回るつもりです。(01·93)
　1　おもに　　　　2　たちまち　　　3　むしろ　　　　4　いまに

9 玄関を入るとすぐ右が（　　　）になっている。(90)
　1　受付　　　　　2　受取　　　　　3　受身　　　　　4　受入

10 私は来週2、3日（　　　）をとるつもりだ。(98)
　1　休憩　　　　　2　休暇　　　　　3　休業　　　　　4　休講

답　1② 2③ 3① 4④ 5③ 6④ 7② 8① 9① 10②

콕콕 기출 문제 20 문맥규정   / 10

問題4 （　　　）に入れるのに最もよいものを、1・2・3・4から一つ選びなさい。

1 このビルの暖房は毎朝7時に作動するように（　　）されている。(92·94)
　1　プログラム　　　2　ダイヤ　　　3　リズム　　　4　スタイル

2 乗客の中からけが人が（　　）と出た。(09)
　1　別々　　　2　着々　　　3　点々　　　4　続々

3 この美術品は、（　　）江戸文化の花とも言うべき傑作だ。(01·96)
　1　まさか　　　2　いずれ　　　3　じかに　　　4　いわば

4 お茶が少し（　　）まで待ってください。(98)
　1　さめる　　　2　つめる　　　3　うすめる　　　4　よわめる

5 彼女は（　　）のため休暇をとっている。(02)
　1　児童　　　2　教養　　　3　幼稚　　　4　育児

6 歩いていたら、犬が（　　）とびかかってきました。(95)
　1　めっきり　　　2　ぜひとも　　　3　おそらく　　　4　いきなり

7 彼女がしている（　　）は、軽くてあたたかそうだ。(99)
　1　スカーフ　　　2　スケート　　　3　スカート　　　4　スクール

8 郵便局は駅の（　　）にあります。(93)
　1　向かう　　　2　向かい　　　3　向き　　　4　向け

9 駐車場がいっぱいだったので、道路の（　　）に車をとめた。(91)
　1　となり　　　2　はし　　　3　まわり　　　4　かど

10 必要な物は全部買ったかどうか（　　）してください。(95)
　1　確実　　　2　確信　　　3　確立　　　4　確認

답　1① 2④ 3④ 4① 5④ 6④ 7① 8② 9② 10④

콕콕 기출 문제21 문맥규정 　　/ 10

問題4 (　　) に入れるのに最もよいものを、1・2・3・4から一つ選びなさい。

① この別荘はすばらしい (　　) にある。(94)
1 自然　　2 場面　　3 結構　　4 環境

② 一人ずつ (　　) 歌を歌ってください。(94)
1 調子に　　2 順番に　　3 番号に　　4 順調に

③ 食べ物は (　　) 食べます。好き嫌いはありません。(94)
1 なんで　　2 なんとも　　3 なんだか　　4 なんでも

④ そんなつもりで言ったのではない。(　　) 誤解だ。(00)
1 だらしない　　2 とんでもない　　3 くだらない　　4 やむをえない

⑤ すもうとりは体 (　　) が普通の人より大きい。(94)
1 全集　　2 全力　　3 全体　　4 全般

⑥ ゆうべは (　　) で病人の看病をした。(02)
1 徹夜　　2 深夜　　3 夜行　　4 夜明け

⑦ 子どもの時から良い習慣を (　　) ようにしましょう。(91)
1 する　　2 とる　　3 もらう　　4 つける

⑧ この食品は (　　) が高いです。(02·96)
1 サービス　　2 カロリー　　3 アイデア　　4 ナンバー

⑨ いろいろやってみましたが、(　　) 失敗しました。(90)
1 結構　　2 結局　　3 結果　　4 結論

⑩ 子どもは父の帰りを (　　) を長くして待っています。(91)
1 首　　2 心　　3 手　　4 耳

답 1④ 2② 3④ 4② 5③ 6① 7④ 8② 9② 10①

콕콕 기출 문제 22 문맥규정 　　　　　　　　　　　　　　　　　　　　/ 10

問題4 （　　　）に入れるのに最もよいものを、1・2・3・4から一つ選びなさい。

1 　（　　　）の世界が大きく変わろうとしている。(97)
　　1　通信　　　　2　通知　　　　3　通用　　　　4　通行

2 　有名大学を卒業したからといって、（　　　）出世するとは限らない。(90)
　　1　なんでも　　2　かならずしも　3　さすがに　　4　まさか

3 　メーカーはもっと消費者の意見を（　　　）しなければならない。(91)
　　1　尊重　　　　2　敬意　　　　3　尊敬　　　　4　貴重

4 　銀行の（　　　）時間は9時から3時までである。(01)
　　1　商業　　　　2　授業　　　　3　営業　　　　4　作業

5 　（　　　）ビンに入れれば、中の薬の色も量もよくわかる。(98)
　　1　正確な　　　2　透明な　　　3　明確な　　　4　新鮮な

6 　食事のあと、会議を（　　　）再開します。(94)
　　1　ただちに　　2　ついに　　　3　めったに　　4　げんに

7 　形は小さいが、持ってみたら（　　　）より重かった。(92)
　　1　見方　　　　2　見直し　　　3　見かけ　　　4　見出し

8 　わたしはせきによく（　　　）薬がほしいのです。(01)
　　1　なおる　　　2　はずれる　　3　きく　　　　4　きれる

9 　子どものとき、妹を（　　　）しかられました。(00)
　　1　かわいがって　2　いばって　　3　あいして　　4　いじめて

10 　ジャズの影響を（　　　）この曲を作った。(90)
　　1　得て　　　　2　受けて　　　3　集めて　　　4　とらえて

답 1① 2② 3① 4③ 5② 6① 7③ 8③ 9④ 10②

問題 ⑤
유의표현

1. 유의표현 기출 2017~2010년
2. 유의표현 기출 2009~2000년

1 유의표현 기출 2017~2010년

問題5 유의표현은 문자·어휘 32문제 중 5문제가 출제됩니다. 2000년에 신설되었으며 밑줄 친 단어나 표현과 의미가 가까운 것을 고르는 문제입니다.

2017

□ 誤（あやま）り 잘못, 틀림	≒	まちがっているところ 잘못된 곳
□ 臆病（おくびょう）だ 겁이 많다	≒	何（なん）でも怖（こわ）がる 무엇이든 무서워하다
□ 過剰（かじょう）である 과잉이다	≒	多（おお）すぎる 너무 많다
□ 勝手（かって）な 제멋대로인	≒	わがままな 제멋대로인
□ 記憶（きおく）している 기억하고 있다	≒	覚（おぼ）えている 기억하고 있다
□ とっくに 훨씬 전에	≒	ずっと前（まえ）に 훨씬 전에
□ 不平（ふへい） 불평	≒	文句（もんく） 불평, 불만
□ まれな 드문	≒	ほとんどない 거의 없는
□ むかつく 화나다	≒	怒（おこ）る 화나다
□ 譲（ゆず）りました 양보했습니다	≒	あげました 주었습니다

2016

□ 息抜（いきぬ）きする 숨을 돌리다	≒	休（やす）む 쉬다
□ じかに 직접	≒	直接（ちょくせつ） 직접
□ 衝突（しょうとつ）する 충돌하다	≒	ぶつかる 충돌하다, 부딪치다
□ たびたび 몇 번이고, 자주	≒	何度（なんど）も 몇 번이고
□ 注目（ちゅうもく）する 주목하다	≒	関心（かんしん）を持（も）つ 관심을 가지다
□ ついている 재수가 있다, 운이 있다	≒	運（うん）がよい 운이 좋다
□ つねに 늘, 항상	≒	いつも 늘, 언제나, 항상

☐ ひきょうな 비겁한	≒	ずるい 교활한
☐ やむをえない 어쩔 수 없다	≒	しかたない 할 수 없다
☐ 愉快だ 유쾌하다	≒	面白い 재미있다

2015

☐ おそらく 아마도	≒	たぶん 아마도
☐ かつて 일찍이	≒	以前 이전에
☐ 小柄だ 몸집이 작다	≒	体が小さい 체격이 작다
☐ ささやくように 속삭이듯이	≒	小声で 작은 소리로
☐ 収納する 수납하다	≒	仕舞う 정리하다, 치우다
☐ 所有する 소유하다	≒	持つ 가지다
☐ テンポ 템포	≒	速さ 빠르기, 속도
☐ 妙な 묘한	≒	変な 이상한
☐ 無口だ 말이 없다	≒	あまり話さない 그다지 말하지 않는다
☐ やや 약간	≒	少し 조금

2014

☐ 明らかな 확실한, 명백한	≒	はっきりした 확실한, 분명한
☐ お勘定は済ませました 계산은 마쳤습니다	≒	お金は払いました 돈은 지불했습니다
☐ 買いしめた (상품, 주식 등을) 매점했다	≒	全部買った 전부 샀다
☐ 異なる 다르다	≒	違う 다르다
☐ そろえる (사이즈를) 맞추다	≒	同じにする 같게 하다
☐ 騒々しい 시끄럽다, 떠들썩하다	≒	うるさい 시끄럽다

☐ たちまち 금세	≒	すぐに 곧, 바로	
☐ たまたま 우연히	≒	偶然 우연히	
☐ 間際 직전	≒	直前 직전	
☐ 用心 조심	≒	注意 주의	

2013

☐ あいまいだ 애매하다	≒	はっきりしない 분명하지 않다
☐ 依然として 여전히	≒	相変わらず 변함없이
☐ 思いがけない 의외의, 뜻밖의	≒	意外な 의외의
☐ およそ 대략, 약	≒	だいたい 대개, 약
☐ 済ます 끝내다, 마치다	≒	終える 끝내다
☐ そろう (인원수가) 차다	≒	集まる 모이다
☐ 必死だった 필사적이었다	≒	一生懸命だった 열심이었다
☐ プラン 플랜, 계획	≒	計画 계획
☐ みずから 스스로	≒	自分で 스스로
☐ 山のふもと 산기슭	≒	山の下の方 산의 아래쪽

2012

☐ あやまった 잘못된	≒	正しくない 옳지 않은
☐ かさかさしている 까칠까칠하다	≒	乾燥している 건조하다
☐ 奇妙な 기묘한	≒	変な 이상한
☐ 仕上げて 일을 끝내고	≒	完成させて 완성시키고
☐ じっとして 꼼짝 않고, 가만히	≒	動かないで 움직이지 않고

☐ 湿っている 젖어 있다	≒	まだ乾いていない 아직 마르지 않았다
☐ 相当 상당히	≒	かなり 상당히, 꽤
☐ 直ちに 곧장, 즉시	≒	すぐに 곧, 바로
☐ 追加する 추가하다	≒	足す 더하다
☐ 日中 주간, 낮	≒	昼間 주간, 낮

2011

☐ いきなり 갑자기	≒	突然 돌연, 갑자기
☐ うつむいて 머리를 숙이고	≒	下を向いて 아래를 향하고
☐ 回復する 회복하다	≒	よくなる 좋아지다
☐ くたくただ 녹초가 되다	≒	ひどく疲れた 몹시 지쳤다
☐ 慎重に 신중히	≒	十分注意して 충분히 주의해서
☐ 縮んで (길이, 크기가) 줄고, 줄어	≒	小さくなって 작아지고, 작아져
☐ ブーム 붐, 유행	≒	流行 유행
☐ ほぼ 거의, 대체로	≒	だいたい 대체로
☐ 優秀だった 우수했다	≒	頭がよかった 머리가 좋았다
☐ わずかに 약간	≒	少し 조금

2010

☐ 大げさだ 과장되다	≒	オーバーだ 오버다, 과장되다
☐ かしこい 영리하다	≒	頭がいい 머리가 좋다
☐ 見解 견해	≒	考え方 사고방식
☐ 雑談 잡담	≒	おしゃべり 수다

☐ たびたび 여러 번, 자주	≒	何(なん)度(ど)も 몇 번이나
☐ とりあえず 일단, 우선	≒	一(いち)応(おう) 일단, 우선
☐ ぶかぶかだ 헐렁헐렁하다	≒	とても大(おお)きい 무척 크다
☐ 安(やす)くゆずる 싸게 넘기다	≒	売(う)る 팔다
☐ レンタルする 빌리다	≒	借(か)りる 빌리다
☐ 勝(かって)手な 제멋대로인	≒	わがままな 제멋대로인

콕콕 기출 문제 01 유의표현

/ 10

問題5　＿＿＿＿の言葉に意味が最も近いものを、1・2・3・4から一つ選びなさい。

1 そんな事件のことはとっくに忘れていた。(17)
　1　ずっと前に　　2　一人で　　3　あわてて　　4　何も持たずに

2 あの男には本当にむかつく。(17)
　1　怒る　　2　驚く　　3　困る　　4　怖がる

3 ご使用後は、必ずスクリーンを収納してください。(15)
　1　くずして　　2　はずして　　3　ゆずって　　4　しまって

4 もうお勘定は済ませました。(14)
　1　店は予約しました　　　　2　店員は呼びました
　3　お金は払いました　　　　4　料理は注文しました

5 出発間際に、母から電話がかかってきた。(14)
　1　当日　　2　直前　　3　前日　　4　直後

6 みんなそろいましたか。(13)
　1　出発しました　　2　案内しました　　3　訪ねました　　4　集まりました

7 東京の繁華街で奇妙な出来事があった。(12)
　1　変な　　2　にぎやかな　　3　大きな　　4　嫌な

8 彼らは日中休まず働いた。(12)
　1　平日　　2　休日　　3　昼間　　4　夜間

9 今のブームはいつまで続くのだろうか。(11)
　1　緊張（きんちょう）　　2　流行（りゅうこう）　　3　状態（じょうたい）　　4　効果（こうか）

10 女の子たちは公園のベンチに座って雑談をしていた。(10)
　1　おしゃべり　　2　あいさつ　　3　説明　　4　報告

답　1① 2① 3④ 4③ 5② 6④ 7① 8③ 9② 10①

콕콕 기출 문제 02 유의표현

/ 10

問題5 ＿＿＿の言葉に意味が最も近いものを、1・2・3・4から一つ選びなさい。

1 彼は私の文章の<u>あやまり</u>を正してくれた。(17)
   1 読みにくいところ　　　　　　2 汚れているところ
   3 分かりにくいところ　　　　　4 間違っているところ

2 ちょっとくらいの遅れは<u>やむをえない</u>。(16)
   1 つまらない　2 しかたない　3 なさけない　4 もったいない

3 この絵は10年前から私が<u>所有して</u>いる。(15)
   1 持って　　2 売って　　3 払って　　4 買って

4 大手(おおて)企業がこの周辺の土地を<u>買いしめた</u>そうだ。(14)
   1 さっそく買った　2 安く買った　3 無理に買った　4 全部買った

5 かぜをひかないように<u>用心</u>してください。(14)
   1 遠慮(えんりょ)　2 我慢(がまん)　3 注意(ちゅうい)　4 努力(どりょく)

6 あのときは本当に<u>必死</u>だった。(13)
   1 危なかった　2 一生懸命だった　3 緊張した　4 恐ろしかった

7 今日中に<u>仕上げて</u>ください。(12)
   1 出して　　2 直して　　3 完成させて　　4 移動させて

8 路地(ろじ)から<u>いきなり</u>子どもが飛び出してきた。(11)
   1 とつぜん　2 やっと　3 つぎつぎ　4 いちどに

9 その建物は<u>ほぼ</u>完成していた。(11)
   1 やっと　　2 だいたい　3 すぐに　　4 すべて

10 その少年は<u>たびたび</u>この店に姿を見せる。(10)
   1 たいてい　2 突然　　3 たまに　　4 何度も

답 1④ 2② 3① 4④ 5③ 6② 7③ 8① 9② 10④

콕콕 기출 문제 03 유의표현　　　　　　　　　　　　　/ 10

問題5 　＿＿＿の言葉に意味が最も近いものを、1・2・3・4から一つ選びなさい。

1　君は頑張（がんば）りすぎだ、ちょっと息抜（いきぬ）きすることも覚えなくては。(16)
　1　待つ　　　　2　急ぐ　　　　3　休む　　　　4　働く

2　人の弱みにつけ込むようなひきょうなふるまいはしたくない。(16)
　1　危ない　　　2　厳しい　　　3　しつこい　　4　ずるい

3　世の中の変化の急速なテンポについていけない。(15)
　1　速さ　　　　2　強さ　　　　3　高さ　　　　4　弱さ

4　この2つのバッグは色と大きさが少しことなる。(14)
　1　単純だ　　　2　似ている　　3　違う　　　　4　複雑だ

5　昨日の彼の態度はあいまいだった。(13)
　1　ていねいだった　2　りっぱだった　3　なさけなかった　4　はっきりしなかった

6　留学する前に具体的なプランを立てましょう。(13)
　1　計画　　　　2　特徴　　　　3　情報　　　　4　理由

7　病院でじっとして待っているのが大変苦手（にがて）です。(12)
　1　見ないで　　2　話さないで　3　使わないで　4　動かないで

8　石原（いしはら）さんは恥ずかしそうにうつむいていた。(11)
　1　下を向いて　2　横を向いて　3　頭をかいて　4　鼻をかいて

9　内田（うちだ）さんは子どものころから優秀だったらしい。(11)
　1　人気があった　2　頭がよかった　3　体が丈夫だった　4　話がおもしろかった

10　とりあえず彼に礼状（れいじょう）を出した。(10)
　1　さっき　　　2　すぐに　　　3　一応　　　　4　直接

답　1③　2④　3①　4③　5④　6①　7④　8①　9②　10③

콕콕 기출 문제 04 유의표현

/ 10

問題5 ＿＿＿＿の言葉に意味が最も近いものを、1・2・3・4から一つ選びなさい。

1 彼はいつも不平ばかりこぼしている。(17)
　1 冗談　　　　2 文句　　　　3 うそ　　　　4 自慢

2 宝くじに当たるなんてこのところついているみたい。(16)
　1 運が悪い　　2 気分が悪い　　3 運がよい　　4 気分がよい

3 玄関で妙な音がした。(15)
　1 にぎやかな　2 大きな　　　　3 変な　　　　4 嫌な

4 前髪の長さをそろえてください。(14)
　1 教えて　　　2 調べて　　　　3 同じにして　4 大きくして

5 市の経済状況は依然として厳しいらしい。(13)
　1 相変わらず　2 思った通り　　3 実際には　　4 これまでより

6 彼は最後の手段としてみずからそこへ出向いた。(13)
　1 仲間と　　　2 自分で　　　　3 すぐに　　　4 しばらくして

7 洗濯物は湿っている。(12)
　1 まだきれいになっていない　　2 もうきれいになっている
　3 まだ乾いていない　　　　　　4 もう乾いている

8 彼女は数日すれば回復するでしょう。(11)
　1 よくなる　　2 悪くなる　　　3 変わりやすい　4 あまり変わらない

9 飛行機はわずかに左へ傾いた。(11)
　1 急に　　　　2 ゆっくり　　　3 大きく　　　4 少し

10 この靴はぶかぶかだ。(10)
　1 とても重い　2 とても小さい　3 とても軽い　4 とても大きい

답 1② 2③ 3③ 4③ 5① 6② 7③ 8① 9④ 10④

콕콕 기출 문제 05 유의표현   / 10

問題 5 ＿＿＿の言葉に意味が最も近いものを、1・2・3・4から一つ選びなさい。

1 彼が怒るのはまれなことだ。(17)
 1 複雑な　　2 よくある　　3 ほとんどない　　4 単純な

2 うちの台所の電気はつねにつけっぱなしだ。(16)
 1 いつも　　2 当然　　3 できるだけ　　4 特に

3 私たちはかつて京都に住んでいたことがある。(15)
 1 本来　　2 以前　　3 年じゅう　　4 再び

4 教室が急にそうぞうしくなった。(14)
 1 寒く　　2 うるさく　　3 暗く　　4 静かに

5 それはまったく思いがけないことだった。(13)
 1 意外な　　2 ふしぎな　　3 悲しい　　4 おもしろい

6 中村さんの家は山のふもとにあります。(13)
 1 山の向こう　　2 山の上のほう　　3 山の中間あたり　　4 山の下のほう

7 その国も今の時期はそうとう暑いだろう。(12)
 1 やはり　　2 かなり　　3 どうせ　　4 たぶん

8 真夏の屋外でずっと仕事をしたら、くたくたになった。(11)
 1 汗をかいた　　2 おなかがすいた　　3 ひどく疲れた　　4 のどがかわいた

9 あの子はかしこい子だ。(10)
 1 頭がいい　　2 足が速い　　3 めずらしい　　4 おとなしい

10 友だちが自転車を安くゆずってくれた。(10)
 1 貸して　　2 売って　　3 預かって　　4 直して

답 1③ 2① 3② 4② 5① 6④ 7② 8③ 9① 10②

콕콕 기출 문제 06 유의표현   / 10

問題5　＿＿＿の言葉に意味が最も近いものを、1・2・3・4から一つ選びなさい。

1　人員は<u>過剰</u>である。(17)
　　1　早すぎる　　　2　多すぎる　　　3　遅すぎる　　　4　少なすぎる

2　うちの息子はどちらかというと<u>小柄</u>だ。(15)
　　1　体が小さい　　2　体が大きい　　3　力が弱い　　　4　力が強い

3　彼は<u>やや</u>疲れているように見えた。(15)
　　1　うんと　　　　2　やがて　　　　3　少し　　　　　4　大いに

4　その記念切手のセットは<u>たちまち</u>売り切れた。(14)
　　1　たしかに　　　2　すっかり　　　3　やっと　　　　4　すぐに

5　私の体重は<u>およそ</u>６０キロです。(13)
　　1　それぞれ　　　2　だいたい　　　3　ぴったり　　　4　ぜんぶで

6　すみません、<u>あやまった</u>情報をお伝えしてしまいました。(12)
　　1　古い　　　　　2　正しくない　　3　秘密の　　　　4　必要のない

7　彼が着いたら<u>ただちに</u>出発しよう。(12)
　　1　くわしく　　　2　きちんと　　　3　すぐに　　　　4　あとで

8　その機械は<u>慎重に</u>あつかってください。(11)
　　1　急いで　　　　2　絶対忘れずに　3　静かに　　　　4　十分注意して

9　あの人の話はいつも<u>大げさ</u>だ。(10)
　　1　オーバーだ　　2　オープンだ　　3　ユーモアがある　4　エネルギーがある

10　昨日、車を<u>レンタル</u>した。(10)
　　1　検査した　　　2　修理した　　　3　借りた　　　　4　買った

답　1② 2① 3③ 4④ 5② 6② 7③ 8④ 9① 10③

콕콕 기출 문제 07 유의표현　　　/ 10

問題 5 　＿＿＿　の言葉に意味が最も近いものを、1・2・3・4から一つ選びなさい。

1 うちの娘は臆病だ。(17)
　1 何でもこわがる　　2 よく病気する　　3 よく泣く　　4 何でも忘れる

2 高橋さんは、ささやくように話しました。
　1 大声で　　2 小声で　　3 ゆっくり　　4 急いで

3 あきらかな誤り以外は文章に手を加えないでください。(14)
　1 さまざまな　　2 別の　　3 新しい　　4 はっきりした

4 2人はたまたま会ったらしい。(14)
　1 偶然　　2 すぐに　　3 何度も　　4 さっき

5 できるだけ早く仕事を済ますようにします。(13)
　1 始める　　2 教える　　3 終える　　4 覚える

6 ちょっと手がかさかさしている。(12)
　1 しびれている　　2 乾燥している　　3 冷えている　　4 汚れている

7 リストに項目を追加したい。(12)
　1 しらべたい　　2 のせたい　　3 なおしたい　　4 たしたい

8 セーターがちぢんでしまった。(11)
　1 汚れて　　2 破れて　　3 小さくなって　　4 古くなって

9 その件に関してはあなたと見解が異なる。(10)
　1 教え方　　2 調べ方　　3 決め方　　4 考え方

10 あまり勝手なことは言わないでください。(17・10)
　1 わがままな　　2 うるさい　　3 消極的な　　4 情けない

답　1① 2② 3④ 4① 5③ 6② 7④ 8③ 9④ 10①

2 유의표현 기출 2009~2000년

2000~2009년까지의 일본어 능력시험은 현재의 시험과 달리 1~4급의 4개 급수가 있었습니다. 이 중 N2 수준으로 판단되는 것을 품사별로 정리하였습니다.

명사

□ 感謝(かんしゃ) 감사	≒	おれい 감사(의 말씀)
□ 苦情(くじょう) 불만	≒	不満(ふまん) 불만
□ 契機(けいき) 계기	≒	きっかけ 계기
□ 差(さ)し支(つか)え 지장, 장애	≒	問題(もんだい) 문제
□ ほうぼう 여기저기	≒	あちこち 여기저기

동사

□ 頭(あたま)にきている 화가 나 있다	≒	怒(おこ)っている 화내고 있다
□ 打(う)ち消(け)した 부정했다	≒	正(ただ)しくないと言(い)った 옳지 않다고 말했다
□ 気(き)に入(い)る 마음에 들다	≒	すきになる 좋아하게 되다
□ 気(き)をつける 조심하다	≒	注意(ちゅうい)する 주의하다
□ 貢献(こうけん)できる 공헌할 수 있다	≒	役(やく)に立(た)つ 도움이 되다
□ さしつかえない 지장이 없다	≒	かまわない 상관없다
□ つかれた 피곤했다	≒	くたびれた 지쳤다
□ わびる 사과하다	≒	謝(あやま)る 사과하다

い형용사

□ あぶない 위험하다	≒	あやうい 위태롭다
□ すまない 미안하다	≒	もうしわけない 미안하다
□ みっともない 보기 흉하다	≒	はずかしい 부끄럽다

☐ やかましい 시끄럽다	≒	うるさい 시끄럽다

な형용사

☐ おしゃべりな 수다스러운	≒	よく話(はな)す 말을 잘하는
☐ 奇妙(きみょう)な 기묘한	≒	かわった 별난
☐ 真剣(しんけん)に 진지하게	≒	まじめに 성실하게
☐ たいくつな 지루한	≒	つまらない 재미없는
☐ 見事(みごと)だ 훌륭하다	≒	すばらしい 훌륭하다
☐ 冷静(れいせい)な 냉정한	≒	おちついた 침착한
☐ わがまま 제멋대로 굶	≒	勝手(かって) 제멋대로 굶

부사

☐ いきなり 갑자기	≒	突然(とつぜん) 돌연
☐ おそらく 아마	≒	たぶん 아마
☐ かなり 꽤	≒	そうとう 상당히
☐ 再三(さいさん) 재삼, 여러 번	≒	何度(なんど)も 몇 번이나
☐ すべて 모두	≒	全部(ぜんぶ) 전부
☐ せいぜい 기껏	≒	多(おお)くても 많아도
☐ 相当(そうとう) 상당히	≒	かなり 꽤, 상당히
☐ たびたび 번번이	≒	しばしば 자주
☐ 年中(ねんじゅう) 항상	≒	いつも 항상
☐ 比較的(ひかくてき) 비교적	≒	割合(わりあい)に 비교적
☐ まもなく 머지않아	≒	もうすぐ 이제 곧
☐ もっとも 가장	≒	一番(いちばん) 가장
☐ 約(やく) 약	≒	およそ 대략
☐ やや 약간	≒	すこし 조금

외래어

- □ オイル 오일 ≒ あぶら 기름
- □ サイン 사인 ≒ 署名(しょめい) 서명
- □ サンプル 샘플 ≒ 見本(みほん) 견본
- □ チャンス 찬스 ≒ 機会(きかい) 기회
- □ テンポ 템포 ≒ 速(はや)さ 속도
- □ トレーニング 트레이닝 ≒ 練習(れんしゅう) 연습
- □ レジャー 레저, 여가 ≒ 娯楽(ごらく) 오락

기타

- □ あらゆる 모든 ≒ すべての 모든
- □ そっくりだ 꼭 닮다 ≒ 似(に)ている 닮다
- □ 単(たん)なる 단순한 ≒ ただの 단순한
- □ やむをえない 어쩔 수 없다 ≒ しかたがない 방법이 없다

콕콕 기출 문제 08 유의표현 　　　　　　　　　　/ 10

問題 5 ＿＿＿の言葉に意味が最も近いものを、1・2・3・4から一つ選びなさい。

① 私にとって読書はよい娯楽だ。(07)
　1　ドラマ　　　　2　パーティー　　　3　デート　　　　4　レジャー

② やむをえない事情で彼は参加できなかった。(09)
　1　みっともない　2　しかたがない　　3　もったいない　4　とんでもない

③ 生徒代表が先生方へ感謝のことばを述べた。(05)
　1　いわい　　　　2　あいさつ　　　　3　わかれ　　　　4　おれい

④ 今年の冬は比較的暖かい。(08)
　1　特別に　　　　2　非常に　　　　　3　意外に　　　　4　割合に

⑤ みんなに迷惑をかけて、すまないことをしたと思っています。(07)
　1　もうしわけない　2　くやしい　　　3　はずかしい　　4　かなしい

⑥ わがままな人はだれからもきらわれる。(08)
　1　勝手　　　　　2　粗末　　　　　　3　余計　　　　　4　駄目

⑦ その奇妙な風習は、いまでもこの地方で行われている。(07)
　1　すぐれた　　　2　あきれた　　　　3　かわった　　　4　おどろいた

⑧ めぐってきたチャンスを最大限に生かした。(05)
　1　伝言　　　　　2　物語　　　　　　3　機会　　　　　4　提案

⑨ よろしければ、こちらに受け取りのサインをいただけますか。(09)
　1　署名　　　　　2　許可　　　　　　3　承認　　　　　4　注文

⑩ 今日はオートバイのオイルを交換しました。(08)
　1　ぶひん　　　　2　くうき　　　　　3　あぶら　　　　4　ざせき

답　1④　2②　3④　4④　5①　6①　7③　8③　9①　10③

콕콕 기출 문제 09 유의표현   / 10

問題5 ＿＿＿の言葉に意味が最も近いものを、1・2・3・4から一つ選びなさい。

1 看護の発展や社会に貢献できるような研究を行いたい。(04)
  1 すぐ使える　　2 認められる　　3 有名になる　　4 役に立つ

2 「少年A」の事件が契機となり、少年法が半世紀ぶりに改正された。(09)
  1 ささえ　　2 きっかけ　　3 すくい　　4 つながり

3 山田さんが昨夜のぼくのいびきに苦情をうったえた。(06)
  1 不運　　2 不便　　3 不正　　4 不満

4 日本でもっとも寒い所は北海道です。(02)
  1 一番　　2 最近　　3 わりに　　4 ずっと

5 犯人はいきなりナイフを取り出した。(02)
  1 初めに　　2 突然　　3 うっかり　　4 いつのまにか

6 当店の商品はすべてオリジナルです。(05)
  1 まるで　　2 大部分　　3 全部　　4 ほとんど

7 彼は本を相当持っている。(00)
  1 絶対に　　2 本当に　　3 かなり　　4 もしかしたら

8 私はこの地がすっかり気に入ってしまった。(06)
  1 おかしくなって　　2 やさしくなって　　3 すきになって　　4 いやになって

9 太郎君は相当頭にきているみたいだ。(09)
  1 驚いている　　2 怒っている　　3 悔やんでいる　　4 悲しんでいる

10 既卒の方は差し支えがなければ、ここに簡単な略歴をお書きください。(08)
  1 仕方　　2 問題　　3 変更　　4 不平

답 1④ 2② 3④ 4① 5② 6③ 7③ 8③ 9② 10②

콕콕 기출 문제 10 유의표현 / 10

問題 5 ＿＿＿の言葉に意味が最も近いものを、1・2・3・4から一つ選びなさい。

① 今日は一日中何もすることがなく、たいくつな日だった。(01)
　1 かなしい　　　2 たのしい　　　3 つまらない　　　4 おもしろい

② 彼女の演奏は見事だった。(05)
　1 きびしかった　　2 ただしかった　　3 めずらしかった　　4 すばらしかった

③ 現在、週3回ペースでまじめにトレーニングしている。(06)
　1 翻訳　　　　2 世話　　　　3 練習　　　　4 生活

④ あらゆる角度から検討する。(02)
　1 すべての　　　2 大体の　　　3 難しい　　　4 新しい

⑤ この島は年中あたたかい。(01)
　1 ときどき　　　2 しばしば　　　3 たまに　　　4 いつも

⑥ 田中さんは冷静な人だ。(02)
　1 しずかな　　　2 おちついた　　　3 おもたい　　　4 うごかない

⑦ 道を渡るときは車に気をつけてください。(05)
　1 変更して　　　2 下車して　　　3 注意して　　　4 中止して

⑧ 明日はおそらく雨になるだろう。(03)
　1 もちろん　　　2 たとえ　　　3 たしかに　　　4 たぶん

⑨ きのうは徹夜をしたので、疲れた。(00)
　1 しびれた　　　2 くたびれた　　　3 くずれた　　　4 やぶれた

⑩ 山田さんはおしゃべりな人だ。(03)
　1 よく話す　　　2 よく怒る　　　3 よく食べる　　　4 よく飲む

답　1 ③　2 ④　3 ③　4 ①　5 ④　6 ②　7 ③　8 ④　9 ②　10 ①

콕콕 기출 문제 11 유의표현 / 10

問題 5 ＿＿＿の言葉に意味が最も近いものを、1・2・3・4から一つ選びなさい。

[1] 彼は商用でたびたび東京に行っている。(04)
　　1 そろそろ　　2 たまたま　　3 しばしば　　4 つぎつぎ

[2] ここで写真をとってもさしつかえない。(00)
　　1 いけない　　2 かまわない　　3 かんけいない　　4 しかたがない

[3] このお菓子はかなりおいしい。(02)
　　1 ほぼ　　2 やはり　　3 そうとう　　4 きっと

[4] この町の人口はやく2万人です。(03)
　　1 およそ　　2 あと　　3 たった　　4 もう

[5] 彼女は日本留学を真剣に考えている。(04)
　　1 本当に　　2 親しく　　3 きびしく　　4 まじめに

[6] いなくなった犬をほうぼう探しまわった。(03)
　　1 あちこち　　2 あれこれ　　3 うろうろ　　4 まごまご

[7] 彼の命はあぶない。(01)
　　1 けわしい　　2 あやうい　　3 はげしい　　4 みにくい

[8] この曲はとても歌いやすいテンポである。(01)
　　1 高さ　　2 明るさ　　3 速さ　　4 長さ

[9] そんなことをして、みっともないと思いませんか。(04)
　　1 たまらない　　2 はずかしい　　3 おとなしい　　4 もったいない

[10] 飛行機はまもなく出発します。(07-00)
　　1 いま　　2 いつか　　3 たちまち　　4 もうすぐ

답 1③ 2② 3③ 4① 5④ 6① 7② 8③ 9② 10④

問題 ⓖ
용법

1. 용법 기출 2017~2010년
2. 용법 기출 2009~2000년

1 용법 기출 2017~2010년

問題6 용법은 문자·어휘 32문제 중 5문제가 출제됩니다. 2000년에 신설되었으며 단어의 올바른 쓰임을 묻는 문제입니다.

2017

- □ いっせいに 일제히
- □ 覆う 덮다, 가리다
- □ 限定 한정
- □ 節約 절약
- □ 頂上 정상
- □ ちらかす 어지르다
- □ 分解 분해
- □ 略す 생략하다, 줄이다
- □ 破れる 찢어지다
- □ 論争 논쟁

2016

- □ 引退 은퇴
- □ 延長 연장
- □ 大げさだ 과장되다
- □ きっかけ 계기
- □ 錆びる 녹슬다
- □ 生じる 생기다, 발생하다
- □ 順調だ 순조롭다
- □ 発達 발달
- □ 反省 반성
- □ 目上 윗사람, 연장자

2015

- □ 甘やかす 응석을 받아 주다
- □ いったん 일단
- □ 思いつく 생각이 떠오르다
- □ 温暖だ 온난하다
- □ 作成 작성
- □ たくましい 늠름하다
- □ 中断 중단
- □ 振り向く 뒤돌아보다
- □ 行方 행방
- □ 用途 용도

2014

- 合図(あいず) (눈짓, 몸짓, 소리 등의) 신호
- いいわけ 변명
- 会見(かいけん) 회견
- 頑丈(がんじょう)だ 튼튼하고 옹골차다
- こつこつ 꾸준히 노력하는 모양
- 支持(しじ) 지지
- 畳(たた)む (이불, 옷 등을) 개다
- 妥当(だとう) 타당
- 縮(ちぢ)む 줄어들다
- 手軽(てがる)だ 손쉽다, 간단하다

2013

- あわただしい 어수선하다, 분주하다
- 生(い)き生(い)き 생생함, 생기 있는 모양
- かすかだ 희미하다, 어렴풋하다
- 掲示(けいじ) 게시
- 快(こころよ)い 상쾌하다, 유쾌하다
- 催促(さいそく) 재촉
- 分野(ぶんや) 분야, 활동 범위
- へだてる 사이를 떼다, 멀리하다
- 補足(ほそく) 보충
- ものたりない 부족하다

2012

- 交代(こうたい) 교대
- 合同(ごうどう) 합동
- 心強(こころづよ)い 마음 든든하다
- さっさと 빨리빨리
- 問(と)い合(あ)わせる 문의하다
- とぼしい 부족하다
- 廃止(はいし) 폐지
- ふさぐ 틀어막다, 가리다
- 矛盾(むじゅん) 모순
- 冷静(れいせい)だ 냉정하다

2011

- 違反 (いはん) 위반
- 受け入れる (うけいれる) 받아들이다
- かなう 이루어지다
- 質素だ (しっそだ) 검소하다
- 世間 (せけん) 세간, 세상
- せめて 적어도
- とっくに 훨씬 전에, 벌써
- 範囲 (はんい) 범위
- 方針 (ほうしん) 방침
- 利益 (りえき) 이익

2010

- 外見 (がいけん) (사람의) 겉모습
- きっかけ 계기
- 取材 (しゅざい) 취재
- 深刻だ (しんこくだ) 심각하다
- 続出 (ぞくしゅつ) 속출
- 保つ (たもつ) (상태를) 유지하다
- 注目 (ちゅうもく) 주목
- 外す (はずす) 풀다, 벗다
- 普及 (ふきゅう) 보급
- ふさわしい 어울리다

콕콕 기출 문제 01 용법　　　　　　　　　　　　　　　　　　　　　　　　　　　　/ 10

問題6　次の言葉の使い方として最もよいものを、1・2・3・4から一つ選びなさい。

1 頂上 (17)
1　そこには隣国との頂上を示す道標が立っていた。
2　彼らはついにエベレストの頂上を極めた。
3　そのデパートの頂上には遊園地がある。
4　役員会は最終決定を頂上にし、次回討議を続けることにした。

2 延長 (16)
1　乗っていた飛行機が延長して乗り継ぎ便に間に合わなかった。
2　明日雨なら、小学校に通っている娘の運動会は2日間延長になる。
3　売り上げを伸ばすために営業時間を延長することが討議された。
4　電気代を何か月も延長したら、電気を止められた。

3 作成 (15)
1　どんなつらいときも母は私たちの前では笑顔を作成した。
2　この地方では米がたくさん作成される。
3　明日までに会議の資料を作成しておいてください。
4　友達と共同で新しい会社を作成することにした。

4 縮む (14)
1　電柱に車をぶつけて、左側のドアが縮んでしまった。
2　夏至を過ぎて日がだんだん縮んできている。
3　セーターを洗濯したら縮んで着られなくなった。
4　交通機関の発展にともなって世界は縮んでいる。

5 とっくに (11)
1　トイレの掃除ならとっくに終わっているよ。
2　晴れた日ならあのへんにとっくに富士山が見える。
3　順調なら飛行機は成田にとっくに着くころだ。
4　木村さんはとっくにしゃべりっぱなしだった。

답 1② 2③ 3③ 4③ 5①

콕콕 기출 문제 02 용법　　　　　　　　　　/ 10

問題6　次の言葉の使い方として最もよいものを、1・2・3・4から一つ選びなさい。

1　節約 ⁽¹⁷⁾
1　通勤混雑を節約するための取り組みが続けられている。
2　スケジュールを節約することができず海外旅行は諦めた。
3　ランプの明るさはノブを回して節約することができる。
4　この機械を使えば時間と労働力を節約することができる。

2　さびる ⁽¹⁶⁾
1　このコピー機はさびているのであちらにあるのを使ってください。
2　公園の中に置いてあるブランコがさびていて危ない。
3　少しさびるかもしれないが、これで傷がきれいになるよ。
4　その知らせを聞いて彼女はさびるように座り込んだ。

3　たくましい ⁽¹⁵⁾
1　このたなはたくましいからその本を全部載せても平気だよ。
2　彼女は今までどんな困難にも負けずに、たくましく生きた。
3　彼は仕事の経験がたくましいので、上司から信頼されている。
4　急に日差しがたくましくなったので、帽子をかぶった。

4　手軽 ⁽¹⁴⁾
1　兄は手軽に夜食をとって、また試験勉強を始めた。
2　兄の婚約者は手軽だけれども、上品な魅力がある。
3　戦争を始めるのは手軽だが、終わらせるのは難しい。
4　最近は輸入品が手軽に手に入るようになった。

5　さっさと ⁽¹²⁾
1　魚がかかったと思ったら、さっさと糸が切れた。
2　さっさと着くので、もう少し待っていてください。
3　彼はいつも学校が終わるとさっさとうちに帰る。
4　息子はさっさと家に着いているはずだ。

답　1④　2②　3②　4④　5③

콕콕 기출 문제 03 **용법** / 10

問題6 次の言葉の使い方として最もよいものを、1・2・3・4から一つ選びなさい。

1 分解 (17)
1　この時計を分解して故障を調べてください。
2　これらの症例は大きく分けて２つのタイプに分解される。
3　消費者、地方自治体、企業が責任を分解してゴミを軽量化しなければならない。
4　1,000円札を100円玉に分解することができますか。

2 目上 (16)
1　各自動車メーカーは車の安全性の目上に努めている。
2　この仕事をするにはそれだけうまく英語を話せれば目上だ。
3　時計台はその学校をおとずれる人にはいい目上だ。
4　目上の人に対して、敬語を使うのは礼儀でもある。

3 中断 (15)
1　定時番組の放送が中断されて臨時ニュースが流れた。
2　センターからの返球はセカンドを中断してバックホームされた。
3　枝は彼の体重を支えきれずにぽきっと中断した。
4　彼は定年で会社を中断するまでにたくさんの貯金をするつもりでいる。

4 あわただしい (13)
1　津波が来るというので、村人たちはあわただしく高台へ逃れた。
2　知事選は現職と新人候補によるあわただしい争いになった。
3　雨の日に電車に傘を置き忘れるなんてあわただしいね。
4　この町の発展はあわただしく、数年前とは様子がずいぶん変わった。

5 方針 (11)
1　台風は予想方針からそれて進んでいる。
2　その計画は党の方針に沿って作成された。
3　私の今年の方針はずばり大学合格だ。
4　試験で緊張しないいい方針があったら教えて。

답　1①　2④　3①　4①　5②

콕콕 기출 문제 04 용법　　　　/ 10

問題6　次の言葉の使い方として最もよいものを、1・2・3・4から一つ選びなさい。

1　略す (17)
　1　よく再生可能エネルギー、略して再エネという言葉を耳にする。
　2　堅苦（かたくる）しいあいさつは略して、まずは乾杯といきましょう。
　3　このドレスについた油のシミを略してください。
　4　厚生労働省（こうせいろうどうしょう）はサービス残業を略すよう通達（つうたつ）を出した。

2　大げさ (16)
　1　今日は、何もすることがなくて大げさだ。
　2　ちょっと指を切っただけなのに、夫は大げさに痛がった。
　3　会社はわれわれの要求に対して大げさな譲歩（じょうほ）をした。
　4　結婚に関して東洋人とヨーロッパ人の考えは大げさだ。

3　振り向く (15)
　1　大きな音がしたので、みんないっせいに振り向いた。
　2　道路を渡るときは、左右を振り向いてから渡りなさい。
　3　ふと空を振り向くと、飛行機が飛んでいた。
　4　そんなふうに下を振り向いてボソボソ話していては相手に何も伝わらないよ。

4　とぼしい (12)
　1　このスープ、少し塩（しお）がとぼしいかな。
　2　テレビの音量がとぼしく聞こえにくい。
　3　そのデザインは独創性にとぼしい。
　4　その国での中古車の需要（じゅよう）はとぼしい。

5　利益 (11)
　1　その商売は短期間で相当な利益を生み出した。
　2　朝のジョギングは健康の利益になる。
　3　風邪薬（かぜぐすり）を飲んだが、利益が感じられない。
　4　新ルールの利益は試合時間が短縮（たんしゅく）されることだ。

답　1① 2② 3① 4③ 5①

콕콕 기출 문제 05 용법   / 10

問題6 次の言葉の使い方として最もよいものを、1・2・3・4から一つ選びなさい。

1 覆う (17)
1 幼稚園の先生はいつも園児に覆われている。
2 リンゴにはビタミンＣと食物繊維が覆われている。
3 テニスコートはビニールのカバーで覆われていた。
4 日本は自然資源に覆われていないので原料の多くを輸入に依存している。

2 反省 (16)
1 「真理子」という名前はしばしば「理子」と反省される。
2 羽田空港は夏休みの反省ラッシュで混雑していた。
3 彼は両親の言ったことが正しかったかもしれないと反省した。
4 都会に行きたがる人もいれば、反省に都会を離れたがる人もいる。

3 行方 (15)
1 警察署は交差点を右に曲がった行方にあるよ。
2 日曜日の私の行方はいつも決まっている。
3 納税者は払った金の行方を知る権利がある。
4 月曜日にお店がやっているかどうか行方を確かめておいてよ。

4 かすか (13)
1 英語の本はほんのかすかしか持っていなかった。
2 図書館の中は本をめくるかすかな音だけがする。
3 母は夜寝る前にいつもかすかなお話をしてくれた。
4 合宿に参加できるかどうかかすかに早く返事をください。

5 外見 (10)
1 天ぷらは外見をからっと揚げるのが難しい。
2 あのホテルは外見よりも中味が立派だ。
3 このパンは外見はかりっとして中はふわふわだ。
4 彼は何もかも知っている外見だった。

답 1③ 2③ 3③ 4② 5②

콕콕 기출 문제 06 용법

問題6　次の言葉の使い方として最もよいものを、1・2・3・4から一つ選びなさい。

1　発達 (16)
1　この1年で娘の成績は驚くほど発達した。
2　彼女のこの1年間の発達ぶりには目を見張る。
3　その植物の根は相当長く発達することがある。
4　マスメディアの発達は社会的大変革をもたらした。

2　用途 (15)
1　週単位で勉強時間の用途を考えてみてください。
2　生徒たちの安全を守ることが校長の用途だ。
3　この機械の用途は非常に限られている。
4　わが社は最近人材紹介の用途に進出した。

3　快い (13)
1　遠慮しないでいつでも快く遊びに来てください。
2　彼女が快く原稿の書き直しを手伝ってくれて助かった。
3　彼には悩みを快く打ち明けられる友達がいない。
4　祖母は歯を入れてもらってから、快く食べられるようになった。

4　ふさぐ (12)
1　この山のどこかに金がふさがれているといううわさだ。
2　アイスのふたをふさぐのはやめてください。
3　残り物はラップでふさいで冷蔵庫へ入れておいてね。
4　そのひどい騒音を聞いたときわれわれは耳をふさいだ。

5　きっかけ (10)
1　新しい仕事は彼が立ち直るよいきっかけになるだろう。
2　山田さんはよく季節のきっかけに病気になる。
3　なぜこんな事態になったのか、きっかけを説明しなさい。
4　今回は時間がないから、またのきっかけにしよう。

답　1④　2③　3②　4④　5①

콕콕 기출 문제 07 용법　　　　　　　　　　　　　　　　　　　　　　/ 10

問題6　次の言葉の使い方として最もよいものを、1・2・3・4から一つ選びなさい。

1 きっかけ (16)
1　彼女に会うきっかけがあったらよろしく言ってください。
2　彼女はコンテスト入賞がきっかけでプロの写真家になった。
3　議会のきっかけはこれよりずっと以前にさかのぼる。
4　彼女は足の骨折がきっかけで学校を１か月休んだ。

2 合図 (14)
1　この電車は次の駅で地下鉄に合図している。
2　彼が試験に受かったという合図があった。
3　私が合図したら、舞台に上がってください。
4　地図に出ている彼の家に赤で合図をつけた。

3 催促 (13)
1　図書館から本を返却するよう催促の電話がかかってきた。
2　交通事故の増加を受けて警察は市民に注意を催促した。
3　われわれは販売催促のためのあらゆる可能性を検討してきた。
4　どこからかおいしそうなにおいがして食欲が催促された。

4 矛盾 (12)
1　矛盾で人の物を使ってはいけない。
2　今言ったことはきのう言っていたことと矛盾しているよ。
3　結果はわれわれが望んでいたのとはまったく矛盾だった。
4　イタリアがフランスに敗れたのは矛盾している。

5 取材 (10)
1　台風の被害の範囲は２０以上の都道府県に取材された。
2　デパートに買い物に行く前に、営業時間を取材しておこう。
3　鈴木選手の練習の様子を取材した時は、とても緊張した。
4　インターネットでその商品の情報を取材した。

답　1② 2③ 3① 4② 5③

콕콕 기출 문제 08 용법   / 10

問題6 次の言葉の使い方として最もよいものを、1・2・3・4から一つ選びなさい。

1 引退 (16)
1　今村選手はプロ野球からの引退を表明した。
2　最近就職活動に忙しくてだいぶ授業を引退している。
3　気分が悪くなり仕事を途中で引退して家に帰った。
4　予習してこなかったのは今回が最初なので引退してあげよう。

2 言い訳 (14)
1　鈴木さんは、試合の勝者は自分だと言い訳している。
2　私は、その文章の意味を田中さんに言い訳した。
3　答えが「はい」でしたら、次の3つの質問に言い訳してください。
4　林さんは、仕事で失敗するとかならず言い訳をする。

3 掲示 (13)
1　公園に知事の候補者のポスターが掲示されていた。
2　彼女の生涯についての記事が新聞に掲示された。
3　芸能プロダクションは新人タレントを大々的に掲示した。
4　ビールのジョッキをお盆に掲示して運ぶのは、ひっくり返しそうでこわい。

4 冷静 (12)
1　熱が下がるまで、冷静にしていたほうがいいよ。
2　冷静なことを言うようだけれど、彼女との結婚はやめたほうがいいよ。
3　いつも冷静な彼女があれほど動揺するとは思わなかった。
4　ダイヤモンドが硬いのは結晶構造が冷静になっていて結合力が強いためだ。

5 深刻 (10)
1　今回の訪問は通常と異なり、深刻な日程で行動する。
2　不況が進み、失業が深刻な問題となっている。
3　地下鉄は地下空間を利用する深刻な方法だ。
4　英語の習得に深刻な社員が増えてきている。

답 1① 2④ 3① 4③ 5②

콕콕 기출 문제 09 용법   / 10

問題6　次の言葉の使い方として最もよいものを、1・2・3・4から一つ選びなさい。

1 順調 (16)
1　彼女は警官の質問に順調に答えた。
2　彼女の料理の腕前は順調のものだ。
3　すべて順調にいけば、その橋は年内に完成する。
4　彼女の子供じみた好奇心に順調に笑ってしまった。

2 会見 (14)
1　明日アルバイトの会見があるので、履歴書を書いた。
2　そのことで友だちと長い会見をした。
3　メモの会見が終わったらファイルしておいてください。
4　首相の記者会見は午後3時から行われる予定だ。

3 分野 (13)
1　報告書を必ず分野どおりに提出してください。
2　私たちの泊ったホテルは、観光に便利な分野にあった。
3　このテーブルは足の分野に彫刻が施されている。
4　科学技術の分野での日米の協力が必要とされている。

4 違反 (11)
1　相撲で相手の髪を引っ張るのはルール違反だ。
2　政府の強硬な姿勢に地元では強い違反があった。
3　住民たちはマンションの建設に違反して座り込みをした。
4　大方の予想に違反してポルトガルがトップでゴールインした。

5 続出 (10)
1　バスは60名の乗客を乗せてスキー場へ続出した。
2　このところ穏やかな日が続出している。
3　3月も終わりだというのに、寒さが続出した。
4　暑さのため、途中棄権するランナーが続出した。

답　1③　2④　3④　4①　5④

콕콕 기출 문제 10 용법 　　　　　　　　　　　　　　　　　　　　　　　　　　/ 10

問題6 次の言葉の使い方として最もよいものを、1・2・3・4から一つ選びなさい。

1 生じる (16)
　1 おばの家の庭にはいろいろな花が生じてある。
　2 そのサッカースタジアムは先月ようやく生じた。
　3 この家を建てるのにたくさんの時間と金が生じた。
　4 その出来事があってから彼の生活には大きな変化が生じた。

2 頑丈 (14)
　1 僕の体は見た目より頑丈にできているのでそのくらいの重労働には耐えられる。
　2 わが家の頑丈なおやじは絶対に僕の結婚を認めてくれなかったのだ。
　3 弟が入試前の頑丈なときなので、うちは旅行に行かないことにした。
　4 頑丈な経験がないので、山田さんにこの仕事は無理だと思う。

3 隔てる (13)
　1 情報公開と個人情報保護とは隔てて論じられる問題ではない。
　2 2つの部屋を隔てていた壁を取り払ってワンルームにした。
　3 問題を解くときは時間を隔ててやったほうがいいと思う。
　4 15分ほど休憩を隔てて、会議は11時から再開した。

4 受け入れる (11)
　1 私たちの学校は3人の日本人を交換留学生として受け入れた。
　2 今日はだるいから、辛い料理は胃が受け入れないんじゃないかな。
　3 君のことをけなしたつもりはなかったんだけど、どうも逆に受け入れられたようだね。
　4 ここはあらゆる最新の技術を受け入れた日本でもっとも進んだ遊園地だ。

5 保つ (10)
　1 彼女は自分の権利を保つことしか考えていない。
　2 健康を保つのはそれほど大変ではないと思う。
　3 入館の際には入口で必要な手続きを保ってください。
　4 彼は老いた母を故郷に保って新しい任地に向かった。

答 1④ 2① 3② 4① 5②

콕콕 기출 문제 11 용법　　　　　　　　　　　　　　　　　　　　　/ 10

問題6　次の言葉の使い方として最もよいものを、1・2・3・4から一つ選びなさい。

1 甘やかす ⁽¹⁵⁾

1　大学受験のため、週単位で勉強時間の配分を甘やかした。
2　弟は親に甘やかされて育ったせいか、わがままで困る。
3　テロ対策のため、空港係員が乗客の手荷物の内容が甘やかされている。
4　今日は、いつもより多めに砂糖を入れてコーヒーを甘やかした。

2 こつこつ ⁽¹⁴⁾

1　その曲を聞いてこつこつ悲しくなった。
2　彼女は子どもの学資にとこつこつお金をためている。
3　9月になって、こつこつ涼しくなってきた。
4　義父とはいずれこつこつ話をしてみたいと思っている。

3 補足 ⁽¹³⁾

1　最新版にはいくつかの新機能が補足されている。
2　試合終了直前に大韓民国は1点を補足した。
3　車いすの人がバスに乗るのを運転手が補足していた。
4　先ほどのコメントに補足させてください。

4 かなう ⁽¹¹⁾

1　森さんは苦労がかなって、倒れてしまったそうだ。
2　予定どおりの時間でそのイベントは無事かなった。
3　自分の家を持つという父の夢が、とうとうかなった。
4　キャッチボールをしていたら、ボールが駐車場の車にかなった。

5 注目 ⁽¹⁰⁾

1　わが社が開発した新技術が同業他社から注目されている。
2　彼はたくさんの仕事を抱え毎日注目に追われている。
3　私は医者に酒をひかえるよう注目されている。
4　この事件はさまざまな注目から検討する必要がある。

답　1② 2② 3④ 4③ 5①

콕콕 기출 문제 12 용법 　　　　　　/ 10

問題6　次の言葉の使い方として最もよいものを、1・2・3・4から一つ選びなさい。

1 いったん (15)

1　いったん契約にサインしたら取り消しすることはできない。
2　木村さんは、まだ海外にいったんも行ったことがないそうだ。
3　彼女にはいったんしか会ったことがないが、顔は覚えている。
4　内田さんは、いったんで司法試験に合格したそうだ。

2 支持 (14)

1　パーティーの準備に支持を頼むよ。
2　彼はその名門校に入学を支持された。
3　我々は訪問先の各都市で温かく支持を受けた。
4　若いリーダーは大衆の支持を得た。

3 ものたりない (13)

1　父は私が野球をやめたことをとてもものたりなく思っていた。
2　道路標識が日本語表記だけでは外国人にはものたりない。
3　派手な宣伝のわりには、ものたりない映画だったね。
4　お客さんが9人だとしたら、コップが1個ものたりない。

4 質素 (11)

1　彼はいとも質素に50キロのバーベルを持ち上げた。
2　彼女のスピーチは質素で、とてもわかりやすかった。
3　彼は、無駄なものは買わずに質素な生活をしている。
4　歌舞伎の知識が質素なので、みんなの話についていけなかった。

5 はずす (10)

1　虫歯を予防するには毎日しっかり歯をはずすことだ。
2　タイヤの空気をはずすいたずらに手を焼いている。
3　靴下の汚れはいくらはずしても落ちなかった。
4　彼はカバーをはずしてモーターを点検した。

답　1① 2④ 3③ 4③ 5④

콕콕 기출 문제 13 용법　　　　　　　　　　　　　　　　　　　　　　　　　　　　　　/ 10

問題6 次の言葉の使い方として最もよいものを、1・2・3・4から一つ選びなさい。

1 思いつく (15)
　1 この子犬を連れて帰ったときの息子の喜ぶ姿が目に思いつく。
　2 初めてドリアンを食べたときはひどい味だと思いついた。
　3 本田さんは、新しい店について独創的な案を思いついた。
　4 このアルバムを見るたびに、学生時代のことを思いつく。

2 畳む (14)
　1 小林さんは紙を上手に畳んで船を作った。
　2 この包丁でキャベツを小さく畳んでください。
　3 息子は洗濯物を畳むのを手伝ってくれた。
　4 みんなで肩を畳んで大学の校歌を歌った。

3 交代 (12)
　1 試合中の選手交代は3人まで認められる。
　2 会議室には関係者以外は交代しないでください。
　3 京都まで来たのだから、足を交代して神戸へ行こうよ。
　4 山田さんは会社員から自営業に交代した。

4 世間 (11)
　1 2年間留学して、自分の世間が広がったと思う。
　2 その画家は、世間に背いて絶海の孤島で暮らした。
　3 きみが思うほど世間は甘いものではない。
　4 田中さんは、音楽の世間に身を投じた。

5 普及 (10)
　1 スマートフォンはますます普及している。
　2 そのうわさはたちまち近所に普及した。
　3 インフルエンザがクラス中に普及して、一時学級閉鎖になった。
　4 彼女は自分の事業を全国チェーンにまで普及させた。

답　1 ③　2 ③　3 ①　4 ③　5 ①

콕콕 기출 문제 14 용법 / 10

問題6 次の言葉の使い方として最もよいものを、1・2・3・4から一つ選びなさい。

1 温暖 (15)
1 私は佐藤さんの温暖な人柄にとてもひかれている。
2 私は猫舌だから温暖なお茶は苦手だ。
3 エアコンをつけたら、部屋の中が温暖になってきた。
4 日本の気候は温暖なので、暮らしやすい。

2 妥当 (14)
1 妥当にも私たちは村に通じる道路に出た。
2 話し合いの結果、妥当な線に落ち着いた。
3 今日は雨の予報だったが、晴れて妥当な天気になった。
4 当選番号が読み上げられたが、妥当な人はいなかった。

3 合同 (12)
1 その記者は遠征中のサッカーチームに合同取材している。
2 3つの市の合同で、県の一番大きな市が誕生した。
3 新しいお仕事で何か合同できることがあったらおっしゃってください。
4 来月この2社は合同して新しい会社を作る予定だ。

4 せめて (11)
1 せめて明日の運動会は中止になるだろう。
2 せめてもう一度彼女に会いたい。
3 せめて出かけないと開演に間に合わないよ。
4 あの教授のゼミは厳しいが、せめて学生に人気がある。

5 ふさわしい (10)
1 この表現は文法的にはふさわしいが、あまり使われない。
2 私の足にふさわしいサイズの靴がやっと見つかった。
3 性格のふさわしくない事件だが、同一犯人だと思う。
4 彼女のスピーチは議長にふさわしく堂々としたものだった。

답 1④ 2② 3④ 4② 5④

② 용법 기출 2009~2000년

2000~2009년까지의 일본어 능력시험은 현재의 시험과 달리 1~4급의 4개 급수가 있었습니다. 이 중 N2 수준으로 판단되는 것을 품사별로 정리하였습니다.

명사

□ あかり	등불	暗いからあかりをつけてください。 어두우니까 등불을 켜 주세요.
□ 感心(かんしん)	감탄	学生たちの能力の高さに感心した。 학생들의 높은 능력에 감탄했다.
□ 気候(きこう)	기후	この島は気候がおだやかだ。 이 섬은 기후가 온화하다.
□ 催促(さいそく)	재촉	催促の電話をかけた。 재촉 전화를 걸었다.
□ 差別(さべつ)	차별	人を差別してはいけない。 사람을 차별해서는 안 된다.
□ 作法(さほう)	예의범절	祖母は礼儀や作法にきびしい。 할머니는 예의나 예절에 엄격하다.
□ 実施(じっし)	실시	いよいよ来年から実施される。 드디어 내년부터 실시된다.
□ 妥当(だとう)	타당	妥当性に欠ける。 타당성이 결여되다.
□ 中断(ちゅうだん)	중단	試合が一時中断する。 시합이 일시 중단되다.
□ 展開(てんかい)	전개	このドラマは話の展開が単純だ。 이 드라마는 이야기의 전개가 단순하다.
□ ふもと	산기슭	山のふもとに小さな村がある。 산기슭에 작은 마을이 있다.
□ 分解(ぶんかい)	분해	ラジオを分解する。 라디오를 분해하다.
□ むかい	맞은편	彼の家はうちのむかいだ。 그의 집은 우리 집 맞은편이다.
□ 行方(ゆくえ)	행방	男の行方がまだわからない。 남자의 행방을 아직 모른다.

동사

☐ 甘やかす	응석을 받아 주다	彼は小さいころから甘やかされて育った。 그는 어릴 때부터 응석받이로 자랐다.
☐ 薄める	묽게 하다	この薬品は、使うとき水で薄める。 이 약품은 사용할 때 물로 묽게 한다.
☐ うたがう	의심하다	君をうたがうわけではない。 너를 의심하는 것은 아니다.
☐ 支配する	지배하다	サルのグループを支配する。 원숭이 무리를 지배하다.
☐ 散らかる	어지러지다, 흩어지다	部屋が散らかっていたので〜。 방이 어질러져 있었기 때문에〜.
☐ 引き返す	되돌아가다	強風のため、船が港に引き返した。 강풍 때문에 배가 항구로 되돌아갔다.
☐ ふりむく	돌아보다	声をかけられてふりむくと。 부르는 소리를 듣고 돌아보니.

な형용사

☐ あきらかだ	분명하다	うそであるのはあきらかだ。 거짓말인 것은 분명하다.
☐ 正直だ	솔직하다	正直な気持ちを話してほしい。 솔직한 기분을 말해 주길 바란다.
☐ 妥当だ	타당하다	１万円は妥当な金額だと思う。 만 엔은 타당한 금액이라고 생각한다.
☐ 微妙だ	미묘하다	川の水の色が微妙に違う。 강물의 색이 미묘하게 다르다.
☐ 不安だ	불안하다	毎日が不安だ。 매일이 불안하다.
☐ 夢中だ	열중하다	弟はテレビゲームに夢中だ。 남동생은 TV 게임에 빠져 있다.
☐ 楽だ	편안하다	楽な姿勢でこしかけてください。 편안한 자세로 앉으세요.

부사

□ いきいき(と)	생생한 모양, 생기가 넘치는 모양	いきいきと仕事をしている。	생기 넘치게 일을 하고 있다.
□ いちいち	일일이	私のやることにいちいち文句をつける。	내가 하는 일에 일일이 트집을 잡는다.
□ いったん	일단, 우선	いったんうちに帰ってから。	일단 집에 돌아가고 나서.
□ いまに	머지않아	けいこをしていれば、いまに上手になる。	연습하고 있으면 머지않아 능숙해진다.
□ がっかり	낙담·실망한 모양	旅行に行けなくなってがっかりする。	여행을 못 가게 되어 실망하다.
□ くれぐれも	아무쪼록	健康にはくれぐれも気をつけてください。	건강에는 아무쪼록 조심하세요.
□ 実に	실로	実に残念な報告をする。	실로 유감스러운 보고를 하다.
□ 少しも	조금도	彼女は少しも変わっていなかった。	그녀는 조금도 변하지 않았다.
□ せっかく	모처럼	せっかく休みをとって旅行に来たんだから。	모처럼 휴가를 받아 여행을 왔으니까.
□ せめて	적어도	せめて８０点はとりたい。	적어도 80점은 받고 싶다.
□ たしか	아마	たしか３年前のことだった。	아마 3년 전의 일이었다.
□ たまたま	때마침	たまたま父と同じバスで帰った。	때마침 아버지와 같은 버스로 귀가했다.
□ どうせ	어차피	今から行ってもどうせ遅刻だから。	지금 가더라도 어차피 지각이니까.
□ わずか	불과	家から駅までわずか５分だ。	집에서 역까지 불과 5분이다.

기타

□ あるいは	혹은, 또는	ファックス、**あるいは**、メールで。 팩스 또는 메일로.
□ スピード	속도	徐々に**スピード**を増す。 서서히 속도를 더하다.
□ それとも	그렇지 않으면	住所ですか、**それとも**電話番号ですか。 주소 말입니까? 아니면 전화번호 말입니까?
□ 大した	이렇다 할, 대단한	**大した**けがではない。 대단한 상처는 아니다.
□ たとえ～ても	비록 ~해도	**たとえ**一度や二度失敗して**も**。 비록 한 번이나 두 번 실패해도.
□ ～だらけ	~투성이	彼のへやはゴミ**だらけ**だ。 그의 방은 쓰레기투성이다.
□ 単なる	단순한	それは**単なる**うわさだから。 그것은 단순한 소문이니까.
□ ユーモア	유머	彼は**ユーモア**のある人だ。 그는 유머 있는 사람이다.

콕콕 기출 문제 15 용법　　　　　　　　　　　　　　　　　　　　　　　/ 10

問題6 次の言葉の使い方として最もよいものを、1・2・3・4から一つ選びなさい。

1 分解 (09)
1　一人では食べきれないので、みんなで分解して食べましょう。
2　図書館の本はテーマごとに分解して並べてあります。
3　この虫は北海道から九州まで日本各地に広く分解している。
4　その子は小型ラジオを分解して部品を取り出した。

2 気候 (07)
1　8月になると気候が下がらない日が出てくるのでやっかいです。
2　ここは気候がおだやかでとても過ごしやすいところです。
3　この国では2月は卒業の気候です。
4　明日以降の予定は気候を見て決めることになりそうです。

3 いったん (07)
1　いったんだけ言うから、よく聞いてください。
2　先生には週にいったんは電話していました。
3　この辺りはいったんも来たことがない場所がほとんどです。
4　彼はいったん日本に帰国して精密検査を受けるそうだ。

4 正直 (09)
1　自分を飾らずに、正直な気持ちを話してください。
2　あの角を右に曲がって、5分ほど正直に行ってください。
3　彼女がヒントをくれたが、正直な答えがわかりません。
4　スーパーより安くておいしい野菜を農家から正直に買いたい。

5 妥当 (08·00)
1　友達の結婚式だったら夫婦で5万円が妥当な金額だと思う。
2　親友がほしいなら、なるべく気持ちの妥当な人がいい。
3　ちょっと変わった煮物じゃなくて、妥当なものを作りたい。
4　妥当なパーティーなので、なるべくスーツでご出席ください。

답 1④ 2② 3④ 4① 5①

콕콕 기출 문제 16 용법   / 10

問題6　次の言葉の使い方として最もよいものを、1・2・3・4から一つ選びなさい。

1 わずか (01)
1　両親が死んでから、私はわずか一人になった。
2　わずか考えればすぐに解決できる問題だと思う。
3　山田先生の声はわずかすぎて聞こえなかった。
4　駅は歩いてわずか2分の距離にある。

2 甘やかす (07)
1　彼は一人っ子で甘やかされて育ったらしい。
2　ホットミルクは砂糖を入れて甘やかすとおいしい。
3　その子犬は甘やかされた声で飼い主を呼んでいた。
4　今日会社で課長から「よくやった」と甘やかしてもらった。

3 むかい (01)
1　海のむかいにヨットが見える。
2　このマンションは南むかいなので日あたりがよい。
3　吉田さんは私の家のむかいに住んでいる。
4　日本へ行ったとき、むかいで森さんに会った。

4 作法 (02)
1　パソコンの作法やソフトの使い方などがわからない。
2　彼女はよい作法を身につけている。
3　おいしいパンの作法について習いたい。
4　子どもに英語を教える作法を勉強している。

5 あかり (01)
1　虫が入るから、早くあかりを消してください。
2　一冊の書物があかりとなって問題が解決した。
3　ストーブのあかりでお湯をわかしてください。
4　太陽のあかりがまぶしい毎日です。

답　1④　2①　3③　4②　5①

콕콕 기출 문제 17 용법 /10

問題6　次の言葉の使い方として最もよいものを、1・2・3・4から一つ選びなさい。

1 たとえ (07)
1　たとえ彼の忠告がなければ大きな間違いを犯していただろう。
2　桜満開でたとえ春になったのに、まだ寒い。
3　たとえ失敗してもあせらず、あきらめず次のチャンスを待つ。
4　たとえ100万円当たったら、半分君にやるよ。

2 催促 (08)
1　外国への興味は、ことばを習う催促のひとつになる。
2　洗濯屋さんがまだシャツを持ってこないから、電話で催促しましょう。
3　山本先生に、パーティーへの催促のEメールを送った。
4　次の同窓会の催促の日をもっと早くしましょう。

3 いまに (08)
1　テストが終わったら、いまに覚えていたことをすっかり忘れてしまった。
2　明日では間に合わないので、いまに準備してください。
3　自分は勉強しなかったので、いまにも後悔しても遅すぎる。
4　そんなになまけているといまに後悔するよ。

4 実施 (01)
1　今回やっと長い間の夢が実施した。
2　今年7月にも新試験が実施される見込みです。
3　理想と実施は違うとはよく言ったものだ。
4　理論的には可能だが、実施的には不可能だ。

5 引き返す (08)
1　私は宿題をしなければならないことをふと引き返した。
2　昔の恋人にお金を貸したが、結局引き返した。
3　暴風雨のため、飛行機は成田空港に引き返した。
4　毎朝旗を揚げて、帰りに引き返した。

답 1③ 2② 3④ 4② 5③

콕콕 기출 문제 18 용법　　　　　　　　　　　　　　　　/ 10

問題6　次の言葉の使い方として最もよいものを、1・2・3・4から一つ選びなさい。

1 展開 (09)
1　先生に悩みを素直に展開して、気持ちが楽になった。
2　博物館へ古代文明の遺物の展開を見に行った。
3　話の展開が単純なので、ストーリーを追う必要がない。
4　パンの販売を展開して、わずか10分で売り切れてしまった。

2 薄める (07)
1　春から夏になると着るものを薄めます。
2　酒を水で薄めるとアルコール度数は低くなる。
3　今度車を買うことがあれば、色を薄めます。
4　ネコは強い太陽の光で目を薄めることがよくある。

3 くれぐれも (00)
1　秋はくれぐれもさびしくなるようなイメージがある。
2　彼女は手紙で家族のことをくれぐれもたずねた。
3　みなさん、健康にはくれぐれも気をつけましょう。
4　でも、もう少しがんばればくれぐれも勝てたのに。

4 微妙 (01)
1　よく見ると、時代ごとに字体や色などが微妙に違っている。
2　微妙な物を見つけたら、交番までご連絡ください。
3　玄関の外に微妙な人が立っていたので、こわくなった。
4　山田さんのほうが私より微妙に年上です。

5 いきいき (00)
1　このさしみはかなりいきいきとしてうまかった。
2　この馬の絵はとてもいきいきと描かれている。
3　テレビから地震のいきいきとした情報が流れた。
4　キャベツはゆでるよりいきいきと食べた方がいい。

답　1③　2②　3③　4①　5②

콕콕 기출 문제 19 용법   / 10

問題6 次の言葉の使い方として最もよいものを、1・2・3・4から一つ選びなさい。

1 夢中 (02)
1 彼女は新しいアイデアに夢中している。
2 転職した友人が夢中に悩んでいた。
3 彼女はその音楽に夢中になっていた。
4 今、若い女性の間で何が夢中ですか。

2 あきらか (00)
1 彼は大学に合格して、最近あきらかな顔をしている。
2 字が薄くてよく見えないので、あきらかに書いてください。
3 さっきと違って自信をもってあきらかに答えたので、教授はちょっと驚いたらしい。
4 いつかこれらの出来事の真相があきらかになるだろう。

3 妥当 (08-00)
1 参考資料の中には、妥当性に欠けるものもある。
2 申し訳なくて、つい妥当に返事をしてしまう時がある。
3 実行計画は、通常3年計画が妥当的です。
4 この言葉に妥当する外国語が見つかりません。

4 散らかる (09)
1 この花は咲いてから、ほんの2、3日で散らかってしまう。
2 うっかりコップを倒してしまい、水が散らかった。
3 もう夜も遅いから、散らかって明日また会いましょう。
4 部屋が散らかっていたので、今日は部屋の掃除をした。

5 たしか (09)
1 あの人はたしか日本人のように日本語を話す。
2 テストでたしか悪い点をとった。
3 これはたしか、彼が読みたいと言っていた本です。
4 社長は全社員の希望をたしか受け入れてくれました。

답 1③ 2④ 3① 4④ 5③

콕콕 기출 문제 20 용법 　　　　　　　　　　　　　　　　　　　/ 10

問題6　次の言葉の使い方として最もよいものを、1・2・3・4から一つ選びなさい。

1 ユーモア ⁽⁰⁶⁾
1　田中さんはユーモアに富んだ小説を読みたいらしい。
2　山口さんはユーモアばかり言っていて、感じが悪い。
3　私がユーモアをしなかったので彼女は怒っていた。
4　彼は今回は特に創作にユーモアを燃やしている。

2 支配する ⁽⁰⁶⁾
1　きれいな花が咲いたので、近所の人に支配した。
2　あの人が1人で働いて、家族の生活を支配している。
3　このあたりの領地を支配しているのが、あの人らしい。
4　女の子はみんな私を支配してくれた。

3 少しも ⁽⁰⁶⁾
1　あの子は私の言うことを少しも聞く。
2　むずかしかったが、少しも理解できた。
3　外で遊んでばかりいて少しも勉強しない。
4　日本語はあまりうまくないが、少しも話せる。

4 楽 ⁽⁰⁶⁾
1　どうぞおかけになって楽にしてください。
2　子どもたちは楽そうに、野球をしている。
3　その知らせを聞いて涙が出るほど楽でした。
4　どうぞ楽にご来場ください。

5 うたがう ⁽⁰⁶⁾
1　彼は、クラスのみんながうたがっている人気者だ。
2　うたがってくれるかどうかわからないが、首相に会ったんだ。
3　うたがっていたら遠慮なくおたずねください。
4　彼がお金をぬすんだのではないかとうたがった。

답　1① 2③ 3③ 4① 5④

콕콕 기출 문제 21 용법   / 10

問題6　次の言葉の使い方として最もよいものを、1・2・3・4から一つ選びなさい。

[1] 差別 (05)
1　返事を出した手紙と、まだ出さないのと差別してある。
2　老若男女の差別なく、この旅行には参加できます。
3　200人の生徒を4つのクラスに差別する。
4　彼女は、「す」と「つ」の音をきれいに差別して発音できる。

[2] スピード (05)
1　スポーツカーは徐々にスピードを増していった。
2　暗くなるにつれて、星はスピードを増してきた。
3　あの火山はスピードを増したので、登ると危険だ。
4　このコップはスピードを増してあるので割れない。

[3] がっかり (05)
1　野外コンサートがうまくいくとがっかりする。
2　両親は私が合格したとの知らせを聞いてがっかりした。
3　彼が試験に落ちたと聞いて私はがっかりした。
4　私は女の子の前ではがっかりしてしまう。

[4] ふもと (05)
1　ビルのふもとの小さなコーヒーショップで会った。
2　足のふもとの石につまずいてころんでしまった。
3　大きな木のふもとにきれいな花が咲いていた。
4　両親は山のふもとの村に住んでいます。

[5] 実に (05)
1　実に言うと、私はその人にまだ会ったことがない。
2　デパートには実にたくさんの商品が並んでいる。
3　実にこの目で見たんですから、間違いありません。
4　実に手紙の返事が遅れて申しわけありません。

답　1② 2① 3③ 4④ 5②

콕콕 기출 문제 22 용법 　　　/ 10

問題６　次の言葉の使い方として最もよいものを、１・２・３・４から一つ選びなさい。

1 どうせ(04)
1　どうせ子どもでもそのくらいはわかる。
2　あなたにお会いできてどうせうれしいです。
3　おいしいかどうか、どうせ食べてみましょう。
4　どうせ間に合わないのだから、いまさらあわててもしかたがない。

2 大した(04)
1　きのう病院で大した火事があった。
2　公園の中には大した池がある。
3　彼は大した政治家ではない。
4　もう少し大した声で話してくれませんか。

3 あるいは(04)
1　英語かあるいはフランス語のどちらかが必修です。
2　この絵は古い、あるいは有名な絵です。
3　この書類を提出、あるいはどうしましょうか。
4　私は夏休みに山、あるいは海に行きました。

4 行方(04)
1　台風は、行方を西に変えた。
2　美術館への行方をご存じですか。
3　今度の旅行、行方を東北のどこかに行こうと思う。
4　警察は、犯人の行方を追っている。

5 不安(04)
1　不安した思いで家からの手紙を待った。
2　彼の家に１人で訪問するのは少し不安だった。
3　みんな不安の顔で台風のニュースを聞いている。
4　教育実習に行く前は、とても不安した。

답　1 ④　2 ③　3 ①　4 ④　5 ②

콕콕 기출 문제 23 용법 / 10

問題6 次の言葉の使い方として最もよいものを、1・2・3・4から一つ選びなさい。

1 単なる ⁽⁰³⁾
1 彼は単なる話を何度もくりかえす。
2 それは単なるうわさにすぎません。
3 面接試験は単なる20分で終わった。
4 彼はこの分野では単なる存在です。

2 ふりむく ⁽⁰³⁾
1 窓から外をふりむいたら、きれいな海が見えた。
2 富士山はここからふりむくのが一番きれいだ。
3 声をかけられてふりむくと、山田先生が立っていた。
4 ゆうべ、ふしぎなゆめをふりむいた。

3 だらけ ⁽⁰³⁾
1 部屋の空気は汚いだらけだ。
2 彼の部屋はいつも散らかしだらけだ。
3 弟の部屋は不潔だらけだ。
4 きみの作文は間違いだらけだ。

4 いちいち ⁽⁰³⁾
1 この３つ、いちいちきれいな紙に包んでください。
2 課長は人のやることにいちいちけちをつける。
3 いちいち考えてみたが、名案が浮かばなかった。
4 そのたなには本がいちいち並んでいた。

5 せめて ⁽⁰²⁾
1 せめて彼女の声だけでも聞きたい。
2 いくら勉強しても、せめて50点しか取れないだろう。
3 勉強したので、せめて60点取れた。
4 きのうのテストは、せめて40点だった。

답 1② 2③ 3④ 4② 5①

콕콕 기출 문제 24 용법　　　　　　　　　　　　　　　　　　　/ 10

問題６　次の言葉の使い方として最もよいものを、１・２・３・４から一つ選びなさい。

1 たまたま (02)
1 たまたま通りかかった人がおぼれている子どもを助けた。
2 たまたま行かなければならないところがある。
3 あの人はたまたま夜遅くまで働いている。
4 私はひまがあると、たまたまピアノをひく。

2 それとも (02)
1 まず私はパン屋に行き、それとも八百屋(やおや)に行った。
2 コーヒーを飲んで、それとも帰りましょう。
3 コーヒーですか、それとも紅茶(こうちゃ)にしますか。
4 可能性はほとんどなかったが、それとも彼はあきらめなかった。

3 中断 (00)
1 彼女との付き合(つあ)いを中断した。
2 ゲームは雨で15分間中断された。
3 私は彼女とデートの約束を中断した。
4 風で木のえだが中断した。

4 せっかく (03)
1 せっかくうそをついたのです。
2 せっかく本人に聞こえるように悪口(わるくち)を言った。
3 むこうに着いたらせっかく電話します。
4 せっかく訪ねてくれたのに、私はあいにく留守(るす)だった。

5 感心(かんしん) (08)
1 彼女は環境(かんきょう)問題に感心(かんしん)を持っている。
2 彼の態度にはみな感心(かんしん)した。
3 その国の日本に対する感心(かんしん)はどうですか。
4 旅行の感心(かんしん)を聞かせてください。

답　1① 2③ 3② 4④ 5②

Part II

문자·어휘
예상편

출제 예상 문자·어휘

1. 명사
2. 동사
3. 복합동사
4. い형용사
5. な형용사
6. 부사
7. 파생어
8. 외래어
9. 유의어
10. 기타

① 출제 예상 명사

あ

- 愛 (あい) 사랑
- 愛飲 (あいいん) 애음, 즐겨 마심
- 愛国心 (あいこくしん) 애국심
- 愛情 (あいじょう) 애정
- 愛人 (あいじん) 애인, 정부, 불륜 상대
- 合図 (あいず) 신호 N2용법
- 愛着 (あいちゃく) 애착
- 相手 (あいて) 상대
- 赤字 (あかじ) 적자
- 明かり (あかり) 불빛, 등불 N2용법
- 握手 (あくしゅ) 악수
- あくび 하품 N2문규
- 悪魔 (あくま) 악마
- 明け方 (あけがた) 새벽녘, 동틀녘
- あこがれ 동경
- 味 (あじ) 맛
- 足跡 (あしあと) 발자취, 발자국
- 足元 (あしもと) 발밑, 신변 N2문규
- 汗 (あせ) 땀
- あだ 원수, 복수
- 頭 (あたま) 머리
- あちこち 여기저기 N2유의
- 圧縮 (あっしゅく) 압축
- 圧勝 (あっしょう) 압승 N2읽기
- 集まり (あつまり) 모임, 회합
- 圧力 (あつりょく) 압력
- 宛名 (あてな) 받는 사람, 수신인
- 跡 (あと) 유적, 자취, 흔적
- 後先 (あとさき) 앞뒤, 전후
- 後始末 (あとしまつ) 뒤치다꺼리, 설거지
- 油 (あぶら) 기름 N2유의
- 脂 (あぶら) 지방
- 雨戸 (あまど) 비바람을 피하기 위해 단 덧문
- 余り (あまり) 나머지, 여분
- 編み物 (あみもの) 편물, 뜨개질
- 誤り (あやまり) 잘못, 틀림, 실수 N2읽기·표기·유의
- あらすじ 대충의 줄거리, 개요
- 現れ (あらわれ) 현상, 발로
- あり 개미
- 在り方 (ありかた) 본연의 (이상적인) 자세
- 案 (あん) 안
- 暗記 (あんき) 암기
- 安全 (あんぜん) 안전
- 安定 (あんてい) 안정
- 案内 (あんない) 안내
- 案内役 (あんないやく) 안내역
- あんばい 간, 맛, 상태
- 安否 (あんぴ) 안부
- 胃 (い) 위 N2표기
- 言い訳 (いいわけ) 변명, 핑계 N2용법
- 委員 (いいん) 위원
- 医院 (いいん) 의원
- 以下 (いか) 이하
- 医学 (いがく) 의학
- 息 (いき) 숨
- 意義 (いぎ) 의의
- 勢い (いきお) 기세, 힘 N2표기,
- 息抜き (いきぬき) 숨을 돌림 N2유의
- 生き物 (いきもの) 생물
- 育児 (いくじ) 육아 N2문규
- 幾分 (いくぶん) 일부분, 조금, 약간
- 池 (いけ) 연못
- 生け花 (いけばな) 꽃꽂이
- 以後 (いご) 이후
- 以降 (いこう) 이후
- 移行 (いこう) 이행

☐ 遺産(いさん) 유산	☐ 石(いし) 돌	☐ 意思(いし) 의사, 의지
☐ 意志(いし) 의지, 의사	☐ 医師(いし) 의사	☐ 維持(いじ) 유지 N2문규
☐ 意識(いしき) 의식	☐ 医者(いしゃ) 의사	☐ 異常(いじょう) 이상
☐ 衣食住(いしょくじゅう) 의식주	☐ 意地悪(いじわる) 심술궂음	☐ 泉(いずみ) 샘
☐ いずれ 근간, 일간	☐ 以前(いぜん) 이전 N2유의	☐ 板(いた) 판자, 널빤지
☐ いたずら 못된 장난	☐ 位置(いち) 위치	☐ 一助(いちじょ) 일조, 약간의 도움
☐ 一度(いちど) 한 번 N2문규	☐ 市場(いちば) 시장, 장	☐ 一部(いちぶ) 일부
☐ 一面(いちめん) 일면	☐ 一覧(いちらん) 일람	☐ 一流(いちりゅう) 일류
☐ 一家(いっか) 일가	☐ 一括(いっかつ) 일괄	☐ 一昨日(いっさくじつ) 그저께
☐ 一昨年(いっさくねん) 재작년	☐ 一種(いっしゅ) 일종	☐ 一瞬(いっしゅん) 일순, 일순간
☐ 一生(いっしょう) 일생	☐ 一致(いっち) 일치	☐ 一定(いってい) 일정
☐ 移転(いてん) 이전	☐ 遺伝(いでん) 유전	☐ 糸(いと) 실
☐ 意図(いと) 의도	☐ 緯度(いど) 위도 N2문규	☐ 井戸(いど) 우물
☐ 異動(いどう) (직위·근무처 등의) 이동	☐ 移動(いどう) 이동	☐ いとこ 사촌
☐ いとま 틈, 겨를, 휴식	☐ 以内(いない) 이내	☐ 犬(いぬ) 개
☐ 稲(いね) 벼	☐ 居眠り(いねむり) 앉아서 졺 N2문규	☐ 命(いのち) 목숨
☐ 違反(いはん) 위반 N2읽기·표기·용법	☐ 衣服(いふく) 의복, 옷	☐ 居間(いま) 거실
☐ 意訳(いやく) 의역	☐ 意欲(いよく) 의욕 N2문규	☐ 以来(いらい) 이래
☐ 依頼(いらい) 의뢰 N2표기	☐ 入り口·入口(いりぐち) 입구	☐ 医療(いりょう) 의료 N2읽기
☐ 医療費(いりょうひ) 의료비	☐ 入れ替え(いれかえ) 갈아 넣음, 교체	☐ 入れ物(いれもの) 용기, 그릇
☐ 岩(いわ) 바위	☐ 印刷(いんさつ) 인쇄	☐ 印象(いんしょう) 인상
☐ 飲食(いんしょく) 음식	☐ 引退(いんたい) 은퇴 N2문규·용법	☐ 引用(いんよう) 인용
☐ 飲料水(いんりょうすい) 음료수	☐ 引力(いんりょく) 인력	☐ 植木(うえき) 정원수 N2읽기
☐ 魚(うお) 물고기	☐ うがい 양치질	☐ 受け入れ(うけいれ) 받아들임, 승낙
☐ 受け付け(うけつけ) 접수 N2문규	☐ うさぎ 토끼	☐ 牛(うし) 소
☐ 内(うち) 안(쪽), 내부, 속	☐ 宇宙(うちゅう) 우주	☐ 宇宙船(うちゅうせん) 우주선

☐ 写^{うつ}し (사진을) 찍음, (문서 등을) 베낌	☐ 訴^{うった}え 호소, 소송	☐ 打^うって付^つけ 꼭 알맞음, 안성맞춤
☐ 器^{うつわ} 그릇, 용기	☐ 腕^{うで} 팔	☐ 雨天^{うてん} 우천, 비 오는 날
☐ 馬^{うま} 말 N2읽기	☐ 生^うまれ 탄생, 출생	☐ 有無^{う む} 유무
☐ 梅^{うめ} 매실	☐ 裏^{うら} 뒤, 뒷면	☐ 裏口^{うらぐち} 뒷문
☐ 恨^{うら}み 원한, 앙심	☐ 売上^{うりあげ} 매상	☐ 売^うり出^だし 매출
☐ 売^うり場^ば 매장	☐ 憂^{うれ}い 근심, 걱정	☐ 売^うれ行^ゆき 팔림새
☐ 上着^{うわぎ} 상의, 겉옷	☐ うわさ 소문 N2문규	☐ 運^{うん} 운, 운명 N2유의
☐ 運河^{うんが} 운하	☐ 運勢^{うんせい} 운세	☐ 運送^{うんそう} 운송 N2읽기
☐ 運転^{うんてん} 운전	☐ 運動^{うんどう} 운동	☐ 運用^{うんよう} 운용
☐ 永久^{えいきゅう} 영구	☐ 影響^{えいきょう} 영향 N2문규	☐ 営業^{えいぎょう} 영업 N2문규
☐ 栄光^{えいこう} 영광	☐ 英字^{えいじ} 영자	☐ 映写^{えいしゃ} 영사
☐ 衛生^{えいせい} 위생	☐ 映像^{えいぞう} 영상	☐ 英文^{えいぶん} 영문
☐ 栄養^{えいよう} 영양 N2읽기	☐ 栄養分^{えいようぶん} 영양분	☐ 英和^{えい わ} 영어와 일본어
☐ 笑顔^{え がお} 웃는 얼굴	☐ 液^{えき} 액, 즙, 액체	☐ 液体^{えきたい} 액체
☐ えさ 먹이	☐ 枝^{えだ} 가지	☐ 枝葉^{えだ は} 지엽, 사소한 일(しようも로도 읽음)
☐ 絵^えの具^ぐ 그림물감 N2표기	☐ 円^{えん} 엔	☐ 宴会^{えんかい} 연회
☐ 延期^{えんき} 연기, 미룸 N2읽기	☐ 演技^{えん ぎ} 연기	☐ 園芸^{えんげい} 원예
☐ 演劇^{えんげき} 연극	☐ 円周^{えんしゅう} 원주, 원둘레	☐ 演習^{えんしゅう} 연습
☐ 円熟^{えんじゅく} 원숙	☐ 演出^{えんしゅつ} 연출	☐ 援助^{えんじょ} 원조 N2표기
☐ 演説^{えんぜつ} 연설 N2문규	☐ 遠足^{えんそく} 소풍	☐ 延長^{えんちょう} 연장 N2용법
☐ 煙突^{えんとつ} 굴뚝	☐ おい 조카	☐ 王^{おう} 왕
☐ 応急^{おうきゅう} 응급	☐ 王様^{おうさま} 임금님	☐ 王子^{おう じ} 왕자
☐ 王女^{おうじょ} 공주	☐ 往生^{おうじょう} 체념함, 단념함, 난감함	☐ 応接^{おうせつ} 응접
☐ 横断^{おうだん} 횡단	☐ 横断歩道^{おうだん ほ どう} 횡단보도	☐ 応答^{おうとう} 응답
☐ 欧米^{おうべい} 구미 N2읽기	☐ 応用^{おうよう} 응용	☐ 大勢^{おおぜい} 많은 사람
☐ 大通^{おおどお}り (시내의) 큰길, 대로	☐ 大家^{おお や} 집주인	☐ 丘^{おか} 언덕, 작은 산

- 沖 おき 먼 바다
- 奥 おく (깊숙한) 안쪽
- 屋外 おくがい 옥외
- 奥様 おくさま 사모님, 안주인
- 屋上 おくじょう 옥상
- 屋内 おくない 옥내
- 贈り物 おくりもの 선물
- 遅れ おくれ 늦음
- 行い おこない 행실, 행동
- 押し入れ おしいれ 벽장
- お辞儀 おじぎ (머리 숙여) 절함, 인사함
- おしゃべり 수다스러움, 수다쟁이 N2유의
- 汚染 おせん 오염 N2읽기
- お宅 おたく 댁
- 夫 おっと 남편
- お手洗い おてあらい 화장실
- お手伝いさん おてつだいさん 가사 도우미
- 落とし物 おとしもの 분실물
- 大人 おとな 어른
- 驚き おどろき 놀람
- 鬼 おに 귀신
- 各々 おのおの 각각, 각기, 각자 N2문규
- 帯 おび 띠
- 覚え おぼえ 기억, 이해
- お参り おまいり 신불을 참배하러 감, 참배
- 思い切り おもいきり 체념, 단념
- 思いつき おもいつき 문득 생각이 남, 착상
- 思い出 おもいで 추억
- 表 おもて 표면, 겉
- おやつ 오후의 간식
- 親指 おやゆび 엄지손가락, 엄지발가락
- 織物 おりもの 직물
- お礼 おれい 감사의 말씀 N2유의
- 音 おん 음
- 恩 おん 은혜
- 恩恵 おんけい 은혜
- 温室 おんしつ 온실
- 温泉 おんせん 온천
- 温帯 おんたい 온대
- 温暖化 おんだんか 온난화 N2표기
- 御中 おんちゅう 귀중, 귀하
- 温度 おんど 온도
- 温度計 おんどけい 온도계

か

- 可 か 가, 가능, 좋음
- 蚊 か 모기
- 課 か 과
- 貝 かい 조개, 조가비
- 会 かい 모임
- 回 かい 회, 횟수
- 害 がい 해, 손해
- 会員 かいいん 회원
- 開演 かいえん 개연, 공연 시작
- 開花 かいか 개화
- 絵画 かいが 회화
- 開会 かいかい 개회
- 海外 かいがい 해외
- 開会式 かいかいしき 개회식
- 会館 かいかん 회관
- 海岸 かいがん 해안
- 海岸線 かいがんせん 해안선
- 会議 かいぎ 회의
- 会計 かいけい 회계
- 解決 かいけつ 해결
- 解決策 かいけつさく 해결책
- 会見 かいけん 회견 N2용법
- 外見 がいけん 외견, 겉보기 N2용법
- 開講 かいこう 개강
- 会合 かいごう 회합
- 外交 がいこう 외교
- 開催 かいさい 개최 N2표기

☐ かいさつ 改札 개찰	☐ かいさつぐち 改札口 개찰구	☐ かいさん 解散 해산 N2문규
☐ かいし 開始 개시	☐ かいしゃく 解釈 해석 N2문규	☐ がいしゅつ 外出 외출
☐ かいしょう 解消 해소 N2문규·용법	☐ かいじょう 会場 회장	☐ かいすいよく 海水浴 해수욕
☐ かいすう 回数 횟수	☐ かいせい 改正 개정 N2문규	☐ かいせい 快晴 쾌청
☐ かいせつ 解説 해설	☐ かいぜん 改善 개선 N2읽기	☐ かいそう 回送 회송
☐ かいぞう 改造 개조 N2문규	☐ かいだん 階段 계단	☐ かいつう 開通 개통
☐ かいてい 改定 개정	☐ かいてい 改訂 개정	☐ かいてん 回転 회전
☐ がいでん 外電 외신, 외전	☐ かいとう 回答 회답	☐ かいとう 解答 해답, 정답
☐ かいどう 街道 가도, 간선도로	☐ がいとう 街頭 가두, 길거리	☐ がいとう 街灯 가로등
☐ がいとう 外套 외투	☐ がいとう 該当 해당	☐ がいぶ 外部 외부
☐ かいふく 回復 회복 N2읽기·표기·유의	☐ かいほう 開放 개방	☐ かいほう 解放 해방
☐ かいまく 開幕 개막	☐ かいよう 海洋 해양	☐ かいりょう 改良 개량 N2읽기
☐ がいろん 概論 개론	☐ かいわ 会話 회화	☐ かお 顔 얼굴
☐ かおく 家屋 가옥	☐ かおり 香り 향기, 좋은 냄새	☐ がか 画家 화가
☐ かかく 価格 가격	☐ かがく 化学 화학	☐ かがく 科学 과학
☐ かかりいん 係員 담당자	☐ かきとめ 書留 등기	☐ かきとり 書き取り 베껴 씀, 받아쓰기
☐ かきね 垣根 울타리	☐ かきもの 書き物 문서, 글을 씀	☐ かぐ 家具 가구
☐ がく 学 학문	☐ がく 額 액수	☐ かくい 各位 각위, 여러분
☐ がくい 学位 학위	☐ かくう 架空 가공	☐ かくげん 格言 격언
☐ かくご 覚悟 각오 N2문규	☐ かくじ 各自 각자	☐ がくし 学士 학사
☐ がくしゃ 学者 학자	☐ かくじゅう 拡充 확충 N2읽기	☐ がくしゅう 学習 학습
☐ がくじゅつ 学術 학술	☐ かくじん 各人 각자	☐ かくせつ 各説 각설, 각자 의견을 말함
☐ かくだい 拡大 확대 N2표기	☐ かくち 各地 각지	☐ かくちょう 拡張 확장
☐ かくど 角度 각도	☐ かくとく 獲得 획득	☐ かくにん 確認 확인 N2문규
☐ がくぶ 学部 학부	☐ かくほ 確保 확보 N2문규	☐ がくもん 学問 학문
☐ かぐや 家具屋 가구점	☐ かくりつ 確率 확률	☐ がくりょく 学力 학력

☐ 学歴(がくれき) 학력	☐ 陰(かげ) 그늘	☐ 影(かげ) 그림자
☐ 掛け算(かけざん) 곱셈	☐ 可決(かけつ) 가결	☐ 加減(かげん) 가감
☐ 過去(かこ) 과거	☐ かご 바구니	☐ 下降(かこう) 하강
☐ 加工(かこう) 가공	☐ 火口(かこう) 화구, 화산의 분화구	☐ 化合(かごう) 화합
☐ 加工品(かこうひん) 가공품	☐ 火災(かさい) 화재	☐ 飾り(かざり) 꾸밈, 장식
☐ 火山(かざん) 화산	☐ 菓子(かし) 과자	☐ 貸し(かし) 빌려줌
☐ 火事(かじ) 불, 화재	☐ 家事(かじ) 가사, 집안일	☐ 過失(かしつ) 과실
☐ 果実(かじつ) 과실, 열매	☐ 貸間(かしま) 셋방	☐ 歌手(かしゅ) 가수
☐ 過剰(かじょう) 과잉	☐ 数(かず) 수, 숫자	☐ 課税(かぜい) 과세
☐ 下線(かせん) 밑줄	☐ 加速(かそく) 가속	☐ 加速度(かそくど) 가속도
☐ 肩(かた) 어깨 N2표기	☐ 型(かた) 본, 형	☐ 課題(かだい) 과제
☐ 片思い(かたおもい) 짝사랑	☐ 方々(かたがた) 여러분	☐ 形(かたち) 형태, 모양
☐ 刀(かたな) 칼, 검	☐ かたまり 덩어리, 뭉치	☐ 片道(かたみち) 편도
☐ 価値(かち) 가치	☐ 学科(がっか) 학과	☐ 学会(がっかい) 학회
☐ 活気(かっき) 활기 N2문규	☐ 学期(がっき) 학기	☐ 学級(がっきゅう) 학급
☐ 括弧(かっこ) 괄호	☐ 格好(かっこう) 모습, 꼴, 모양 N2문규	☐ 活字(かつじ) 활자
☐ 活動(かつどう) 활동	☐ 活動案(かつどうあん) 활동안	☐ 活用(かつよう) 활용
☐ 活力(かつりょく) 활력	☐ 家庭(かてい) 가정	☐ 課程(かてい) 과정
☐ 過程(かてい) 과정	☐ 仮定(かてい) 가정	☐ 家庭用(かていよう) 가정용
☐ 角(かど) 모퉁이	☐ 仮名(かな) 가나	☐ 仮名遣い(かなづかい) かな 표기법
☐ 鐘(かね) 종	☐ 加熱(かねつ) 가열	☐ 過熱(かねつ) 과열
☐ 可能(かのう) 가능	☐ 彼女(かのじょ) 그녀	☐ 過半数(かはんすう) 과반수
☐ かび 곰팡이	☐ 株(かぶ) 그루, 포기, 주식	☐ 壁(かべ) 벽
☐ かま 솥, 가마	☐ 我慢(がまん) 참음	☐ 神(かみ) 신
☐ 髪(かみ) 머리카락	☐ 紙くず(かみくず) 휴지	☐ 神様(かみさま) 하느님
☐ かみそり 면도칼	☐ 雷(かみなり) 천둥, 우레, 벼락	☐ 髪の毛(かみのけ) 머리털, 머리카락

☐ 科目 (かもく) 과목	☐ 貨物 (かもつ) 화물 N2읽기	☐ 歌謡 (かよう) 가요
☐ 殻 (から) 껍질, 껍데기	☐ 空 (から) 속이 빔 N2문규	☐ 柄 (がら) 몸집, 품위, 무늬
☐ 空っぽ (からっぽ) 텅 빔	☐ かるた 놀이딱지, 트럼프	☐ 皮 (かわ) 가죽
☐ 革 (かわ) 가죽	☐ 為替 (かわせ) 환	☐ かわら 기와
☐ 缶 (かん) 캔, 통조림	☐ 勘 (かん) 직감력	☐ 簡易 (かんい) 간이
☐ 間隔 (かんかく) 간격	☐ 感覚 (かんかく) 감각 N2문규	☐ 換気 (かんき) 환기
☐ 観客 (かんきゃく) 관객	☐ 環境 (かんきょう) 환경 N2문규	☐ 関係 (かんけい) 관계
☐ 歓迎 (かんげい) 환영	☐ 関係者 (かんけいしゃ) 관계자	☐ 感激 (かんげき) 감격
☐ 観光 (かんこう) 관광	☐ 観光地 (かんこうち) 관광지	☐ 関西 (かんさい) 관서
☐ 観察 (かんさつ) 관찰 N2읽기	☐ 元日 (がんじつ) 설날, 1월 1일	☐ 感謝 (かんしゃ) 감사 N2유의
☐ 患者 (かんじゃ) 환자	☐ 鑑賞 (かんしょう) 감상	☐ 感情 (かんじょう) 감정 N2문규
☐ 勘定 (かんじょう) 계산, 셈 N2유의	☐ 関心 (かんしん) 관심 N2유의	☐ 完成 (かんせい) 완성 N2유의
☐ 間接 (かんせつ) 간접	☐ 感想 (かんそう) 감상	☐ 乾燥 (かんそう) 건조 N2읽기·표기·유의
☐ 観測 (かんそく) 관측 N2표기	☐ 寒帯 (かんたい) 한대	☐ 勘違い (かんちがい) 착각
☐ 官庁 (かんちょう) 관청	☐ 缶詰 (かんづめ) 통조림 N2읽기·표기	☐ 乾電池 (かんでんち) 건전지
☐ 関東 (かんとう) 관동	☐ 感動 (かんどう) 감동 N2문규	☐ 監督 (かんとく) 감독
☐ 観念 (かんねん) 관념	☐ 乾杯 (かんぱい) 건배	☐ 看板 (かんばん) 간판
☐ 看病 (かんびょう) 간병	☐ 願望 (がんぼう) 바람, 소원 N2읽기	☐ 冠 (かんむり) 관
☐ 勧誘 (かんゆう) 권유 N2읽기	☐ 管理職 (かんりしょく) 관리직	☐ 簡略 (かんりゃく) 간략 N2문규
☐ 完了 (かんりょう) 완료 N2읽기·문규	☐ 関連 (かんれん) 관련	☐ 漢和 (かんわ) 중국어와 일본어
☐ 緩和 (かんわ) 완화	☐ 気圧 (きあつ) 기압	☐ 黄色 (きいろ) 노란색
☐ 議員 (ぎいん) 의원	☐ 機運 (きうん) 기운, 시운, 때	☐ 記憶 (きおく) 기억
☐ 気温 (きおん) 기온	☐ 機会 (きかい) 기회 N2유의	☐ 器械 (きかい) 기계
☐ 機械 (きかい) 기계	☐ 議会 (ぎかい) 의회	☐ 企画 (きかく) 기획
☐ 期間 (きかん) 기간	☐ 機関 (きかん) 기관	☐ 機関車 (きかんしゃ) 기관차
☐ 機関銃 (きかんじゅう) 기관총	☐ 聞き取り (ききとり) 듣고 이해함	☐ 企業 (きぎょう) 기업

☐ 飢饉(ききん) 기근	☐ 器具(きぐ) 기구	☐ 危険(きけん) 위험
☐ 期限(きげん) 기한	☐ 起源(きげん) 기원	☐ 機嫌(きげん) 기분, 비위 N2읽기
☐ 気候(きこう) 기후 N2용법	☐ 記号(きごう) 기호	☐ 岸(きし) 물가, 절벽, 벼랑 N2표기
☐ 生地(きじ) 옷감, 천	☐ 記事(きじ) 기사	☐ 技師(ぎし) 기사
☐ 儀式(ぎしき) 의식	☐ 期日(きじつ) 기일	☐ 汽車(きしゃ) 기차
☐ 記者(きしゃ) 기자	☐ 技術(ぎじゅつ) 기술	☐ 規準(きじゅん) 규준, 규범, 기준
☐ 基準(きじゅん) 기준	☐ 起床(きしょう) 기상	☐ 気性(きしょう) 기질, 성질
☐ 奇数(きすう) 기수, 홀수	☐ 規制(きせい) 규제 N2읽기	☐ 季節(きせつ) 계절
☐ 規則(きそく) 규칙 N2유의	☐ 気体(きたい) 기체	☐ 期待(きたい) 기대
☐ 帰宅(きたく) 귀가	☐ 基地(きち) 기지	☐ 議長(ぎちょう) 의장
☐ 貴重品(きちょうひん) 귀중품	☐ きっかけ 계기 N2문규·용법·유의	☐ 喫茶(きっさ) 차를 마심
☐ きつね 여우	☐ 切符(きっぷ) 표, 티켓	☐ 記入(きにゅう) 기입 N2문규
☐ 記念(きねん) 기념	☐ 機能(きのう) 기능	☐ 気の毒(きのどく) 딱함, 가엾음 N2문규
☐ 気迫(きはく) 기백	☐ 基盤(きばん) 기반	☐ 寄付(きふ) 기부 N2표기
☐ 規模(きぼ) 규모 N2읽기	☐ 希望(きぼう) 희망 N2문규	☐ 基本(きほん) 기본
☐ 君(きみ) 자네	☐ 気味(きみ) 기미, 경향	☐ 記名(きめい) 기명
☐ 義務(ぎむ) 의무	☐ 疑問(ぎもん) 의문	☐ 客(きゃく) 손님 N2읽기
☐ 逆(ぎゃく) 역, 반대 N2읽기·표기	☐ 客席(きゃくせき) 객석	☐ 客間(きゃくま) 응접실, 객실
☐ 旧(きゅう) 구, 과거의	☐ 球(きゅう) 구, 공	☐ 級(きゅう) 급
☐ 休暇(きゅうか) 휴가 N2문규	☐ 休学(きゅうがく) 휴학	☐ 休業(きゅうぎょう) 휴업
☐ 休憩(きゅうけい) 휴게, 휴식	☐ 急行(きゅうこう) 급행	☐ 休講(きゅうこう) 휴강
☐ 求婚(きゅうこん) 구혼	☐ 休日(きゅうじつ) 휴일	☐ 吸収(きゅうしゅう) 흡수
☐ 急所(きゅうしょ) 급소, 핵심	☐ 救助(きゅうじょ) 구조 N2읽기	☐ 休息(きゅうそく) 휴식
☐ 牛乳(ぎゅうにゅう) 우유	☐ 給与(きゅうよ) 급여	☐ 休養(きゅうよう) 휴양
☐ 給料(きゅうりょう) 급료, 봉급	☐ 教育(きょういく) 교육	☐ 教育費(きょういくひ) 교육비
☐ 教員(きょういん) 교원	☐ 強化(きょうか) 강화	☐ 教会(きょうかい) 교회

☐ きょうかい 境界 경계	☐ きょうがく 共学 공학	☐ きょうかしょ 教科書 교과서
☐ きょうかん 共感 공감 N2읽기	☐ きょうぎ 競技 경기	☐ ぎょうぎ 行儀 예의범절, 행동거지
☐ きょうぎじょう 競技場 경기장	☐ きょうきゅう 供給 공급 N2읽기	☐ きょうざい 教材 교재
☐ きょうし 教師 교사	☐ ぎょうじ 行事 행사	☐ きょうじゅ 教授 교수
☐ きょうしゅく 恐縮 황송함, 죄송함	☐ きょうそう 競争 경쟁	☐ きょうだい 兄弟 형제
☐ きょうちょう 強調 강조	☐ きょうつう 共通 공통 N2문규	☐ きょうどう 共同 공동
☐ きょうふ 恐怖 공포 N2표기	☐ きょうふう 強風 강풍	☐ きょうよう 教養 교양
☐ きょうりょく 強力 강력 N2표기	☐ ぎょうれつ 行列 행렬	☐ きょか 許可 허가
☐ ぎょぎょう 漁業 어업 N2읽기	☐ きょく 曲 곡	☐ きょく 局 국
☐ きょくせん 曲線 곡선	☐ きょくたん 極端 극단 N2읽기	☐ きょひ 拒否 거부 N2읽기
☐ きり 霧 안개	☐ きりつ 規律 규율, 질서	☐ きりょく 気力 기력, 기백
☐ きれ 직물, 옷감	☐ きろく 記録 기록	☐ ぎろん 議論 의논, 논의
☐ きんえん 禁煙 금연	☐ きんがく 金額 금액 N2표기	☐ きんぎょ 金魚 금붕어
☐ きんこ 金庫 금고	☐ きんこう 均衡 균형	☐ きんし 近視 근시
☐ きんし 禁止 금지	☐ きんせん 金銭 금전	☐ きんぞく 金属 금속
☐ きんだい 近代 근대	☐ きんちょう 緊張 긴장 N2문규	☐ きんにく 筋肉 근육
☐ きんむ 勤務 근무	☐ きんゆう 金融 금융	☐ く 句 글귀, 구절
☐ ぐあい 具合 상태	☐ くい 말뚝	☐ くいき 区域 구역 N2표기
☐ くうかん 空間 공간	☐ ぐうすう 偶数 우수, 짝수	☐ ぐうぜん 偶然 우연 N2표기·유의
☐ くうそう 空想 공상	☐ くうちゅう 空中 공중	☐ くかく 区画 구획
☐ くかん 区間 구간	☐ くぎ 못	☐ くぎり 区切り 단락
☐ くさ 草 풀	☐ くさり 鎖 쇠사슬	☐ くし 빗
☐ くしゃみ 재채기	☐ くじょう 苦情 고충, 불평, 불만	☐ くしん 苦心 고심
☐ くず 쓰레기, 찌꺼기	☐ くすり 薬 약	☐ くすりゆび 薬指 약지
☐ くせ 버릇, 습관	☐ くだ 管 관, 대롱	☐ ぐたい 具体 구체
☐ くだもの 果物 과일	☐ くだり 下り 내려감	☐ ぐち 愚痴 푸념, 넋두리 N2문규

☐ 唇 입술	☐ 口紅 입술연지	☐ 靴 구두, 신
☐ 苦痛 고통	☐ 靴下 양말	☐ 句読点 구두점
☐ 首 목	☐ 工夫 궁리	☐ 区分 구분
☐ 区別 구별	☐ 組合 조합	☐ 組み合わせ 짜맞춤, 편성
☐ 雲 구름	☐ 位 지위, 계급	☐ 暮らし 살림, 생계, 일상생활
☐ 暮れ 저묾, 저물 때	☐ 苦労 고생 N2문규	☐ 黒字 흑자
☐ 訓 훈	☐ 軍 군, 군대	☐ 群 군, 무리, 떼
☐ 軍隊 군대	☐ 訓練 훈련 N2표기	☐ 毛 털
☐ 計 계, 합계	☐ 敬意 경의	☐ 経営 경영
☐ 計画 계획 N2유의	☐ 警官 경찰관	☐ 景気 경기
☐ 契機 계기 N2유의·문규	☐ 敬具 경구	☐ 経験 경험
☐ 稽古 (학문·예능 따위를) 배움	☐ 敬語 경어	☐ 傾向 경향
☐ 蛍光灯 형광등	☐ 警告 경고 N2읽기	☐ 掲載 게재
☐ 経済 경제	☐ 警察 경찰	☐ 計算 계산
☐ 刑事 형사	☐ 掲示 게시 N2용법	☐ 形式 형식
☐ 芸術 예술	☐ 芸術性 예술성	☐ 継続 계속 N2읽기
☐ 毛糸 털실	☐ 軽度 경도	☐ 系統 계통
☐ 芸能 연예	☐ 競馬 경마	☐ 経費 경비
☐ 警備 경비 N2읽기	☐ 警備上 경비상	☐ 景品 경품
☐ 契約 계약	☐ 経由 경유	☐ 形容詞 형용사
☐ 形容動詞 형용동사	☐ 外科 외과	☐ 毛皮 모피
☐ 劇 극	☐ 劇場 극장	☐ 激増 격증, 급증
☐ 今朝 오늘 아침 N2표기	☐ 景色 경치 N2표기	☐ 下車 하차
☐ 下宿 하숙	☐ 下旬 하순	☐ 化粧 화장
☐ 下水 하수	☐ けた (숫자의) 자릿수	☐ げた 나막신
☐ 血圧 혈압	☐ 結果 결과	☐ 欠陥 결함

☐ 月給(げっきゅう) 월급	☐ 結婚(けっこん) 결혼	☐ 傑作(けっさく) 걸작
☐ 決心(けっしん) 결심	☐ 欠席(けっせき) 결석	☐ 決断(けつだん) 결단
☐ 決定(けってい) 결정	☐ 欠点(けってん) 결점	☐ 血統(けっとう) 혈통
☐ 月末(げつまつ) 월말	☐ 結論(けつろん) 결론	☐ 解熱(げねつ) 해열
☐ 気配(けはい) 기미, 낌새	☐ 煙(けむり) 연기	☐ 券(けん) 권, 표
☐ 県(けん) 현	☐ 軒(けん) 채, 동(집을 세는 단위)	☐ 原因(げんいん) 원인
☐ 検閲(けんえつ) 검열	☐ 見解(けんかい) 견해 N2유의	☐ 限界(げんかい) 한계 N2문규
☐ 見学(けんがく) 견학	☐ 現金(げんきん) 현금	☐ 言語(げんご) 언어
☐ 健康(けんこう) 건강	☐ 原稿(げんこう) 원고	☐ 検査(けんさ) 검사
☐ 現在(げんざい) 현재	☐ 検索(けんさく) 검색	☐ 原産(げんさん) 원산
☐ 原始(げんし) 원시	☐ 現実(げんじつ) 현실	☐ 現社長(げんしゃちょう) 현 사장
☐ 研修(けんしゅう) 연수	☐ 現象(げんしょう) 현상 N2읽기·문규	☐ 現状(げんじょう) 현 상황
☐ 建設(けんせつ) 건설	☐ 現代(げんだい) 현대	☐ 建築(けんちく) 건축
☐ 県庁(けんちょう) 현청	☐ 限度(げんど) 한도	☐ 見当(けんとう) 어림, 짐작 N2문규
☐ 現場(げんば) 현장	☐ 顕微鏡(けんびきょう) 현미경	☐ 見物(けんぶつ) 구경
☐ 憲法(けんぽう) 헌법 N2읽기	☐ 懸命(けんめい) 열심, 필사적임	☐ 権利(けんり) 권리 N2읽기
☐ 原理(げんり) 원리	☐ 減量(げんりょう) 감량	☐ 原料(げんりょう) 원료
☐ 粉·粉(こ·こな) 가루, 분말	☐ 碁(ご) 바둑	☐ 語(ご) 말, 언어, 말씨
☐ 後(ご) 후, 뒤	☐ 恋(こい) 사랑, 연애	☐ 恋人(こいびと) 연인
☐ 考案(こうあん) 고안	☐ 行為(こうい) 행위	☐ 合意(ごうい) 합의
☐ 工員(こういん) 공원, 직공	☐ 幸運(こううん) 행운	☐ 公演(こうえん) 공연
☐ 公園(こうえん) 공원	☐ 講演(こうえん) 강연	☐ 効果(こうか) 효과
☐ 高価(こうか) 고가	☐ 硬貨(こうか) 동전 N2표기	☐ 豪華(ごうか) 호화
☐ 公開(こうかい) 공개	☐ 公害(こうがい) 공해 N2읽기	☐ 郊外(こうがい) 교외 N2읽기·표기
☐ 工学(こうがく) 공학	☐ 合格(ごうかく) 합격	☐ 交換(こうかん) 교환
☐ 講義(こうぎ) 강의 N2읽기	☐ 高級(こうきゅう) 고급	☐ 公共(こうきょう) 공공

☐ こうくう 航空 항공 N2읽기	☐ こうけい 光景 광경	☐ こうげい 工芸 공예
☐ ごうけい 合計 합계	☐ こうげいひん 工芸品 공예품	☐ こうげき 攻撃 공격
☐ こうけん 貢献 공헌 N2유의	☐ こうこう 孝行 효행, 효도	☐ こうこく 広告 광고
☐ こうさ 交差 교차	☐ こうさい 交際 교제	☐ こうざん 鉱山 광산 N2읽기
☐ こうし 講師 강사	☐ こうじ 工事 공사	☐ こうしき 公式 공식
☐ こうじつ 口実 구실	☐ こうしゃ 校舎 교사, 학교 건물	☐ こうしゃ 後者 후자
☐ こうしゅう 公衆 공중	☐ こうじょう 向上 향상	☐ こうじょう・こうば 工場・工場 공장
☐ こうすい 香水 향수	☐ こうせい 公正 공정	☐ こうせい 構成 구성
☐ こうせき 功績 공적	☐ こうせん 光線 광선	☐ こうそう 高層 고층 N2읽기
☐ こうぞう 構造 구조	☐ こうそく 高速 고속	☐ こうたい・こうたい 交替・交代 교체, 교대 N2용법
☐ こうだん 公団 공단	☐ こうち 耕地 경지, 경작지	☐ こうちゃ 紅茶 홍차
☐ こうつうきかん 交通機関 교통기관	☐ こうつうひ 交通費 교통비	☐ こうてい 校庭 교정
☐ こうてい 肯定 긍정 N2읽기	☐ こうど 高度 고도	☐ こうとう 高等 고등
☐ こうどう 行動 행동	☐ こうどう 講堂 강당	☐ ごうとう 強盗 강도
☐ ごうどう 合同 합동 N2용법	☐ こうどか 高度化 고도화	☐ こうにん 公認 공인
☐ こうねつひ 光熱費 광열비	☐ こうのう 効能 효능	☐ こうはん 後半 후반
☐ こうばん 交番 파출소	☐ こうひょう 公表 공표	☐ こうふ 交付 교부
☐ こうふく 幸福 행복	☐ こうぶつ 鉱物 광물 N2표기	☐ こうへい 公平 공평
☐ こうほ 候補 후보	☐ こうむ 公務 공무	☐ こうもく 項目 항목
☐ こうよう 公用 공용	☐ こうよう 紅葉 단풍	☐ こうよう 効用 효용
☐ ごうり 合理 합리	☐ こうりつ 公立 공립	☐ こうりゅう 交流 교류
☐ ごうりゅう 合流 합류	☐ こうりょ 考慮 고려	☐ こうりょく 効力 효력
☐ こうれい 高齢 고령	☐ こえ 声 (목)소리	☐ ごかい 誤解 오해
☐ ごがく 語学 어학	☐ こきゅう 呼吸 호흡	☐ こきょう 故郷 고향 N2읽기
☐ こくおう 国王 국왕	☐ こくご 国語 국어	☐ こくさい 国際 국제
☐ こくせき 国籍 국적	☐ こくてい 国定 국정	☐ こくど 国土 국토

☐ 告発 こくはつ 고발	☐ 黒板 こくばん 칠판	☐ 克服 こくふく 극복 N2문규
☐ 穀物 こくもつ 곡물	☐ 国立 こくりつ 국립	☐ 小言 こごと 잔소리
☐ 心当たり こころあたり 짐작, 짐작 가는 곳	☐ 誤作動 ごさどう 오작동	☐ 腰 こし 허리
☐ こじき 거지, 비렁뱅이	☐ こしょう 후추	☐ 個人 こじん 개인
☐ 個性 こせい 개성	☐ 固体 こたい 고체	☐ 国家 こっか 국가
☐ 国会 こっかい 국회	☐ 国境 こっきょう 국경	☐ 骨折 こっせつ 골절
☐ 小包 こづつみ 소포	☐ 古典 こてん 고전	☐ 琴 こと 거문고
☐ 語頭 ごとう 어두	☐ 言葉 ことば 말	☐ 言葉遣い ことばづかい 말씨, 말투
☐ 子ども こども 어린이	☐ 小鳥 ことり 작은 새	☐ ことわざ 속담
☐ 語尾 ごび 어미	☐ こぶ 혹	☐ ごぶさた 격조함 N2문규
☐ 小麦 こむぎ 밀	☐ 米 こめ 쌀	☐ 小屋 こや 작은 집, 오두막집
☐ 小指 こゆび 새끼손가락, 새끼발가락	☐ 娯楽 ごらく 오락 N2유의	☐ ご覧 ごらん 보심
☐ 紺 こん 감색, 남색	☐ 今回 こんかい 금번, 이번에	☐ 根気 こんき 끈기
☐ 今月末 こんげつまつ 이번 달 말	☐ 今後 こんご 이후	☐ 混合 こんごう 혼합
☐ 混雑 こんざつ 혼잡	☐ 根性 こんじょう 근성	☐ 献立 こんだて 식단, 메뉴
☐ 困難 こんなん 곤란	☐ 今日 こんにち 금일, 오늘날	☐ 婚約 こんやく 약혼
☐ 混乱 こんらん 혼란 N2읽기·표기		

さ

☐ 差 さ 차, 차이	☐ 際 さい 때 N2읽기	☐ 再会 さいかい 재회
☐ 在学 ざいがく 재학	☐ 最近 さいきん 최근	☐ 最後 さいご 최후, 마지막
☐ 在庫 ざいこ 재고	☐ 最高 さいこう 최고	☐ 再三 さいさん 재삼 N2유의
☐ 財産 ざいさん 재산	☐ 祭日 さいじつ 국경일	☐ 最終 さいしゅう 최종
☐ 採集 さいしゅう 채집	☐ 最初 さいしょ 최초	☐ 再生 さいせい 재생
☐ 最善 さいぜん 최선	☐ 催促 さいそく 재촉, 독촉 N2용법	☐ 最大限 さいだいげん 최대한
☐ 最中 さいちゅう 한창임	☐ 最低 さいてい 최저	☐ 採点 さいてん 채점

☐ 災難(さいなん) 재난	☐ 才能(さいのう) 재능	☐ 再発(さいはつ) 재발
☐ 裁判(さいばん) 재판 N2읽기	☐ 財布(さいふ) 지갑	☐ 裁縫(さいほう) 재봉, 바느질
☐ 材木(ざいもく) 재목	☐ 採用(さいよう) 채용 N2표기	☐ 再利用(さいりよう) 재이용
☐ 材料(ざいりょう) 재료	☐ 坂(さか) 언덕	☐ 境(さかい) 경계, 갈림길
☐ 逆さ(さかさ) 거꾸로 됨	☐ 逆様(さかさま) 거꾸로 됨	☐ 酒場(さかば) 술집, 바
☐ 盛り(さかり) 한창(때)	☐ さきおととい 그끄저께	☐ 先々(さきざき) 먼 장래, 도처
☐ 作業(さぎょう) 작업 N2문규	☐ 索引(さくいん) 색인	☐ 作者(さくしゃ) 작자
☐ 削除(さくじょ) 삭제 N2읽기	☐ 作製(さくせい) 제작, 만듦	☐ 作成(さくせい) 작성 N2용법
☐ 作品(さくひん) 작품	☐ 作物(さくもつ) 작물, 농작물 N2읽기	☐ 酒(さけ) 술
☐ さじ 숟가락	☐ 座敷(ざしき) 다다미방, 객실	☐ 差し支え(さしつかえ) 지장, 장애 N2유의
☐ 刺身(さしみ) 생선회	☐ 座席(ざせき) 좌석	☐ 札(さつ) 지폐
☐ 撮影(さつえい) 촬영 N2읽기	☐ 雑音(ざつおん) 잡음	☐ 作家(さっか) 작가
☐ 作曲(さっきょく) 작곡	☐ 雑誌(ざっし) 잡지	☐ 早速(さっそく) 즉시
☐ 雑談(ざつだん) 잡담 N2유의	☐ 砂漠(さばく) 사막	☐ さび 녹
☐ 座布団(ざぶとん) 방석	☐ 差別(さべつ) 차별 N2용법	☐ 作法(さほう) 작법, 예절 N2표기
☐ 左右(さゆう) 좌우	☐ 皿(さら) 접시	☐ 再来月(さらいげつ) 다다음 달
☐ 再来週(さらいしゅう) 다다음 주	☐ 再来年(さらいねん) 내후년	☐ 猿(さる) 원숭이
☐ 騒ぎ(さわぎ) 소동, 소란	☐ 参加(さんか) 참가 N2읽기·표기	☐ 三角形(さんかくけい) 삼각형
☐ 参加国(さんかこく) 참가국	☐ 残業(ざんぎょう) 잔업	☐ 参考(さんこう) 참고
☐ 参考書(さんこうしょ) 참고서	☐ 参照(さんしょう) 참조 N2표기	☐ 酸性(さんせい) 산성
☐ 賛成(さんせい) 찬성	☐ 酸素(さんそ) 산소	☐ 産地(さんち) 산지
☐ 山頂(さんちょう) 산꼭대기, 정상	☐ 散歩(さんぽ) 산책	☐ 山林(さんりん) 산림
☐ 詩(し) 시	☐ 氏(し) 씨	☐ 試合(しあい) 시합
☐ 仕上がり(しあがり) 완성, 됨됨이	☐ 仕上げ(しあげ) 마무리, 완성	☐ しあさって 글피
☐ 寺院(じいん) 사원	☐ 自衛(じえい) 자위	☐ 塩(しお) 소금
☐ 司会(しかい) 사회	☐ 視界(しかい) 시계, 시야	☐ 四角(しかく) 사각

☐ 仕方(しかた) 방법	☐ 自家用(じかよう) 자가용	☐ 式(しき) 식 N2표기
☐ 四季(しき) 사계	☐ 直(じき) 직접 N2문규	☐ 時期(じき) 시기 N2문규
☐ 敷地(しきち) 부지, 대지	☐ 支給(しきゅう) 지급	☐ 至急(しきゅう) 시급, 급히 N2읽기·문규
☐ 刺激(しげき) 자극	☐ 試験(しけん) 시험	☐ 資源(しげん) 자원
☐ 事件(じけん) 사건 N2읽기	☐ 試験場(しけんじょう) 시험장	☐ 自己(じこ) 자기
☐ 事故(じこ) 사고	☐ 志向(しこう) 지향	☐ 事項(じこう) 사항
☐ 時刻(じこく) 시각	☐ 仕事(しごと) 일	☐ 視察(しさつ) 시찰
☐ 自殺(じさつ) 자살	☐ 持参(じさん) 지참	☐ 指示(しじ) 지시 N2읽기
☐ 支持(しじ) 지지 N2용법	☐ 事実(じじつ) 사실	☐ 試写会(ししゃかい) 시사회
☐ 磁石(じしゃく) 자석	☐ 四捨五入(ししゃごにゅう) 반올림 N2표기	☐ 始終(しじゅう) 시종, 자초지종
☐ 自習(じしゅう) 자습	☐ 支出(ししゅつ) 지출	☐ 辞書(じしょ) 사전
☐ 市場(しじょう) 시장	☐ 事情(じじょう) 사정	☐ 詩人(しじん) 시인
☐ 自信(じしん) 자신	☐ 自身(じしん) 자신	☐ 地震(じしん) 지진
☐ 姿勢(しせい) 자세 N2읽기	☐ 視線(しせん) 시선	☐ 自然(しぜん) 자연
☐ 事前(じぜん) 사전	☐ 自然科学(しぜんかがく) 자연 과학	☐ 思想(しそう) 사상
☐ 時速(じそく) 시속	☐ 持続(じぞく) 지속	☐ 子孫(しそん) 자손
☐ 舌(した) 혀	☐ 死体(したい) 사체, 시체	☐ 次第(しだい) 순서
☐ 事態(じたい) 사태	☐ 辞退(じたい) 사퇴 N2문규	☐ 字体(じたい) 서체
☐ 時代(じだい) 시대	☐ 下書き(したがき) 초고, 초안	☐ 下着(したぎ) 속옷
☐ 支度(したく) 준비, 채비	☐ 自宅(じたく) 자택	☐ 下町(したまち) 변화가
☐ 自治(じち) 자치	☐ 室(しつ) 방	☐ 質(しつ) 질
☐ 実感(じっかん) 실감	☐ 失業(しつぎょう) 실업	☐ 失業率(しつぎょうりつ) 실업률
☐ 湿気(しっけ) 습기	☐ 実験(じっけん) 실험 N2문규	☐ 実現(じつげん) 실현 N2문규
☐ 実行(じっこう) 실행	☐ 実際(じっさい) 실제	☐ 実施(じっし) 실시 N2용법
☐ 実習(じっしゅう) 실습	☐ 実績(じっせき) 실적	☐ 実践(じっせん) 실천
☐ 湿度(しつど) 습도 N2읽기·표기	☐ 失敗(しっぱい) 실패, 실수	☐ 執筆(しっぴつ) 집필

☐ 実物(じつぶつ) 실물	☐ しっぽ 꼬리	☐ 失望(しつぼう) 실망
☐ 実務(じつむ) 실무	☐ 質問(しつもん) 질문	☐ 実用(じつよう) 실용
☐ 実力(じつりょく) 실력	☐ 失礼(しつれい) 실례	☐ 実例(じつれい) 실례
☐ 失恋(しつれん) 실연	☐ 指定(してい) 지정 N2문규	☐ 指摘(してき) 지적 N2표기
☐ 私鉄(してつ) 사철, 민간 철도	☐ 支店(してん) 지점	☐ 自転車(じてんしゃ) 자전거
☐ 指導(しどう) 지도 N2표기	☐ 自動(じどう) 자동	☐ 児童(じどう) 아동 N2표기
☐ 自動化(じどうか) 자동화	☐ 指導者(しどうしゃ) 지도자	☐ 品(しな) 물건, 물품
☐ 品物(しなもの) 물건	☐ 支配(しはい) 지배 N2용법	☐ 芝居(しばい) 연극
☐ 始発(しはつ) 시발, 처음 떠남, 처음 생김	☐ 芝生(しばふ) 잔디밭	☐ 地盤(じばん) 지반
☐ 字引(じびき) 사전	☐ 自分(じぶん) 자기, 자신, 스스로 N2유의	☐ 紙幣(しへい) 지폐
☐ 死亡(しぼう) 사망	☐ 資本(しほん) 자본	☐ しま 줄무늬
☐ 島(しま) 섬	☐ しまい 끝, 마지막	☐ 姉妹(しまい) 자매 N2읽기
☐ 自慢(じまん) 자랑	☐ 事務(じむ) 사무	☐ 事務所(じむしょ) 사무소
☐ 使命(しめい) 사명	☐ 締め切り(しめきり) 마감 N2문규	☐ 地面(じめん) 지면
☐ 霜(しも) 서리	☐ 下(しも) 아래	☐ 地元(じもと) 그 지방, 연고지 N2읽기
☐ 視野(しや) 시야 N2문규	☐ 社会科学(しゃかいかがく) 사회 과학	☐ 弱(じゃく) 약, 정도
☐ 市役所(しやくしょ) 시청	☐ 蛇口(じゃぐち) 수도꼭지	☐ 弱点(じゃくてん) 약점
☐ 車庫(しゃこ) 차고	☐ 車掌(しゃしょう) 차장	☐ 写生(しゃせい) 사생
☐ 社説(しゃせつ) 사설	☐ 借金(しゃっきん) 빚 N2표기	☐ しゃっくり 딸꾹질
☐ 車道(しゃどう) 찻길, 차도	☐ 車輪(しゃりん) 차륜, 수레바퀴	☐ しゃれ・おしゃれ 익살, 멋부림
☐ じゃんけん 가위바위보	☐ 自由(じゆう) 자유	☐ 州(しゅう) 주
☐ 週(しゅう) 주	☐ 銃(じゅう) 총	☐ 周囲(しゅうい) 주위
☐ 集会(しゅうかい) 집회 N2읽기	☐ 収穫(しゅうかく) 수확 N2표기·문규	☐ 週間(しゅうかん) 주간
☐ 習慣(しゅうかん) 습관	☐ 住居(じゅうきょ) 주거	☐ 宗教(しゅうきょう) 종교
☐ 集金(しゅうきん) 수금	☐ 集計(しゅうけい) 집계	☐ 集合(しゅうごう) 집합
☐ 習字(しゅうじ) 습자, 글자 쓰기를 익힘	☐ 就職(しゅうしょく) 취직	☐ 修正(しゅうせい) 수정

☐ 修繕 （しゅうぜん） 수선	☐ 充足 （じゅうそく） 충족	☐ 重体 （じゅうたい） 중태
☐ 渋滞 （じゅうたい） 정체	☐ 住宅 （じゅうたく） 주택	☐ 集団 （しゅうだん） 집단
☐ じゅうたん 융단, 양탄자	☐ 集中 （しゅうちゅう） 집중 N2문규	☐ 終点 （しゅうてん） 종점
☐ 重点 （じゅうてん） 중점	☐ 柔道 （じゅうどう） 유도	☐ 拾得 （しゅうとく） 습득
☐ 収得 （しゅうとく） 수득, 취득	☐ 習得 （しゅうとく） 습득	☐ 収入 （しゅうにゅう） 수입
☐ 就任 （しゅうにん） 취임	☐ 周辺 （しゅうへん） 주변 N2표기	☐ 充満 （じゅうまん） 충만
☐ 住民 （じゅうみん） 주민	☐ 重役 （じゅうやく） 중역	☐ 修理 （しゅうり） 수리
☐ 修了 （しゅうりょう） 수료	☐ 終了 （しゅうりょう） 종료	☐ 重量 （じゅうりょう） 중량
☐ 重力 （じゅうりょく） 중력	☐ 主演 （しゅえん） 주연	☐ 主観 （しゅかん） 주관
☐ 主義 （しゅぎ） 주의	☐ 授業 （じゅぎょう） 수업	☐ 熟語 （じゅくご） 숙어
☐ 祝日 （しゅくじつ） 공휴일	☐ 縮小 （しゅくしょう） 축소	☐ 宿題 （しゅくだい） 숙제
☐ 宿泊 （しゅくはく） 숙박	☐ 受験 （じゅけん） 수험	☐ 主語 （しゅご） 주어
☐ 取材 （しゅざい） 취재 N2용법	☐ 手術 （しゅじゅつ） 수술 N2읽기	☐ 首相 （しゅしょう） 수상
☐ 主食 （しゅしょく） 주식	☐ 主人 （しゅじん） 주인, 남편	☐ 主人公 （しゅじんこう） 주인공
☐ 主体 （しゅたい） 주체	☐ 主題 （しゅだい） 주제	☐ 手段 （しゅだん） 수단
☐ 主張 （しゅちょう） 주장	☐ 出演 （しゅつえん） 출연	☐ 出勤 （しゅっきん） 출근
☐ 出血 （しゅっけつ） 출혈	☐ 出現 （しゅつげん） 출현	☐ 述語 （じゅつご） 술어
☐ 出産 （しゅっさん） 출산	☐ 出社 （しゅっしゃ） 출근함	☐ 出生・出生 （しゅっせい・しゅっしょう） 출생
☐ 出場 （しゅつじょう） 출전, 참가	☐ 出生率 （しゅっしょうりつ） 출생률	☐ 出身 （しゅっしん） 출신
☐ 出世 （しゅっせ） 출세 N2표기	☐ 出題 （しゅつだい） 출제	☐ 出張 （しゅっちょう） 출장
☐ 出動 （しゅつどう） 출동	☐ 出発 （しゅっぱつ） 출발	☐ 出版 （しゅっぱん） 출판
☐ 出費 （しゅっぴ） 출비, 지출	☐ 出品 （しゅっぴん） 출품	☐ 首都 （しゅと） 수도
☐ 主導権 （しゅどうけん） 주도권	☐ 取得 （しゅとく） 취득	☐ 主任 （しゅにん） 주임
☐ 首脳 （しゅのう） 수뇌, 정상 N2읽기	☐ 主婦 （しゅふ） 주부	☐ 主役 （しゅやく） 주역
☐ 主要 （しゅよう） 주요	☐ 種類 （しゅるい） 종류	☐ 受話器 （じゅわき） 수화기
☐ 順 （じゅん） 순서	☐ 瞬間 （しゅんかん） 순간	☐ 循環 （じゅんかん） 순환

☐ 巡査(じゅんさ) 순사	☐ 順序(じゅんじょ) 순서	☐ 純情(じゅんじょう) 순정
☐ 純粋(じゅんすい) 순수	☐ 順番(じゅんばん) 순번	☐ 準備(じゅんび) 준비
☐ 仕様(しよう) 방법, 도리	☐ 使用(しよう) 사용	☐ 賞(しょう) 상
☐ 章(しょう) 장	☐ 上位(じょうい) 상위	☐ 上映(じょうえい) 상영
☐ 上演(じょうえん) 상연	☐ 消化(しょうか) 소화	☐ 紹介(しょうかい) 소개
☐ 障害(しょうがい) 장해, 장애	☐ 正月(しょうがつ) 설	☐ 将棋(しょうぎ) 장기
☐ 蒸気(じょうき) 수증기 N2표기	☐ 定規(じょうぎ) 자, 기준	☐ 乗客(じょうきゃく) 승객
☐ 上級(じょうきゅう) 상급, 고급	☐ 上京(じょうきょう) 상경	☐ 状況(じょうきょう) 상황 N2읽기
☐ 消極的(しょうきょくてき) 소극적	☐ 賞金(しょうきん) 상금	☐ 上空(じょうくう) 상공
☐ 上下(じょうげ) 상하	☐ 衝撃(しょうげき) 충격	☐ 正午(しょうご) 정오
☐ 商号(しょうごう) 상호	☐ 詳細(しょうさい) 상세	☐ 障子(しょうじ) 장지, 미닫이(문)
☐ 少子化(しょうしか) 소자화	☐ 常識(じょうしき) 상식	☐ 商社(しょうしゃ) 상사
☐ 上旬(じょうじゅん) 상순	☐ 少々(しょうしょう) 잠시	☐ 症状(しょうじょう) 증상 N2표기
☐ 上昇(じょうしょう) 상승 N2문규	☐ 招請(しょうせい) 초청	☐ 情勢(じょうせい) 정세
☐ 招待(しょうたい) 초대 N2표기	☐ 状態(じょうたい) 상태	☐ 上達(じょうたつ) 기능이 향상됨
☐ 冗談(じょうだん) 농담	☐ 承知(しょうち) 동의, 승낙, 알아들음	☐ 上中下(じょうちゅうげ) 상중하
☐ 小中高(しょうちゅうこう) 초중고	☐ 象徴(しょうちょう) 상징 N2표기	☐ 商店(しょうてん) 상점
☐ 焦点(しょうてん) 초점 N2읽기	☐ 上等(じょうとう) 고급, 훌륭함	☐ 消毒(しょうどく) 소독
☐ 衝突(しょうとつ) 충돌 N2유의	☐ 使用人(しようにん) 피고용인, 고용된 사람	☐ 商人(しょうにん) 상인
☐ 承認(しょうにん) 승인 N2표기	☐ 少年(しょうねん) 소년	☐ 勝敗(しょうはい) 승패
☐ 商売(しょうばい) 장사	☐ 蒸発(じょうはつ) 증발 N2표기	☐ 消費(しょうひ) 소비
☐ 商品(しょうひん) 상품	☐ 賞品(しょうひん) 상품	☐ 勝負(しょうぶ) 승부
☐ 小便(しょうべん) 소변	☐ 消防(しょうぼう) 소방	☐ 消防署(しょうぼうしょ) 소방서 N2표기
☐ 正味(しょうみ) 정량, 실제	☐ 証明書(しょうめいしょ) 증명서	☐ 消耗(しょうもう) 소모
☐ 将来(しょうらい) 장래	☐ 勝利(しょうり) 승리	☐ 省略(しょうりゃく) 생략 N2표기
☐ 初級(しょきゅう) 초급	☐ 助教授(じょきょうじゅ) 조교수	☐ 職(しょく) 직, 직책

☐ 職員(しょくいん) 직원	☐ 食塩(しょくえん) 식염	☐ 食卓(しょくたく) 식탁
☐ 職人(しょくにん) 직인, 장인	☐ 職場(しょくば) 직장	☐ 食品(しょくひん) 식품
☐ 植物(しょくぶつ) 식물 N2읽기·표기	☐ 食物(しょくもつ) 식품, 음식물	☐ 食糧(しょくりょう) 식량
☐ 食料(しょくりょう) 음식물, 식대	☐ 諸国(しょこく) 여러 나라 N2읽기	☐ 書斎(しょさい) 서재
☐ 助手(じょしゅ) 조수	☐ 初旬(しょじゅん) 초순	☐ 書籍(しょせき) 서적
☐ 所属(しょぞく) 소속	☐ 処置(しょち) 조처, 조치	☐ 書道(しょどう) 서도, 서예
☐ 所得(しょとく) 소득	☐ 初歩(しょほ) 초보	☐ 書物(しょもつ) 서책, 책
☐ 所有(しょゆう) 소유	☐ 女優(じょゆう) 여우, 여배우 N2표기	☐ 処理(しょり) 처리
☐ 白髪(しらが) 백발	☐ 知らせ(しらせ) 알림, 통지	☐ 調べ(しらべ) 조사, 심문
☐ 尻(しり) 엉덩이	☐ 知合い(しりあい) 아는 사람, 친지	☐ 自立(じりつ) 자립
☐ 資料(しりょう) 자료 N2읽기	☐ 汁(しる) 즙, 물	☐ 印(しるし) 표시, 표지
☐ 城(しろ) 성	☐ 素人(しろうと) 초심자, 풋내기	☐ しわ 주름, 구김살
☐ 芯(しん) 심, 심지	☐ 人格(じんかく) 인격	☐ 進学率(しんがくりつ) 진학률
☐ 心境(しんきょう) 심경	☐ 新記録(しんきろく) 신기록	☐ 真空(しんくう) 진공
☐ 神経(しんけい) 신경	☐ 信仰(しんこう) 신앙	☐ 進行(しんこう) 진행
☐ 人工(じんこう) 인공	☐ 申告(しんこく) 신고	☐ 深刻化(しんこくか) 심각화
☐ 人材(じんざい) 인재	☐ 診察(しんさつ) 진찰	☐ 診察室(しんさつしつ) 진찰실
☐ 人事(じんじ) 인사	☐ 人事課(じんじか) 인사과	☐ 信者(しんじゃ) 신자
☐ 進出(しんしゅつ) 진출 N2표기	☐ 新商品(しんしょうひん) 신상품	☐ 心身(しんしん) 심신
☐ 申請(しんせい) 신청	☐ 新制度(しんせいど) 신제도	☐ 新製品(しんせいひん) 신제품
☐ 親戚(しんせき) 친척	☐ 新説(しんせつ) 새로운 학설	☐ 心臓(しんぞう) 심장 N2읽기
☐ 人造(じんぞう) 인조	☐ 寝台(しんだい) 침대	☐ 振動(しんどう) 진동
☐ 進入(しんにゅう) 진입	☐ 侵入(しんにゅう) 침입	☐ 審判(しんぱん) 심판
☐ 人物(じんぶつ) 인물	☐ 人文科学(じんぶんかがく) 인문 과학	☐ 人命(じんめい) 인명
☐ 深夜(しんや) 심야 N2표기	☐ 親友(しんゆう) 친구, 친한 벗	☐ 信用(しんよう) 신용
☐ 信頼(しんらい) 신뢰 N2읽기	☐ 心理(しんり) 심리	☐ 森林(しんりん) 삼림 N2표기

親類 しんるい 친척, 일가	人類 じんるい 인류 N2읽기	針路 しんろ 진로, 항로
神話 しんわ 신화	酢 す 초, 식초	図 ず 그림, 도면
水泳 すいえい 수영	水産 すいさん 수산	炊事 すいじ 취사
水準 すいじゅん 수준	水蒸気 すいじょうき 수증기	水素 すいそ 수소
垂直 すいちょく 수직 N2읽기	推定 すいてい 추정	水滴 すいてき 물방울 N2표기
水筒 すいとう 수통	水道 すいどう 수도	随筆 ずいひつ 수필
水分 すいぶん 수분	水平 すいへい 수평	水平線 すいへいせん 수평선
睡眠 すいみん 수면, 잠	水面 すいめん 수면	数 すう 수, 숫자
数億円 すうおくえん 수억 엔	数学 すうがく 수학	数字 すうじ 숫자
末 すえ 끝, 마지막	末っ子 すえこ 막내	姿 すがた 모습, 자세
図鑑 ずかん 도감	すき 틈, 빈틈 N2문규	杉 すぎ 삼목
好き嫌い すききらい 호불호, 좋고 싫음	好き好き すきずき 각자의 기호가 다름	すきま (빈)틈
図形 ずけい 도형	筋 すじ 줄기, 힘줄	鈴 すず 방울
頭痛 ずつう 두통	砂 すな 모래	頭脳 ずのう 두뇌
図表 ずひょう 도표, 그래프	隅 すみ 구석, 모퉁이 N2읽기	相撲 すもう 일본 씨름
寸法 すんぽう 길이, 치수	背 せ 등, 키	生 せい 생, 삶
背 せい 키	姓 せい 성, 성씨	性 せい 성
正 せい 올바름, 정도	税 ぜい 세, 세금	正解 せいかい 정답, 해답
性格 せいかく 성격 N2문규	生活 せいかつ 생활	税関 ぜいかん 세관
世紀 せいき 세기 N2표기	請求 せいきゅう 청구 N2표기	税金 ぜいきん 세금
生計 せいけい 생계	制限 せいげん 제한	製作 せいさく (기계·기구 등의) 제작
制作 せいさく (예술 작품·방송 등의) 제작	生産 せいさん 생산	政治 せいじ 정치
正式 せいしき 정식	性質 せいしつ 성질	正社員 せいしゃいん 정사원
青春 せいしゅん 청춘	清書 せいしょ 청서, 정서	青少年 せいしょうねん 청소년
精神 せいしん 정신	成人 せいじん 성인	成人式 せいじんしき 성인식
整数 せいすう 정수	成績 せいせき 성적	清掃 せいそう 청소

☐ 製造(せいぞう) 제조 N2표기	☐ 生存(せいぞん) 생존	☐ 生長(せいちょう) 생장, 성장
☐ 成長(せいちょう) 성장 N2문규	☐ 晴天(せいてん) 맑은 날씨	☐ 生徒(せいと) 학생
☐ 制度(せいど) 제도	☐ 政党(せいとう) 정당 N2읽기	☐ 正当(せいとう) 정당
☐ 成年(せいねん) 성년	☐ 青年(せいねん) 청년	☐ 生年月日(せいねんがっぴ) 생년월일
☐ 性能(せいのう) 성능	☐ 整備(せいび) 정비	☐ 製品(せいひん) 제품 N2표기
☐ 政府(せいふ) 정부	☐ 生物(せいぶつ) 생물	☐ 成分(せいぶん) 성분
☐ 性別(せいべつ) 성별	☐ 正方形(せいほうけい) 정방형, 정사각형	☐ 生命(せいめい) 생명
☐ 姓名(せいめい) 성명, 이름	☐ 声明(せいめい) 성명, 의견	☐ 正門(せいもん) 정문
☐ 制約(せいやく) 제약	☐ 西洋(せいよう) 서양	☐ 生理(せいり) 생리
☐ 整理(せいり) 정리	☐ 成立(せいりつ) 성립	☐ 勢力(せいりょく) 세력
☐ 西暦(せいれき) 서력, 서기	☐ せき 기침	☐ 席(せき) 자리
☐ 石炭(せきたん) 석탄	☐ 赤道(せきどう) 적도	☐ 責任(せきにん) 책임
☐ 責任感(せきにんかん) 책임감	☐ 石油(せきゆ) 석유	☐ 世間(せけん) 세간, 세상 N2용법
☐ 世帯(せたい) 가구, 세대	☐ 世代(せだい) 세대	☐ 説(せつ) 설
☐ 接近(せっきん) 접근	☐ 設計(せっけい) 설계	☐ 絶好(ぜっこう) 절호
☐ 絶好調(ぜっこうちょう) 절정, 최상의 컨디션	☐ 接触(せっしょく) 접촉 N2읽기	☐ 接続(せつぞく) 접속 N2표기
☐ 設置(せっち) 설치	☐ 設定(せってい) 설정	☐ 説得(せっとく) 설득
☐ 設備(せつび) 설비 N2읽기	☐ 説明(せつめい) 설명	☐ 絶滅(ぜつめつ) 절멸, 근절
☐ 節約(せつやく) 절약 N2용법	☐ 設立(せつりつ) 설립	☐ 瀬戸物(せともの) 도자기
☐ 背中(せなか) 등	☐ 背広(せびろ) 양복	☐ せりふ 대사
☐ 世話(せわ) 신세, 보살핌	☐ 栓(せん) 마개	☐ 線(せん) 선
☐ 善(ぜん) 선	☐ 全員(ぜんいん) 전원	☐ 選挙(せんきょ) 선거
☐ 専業(せんぎょう) 전업	☐ 前言(ぜんげん) 전언	☐ 前後(ぜんご) 전후
☐ 全国(ぜんこく) 전국	☐ 洗剤(せんざい) 세제	☐ 先日(せんじつ) 일전, 요전 날
☐ 前者(ぜんしゃ) 전자	☐ 選手(せんしゅ) 선수	☐ 全集(ぜんしゅう) 전집
☐ 全身(ぜんしん) 전신	☐ 前進(ぜんしん) 전진	☐ 扇子(せんす) 쥘부채

- ☐ **専制** せんせい 전제
- ☐ **先々月** せんせんげつ 지지난달
- ☐ **先々週** せんせんしゅう 지지난주
- ☐ **先祖** せんぞ 선조
- ☐ **戦争** せんそう 전쟁
- ☐ **全体** ぜんたい 전체 N2문규
- ☐ **洗濯** せんたく 세탁
- ☐ **先端** せんたん 첨단
- ☐ **先着** せんちゃく 선착
- ☐ **先頭** せんとう 선두
- ☐ **専念** せんねん 전념 N2문규
- ☐ **全般** ぜんぱん 전반 N2형성
- ☐ **全部** ぜんぶ 전부
- ☐ **扇風機** せんぷうき 선풍기
- ☐ **洗面** せんめん 세면
- ☐ **専門** せんもん 전문
- ☐ **専門家** せんもんか 전문가 N3 표기
- ☐ **全力** ぜんりょく 전력
- ☐ **線路** せんろ 선로
- ☐ **象** ぞう 코끼리
- ☐ **相違** そうい 상이, 다름 N2문규
- ☐ **騒音** そうおん 소음
- ☐ **増加** ぞうか 증가
- ☐ **送金** そうきん 송금
- ☐ **ぞうきん** 걸레
- ☐ **増減** ぞうげん 증감
- ☐ **倉庫** そうこ 창고
- ☐ **相互** そうご 상호, 서로 N2읽기
- ☐ **操作** そうさ 조작 N2읽기
- ☐ **創作** そうさく 창작
- ☐ **掃除** そうじ 청소
- ☐ **葬式** そうしき 장례식
- ☐ **造船** ぞうせん 조선
- ☐ **造船所** ぞうせんじょ 조선소
- ☐ **想像** そうぞう 상상
- ☐ **相続** そうぞく 상속
- ☐ **増大** ぞうだい 증대
- ☐ **相談** そうだん 의논, 상담
- ☐ **装置** そうち 장치 N2읽기·표기
- ☐ **相当** そうとう 상당
- ☐ **送別** そうべつ 송별
- ☐ **送別会** そうべつかい 송별회
- ☐ **草履** ぞうり (일본의) 짚신, 샌들
- ☐ **総理大臣** そうりだいじん 총리대신 N2읽기
- ☐ **送料** そうりょう 배송료
- ☐ **即座** そくざ 즉석, 그 자리 N2표기
- ☐ **続出** ぞくしゅつ 속출 N2용법
- ☐ **速達** そくたつ 속달
- ☐ **測定** そくてい 측정
- ☐ **速度** そくど 속도
- ☐ **測量** そくりょう 측량
- ☐ **速力** そくりょく 속력
- ☐ **底** そこ 바닥, 밑
- ☐ **組織** そしき 조직 N2표기
- ☐ **素質** そしつ 소질
- ☐ **祖先** そせん 선조, 조상
- ☐ **措置** そち 조치
- ☐ **卒業** そつぎょう 졸업
- ☐ **卒業式** そつぎょうしき 졸업식
- ☐ **速記録** そっきろく 속기록
- ☐ **そで** 소매
- ☐ **祖父** そふ 할아버지
- ☐ **祖母** そぼ 할머니
- ☐ **そろばん** 주판
- ☐ **損** そん 손, 손해
- ☐ **損害** そんがい 손해 N2읽기
- ☐ **尊敬** そんけい 존경 N2표기
- ☐ **存在** そんざい 존재
- ☐ **損失** そんしつ 손실
- ☐ **存続** そんぞく 존속
- ☐ **尊重** そんちょう 존중 N2문규
- ☐ **損得** そんとく 손득, 손실과 이득 N2읽기

☐ 田 논	☐ 他 다름, 딴 것	☐ 対 대 N2형성
☐ 台 높은 전각	☐ 題 제목	☐ 体育 체육
☐ 体育館 체육관	☐ 退院 퇴원	☐ 対応 대응
☐ 体温 체온	☐ 大会 대회	☐ 体格 체격 N2문규
☐ 退学 퇴학	☐ 大学院 대학원	☐ 大気 대기
☐ 代金 대금	☐ 大工 목수	☐ 体系 체계
☐ 対決 대결	☐ 体験 체험	☐ 太鼓 북
☐ 対策 대책 N2문규	☐ 第三者 제삼자	☐ 大使 대사
☐ 体重 체중	☐ 退出 퇴출	☐ 対象 대상
☐ 対照 대조	☐ 退場 퇴장	☐ 大小 대소
☐ 大臣 대신 N2읽기	☐ 大豆 대두, 콩	☐ 体制 체제
☐ 大成功 대성공	☐ 体積 체적, 부피	☐ 大戦 대전
☐ 体操 체조	☐ 態度 태도	☐ 対等 대등
☐ 大統領 대통령	☐ 大都市 대도시	☐ 大半 태반, 대부분
☐ 大部分 대부분	☐ 太平洋 태평양	☐ 逮捕 체포
☐ 大木 대목, 큰 나무	☐ 題名 제목	☐ 代名詞 대명사
☐ 太陽 태양	☐ 太陽系 태양계	☐ 代理 대리
☐ 大陸 대륙	☐ 対立 대립 N2문규	☐ 大量 대량
☐ 対話 대화	☐ 田植え 모내기, 이앙	☐ 楕円 타원
☐ 互い・お互い 서로 N2유의	☐ 宝 보물, 보배	☐ 滝 폭포
☐ 竹 대나무, 대	☐ 多少 다소	☐ 助け 도움, 구조
☐ 戦い 투쟁, 싸움 N2읽기	☐ 脱線 탈선	☐ 脱退 탈퇴
☐ 建物 건물	☐ 妥当 타당 N2용법	☐ 妥当性 타당성 N2용법
☐ 谷 골짜기, 계곡	☐ 種 씨	☐ 束 다발, 묶음
☐ 度 때, 번, 횟수	☐ 旅 여행	☐ 足袋 일본식 버선

☐ たま 드문 모양	☐ 玉(たま) 옥, 구슬	☐ 球(たま) 구, 공
☐ 弾(たま) 총알, 탄알	☐ 卵(たまご) 달걀	☐ 試(ため)し 시험, 시도
☐ 多様(たよう) 다양	☐ 頼(たよ)り 의지	☐ 段(だん) 단, 계단
☐ 単位(たんい) 단위, 학점	☐ 段階(だんかい) 단계	☐ 短期(たんき) 단기
☐ 短期間(たんきかん) 단기간	☐ 単語(たんご) 단어	☐ 炭坑(たんこう) 탄광
☐ 男子(だんし) 남자	☐ 短縮(たんしゅく) 단축	☐ 短所(たんしょ) 단점
☐ 誕生(たんじょう) 탄생	☐ たんす 옷장, 장롱	☐ 淡水(たんすい) 담수, 민물
☐ 断水(だんすい) 단수	☐ 単数(たんすう) 단수	☐ 男性(だんせい) 남성
☐ 短大(たんだい) 단기대학, 전문대학	☐ 団体(だんたい) 단체	☐ 団地(だんち) 단지
☐ 断定(だんてい) 단정	☐ 担当(たんとう) 담당	☐ 担当者(たんとうしゃ) 담당자
☐ 単独(たんどく) 단독	☐ 断念(だんねん) 단념	☐ 短編(たんぺん) 단편
☐ 田(た)んぼ 논	☐ 血(ち) 피	☐ 治安(ちあん) 치안
☐ 地位(ちい) 지위	☐ 地域(ちいき) 지역 N2읽기	☐ 知恵(ちえ) 지혜 N2읽기
☐ 地下(ちか) 지하	☐ 地下水(ちかすい) 지하수	☐ 地下鉄(ちかてつ) 지하철
☐ 地球(ちきゅう) 지구	☐ 地区(ちく) 지구	☐ 遅刻(ちこく) 지각
☐ 知事(ちじ) 지사	☐ 知識(ちしき) 지식 N2읽기	☐ 地質(ちしつ) 지질
☐ 知人(ちじん) 지인	☐ 知性(ちせい) 지성	☐ 地帯(ちたい) 지대 N2표기
☐ 父親(ちちおや) 부친	☐ 知的(ちてき) 지적	☐ 地点(ちてん) 지점
☐ 知能(ちのう) 지능	☐ 地平線(ちへいせん) 지평선	☐ 地方(ちほう) 지방
☐ 地名(ちめい) 지명	☐ 茶色(ちゃいろ) 갈색	☐ 着実(ちゃくじつ) 착실
☐ 着陸(ちゃくりく) 착륙	☐ 注(ちゅう) 주	☐ 注意(ちゅうい) 주의 N2유의
☐ 中央(ちゅうおう) 중앙	☐ 中学(ちゅうがく) 중학	☐ 中間(ちゅうかん) 중간
☐ 中継(ちゅうけい) 중계 N2문규	☐ 中古(ちゅうこ) 중고	☐ 中止(ちゅうし) 중지
☐ 駐車(ちゅうしゃ) 주차	☐ 中旬(ちゅうじゅん) 중순	☐ 抽象(ちゅうしょう) 추상 N2읽기
☐ 昼食(ちゅうしょく) 점심 식사	☐ 中心(ちゅうしん) 중심 N2문규	☐ 中世(ちゅうせい) 중세
☐ 中性(ちゅうせい) 중성	☐ 中断(ちゅうだん) 중단 N2용법	☐ 中途(ちゅうと) 중도

☐ 中年(ちゅうねん) 중년	☐ 注目(ちゅうもく) 주목 N2유의·용법	☐ 注文(ちゅうもん) 주문
☐ 超過(ちょうか) 초과	☐ 長期(ちょうき) 장기	☐ 兆候(ちょうこう) 징후, 징조
☐ 彫刻(ちょうこく) 조각	☐ 調査(ちょうさ) 조사	☐ 調子(ちょうし) 컨디션, 몸 상태
☐ 長所(ちょうしょ) 장점	☐ 長女(ちょうじょ) 장녀	☐ 頂上(ちょうじょう) 정상 N2읽기·용법
☐ 調整(ちょうせい) 조정	☐ 調節(ちょうせつ) 조절 N2읽기·문규	☐ ちょうだい 받음
☐ 長短(ちょうたん) 장단	☐ 頂点(ちょうてん) 정상, 꼭대기	☐ 長男(ちょうなん) 장남
☐ 長方形(ちょうほうけい) 장방형, 직사각형	☐ 調味料(ちょうみりょう) 조미료	☐ 調理(ちょうり) 조리
☐ 貯金(ちょきん) 저금	☐ 直後(ちょくご) 직후	☐ 直接(ちょくせつ) 직접 N2유의
☐ 直線(ちょくせん) 직선	☐ 直前(ちょくぜん) 직전	☐ 直通(ちょくつう) 직통
☐ 直訳(ちょくやく) 직역	☐ 直流(ちょくりゅう) 직류	☐ 著者(ちょしゃ) 저자 N2읽기
☐ 貯蔵(ちょぞう) 저장 N2읽기	☐ 直角(ちょっかく) 직각	☐ 直径(ちょっけい) 직경
☐ 地理(ちり) 지리	☐ ちり紙(がみ) 휴지	☐ 治療(ちりょう) 치료 N2읽기
☐ 追加(ついか) 추가 N2표기·유의	☐ 通過(つうか) 통과	☐ 通貨(つうか) 통화
☐ 通学(つうがく) 통학	☐ 通行(つうこう) 통행	☐ 通信(つうしん) 통신 N2문규
☐ 通知(つうち) 통지	☐ 通帳(つうちょう) 통장	☐ 通訳(つうやく) 통역
☐ 通用(つうよう) 통용	☐ 通路(つうろ) 통로	☐ 使(つか)い道(みち) 용법, 용도 N2유의
☐ 突(つ)き当(あ)たり 충돌, 막다른 곳	☐ 月日(つきひ) 월일, 날짜	☐ 机(つくえ) 책상
☐ 作(つく)り 만듦, 몸집	☐ 都合(つごう) 형편, 사정	☐ 土(つち) 땅, 흙, 토양
☐ 続(つづ)き 연결, 계속	☐ 勤(つと)め 근무함	☐ 務(つと)め 할 일, 임무
☐ 綱(つな) 밧줄	☐ 翼(つばさ) 날개	☐ 粒(つぶ) 낱알
☐ 妻(つま) 아내	☐ 罪(つみ) 죄	☐ つめ 손톱, 발톱
☐ つや 윤기, 광택	☐ 梅雨(つゆ) 장마	☐ 強(つよ)み 강점, 유리한 점 N2문규
☐ 強(つよ)め 강한 편임	☐ 釣(つ)り 낚시	☐ 連(つ)れ 동행, 한패
☐ 出会(であ)い・出合(であ)い 우연히 만남	☐ 提案(ていあん) 제안 N2문규	☐ 定員(ていいん) 정원
☐ 低下(ていか) 저하	☐ 定価(ていか) 정가	☐ 低学年(ていがくねん) 저학년
☐ 定期券(ていきけん) 정기권	☐ 定休日(ていきゅうび) 정기 휴일	☐ 提供(ていきょう) 제공 N2문규

□ 抵抗 ていこう 저항 N2표기	□ 停止 ていし 정지	□ 停車 ていしゃ 정차
□ 提出 ていしゅつ 제출	□ 定食 ていしょく 정식	□ 訂正 ていせい 정정 N2문규
□ 停電 ていでん 정전	□ 程度 ていど 정도	□ 定年 ていねん 정년
□ 出入り でいり 출입	□ 出入り口 でいりぐち 출입구	□ 停留所 ていりゅうじょ 정류장
□ 手入れ ていれ 고침, 손질함	□ 敵 てき 적	□ 出来事 できごと (우발적인) 사건
□ 適用 てきよう 적용	□ 出口 でぐち 출구	□ 手首 てくび 손목
□ 凸凹 でこぼこ 요철, 울퉁불퉁함	□ 弟子 でし 제자	□ 手品 てじな 요술, 속임수
□ 手帳 てちょう 수첩	□ 鉄 てつ 철	□ 哲学 てつがく 철학
□ 鉄橋 てっきょう 철교 N2읽기	□ 手伝い てつだい 도와줌, 거들어 줌	□ 手続き てつづき 수속, 절차
□ 徹底 てってい 철저	□ 鉄道 てつどう 철도	□ 鉄砲 てっぽう 총, 총포류
□ 徹夜 てつや 철야 N2문규	□ 手ぬぐい てぬぐい 수건	□ 手袋 てぶくろ 장갑
□ 手間 てま 수고, 시간 N2문규	□ 手前 てまえ 자기 앞, 가까운 쪽 N2문규	□ 寺 てら 절
□ 点 てん 점	□ 展開 てんかい 전개 N2읽기·용법	□ 転換 てんかん 전환 N2문규
□ 伝記 でんき 전기	□ 電球 でんきゅう 전구	□ 典型 てんけい 전형
□ 天候 てんこう 기후, 날씨	□ 伝言 でんごん 전언	□ 天才 てんさい 천재
□ 天災 てんさい 천재	□ 点字 てんじ 점자	□ 電子 でんし 전자
□ 伝授 でんじゅ 전수	□ 天井 てんじょう 천장	□ 伝承 でんしょう 전승
□ 転職 てんしょく 전직, 이직	□ 点数 てんすう 점수	□ 伝染 でんせん 전염
□ 電線 でんせん 전선	□ 伝染病 でんせんびょう 전염병	□ 伝達 でんたつ 전달
□ 電池 でんち 전지, 건전지	□ 電柱 でんちゅう 전신주, 전봇대	□ 伝統 でんとう 전통 N2표기
□ 電灯 でんとう 전등	□ 天然 てんねん 천연	□ 電波 でんぱ 전파
□ 電報 でんぽう 전보	□ 展覧会 てんらんかい 전람회	□ 電流 でんりゅう 전류
□ 電力 でんりょく 전력	□ 戸 と 문	□ 度 ど 도, 정도
□ 党 とう 당	□ 塔 とう 탑	□ 銅 どう 동
□ 答案 とうあん 답안	□ 統一 とういつ 통일	□ 同一 どういつ 동일
□ 同格 どうかく 동격	□ 同級生 どうきゅうせい 동급생, 학급 친구	□ 道具 どうぐ 도구

☐ 峠(とうげ) 고개, 고비	☐ 統計(とうけい) 통계	☐ 登校(とうこう) 등교
☐ 同行(どうこう) 동행	☐ 動作(どうさ) 동작	☐ 東西(とうざい) 동서
☐ 投資(とうし) 투자	☐ 当時(とうじ) 당시	☐ 動詞(どうし) 동사
☐ 同時(どうじ) 동시	☐ 当日(とうじつ) 당일	☐ 投書(とうしょ) 투서
☐ 登場(とうじょう) 등장	☐ 当選(とうせん) 당선	☐ 逃走(とうそう) 도주
☐ 灯台(とうだい) 등대	☐ 到着(とうちゃく) 도착	☐ 道徳(どうとく) 도덕
☐ 盗難(とうなん) 도난 N2표기	☐ 導入(どうにゅう) 도입 N2문규	☐ 当番(とうばん) 당번
☐ 逃避(とうひ) 도피 N2문규	☐ 投票(とうひょう) 투표	☐ 当分(とうぶん) 당분간
☐ 等分(とうぶん) 등분	☐ 逃亡(とうぼう) 도망 N2읽기	☐ 透明(とうめい) 투명 N2문규
☐ 灯油(とうゆ) 등유	☐ 東洋(とうよう) 동양	☐ 同様(どうよう) 마찬가지
☐ 童謡(どうよう) 동요	☐ 同僚(どうりょう) 동료	☐ 動力(どうりょく) 동력
☐ 道路(どうろ) 도로	☐ 登録(とうろく) 등록 N2표기	☐ 討論(とうろん) 토론 N2표기
☐ 童話(どうわ) 동화	☐ 都会(とかい) 도회, 도시	☐ 毒(どく) 독
☐ 特殊(とくしゅ) 특수	☐ 読書(どくしょ) 독서	☐ 特色(とくしょく) 특색 N2문규
☐ 独身(どくしん) 독신	☐ 独占(どくせん) 독점	☐ 特長(とくちょう) 특별한 장점
☐ 特定(とくてい) 특정	☐ 独特(どくとく) 독특	☐ 特売(とくばい) 특매
☐ 特別(とくべつ) 특별	☐ 独立(どくりつ) 독립	
☐ 床の間(とこのま) 일본식 방의 상좌에 바닥을 한층 높게 만든 곳		☐ 床屋(とこや) 이발소
☐ 登山(とざん) 등산	☐ 都市(とし) 도시	☐ 年月・年月(としつき・ねんげつ) 연월, 세월
☐ 図書(としょ) 도서	☐ 年寄り(としよ) 노인	☐ 都心(としん) 도심
☐ 戸棚(とだな) 찬장	☐ 途端(とたん) 찰나, 바로 그 순간	☐ 土地(とち) 토지, 땅 N2문규
☐ 途中(とちゅう) 도중	☐ 特急(とっきゅう) 특급	☐ 隣(となり) 옆, 이웃 N2읽기
☐ 友(とも) 친구, 벗, 동료	☐ 虎(とら) 호랑이, 범	☐ 努力(どりょく) 노력
☐ 泥(どろ) 진흙, 흙탕물 N2읽기	☐ 泥棒(どろぼう) 도둑	☐ どんぶり 덮밥

な

☐ 名 이름	☐ 内科 내과	☐ 内線 내선
☐ 内容 내용	☐ 仲 사이, 관계	☐ 仲直り 화해
☐ 半ば 절반, 반 정도	☐ 仲間 동료, 한패	☐ 中身 알맹이, 내용
☐ 中指 중지, 가운뎃손가락	☐ 仲良し 사이가 좋음	☐ 流れ 흐름, 중단
☐ 無し 없음	☐ なぞ 수수께끼	☐ なぞなぞ 수수께끼(놀이)
☐ 納得 납득 N2문규	☐ 斜め 경사짐, 비스듬함	☐ 鍋 냄비
☐ 生 날것, 생	☐ 名前 이름	☐ 波 파도, 물결
☐ 並木 가로수	☐ 涙 눈물	☐ 悩み 괴로움, 고민 N2읽기
☐ 縄 새끼, 포승줄	☐ 難関 난관	☐ 南極 남극
☐ 南米 남미	☐ 南北 남북	☐ にじ 무지개
☐ 日時 일시	☐ 日常 일상 N2읽기	☐ 日用品 일상 용품, 생필품
☐ 日課 일과	☐ 日光 일광, 햇볕	☐ 日中 주간, 낮 N2유의
☐ 日程 일정	☐ 荷物 짐	☐ 入学金 입학금
☐ 入学式 입학식	☐ 入社 입사	☐ 入手 입수
☐ 入賞 입상	☐ 入場 입장	☐ 女房 처, 아내
☐ 庭 뜰, 정원	☐ 人気 인기	☐ 人形 인형
☐ 人間 인간	☐ 任務 임무	☐ 任命 임명
☐ 布 직물, 포목	☐ 根 뿌리	☐ 値 값, 가격, 값어치
☐ 値上がり 값이 오름	☐ 値上げ 값을 올림, 가격 인상	☐ 猫 고양이
☐ 値下がり 값이 내림	☐ 値下げ 값을 내림, 가격 인하	☐ ねずみ 쥐
☐ 値段 값	☐ 熱 열	☐ 熱演 열연 N2읽기
☐ 熱心 열심임	☐ 熱帯 열대 N2읽기	☐ 熱中 열중
☐ 値引 값을 깎음, 깎아 줌	☐ 寝坊 늦잠을 잠	☐ 寝巻・寝間着 잠옷
☐ 狙い 겨냥, 목적	☐ 年賀状 연하장	☐ 年間 연간
☐ 年功序列 연공서열	☐ 年始 연시, 연초	☐ 年中 연중

☐ 年代（ねんだい） 연대	☐ 年度（ねんど） 연도	☐ 年末（ねんまつ） 연말
☐ 年齢（ねんれい） 연령, 나이	☐ 野（の） 들, 들판	☐ 脳（のう） 뇌
☐ 能（のう） 능함, 재능	☐ 農家（のうか） 농가	☐ 農業（のうぎょう） 농업
☐ 農作業（のうさぎょう） 농사일	☐ 農産物（のうさんぶつ） 농산물 N2읽기	☐ 農村（のうそん） 농촌
☐ 濃度（のうど） 농도	☐ 農民（のうみん） 농민	☐ 農薬（のうやく） 농약
☐ 能率（のうりつ） 능률	☐ 能力（のうりょく） 능력	☐ 軒（のき） 처마
☐ のこぎり 톱	☐ 残り（のこり） 남은 것, 나머지	☐ 望み（のぞみ） 바람, 소망
☐ 上り（のぼり） 오름, 올라감	☐ 乗組員（のりくみいん） 승무원	

は

☐ 葉（は） 잎	☐ 歯（は） 이(빨)	☐ 場（ば） 장소, 곳
☐ 場合（ばあい） 경우	☐ 灰（はい） 재	☐ 倍（ばい） 배
☐ 灰色（はいいろ） 회색, 잿빛 N2표기	☐ 梅雨（ばいう） 장마(つゆ로도 읽음)	☐ 俳句（はいく） 하이쿠(17음의 일본 전통시)
☐ 拝啓（はいけい） 근계(편지 첫머리에 씀)	☐ 拝見（はいけん） 배견, 삼가 봄	☐ 灰皿（はいざら） 재떨이
☐ 廃止（はいし） 폐지 N2용법	☐ 配達（はいたつ） 배달	☐ 配置（はいち） 배치
☐ 売店（ばいてん） 매점	☐ 売買（ばいばい） 매매	☐ 配布（はいふ） 배포 N2읽기
☐ 俳優（はいゆう） 배우	☐ 配列（はいれつ） 배열	☐ 墓（はか） 무덤
☐ 葉書（はがき） 엽서	☐ 博士（はかせ・はくし） 박사	☐ はかり 저울
☐ 吐き気（はきけ） 구역질	☐ 白紙（はくし） 백지	☐ 拍手（はくしゅ） 박수 N2표기·문규
☐ 爆発（ばくはつ） 폭발 N2읽기	☐ 博物館（はくぶつかん） 박물관	☐ 歯車（はぐるま） 톱니바퀴
☐ 箱（はこ） 상자	☐ はさみ 가위	☐ 破産（はさん） 파산
☐ 橋（はし） 다리	☐ 端（はし） 끝, 선단, 가장자리 N2문규	☐ はしご 사다리
☐ 始まり（はじまり） 시작, 시초, 기원	☐ 始め（はじめ） (일의) 시작, 개시	☐ 場所（ばしょ） 장소
☐ 柱（はしら） 기둥	☐ はす 비스듬함, 경사	☐ 旗（はた） 기, 깃발
☐ 肌（はだ） 피부, 살	☐ 裸（はだか） 알몸, 맨몸	☐ 肌着（はだぎ） 내의, 속옷
☐ 畑（はたけ） 밭	☐ 働き（はたらき） 활동, 작용	☐ 発揮（はっき） 발휘 N2문규

☐ 罰金(ばっきん) 벌금	☐ 発見(はっけん) 발견 N2문규	☐ 発言(はつげん) 발언
☐ 発行(はっこう) 발행	☐ 発射(はっしゃ) 발사 N2읽기	☐ 発車(はっしゃ) 발차
☐ 発生(はっせい) 발생	☐ 発想(はっそう) 발상	☐ 発達(はったつ) 발달 N2용법
☐ 発展(はってん) 발전	☐ 発電(はつでん) 발전	☐ 発売(はつばい) 발매
☐ 発表(はっぴょう) 발표	☐ 発明(はつめい) 발명	☐ 鼻(はな) 코
☐ 花見(はなみ) 꽃구경	☐ 花嫁(はなよめ) 신부, 새색시	☐ 羽(はね) 날개, 깃
☐ ばね 용수철, 스프링	☐ 幅(はば) 폭, 나비	☐ 母親(ははおや) 모친
☐ 破片(はへん) 파편 N2표기	☐ 歯磨き(はみがき) 양치, 치약	☐ 場面(ばめん) 장면
☐ 早口(はやくち) 말이 빠름	☐ 速さ(はやさ) 빠르기, 속도 N2유의	☐ 林(はやし) 숲, 수풀
☐ 腹(はら) 배, 복부	☐ 原(はら) 들, 벌판	☐ 針(はり) 바늘 N2읽기
☐ 針金(はりがね) 철사	☐ 半(はん) 반, 절반	☐ 番(ばん) 순서, 차례
☐ 範囲(はんい) 범위 N2용법	☐ 反映(はんえい) 반영 N2문규	☐ 番組(ばんぐみ) 방송 프로그램
☐ 半径(はんけい) 반경	☐ 半減(はんげん) 반감	☐ 判子(はんこ) 도장
☐ 反抗(はんこう) 반항	☐ 番号(ばんごう) 번호	☐ 犯罪(はんざい) 범죄 N2읽기
☐ 万歳(ばんざい) 만세	☐ 判事(はんじ) 판사	☐ 反省(はんせい) 반성 N2용법
☐ 万全(ばんぜん) 만전	☐ 反対(はんたい) 반대	☐ 判断(はんだん) 판단 N2읽기
☐ 番地(ばんち) 번지	☐ 半島(はんとう) 반도	☐ 犯人(はんにん) 범인
☐ 販売(はんばい) 판매	☐ 反発(はんぱつ) 반발	☐ 半分(はんぶん) 절반
☐ 判明(はんめい) 판명	☐ 火(ひ) 불	☐ 日当たり(ひあたり) 볕이 듦, 양지
☐ 被害(ひがい) 피해	☐ 日帰り(ひがえり) 당일치기	☐ 比較(ひかく) 비교 N2문규
☐ 日陰(ひかげ) 음달, 음지	☐ 引き算(ひきざん) 뺄셈, 감산	☐ 引き分け(ひきわけ) 비김, 무승부
☐ 悲劇(ひげき) 비극 N2읽기	☐ 非行(ひこう) 비행	☐ 飛行(ひこう) 비행
☐ 非公式(ひこうしき) 비공식	☐ 飛行場(ひこうじょう) 비행장	☐ ひざ 무릎
☐ 日差し・陽射し(ひざし) 햇볕, 햇살	☐ ひじ 팔꿈치	☐ 美術館(びじゅつかん) 미술관
☐ 非常(ひじょう) 비상	☐ 美人(びじん) 미인	☐ 額(ひたい) 이마
☐ 筆記(ひっき) 필기	☐ 日付(ひづけ) 날짜	☐ 引っ越し(ひっこし) 이사

☐ 必死(ひっし) 필사 N2유의	☐ 筆者(ひっしゃ) 필자	☐ 必需品(ひつじゅひん) 필수품
☐ 必須・必須(ひっす・ひっしゅ) 필수 N2읽기	☐ 筆跡(ひっせき) 필적 N2읽기	☐ 必要(ひつよう) 필요
☐ 否定(ひてい) 부정	☐ 人柄(ひとがら) 인품	☐ 一口(ひとくち) 한입, 한마디
☐ 人気(ひとけ) 인기척	☐ 一言(ひとこと) 일언, 한마디	☐ 人込み(ひとごみ) 붐빔, 북적임
☐ 一通り(ひととおり) 대충, 대강	☐ 人通り(ひとどおり) 사람의 왕래	☐ 瞳(ひとみ) 눈동자, 동공
☐ 一休み(ひとやすみ) 잠깐 쉼	☐ 独り言(ひとりごと) 혼잣말, 독백	☐ 一人一人(ひとりひとり) 한 사람 한 사람
☐ 非難(ひなん) 비난	☐ 避難(ひなん) 피난	☐ 日にち(ひにち) 날, 날짜
☐ 日の入り(ひのいり) 일몰, 해넘이	☐ 日の出(ひので) 일출, 해돋이	☐ 批判(ひはん) 비판 N2표기
☐ 響き(ひびき) 울림	☐ 批評(ひひょう) 비평 N2읽기	☐ 皮膚(ひふ) 피부 N2읽기·표기
☐ 秘密(ひみつ) 비밀	☐ 百科事典(ひゃっかじてん) 백과사전	☐ 費用(ひよう) 비용
☐ 美容(びよう) 미용	☐ 表(ひょう) 표	☐ 秒(びょう) 초 N2읽기
☐ 評価(ひょうか) 평가	☐ 表現(ひょうげん) 표현	☐ 表紙(ひょうし) 표지
☐ 標識(ひょうしき) 표지 N2읽기	☐ 標準(ひょうじゅん) 표준	☐ 表情(ひょうじょう) 표정
☐ 病状(びょうじょう) 병세	☐ 平等(びょうどう) 평등 N2읽기	☐ 病人(びょうにん) 환자
☐ 評判(ひょうばん) 평판 N2읽기	☐ 標本(ひょうほん) 표본	☐ 表面(ひょうめん) 표면
☐ 表面積(ひょうめんせき) 표면적	☐ 評論(ひょうろん) 평론	☐ 昼寝(ひるね) 낮잠
☐ 昼間(ひるま) 주간, 낮 N2유의	☐ 比例(ひれい) 비례 N2문규	☐ 疲労(ひろう) 피로
☐ 広さ(ひろさ) 넓이	☐ 広場(ひろば) 광장	☐ 品(ひん) 물건, 등급
☐ 瓶(びん) 병	☐ 便(びん) 편지, 소식	☐ 品質(ひんしつ) 품질
☐ 便せん(びんせん) 편지지	☐ 瓶詰め(びんづめ) 병조림	☐ 不安(ふあん) 불안
☐ 風景(ふうけい) 풍경	☐ 風習(ふうしゅう) 풍습	☐ 風船(ふうせん) 풍선
☐ 封筒(ふうとう) 봉투	☐ 不運(ふうん) 불운	☐ 笛(ふえ) 피리
☐ 不可(ふか) 불가	☐ 武器(ぶき) 무기	☐ 不規則(ふきそく) 불규칙 N2읽기
☐ 普及(ふきゅう) 보급 N2읽기·표기·문규·용법	☐ 不急(ふきゅう) 불급, 급하지 않음	☐ 不況(ふきょう) 불황
☐ 付近(ふきん) 부근	☐ 不均衡(ふきんこう) 불균형	☐ 副作用(ふくさよう) 부작용
☐ 副詞(ふくし) 부사	☐ 複写(ふくしゃ) 복사	☐ 副社長(ふくしゃちょう) 부사장 N2형성

☐ 復習(ふくしゅう) 복습	☐ 複数(ふくすう) 복수	☐ 服装(ふくそう) 복장
☐ 袋(ふくろ) 자루, 주머니	☐ 不景気(ふけいき) 불경기	☐ 不潔(ふけつ) 불결
☐ 不幸(ふこう) 불행	☐ 符号(ふごう) 부호	☐ 不合格(ふごうかく) 불합격
☐ 夫妻(ふさい) 부부	☐ 不在(ふざい) 부재	☐ 節(ふし) 마디, 절
☐ 武士(ぶし) 무사	☐ 部首(ぶしゅ) 부수	☐ 不自由(ふじゆう) 부자유
☐ 負傷(ふしょう) 부상	☐ 夫人(ふじん) 부인(남의 아내를 높여 부르는 말)	☐ 婦人(ふじん) 부인, 여성
☐ ふすま 맹장지	☐ 不正(ふせい) 부정	☐ 不足(ふそく) 부족
☐ 付属(ふぞく) 부속	☐ 舞台(ぶたい) 무대 N2읽기	☐ 双子(ふたご) 쌍둥이
☐ 負担(ふたん) 부담	☐ 普段(ふだん) 평소	☐ 縁(ふち) 가장자리, 테두리
☐ 不注意(ふちゅうい) 부주의	☐ 普通(ふつう) 보통	☐ 不通(ふつう) 불통
☐ 物価(ぶっか) 물가	☐ 物質(ぶっしつ) 물질 N2표기	☐ 物理(ぶつり) 물리
☐ 筆(ふで) 붓	☐ 不動(ふどう) 부동, 확고함	☐ 不動産(ふどうさん) 부동산
☐ 布団(ふとん) 이불	☐ 船便(ふなびん) 선편, 배편	☐ 船(ふね) 배
☐ 部品(ぶひん) 부품	☐ 吹雪(ふぶき) 눈보라	☐ 部分(ぶぶん) 부분
☐ 不平(ふへい) 불평	☐ 父母(ふぼ) 부모	☐ 不満(ふまん) 불만 N2문규
☐ 踏切(ふみきり) (철도의) 건널목	☐ ふもと (산)기슭 N2유의·용법	☐ 不要(ふよう) 불필요
☐ 舞踊(ぶよう) 무용	☐ 不利(ふり) 불리	☐ 不良(ふりょう) 불량
☐ ふるさと 고향	☐ ふろしき 보자기	☐ 雰囲気(ふんいき) 분위기
☐ 噴火(ふんか) 분화	☐ 文化(ぶんか) 문화	☐ 分解(ぶんかい) 분해 N2용법
☐ 文学(ぶんがく) 문학	☐ 文学賞(ぶんがくしょう) 문학상	☐ 分割(ぶんかつ) 분할
☐ 文芸(ぶんげい) 문예	☐ 文献(ぶんけん) 문헌	☐ 文章(ぶんしょう) 문장
☐ 噴水(ふんすい) 분수	☐ 分数(ぶんすう) 분수	☐ 分析(ぶんせき) 분석 N2문규
☐ 文体(ぶんたい) 문체	☐ 分配(ぶんぱい) 분배	☐ 分布(ぶんぷ) 분포
☐ 文法(ぶんぽう) 문법	☐ 文脈(ぶんみゃく) 문맥	☐ 文明(ぶんめい) 문명
☐ 分野(ぶんや) 분야 N2용법	☐ 分量(ぶんりょう) 분량	☐ 分類(ぶんるい) 분류
☐ 塀(へい) 담	☐ 閉会(へいかい) 폐회	☐ 平均(へいきん) 평균

☐ 平行(へいこう) 평행	☐ 平日(へいじつ) 평일	☐ 兵隊(へいたい) 군대, 병사
☐ 平野(へいや) 평야	☐ 平和(へいわ) 평화	☐ へそ 배꼽
☐ 別(べつ) 구별, 차이	☐ 別館(べっかん) 별관	☐ 別居(べっきょ) 별거
☐ 別荘(べっそう) 별장	☐ 便(べん) 편의, 편리	☐ 変化(へんか) 변화
☐ 変換(へんかん) 변환	☐ 返却(へんきゃく) 반환 N2읽기	☐ 勉強(べんきょう) 공부
☐ 変更(へんこう) 변경 N2표기	☐ 返事(へんじ) 답변	☐ 編集(へんしゅう) 편집 N2표기
☐ 便所(べんじょ) 화장실	☐ 変速(へんそく) 변속	☐ 便利(べんり) 편리
☐ 法(ほう) 법	☐ 棒(ぼう) 몽둥이, 막대기	☐ 放映(ほうえい) 방영
☐ 貿易(ぼうえき) 무역 N2읽기	☐ 望遠鏡(ぼうえんきょう) 망원경	☐ 防火(ぼうか) 방화
☐ 方角(ほうがく) 방위, 방향	☐ 法学(ほうがく) 법학	☐ ほうき 비, 빗자루
☐ 法規(ほうき) 법규	☐ 方言(ほうげん) 방언	☐ 報告(ほうこく) 보고
☐ 防災(ぼうさい) 방재 N2읽기	☐ 坊(ぼう)さん 스님(중을 친숙하게 부르는 말)	☐ 防止(ぼうし) 방지
☐ 帽子(ぼうし) 모자	☐ 方式(ほうしき) 방식	☐ 方針(ほうしん) 방침
☐ 宝石(ほうせき) 보석 N2표기	☐ 包装(ほうそう) 포장	☐ 放送(ほうそう) 방송
☐ 法則(ほうそく) 법칙	☐ 包帯(ほうたい) 붕대	☐ 包丁(ほうちょう) 식칼
☐ 方程式(ほうていしき) 방정식	☐ 防犯(ぼうはん) 방범 N2표기	☐ 豊富(ほうふ) 풍부 N2읽기
☐ 方法(ほうほう) 방법	☐ ほうぼう 여기저기 N2유의	☐ 方面(ほうめん) 방면
☐ 訪問(ほうもん) 방문	☐ ぼうや 아가, 철부지	☐ 法律(ほうりつ) 법률
☐ 頬(ほお) 볼, 뺨	☐ 牧場(ぼくじょう) 목장	☐ 牧畜(ぼくちく) 목축
☐ 保険(ほけん) 보험	☐ 保健(ほけん) 보건	☐ 保護(ほご) 보호
☐ 歩行(ほこう) 보행	☐ ほこり 먼지	☐ 誇(ほこ)り 자랑, 긍지
☐ 星(ほし) 별	☐ 募集(ぼしゅう) 모집	☐ 補助(ほじょ) 보조
☐ 保証(ほしょう) 보증 N2표기	☐ 補足(ほそく) 보충하여 채움 N2용법	☐ 保存(ほぞん) 보존
☐ 北極(ほっきょく) 북극	☐ 坊(ぼっ)ちゃん 도련님, 도령	☐ 歩道(ほどう) 보도, 인도
☐ 仏(ほとけ) 부처, 불상	☐ 骨(ほね) 뼈	☐ 炎(ほのお) 불꽃, 불길
☐ 堀(ほり) 수로, 해자	☐ ぼろ 넝마, 누더기	☐ 盆(ぼん) 쟁반

- ☐ 本格(ほんかく) 본격
- ☐ 本館(ほんかん) 본관
- ☐ 本気(ほんき) 진심, 제정신
- ☐ 本国(ほんごく) 본국
- ☐ 本質(ほんしつ) 본질
- ☐ 本体(ほんたい) 본체
- ☐ 盆地(ぼんち) 분지
- ☐ 本当(ほんとう) 사실, 진실
- ☐ 本人(ほんにん) 본인
- ☐ 本部(ほんぶ) 본부
- ☐ 本文(ほんぶん) 본문
- ☐ 本物(ほんもの) 진짜, 실물
- ☐ 本来(ほんらい) 본래

ま

- ☐ 間(ま) 사이, 간격
- ☐ 迷子(まいご) 미아
- ☐ 枚数(まいすう) 매수
- ☐ 毎度(まいど) 매번
- ☐ 幕(まく) 막
- ☐ まくら 베개
- ☐ 孫(まご) 손자
- ☐ 摩擦(まさつ) 마찰 N2문규
- ☐ 待合室(まちあいしつ) 대합실
- ☐ 間近(まぢか) 아주 가까움, 바로 눈앞
- ☐ 街角(まちかど) 모퉁이, 길목
- ☐ 松(まつ) 소나무
- ☐ 真っ先(まっさき) 맨 앞, 맨 먼저 N2문규
- ☐ 窓(まど) 창문
- ☐ 窓口(まどぐち) 창구
- ☐ まとまり 통합, 정리
- ☐ まとめ 통합, 정리
- ☐ 真夏(まなつ) 한여름
- ☐ まね 흉내
- ☐ まぶた 눈꺼풀
- ☐ 円(まる) 원형
- ☐ 丸(まる) 동그라미, 원
- ☐ 回り道(まわりみち) 길을 돌아서 감, 우회로
- ☐ 満員(まんいん) 만원
- ☐ 満席(まんせき) 만석
- ☐ 満足(まんぞく) 만족
- ☐ 満点(まんてん) 만점
- ☐ 真ん中(まんなか) 한가운데
- ☐ 万年筆(まんねんひつ) 만년필 N2표기
- ☐ 身(み) 몸, 신체
- ☐ 実(み) 열매, 과실
- ☐ 味方(みかた) 자기편, 아군
- ☐ 見方(みかた) 견해
- ☐ 三日月(みかづき) 초승달
- ☐ 未経験(みけいけん) 미경험
- ☐ みさき 갑, 곶
- ☐ 湖(みずうみ) 호수
- ☐ 水着(みずぎ) 수영복
- ☐ 未成年(みせいねん) 미성년
- ☐ 店屋(みせや) 점포
- ☐ みそ 된장
- ☐ 見出し(みだし) 표제
- ☐ 道順(みちじゅん) 목적지로 가는 길
- ☐ みつ 꿀
- ☐ 密閉(みっぺい) 밀폐 N2읽기
- ☐ 未定(みてい) 미정
- ☐ 緑(みどり) 녹색
- ☐ 皆(みな) 모두
- ☐ 港(みなと) 항구
- ☐ 身分(みぶん) 신분
- ☐ 見本(みほん) 견본 N2유의
- ☐ 未満(みまん) 미만
- ☐ 身元(みもと) 신분, 신원
- ☐ 土産(みやげ) 토산품, 선물
- ☐ 都(みやこ) 도시, 수도
- ☐ 妙案(みょうあん) 묘안
- ☐ 明後日(みょうごにち) 모레

☐ 名字(みょうじ) 성씨	☐ 未来(みらい) 미래	☐ 魅力(みりょく) 매력
☐ 民間(みんかん) 민간	☐ 民主(みんしゅ) 민주	☐ 民謡(みんよう) 민요
☐ 無(む) 무	☐ 昔(むかし) 옛날	☐ 無計画(むけいかく) 무계획
☐ 無限(むげん) 무한	☐ 虫(むし) 벌레	☐ 無視(むし) 무시
☐ 無地(むじ) 민무늬	☐ 虫歯(むしば) 충치	☐ 矛盾(むじゅん) 모순 N2용법
☐ 無数(むすう) 무수	☐ 息子(むすこ) 아들	☐ 娘(むすめ) 딸
☐ 胸(むね) 가슴	☐ 村(むら) 마을	☐ 紫(むらさき) 자색, 보랏빛
☐ 無理(むり) 무리	☐ 無料(むりょう) 무료	☐ 群れ(むれ) 떼, 무리 N2표기
☐ 芽(め) 싹	☐ めい 조카딸	☐ 名作(めいさく) 명작
☐ 名刺(めいし) 명함	☐ 名詞(めいし) 명사	☐ 名所(めいしょ) 명소
☐ 迷信(めいしん) 미신	☐ 名人(めいじん) 명인, 명수	☐ 名場面(めいばめん) 명장면
☐ 名物(めいぶつ) 명물	☐ めいめい 각자, 제각기	☐ 命令(めいれい) 명령
☐ 目上(めうえ) 윗사람, 연장자 N2용법	☐ 目覚まし(めざまし) 잠을 깸	☐ 飯(めし) 밥, 식사
☐ 目下(めした) 아랫사람	☐ 目印(めじるし) 표시, 표지	☐ めまい 현기증
☐ 目安(めやす) 목표, 기준	☐ 面(めん) 면	☐ 綿(めん) 면
☐ 免税(めんぜい) 면세	☐ 面積(めんせき) 면적	☐ 面接(めんせつ) 면접
☐ 申し込み(もうしこみ) 신청 N2표기	☐ 申し訳(もうしわけ) 변명	☐ 毛布(もうふ) 모포, 담요
☐ 木材(もくざい) 목재	☐ 目次(もくじ) 목차	☐ 目的(もくてき) 목적
☐ 目標(もくひょう) 목표	☐ 文字(もじ) 문자	☐ 餅(もち) 떡
☐ 持ち物(もちもの) 소지품, 소유물	☐ 基(もと) 근본, 기초	☐ 元(もと) 처음, 기원
☐ 物置(ものおき) 헛간, 광	☐ 物音(ものおと) (무슨) 소리	☐ 物事(ものごと) 사물, 매사
☐ 物真似(ものまね) 흉내	☐ 模範(もはん) 모범 N2읽기	☐ 紅葉(もみじ) 단풍
☐ 木綿(もめん) 무명(실), 면직물	☐ 模様(もよう) 모양	☐ 催し(もよおし) 주최, 모임, 행사
☐ 森(もり) 숲	☐ 門(もん) 문	☐ 文句(もんく) 불평, 불만
☐ 問題(もんだい) 문제 N2유의	☐ 問題点(もんだいてん) 문제점	☐ 問答(もんどう) 문답

□ やかん 주전자	□ 夜間 야간	□ 訳 역, 번역
□ 役 직무, 역할	□ 役者 배우, 광대	□ 役所 관청
□ 約束 약속	□ 役作り 배역에 대해 연구함	□ 役人 관리, 공무원
□ 薬品 약품	□ 役目 임무	□ 役割 역할
□ やけど 화상, 뎀	□ 夜行 야행	□ 矢印 화살표
□ 家賃 집세	□ 薬局 약국	□ 宿 숙소, 여관
□ 家主 가장, 집주인	□ 屋根 지붕	□ 夜分 밤, 밤중
□ 山小屋 산막	□ 湯 뜨거운 물	□ 遊園地 유원지
□ 夕刊 석간	□ 勇気 용기	□ 友好 우호
□ 優秀 우수	□ 優勝 우승	□ 友情 우정
□ 友人 친구	□ 郵送 우송	□ 夕立 (여름 오후의) 소나기
□ 夕日 석양	□ 郵便 우편	□ 郵便局 우체국
□ 有料 유료	□ 優良 우량	□ 床 마루
□ 浴衣 여름철에 입는 무명 홑옷	□ 雪 눈	□ 行方 행방 N2용법
□ 湯気 김, 수증기	□ 輸血 수혈	□ 輸出 수출
□ 輸送 수송	□ 油断 방심, 부주의 N2표기	□ ゆとり 여유
□ 輸入 수입	□ 湯飲み 찻잔, 찻종	□ 指 손가락
□ 指先 손끝	□ 指輪 반지	□ 夢 꿈
□ 夜・夜 밤	□ 夜明け 새벽	□ 用 용무
□ 用意 준비	□ 容易 용이	□ 溶岩 용암
□ 容器 용기, 그릇	□ 陽気 날씨, 기후	□ 要求 요구 N2읽기
□ 用語 용어	□ 用紙 용지	□ 要旨 요지 N2문규
□ 容姿 얼굴 생김과 몸매 N2읽기	□ 幼児 유아 N2표기	□ 要所 요소 N2문규
□ 用心 조심함	□ 様子 모양, 기미, 기색, 상황 N2문규	□ 容積 용적, 용량, 부피 N2문규
□ 要素 요소	□ 幼稚園 유치원	□ 要点 요점

☐ 用途(ようと) 용도	☐ 曜日(ようび) 요일	☐ 洋品店(ようひんてん) 양품점
☐ 養分(ようぶん) 양분, 자양분	☐ 羊毛(ようもう) 양모, 양털	☐ 要領(ようりょう) 요령
☐ 予期(よき) 예기, 예상	☐ 浴室(よくしつ) 욕실	☐ 欲張(よくば)り 욕심쟁이
☐ 横(よこ) 옆, 가로	☐ 横文字(よこもじ) 가로 글씨	☐ 予算(よさん) 예산
☐ 予習(よしゅう) 예습	☐ 予測(よそく) 예측 N2표기·문규	☐ 四(よ)つ角(かど) 네 모퉁이
☐ 酔(よ)っ払(ばら)い 술주정꾼	☐ 予定(よてい) 예정	☐ 夜中(よなか) 한밤중
☐ 世(よ)の中(なか) 세상, 세간 N2읽기	☐ 予備(よび) 예비	☐ 余分(よぶん) 여분
☐ 予報(よほう) 예보	☐ 予防(よぼう) 예방	☐ 読(よ)み物(もの) 읽을거리
☐ 嫁(よめ) 며느리	☐ 予約(よやく) 예약	☐ 余裕(よゆう) 여유
☐ 喜(よろこ)び 기쁨	☐ 弱(よわ)み 취약점, 약점	

ら

☐ 来場(らいじょう) 그 장소에 옴	☐ 来日(らいにち) 내일, 일본으로 옮	☐ 来年度(らいねんど) 내년도
☐ 楽(らく) 편함	☐ 落第(らくだい) 낙제	☐ 利益(りえき) 이익 N2용법
☐ 理科(りか) 이과	☐ 理解(りかい) 이해	☐ 利害(りがい) 이해
☐ 陸(りく) 육지, 뭍	☐ 離婚(りこん) 이혼	☐ 履修(りしゅう) 이수
☐ 理想(りそう) 이상	☐ 率(りつ) 비율, 보답의 정도	☐ 利点(りてん) 이점
☐ 裏面(りめん) 뒷면	☐ 理由(りゆう) 이유	☐ 流域(りゅういき) 유역
☐ 留学(りゅうがく) 유학	☐ 流行(りゅうこう) 유행	☐ 流通(りゅうつう) 유통
☐ 流量(りゅうりょう) 유량	☐ 利用(りよう) 이용	☐ 量(りょう) 양
☐ 両替(りょうがえ) 환전	☐ 両側(りょうがわ) 양측	☐ 漁師(りょうし) 고기잡이, 어부
☐ 領事(りょうじ) 영사	☐ 領収(りょうしゅう) 영수	☐ 良心(りょうしん) 양심
☐ 良性(りょうせい) 양성	☐ 両立(りょうりつ) 양립	☐ 旅客(りょかく) 여객
☐ 旅館(りょかん) 여관	☐ 旅券(りょけん) 여권	☐ 離陸(りりく) 이륙
☐ 履歴書(りれきしょ) 이력서	☐ 臨時(りんじ) 임시	☐ 類(るい) 종류, 같은 부류
☐ 留守(るす) 부재중	☐ 留守番(るすばん) 집을 지킴	☐ 零(れい) 영, 제로

☐ 例外 (れいがい) 예외	☐ 礼儀 (れいぎ) 예의 N2표기	☐ 礼状 (れいじょう) 사례 편지
☐ 冷蔵庫 (れいぞうこ) 냉장고	☐ 冷暖房 (れいだんぼう) 냉난방	☐ 零点 (れいてん) 영점, 빙점
☐ 冷凍 (れいとう) 냉동 N2읽기	☐ 歴史 (れきし) 역사	☐ 列 (れつ) 열, 줄
☐ 列車 (れっしゃ) 열차	☐ 列島 (れっとう) 열도	☐ 連合 (れんごう) 연합
☐ 練習 (れんしゅう) 연습	☐ 連想 (れんそう) 연상	☐ 連続 (れんぞく) 연속
☐ 連絡 (れんらく) 연락	☐ 老人 (ろうじん) 노인	☐ ろうそく 초, 양초
☐ 労働 (ろうどう) 노동	☐ 録音 (ろくおん) 녹음	☐ 論争 (ろんそう) 논쟁
☐ 論文 (ろんぶん) 논문		

わ

☐ 輪 (わ) 고리, 원형 N2표기	☐ 和英 (わえい) 일본어와 영어	☐ わき 겨드랑이, 옆
☐ 綿 (わた) 목화, 솜	☐ 話題 (わだい) 화제	☐ 和服 (わふく) 일본옷
☐ 割合 (わりあい) 비율	☐ 割り算 (わざん) 나눗셈	☐ 割引き (わりびき) 할인
☐ 悪口・悪口 (わるくち・わるぐち) 욕	☐ 碗 (わん) (음식물을 담는) 공기	☐ 湾 (わん) 만(바다가 육지로 굽어 후미진 곳)

2 출제 예상 동사

あ

☐ 愛する (あい する) 사랑하다	☐ 遭う (あう) 우연히 만나다, 조우하다
☐ あおぐ 부채질하다, 부치다	☐ あきらめる 체념하다, 단념하다
☐ あきる 싫증나다, 물리다	☐ あきれる 어이없다, 기가 막히다
☐ あげる 튀기다	☐ あこがれる 동경하다 N2문규
☐ 味わう (あじ わう) 맛보다	☐ 預かる (あず かる) 맡다, (남의 것을) 보관하다
☐ 焦る (あせ る) 초조해하다 N2표기	☐ 遊ぶ (あそ ぶ) 놀다

☐ 暖まる・温まる	따뜻해지다	☐ 暖める・温める	따뜻하게 하다
☐ 当たる	맞다, 당첨되다	☐ 扱う	다루다, 취급하다 N2표기
☐ 集まる	모이다, 집중하다 N2유의	☐ 集める	모으다, 집중시키다
☐ 当てる	맞히다, 명중시키다	☐ 暴れる	난폭하게 굴다, 날뛰다
☐ 浴びる	뒤집어쓰다	☐ あぶる	(불에) 쬐어 굽다, 말리다
☐ あふれる	가득 차서 넘치다 N2문규	☐ 甘やかす	응석을 받아 주다 N2용법
☐ 余る	남다	☐ 編む	짜다, 뜨다
☐ 過つ	잘못하다, 실수하다	☐ 誤る	실수하다, 틀리다 N2읽기·표기·유의
☐ 争う	다투다, 싸우다, 경쟁하다 N2표기	☐ 改める	고치다, 변경하다, 개선하다 N2읽기
☐ 現す	(모습·모양을) 나타내다	☐ 著す	저술하다
☐ 現れる	나타나다	☐ 荒れる	거칠어지다, 난폭해지다
☐ 合わせる	맞추다	☐ あわてる	당황하다
☐ いじめる	괴롭히다 N2문규	☐ 急ぐ	서두르다
☐ 抱く	껴안다, 마음에 품다 N2문규	☐ 傷む	아프다, 상하다 N2읽기
☐ 至る	이르다	☐ 嫌がる	싫어하다
☐ いる	볶다, 지지다	☐ 居る	있다
☐ 要る	필요하다	☐ 飢える	굶주리다
☐ 植える	심다	☐ 浮かぶ	뜨다, 생각나다
☐ 浮かべる	떠올리다, 생각해내다	☐ 承る	받다·듣다·맡다의 겸양어
☐ 動かす	움직이다	☐ 薄める	엷게 하다 N2용법
☐ 疑う	의심하다 N2용법	☐ 打つ	치다
☐ 撃つ	공격하다, 총포를 쏘다	☐ 討つ	베어 죽이다, 토벌하다
☐ 写す	(사진을) 찍다, 베끼다	☐ 映す	비추다, 투영하다
☐ 移す	옮기다	☐ 訴える	소송하다, 호소하다
☐ うつむく	머리를 숙이다 N2유의	☐ 写る	비치다, 보이다
☐ 移る	옮기다	☐ うなずく	수긍하다, 고개를 끄덕이다

☐ うなる 웅웅거리다, (동물이) 으르렁거리다	☐ 奪う 빼앗다
☐ 埋まる 묻히다, 파묻히다	☐ 生まれる 태어나다, 탄생하다
☐ 産む 낳다, 분만하다	☐ 埋める 묻다, 메우다
☐ 敬う 존경하다, 공경하다	☐ 占う 점치다
☐ 恨む 원망하다, 분하게 여기다	☐ うらやむ 부러워하다
☐ 憂える 근심하다, 걱정하다	☐ 売れる (잘) 팔리다
☐ 描く 그리다	☐ 選ぶ 고르다
☐ 得る 얻다 N2문규	☐ 負う 짊어지다
☐ 応じる・応ずる 응하다	☐ 終える 끝내다 N2유의
☐ 覆う 덮다, 씌우다, 숨기다 N2용법	☐ 犯す 범하다, 어기다
☐ 拝む 공손히 절하다	☐ 補う 보충하다
☐ 遅らす 늦추다	☐ 遅れる 늦다, 늦어지다
☐ 怠る 게으름을 피우다, 태만하다	☐ 行う 행동하다, 실시하다
☐ 起こる 일어나다	☐ 押さえる 억누르다
☐ 納まる 납입되다	☐ 収まる 수습되다
☐ 治まる 고요해지다, 진정되다	☐ 納める 납입하다 N2읽기·문규
☐ 収める 거두다	☐ 治める 다스리다
☐ 修める 수양하다	☐ 押す 누르다
☐ 教わる 가르침을 받다, 배우다	☐ 落ちる 떨어지다
☐ おどかす 으르다, 위협하다	☐ 落とす 떨어뜨리다
☐ 訪れる 방문하다, 찾다 N2표기	☐ 劣る 못하다, 뒤떨어지다 N2읽기·표기
☐ 衰える 쇠약해지다, 쇠퇴하다	☐ 驚かす 놀라게 하다
☐ 驚く 놀라다	☐ おぼれる 빠지다
☐ 及ぶ 이르다, 미치다	☐ 及ぼす 미치게 하다, 끼치다
☐ 下りる 내리다, 내려오다	☐ 降りる 내리다
☐ 織る (옷감 등을) 짜다	☐ 折れる 꺾이다

- ☐ 下ろす 내리다, 내려놓다
- ☐ 降ろす 내리다, 내려뜨리다
- ☐ 卸す 도매하다

か

- ☐ 帰す 돌려보내다
- ☐ 代える 대신하다
- ☐ 返る 되돌아가다, 되돌아오다
- ☐ 変える 바꾸다, 변경하다
- ☐ 替える 바꾸다, 교환하다
- ☐ 換える 바꾸다, 교환하다
- ☐ 香る 향기가 나다, 좋은 냄새가 나다
- ☐ 欠かす 빠뜨리다, 거르다
- ☐ 輝く 빛나다
- ☐ かかわる 관계되다, 상관하다
- ☐ かく 긁다, 할퀴다
- ☐ かく (땀을) 흘리다
- ☐ かぐ 냄새 맡다
- ☐ 隠す 감추다, 숨기다 N2읽기
- ☐ 隠れる 숨다
- ☐ 欠ける 빠지다, 부족하다
- ☐ 重なる 겹치다, 포개지다
- ☐ 飾る 꾸미다, 장식하다
- ☐ かじる 갉아먹다, 베어 먹다, 조금 알다
- ☐ 貸す 빌려주다
- ☐ 科する (벌을) 과하다
- ☐ 課する 부과하다, 시키다
- ☐ 稼ぐ 돈을 벌다
- ☐ 数える 세다, 열거하다
- ☐ 固まる 굳다, 딱딱해지다
- ☐ 傾く 기울다 N2표기
- ☐ 偏る 치우치다, 기울다 N2문규
- ☐ 語る 말하다
- ☐ 勝つ 이기다
- ☐ 担ぐ 메다, 짊어지다
- ☐ かなう 이루어지다 N2용법
- ☐ 悲しむ 슬퍼하다
- ☐ 兼ねる 겸하다
- ☐ かばう 감싸다, 비호하다
- ☐ かぶせる 덮다, 씌우다
- ☐ 構う 관계하다, 상관하다 N2유의
- ☐ かむ 깨물다, 씹다
- ☐ からかう 조롱하다, 놀리다
- ☐ 刈る 베다, 깎다
- ☐ 枯れる (초목이) 마르다, 시들다
- ☐ かわいがる 귀여워하다
- ☐ 乾かす 말리다
- ☐ 変わる 바뀌다, 달라지다 N2유의
- ☐ 代わる 대신하다

☐ 感じる・感ずる 느끼다 N2문규	☐ 関する 관련하다
☐ 利く 잘 움직이다, 기능을 발휘하다	☐ 効く 듣다, 효과가 있다 N2문규
☐ 刻む 잘게 썰다, 새기다	☐ 築く 쌓다, 구축하다
☐ 競う 겨루다, 경쟁하다 N2읽기	☐ 嫌う 싫어하다
☐ 切れる 끊어지다, 떨어지다 N2문규	☐ 食う 먹다
☐ 腐る 썩다, 상하다	☐ 崩す 무너뜨리다, (큰돈을) 헐다
☐ 崩れる 무너지다, 허물어지다	☐ 砕く 부수다, 깨뜨리다 N2문규
☐ 砕ける 부서지다, 깨지다	☐ くたびれる 지치다 N2유의
☐ 下る 내려가다	☐ くつろぐ 편안히 쉬다
☐ 酌む (술 따위를) 따라서 마시다	☐ くむ 푸다, 퍼 올리다
☐ 組む (조직을) 만들다	☐ 曇る 흐리다
☐ 悔やむ 후회하다, 애석하게 여기다 N2문규	☐ 暮らす 보내다, 살다 N2읽기·표기
☐ 狂う 미치다, 이상해지다	☐ 苦しむ 괴로워하다, 고생하다
☐ 苦しめる 괴롭히다	☐ くるむ 감싸다, 둘러싸다
☐ 暮れる 저물다	☐ くわえる 입에 물다
☐ 加える 가하다, 더하다	☐ 加わる 가해지다, 더해지다
☐ 消す 끄다, 지우다	☐ 削る 깎다, 삭감하다 N2읽기·문규
☐ 蹴る 발로 차다	☐ 被る 받다, 입다
☐ 凍る 얼다 N2표기	☐ 焦がす 눌리다, 태우다 N2표기
☐ こぐ (노로 배를) 젓다	☐ 焦げる 눋다, 타다
☐ 凍える 얼다, 추위로 곱다	☐ こしらえる 준비하다, 만들다
☐ こじらせる 복잡하게 하다	☐ こじれる (병이) 도지다
☐ 越す 넘다, 이사하다	☐ 超す 넘다, 초과하다
☐ こする 문지르다, 비비다	☐ 異なる 다르다
☐ 好む 좋아하다, 즐기다	☐ こぼす 흘리다
☐ こぼれる 흘러넘치다	☐ 込む・混む 넣다, 혼잡하다

- ☐ こめる 넣다, 담다
- ☐ 転(ころ)がす 굴리다, 쓰러뜨리다
- ☐ 転(ころ)ぶ 넘어지다, 구르다
- ☐ こらえる 참다, 견디다
- ☐ 殺(ころ)す 죽이다
- ☐ 壊(こわ)れる 깨지다, 파괴되다

さ

- ☐ さかのぼる 거슬러 올라가다
- ☐ 盛(さか)る 번창하다, 활발해지다
- ☐ 探(さぐ)る 뒤지다, 더듬어 찾다
- ☐ 下(さ)げる 내리다
- ☐ 刺(さ)さる 박히다, 찔리다
- ☐ 差(さ)す 가리다
- ☐ 指(さ)す 가리키다
- ☐ 定(さだ)まる 정해지다, 결정되다
- ☐ さびる 녹슬다 N2용법
- ☐ 冷(さ)ます 식히다
- ☐ 覚(さ)める 깨다, 눈이 뜨이다 N2문규
- ☐ 去(さ)る 떠나다, 사라지다
- ☐ 敷(し)く 깔다, 부설하다
- ☐ 静(しず)まる 가라앉다, 안정되다
- ☐ しびれる 저리다, 마비되다
- ☐ 絞(しぼ)る 쥐어짜다, 좁히다 N2읽기
- ☐ 閉(し)まる 닫히다
- ☐ 湿(しめ)る 축축해지다 N2유의
- ☐ しゃがむ 웅크리다, 쭈그리다
- ☐ しゃべる 수다 떨다 N2문규
- ☐ 知(し)らせる 알리다, 통지하다
- ☐ 逆(さか)らう 거스르다, 거역하다 N2표기·문규
- ☐ 裂(さ)く 찢다, 쪼개다
- ☐ 避(さ)ける 피하다, 꺼리다
- ☐ ささやく 속삭이다, 소근거리다 N2유의
- ☐ 挿(さ)す 꽂다, 끼우다
- ☐ 刺(さ)す 찌르다 N2읽기
- ☐ 誘(さそ)う 권(유)하다 N2표기
- ☐ 定(さだ)める 정하다, 결정하다
- ☐ 覚(さ)ます 깨다, 깨우다
- ☐ 妨(さまた)げる 방해하다 N2문규
- ☐ 冷(さ)める 식다 N2문규
- ☐ 触(さわ)る 닿다, 만지다
- ☐ 茂(しげ)る 초목이 무성하다
- ☐ 沈(しず)む 가라앉다 N2읽기·표기
- ☐ しぼむ 시들다
- ☐ しまう 끝나다, 파하다
- ☐ 閉(し)める 닫다
- ☐ 占(し)める 차지하다 N2읽기
- ☐ しゃぶる 입에 넣고 빨다
- ☐ 生(しょう)じる・生(しょう)ずる 생기다 N2용법
- ☐ 調(しら)べる 조사하다, 알아보다

- 印す しるす 표시하다
- 信じる・信ずる しんじる・しんずる 믿다
- 過ぎる すぎる 지나다
- 優れる すぐれる 우수하다
- 進める すすめる 진척시키다
- 済ます・済ませる すます・すませる 마치다, 끝내다 N2유의
- 澄む すむ 맑아지다
- 刷る する 인쇄하다, 찍다
- 接する せっする 접하다
- 責める せめる 비난하다, 탓하다 N2표기
- 添う そう 더하다, 첨가하다
- 注ぐ そそぐ 흘러들어 가다, 쏟아지다
- 備える そなえる 준비하다, 대비하다 N2읽기·문규
- それる 빗맞다, 빗나가다
- そろえる 갖추다, 정돈하다 N2문규

- 記す しるす 적다, 기록하다
- 吸う すう 빨아들이다, 피우다
- 救う すくう 구하다, 건지다 N2표기
- 涼む すずむ 시원한 바람을 쐬다
- 捨てる すてる 버리다
- 済む すむ 끝나다
- ずらす 비켜 놓다
- ずれる 어긋나다, 벗어나다
- 迫る せまる 다가오다, 좁혀지다
- 沿う そう 따르다
- 属する ぞくする 속하다 N2문규
- 育てる そだてる 키우다
- そる 깎다, 면도하다
- そろう 갖추어지다, 모이다 N2유의
- 存じる・存ずる ぞんじる・ぞんずる 알다·생각하다의 겸양어

た

- 対する たいする 대하다
- 高まる たかまる 높아지다
- 耕す たがやす 경작하다, 일구다 N2읽기
- 抱く だく 안다
- 確かめる たしかめる 확인하다
- 助かる たすかる 살아나다
- 訪ねる たずねる 방문하다
- たたく 치다, 두드리다
- 経つ たつ 경과하다

- 倒す たおす 쓰러뜨리다
- 高める たかめる 높이다
- 炊く たく 밥을 짓다 N2문규
- 蓄える たくわえる 저장하다, 모으다 N2문규
- 足す たす 더하다, 채우다 N2유의
- 助ける たすける 구해 주다, 구조하다
- 戦う たたかう 싸우다
- 畳む たたむ 접다, 개다 N2용법
- 建つ たつ 세워지다, 서다

☐ 発つ	출발하다, 떠나다	☐ 達する	도달하다
☐ 楽しむ	즐기다	☐ ダブる	겹쳐지다, 중복되다 〈속어〉
☐ だます	속이다	☐ たまる	참다, 견디다 〈부정, 반어로 사용〉
☐ たまる	쌓이다, 밀리다	☐ 黙る	입을 다물다
☐ 試す	시험하다, 시도해 보다	☐ ためらう	주저하다, 망설이다
☐ ためる	담아 두다	☐ 保つ	유지하다 N2용법
☐ 頼る	의지하다, 믿다	☐ 足る	충분하다, 족하다
☐ 誓う	맹세하다, 서약하다	☐ 違う	다르다, 틀리다
☐ 契る	장래를 약속하다	☐ 縮む	줄어들다 N2유의·용법
☐ 縮める	줄이다, 단축하다	☐ 縮れる	주름지다, 오그라들다
☐ 散らかす	흩뜨리다, 어지르다	☐ 散らかる	흩어지다, 어질러지다 N2문규
☐ 散らす	흩뜨리다, 어지르다	☐ 散る	떨어지다, 꽃잎이 지다
☐ 通じる・通ずる	통하다 N2문규	☐ 捕まえる	붙잡다, 붙들다
☐ 捕まる	붙잡히다	☐ つかむ	쥐다, 붙잡다
☐ 尽きる	다하다, 떨어지다 N2문규	☐ 付く	붙다
☐ 突く	찌르다, 치다	☐ 就く	자리에 오르다, 취임하다
☐ つぐ	쏟아붓다, 따르다	☐ 次ぐ	뒤를 잇다, 버금가다 N2문법
☐ 尽くす	다하다	☐ 作る	만들다
☐ 造る	만들다, 꾸미다	☐ 付ける	붙이다 N2문규
☐ 着ける	걸치다	☐ 伝わる	전해지다
☐ 続く	계속되다, 이어지다	☐ 続ける	계속하다
☐ 包む	포장하다, 싸다	☐ 努める	노력하다
☐ 務める	임무를 맡다 N2표기	☐ 勤める	일하다, 근무하다
☐ つながる	연결되다	☐ つなぐ	매다, 잇다
☐ つなげる	연결하다	☐ つぶす	찌부러뜨리다, 으깨다, (시간을) 때우다 N2문규
☐ つぶれる	찌부러지다, 깨지다	☐ つまずく	발이 걸려 넘어지다 N2문규

☐ 詰(つ)まる	가득 차다, 막히다 N2문규	☐ 積(つ)む	쌓다, 싣다 N2읽기
☐ 詰(つ)める	채우다, 좁히다	☐ 積(つ)もる	쌓이다, 많이 모이다
☐ 強(つよ)まる	강해지다, 세지다	☐ 強(つよ)める	강하게 하다, 세게 하다
☐ つる	매달다	☐ 釣(つ)る	낚다, 낚시하다
☐ つるす	달아매다, 매달다	☐ 連(つ)れる	동행하다, 동반하다
☐ 呈(てい)する	나타내다	☐ 適(てき)する	알맞다, 적당하다
☐ 照(て)らす	빛을 비추다 N2문규	☐ 照(て)る	비치다
☐ 問(と)う	묻다	☐ 通(とお)す	통과시키다
☐ 溶(と)かす	녹이다, 풀다	☐ とがる	뾰족해지다, 예민해지다
☐ 溶(と)く	풀다	☐ どく	물러나다, 비키다
☐ 溶(と)ける	녹다, 풀리다	☐ 解(と)ける	풀리다, 끌러지다
☐ どける	치우다, 물리치다	☐ 届(とど)ける	닿게 하다, 신고하다
☐ 整(ととの)う	정돈되다, 갖춰지다 N2표기	☐ 整(ととの)える	조절하다, 정돈하다
☐ とどまる	머물다, 움직이지 않다	☐ 隣(とな)る	이웃하다
☐ どなる	고함치다, 야단치다	☐ 飛(と)ばす	날리다, 날게 하다
☐ 止(と)まる	멎다, 그치다	☐ 留(と)まる	멎다, 고정되다
☐ 止(と)める	멈추다, 세우다	☐ 留(と)める	멈추다, 고정시키다
☐ 泊(と)める	묵게 하다, 숙박시키다	☐ 伴(ともな)う	함께 가다, 동반하다 N2읽기
☐ 捕(と)らえる	잡다, 붙잡다	☐ 取(と)る	잡다, 집다
☐ 採(と)る	뽑다, 채집하다	☐ 捕(と)る	잡다, 체포하다
☐ 取(と)れる	떨어지다, 산출되다		

な

☐ 直(なお)す	고치다	☐ 治(なお)す	치료하다
☐ 直(なお)る	고쳐지다	☐ 治(なお)る	낫다
☐ 流(なが)れる	흐르다, 허사가 되다	☐ 泣(な)く	(사람이) 울다

☐ 鳴く	(새, 짐승 등이) 울다	☐ 慰める	위로하다, 달래다
☐ 亡くす	잃다, 여의다	☐ 無くす	없애다, 잃다
☐ 亡くなる	돌아가시다	☐ 無くなる	없어지다
☐ 殴る	세게 때리다, 세게 치다	☐ 投げる	던지다
☐ なす	하다, 행하다	☐ なでる	어루만지다, 쓰다듬다
☐ 怠ける	게으름 피우다	☐ 悩む	괴로워하다, 고민하다 N2읽기
☐ 倣う	모방하다, 따르다 N2문규	☐ 鳴らす	소리를 내다, 울리다
☐ 並べる	늘어놓다	☐ なる	열리다, 맺히다
☐ 鳴る	울리다	☐ 慣れる	익숙해지다
☐ 煮える	삶아지다, 익다	☐ におう	냄새가 나다
☐ 逃がす	놓아주다, 놓치다	☐ 握る	쥐다, 잡다 N2읽기
☐ 憎む	미워하다	☐ 濁る	흐려지다, 탁해지다 N2문규
☐ にらむ	쏘아보다, 노려보다	☐ 似る	닮다 N2유의
☐ 煮る	삶다	☐ 縫う	꿰매다, 바느질하다
☐ 抜ける	빠지다	☐ 盗む	훔치다
☐ 濡らす	적시다	☐ 塗る	바르다, 칠하다 N2읽기
☐ 寝かせる	재우다	☐ ねじる	비틀다, 쥐어짜다
☐ 熱する	뜨겁게 하다, 열중하다	☐ 眠る	자다
☐ 狙う	겨누다, 노리다	☐ 寝る	자다
☐ 残す	남기다	☐ 残る	남다
☐ 載せる	게재하다, 싣다	☐ 乗せる	태우다
☐ のぞく	보다, 들여다보다	☐ 除く	제거하다, 제외하다 N2읽기
☐ 望む	바라다, 소망하다	☐ 伸ばす	펴다, 성장시키다
☐ 延ばす	연장시키다, 연기하다	☐ 延びる	길어지다, 연장되다
☐ 伸びる	펴지다, 자라다	☐ 上る	오르다, 상경하다
☐ 昇る	오르다 N2읽기	☐ 登る	오르다

- 乗(の)る 타다

は

- 這(は)う 기다
- 測(はか)る (길이, 깊이를) 재다
- 計(はか)る 헤아리다
- 吐(は)く 토하다, 내뱉다
- 挟(はさ)まる 틈새에 끼이다
- 始(はじ)まる 시작되다, 기원하다
- 外(はず)す 풀다, 제외하다, 피하다 N2용법
- 果(は)たす 완수하다, 달성하다 N2표기
- 罰(ばっ)する 벌하다
- 放(はな)す 놓다, 풀어놓다
- 放(はな)れる 놓이다, 풀리다
- はめる 끼우다, 끼다, 채우다
- 速(はや)める 속도를 높이다
- 払(はら)う 지불하다
- 張(は)る 뻗다, 부풀다, 붙이다, 바르다
- 反(はん)する 반하다, 어긋나다
- 光(ひか)る 빛나다
- 引(ひ)く 끌다
- 響(ひび)く 울리다
- 広(ひろ)がる 퍼지다, 번지다
- 広(ひろ)める 넓히다
- 深(ふか)まる 깊어지다
- ふく 닦다, 훔치다

- はがす 벗기다, 떼어내다
- 量(はか)る (무게를) 재다
- 掃(は)く 쓸다
- 運(はこ)ぶ 나르다, 운반하다
- 挟(はさ)む 끼우다, 사이에 두다
- 始(はじ)める 시작하다, 개시하다
- 外(はず)れる 풀어지다, 벗어나다
- 働(はたら)く 일하다, 활동하다
- 離(はな)す 떼다, 거리를 두다
- 離(はな)れる 멀어지다, 떠나다
- 跳(は)ねる 뛰어오르다, 튀다
- 早(はや)める 서두르다, 앞당기다
- はやる 유행하다 N2문규
- はらむ 내포하다, 품다
- 晴(は)れる 날이 개다
- 冷(ひ)える 차가워지다, 식다
- ひく (차 따위로) 치다
- ひねる 돌리다, 꼬집다
- 冷(ひ)やす 차게 하다
- 広(ひろ)げる 펼치다, 벌리다
- 殖(ふ)える 늘다, 번식하다
- 深(ふか)める 깊게 하다
- 含(ふく)む 포함하다, 함유하다 N2표기

출제 예상 문자·어휘 **227**

☐ 含める	포함시키다 N2읽기	☐ 膨らます	부풀게 하다
☐ 膨らむ	부풀어 오르다, 불룩해지다	☐ 更ける	(밤·계절이) 깊어지다, 이슥해지다
☐ ふさがる	막히다, 차다	☐ ふさぐ	막다, 가리다 N2용법
☐ ふざける	농하다, 까불다	☐ ぶつ	때리다, 치다
☐ ぶつかる	부딪치다, 겹치다 N2유의	☐ ぶつける	부딪치다
☐ 殖やす	(돈·재산을) 늘리다	☐ 増やす	(인원·수량을) 늘리다
☐ 振る	흔들다	☐ 震える	흔들리다, 떨리다
☐ 触れる	접촉하다, 닿다, 언급하다 N2읽기	☐ 凹む	움푹 패다, 꺼지다
☐ 隔てる	떼어놓다, 가로막다 N2용법	☐ 減らす	줄이다
☐ へる	배고프다	☐ 経る	거치다, 지나다
☐ ほえる	(개·짐승 따위가) 짖다	☐ 放る	던지다, 방치하다
☐ 誇る	자랑하다	☐ 干す	말리다
☐ ほどく	풀다	☐ ほほえむ	미소짓다
☐ 掘る	파다, 구멍을 뚫다 N2읽기	☐ 彫る	(칼로) 새기다

ま

☐ 参る	가다·오다의 겸양어	☐ 任せる	맡기다 N2문규
☐ 曲がる	돌다, 꺾다, 구부러지다	☐ まく	(씨를) 뿌리다, 파종하다
☐ 負ける	지다	☐ 曲げる	구부리다, 굽히다
☐ 交ざる・交じる	섞이다	☐ 混ざる・混じる	뒤섞이다
☐ 交える	섞다, 주고받다	☐ 増す	많아지다, 늘다 N2표기
☐ 混ぜる	넣어 뒤섞다	☐ またぐ	(가랑이를 벌리고) 넘다
☐ まとまる	하나로 정리되다	☐ まとめる	하나로 정리하다
☐ 学ぶ	배우다	☐ 招く	부르다, 초대하다 N2표기
☐ まねる	흉내 내다	☐ 迷う	헤매다, 망설이다
☐ 丸める	둥글게 하다, 구부리다	☐ 回す	돌리다, 회전시키다

☐ 回る	돌다	☐ 満たす	채우다, 충족시키다
☐ 乱れる	뒤섞이다, 흐트러지다 N2표기	☐ 導く	인도하다, 이끌다 N2표기
☐ 満ちる	가득 차다	☐ 認める	인정하다 N2읽기
☐ 診る	진찰하다	☐ むく	(껍질을) 벗기다
☐ 向く	향하다	☐ 向ける	향하다, 돌리다
☐ 蒸す	무덥다, 찌다	☐ 結ぶ	맺다
☐ 群れる	떼를 짓다, 군집하다 N2표기	☐ 命じる・命ずる	명령하다
☐ 恵まれる	혜택받다, 풍족하다	☐ 恵む	은혜를 베풀다, 인정을 베풀다
☐ 巡る	돌다, 순회하다	☐ 面する	면하다, 향하다 N2문규
☐ もうかる	벌이가 되다, 덕 보다	☐ もうける	벌다, 이익을 보다
☐ 申す	말하다	☐ 燃える	타다 N2읽기
☐ 潜る	잠입하다, 숨어들다	☐ もたれる	기대다, 의지하다
☐ 基づく	의거하다	☐ 戻る	되돌아오(가)다
☐ もむ	비비다, 주무르다	☐ 燃やす	불태우다
☐ 催す	개최하다, 주최하다	☐ 漏れる	새다
☐ 盛る	쌓아 올리다, 담다		

や

☐ 焼く	굽다	☐ 訳す	번역하다
☐ 養う	기르다, 양육하다	☐ 休む	쉬다 N2유의
☐ 破く	찢다	☐ 破れる	깨지다, 찢어지다 N2표기
☐ 敗れる	패배하다 N2읽기	☐ 止める	그만두다, 중지하다
☐ 譲る	양보하다 N2유의	☐ ゆでる	데치다, 삶다
☐ 許す	허락하다, 용서하다	☐ 揺れる	흔들리다
☐ 酔う	술에 취하다	☐ よこす	보내오다, 넘겨주다
☐ 汚す	더럽히다	☐ 汚れる	더러워지다

- ☐ よす 중지하다, 그만두다
- ☐ 因る 기인하다
- ☐ 喜ぶ 기뻐하다
- ☐ 寄せる 바싹 옆으로 대다, 들르게 하다
- ☐ 寄る 들르다
- ☐ 弱める 약화시키다

ら

- ☐ 略す 생략하다 N2읽기·용법
- ☐ 論じる・論ずる 논하다

わ

- ☐ 沸かす 끓이다
- ☐ 分ける 나누다, 가르다
- ☐ 渡る 건너다
- ☐ 割る 나누다, 가르다, 깨다
- ☐ 沸く 끓다, 솟다
- ☐ 忘れる 잊다
- ☐ わびる 사죄하다
- ☐ 割れる 나누어지다, 갈라지다, 깨지다

3 출제 예상 복합동사

- ☐ 相打つ 서로 치다, 서로 싸우다
- ☐ 相寄る 접근하다
- ☐ 遊び疲れる 놀다 지치다
- ☐ 当てはめる 맞추다, 적용시키다
- ☐ 言い当てる 알아맞히다
- ☐ 言い換える 바꿔 말하다
- ☐ 言い付ける 분부하다, 명령하다
- ☐ 威張る 뽐내다, 거만하게 굴다
- ☐ 相次ぐ 잇따르다, 연달다 N2문규
- ☐ 仰向く 위를 보다
- ☐ 当てはまる 꼭 들어맞다, 적합하다
- ☐ 歩き回る 돌아다니다
- ☐ 言い返す 되풀이하여 말하다, 말대답하다
- ☐ 言い出す 말을 꺼내다
- ☐ 生き返る 되살아나다
- ☐ 入れ替える 바꿔 넣다

☐ 受け入れる 받아들이다, 승낙하다 N2용법	☐ 受け付ける 접수하다
☐ 受け取る 수취하다, 받다	☐ 受け持つ 맡다, 담당하다
☐ 打ち合わせる 미리 상의하다	☐ 打ち消す 부정하다, 지우다 N2유의
☐ 移り住む 옮겨 살다	☐ うのみにする 통째로 삼키다, 곧이곧대로 믿다
☐ 裏返す 뒤집다	☐ 裏切る 배반하다
☐ 売り切れる 매진되다, 품절되다	☐ 売り出す 판매하다
☐ 上回る 상회하다, 웃돌다	☐ 追い掛ける 뒤쫓아가다
☐ 追い越す 앞지르다 N2표기	☐ 追い込む 몰아넣다
☐ 追い出す 내쫓다, 몰아내다	☐ 追いつく 따라잡다
☐ 押し寄せる 몰려들다	☐ 落ち込む 빠져들다 N2문규
☐ 落ち着く 안정되다 N2유의	☐ お目にかかる 만나 뵙다
☐ 思い上がる 잘난 체하다	☐ 思い込む 굳게 결심하다
☐ 思い付く 생각이 떠오르다 N2용법	☐ 折り返す 되풀이하다
☐ 買い込む 사들이다	☐ かかわりあう 서로 관계되다
☐ 書き換える 고쳐 쓰다	☐ 書き込む 적어 넣다, 기입하다
☐ 書き取る 받아쓰다, 베껴 쓰다	☐ 書き直す 다시 쓰다, 고쳐 쓰다
☐ 貸し出す 대출하다	☐ 片寄る 치우치다
☐ 考え付く 생각나다	☐ 着替える 갈아입다
☐ 聞き返す 되묻다, 반문하다	☐ 聞き取る 알아듣다, 듣고 이해하다
☐ 聞き直す 되묻다	☐ 聞き流す 건성으로 듣다
☐ 気付く 깨닫다, 알아차리다	☐ 切り抜ける 벗어나다
☐ 区切る 단락을 짓다, 구획을 짓다	☐ くっつく 달라붙다
☐ くっつける 붙이다	☐ 組み合わせる 짜맞추다, 편성하다
☐ 組み立てる 조립하다	☐ 繰り返す 되풀이하다
☐ 心得る 알다, 납득하다	☐ こしかける 걸터앉다
☐ 言付ける 전언하다	☐ さかのぼる 거슬러 올라가다

☐ 差し上げる 드리다	☐ 差し支える 지장이 있다 N2문규
☐ 差し引く 빼다, 제하다	☐ 仕上がる 마무리되다, 완성되다
☐ 仕上げる 일을 끝내다, 완성하다 N2유의	☐ しいんとする 쥐 죽은 듯하다
☐ 下回る 하회하다, 밑돌다	☐ 支払う 지불하다
☐ 絞り込む 짜 담다, 좁혀가다	☐ 信じ込む 믿어 버리다, 완전히 믿다
☐ 吸い取る 흡수하다, 빨아들이다	☐ 透き通る 비쳐 보이다, 투명하다
☐ すれ違う 스쳐 지나가다	☐ 背負う 짊어지다, 업다 N2읽기
☐ 立ち上がる 일어서다, 일어나다	☐ 立ち止まる 멈추어 서다
☐ 立ち寄る 다가서다, 들르다	☐ 近付く 접근하다, 다가오다
☐ 近付ける 가까이하다 N2문규	☐ 近寄る 접근하다, 다가가다
☐ 使い切る 다 써 버리다	☐ 付き合う 사귀다
☐ 千切る 잘게 찢다	☐ 突き当たる 부딪치다, 충돌하다
☐ 突っ込む 돌입하다, 처넣다, 추궁하다	☐ 詰め込む 가득 채우다, 주입하다
☐ 釣り合う 균형 잡히다, 어울리다	☐ 出会う・出合う 우연히 만나다
☐ 出来上がる 완성되다, 이루어지다	☐ 出来る 할 수 있다, 가능하다
☐ 手伝う 거들다, 돕다	☐ 出迎える 마중 나가다
☐ 問い合わせる 문의하다 N2표기·용법	☐ 問い返す 다시 묻다, 되묻다
☐ 問いかける 묻다, 질문하다	☐ 通り掛かる 마침 지나가다
☐ 通り過ぎる 지나치다, 통과하다	☐ 溶け込む 녹아 섞이다
☐ 飛び上がる 날아오르다	☐ 飛び移る 날아서 다른 데로 옮아가다
☐ 飛び降りる 뛰어내리다	☐ 飛び越える 뛰어넘다
☐ 飛び込む 뛰어들다	☐ 飛び出す 뛰어나오다, 뛰어나가다, 튀어나오다
☐ 飛び立つ 날아가다, 날아오르다	☐ 飛び付く 달려들다, 덤벼들다
☐ 飛び乗る 뛰어 올라타다	☐ 飛び回る 날아다니다
☐ 取り合う 맞잡다, 쟁탈하다	☐ 取り上げる 집어 들다, 빼앗다
☐ 取り扱う 취급하다, 처리하다	☐ 取り集める 한데 모으다

☐ 取り入れる 받아들이다	☐ 採り入れる 수용하다, 채용하다
☐ 取り置く 남겨 두다, 보관하다	☐ 執り行う 지내다, 거행하다
☐ 取り返す 되찾다, 만회하다	☐ 取り替える 바꾸다, 교환하다
☐ 取り掛かる 착수하다, 시작하다	☐ 取り囲む 둘러싸다, 에워싸다
☐ 取り交わす 교환하다	☐ 取り決める 결정하다, 계약하다
☐ 取り切る 모조리 떼다	☐ 取り組む 맞붙다, 맞닥뜨리다
☐ 取り消す 취소하다	☐ 取り込む 혼잡하다, 거두어들이다
☐ 取り出す 꺼내다, 끄집어내다	☐ 取り付ける 달다, 장치하다
☐ 取り直す 고치다, 새로이 하다	☐ 取り戻す 되찾다, 회복하다
☐ 取り止める 그만두다, 중지하다	☐ 取り分ける 나누다, 갈라놓다
☐ 長引く 오래 끌다, 질질 끌다	☐ 泣きつく 울며 매달리다
☐ 似合う 어울리다	☐ 乗り換える 갈아타다, 바꿔 타다
☐ 乗り越える 뛰어넘다, 극복하다 N2문규	☐ 乗り越す 목적지를 지나치다
☐ 運び去る 옮기다 N2읽기	☐ 走り回る 뛰어다니다
☐ 働きかける 작용하다	☐ 話し合う 서로 이야기하다
☐ 話しかける 말을 걸다 N2문규	☐ 払い込む 지불하다
☐ 払い戻す 환불하다	☐ 張り合う 경쟁하다
☐ 張り切る 긴장하다, 힘을 내다	☐ 引き受ける 떠맡다, 인수하다
☐ 引き返す 되돌아가다, 되돌리다 N2용법	☐ 引き込む 틀어박히다
☐ 引き出す 꺼내다	☐ 引き止める 만류하다, 말리다 N2문규
☐ 引き分ける 떼어 놓다, 비기다	☐ 引っ掛かる 걸리다
☐ 引っ掛ける 걸다	☐ 引っ繰り返す 뒤집다, 뒤엎다
☐ 引っ繰り返る 뒤집히다	☐ ひっこむ 틀어박히다
☐ ひっぱる 끌어당기다	☐ ぶら下がる 매달리다, 늘어지다
☐ ぶら下げる 매달다, 늘어뜨리다	☐ 振り向く 뒤돌아보다 N2용법
☐ 振る舞う 행동하다	☐ 待ち受ける 오기를 기다리다

☐ 間違う	잘못되다, 틀리다	☐ 間違える	틀리다, 잘못하다
☐ 見上げる	올려다보다, 쳐다보다	☐ 見当たる	발견되다
☐ 見合わせる	마주 보다, 대조하다, 보류하다	☐ 見いだす	발견하다, 찾아내다
☐ 見失う	(시야에서) 놓치다	☐ 見送る	배웅하다, 바래다주다
☐ 見落とす	간과하다	☐ 見下ろす	내려다보다
☐ 見返す	다시 보다, 뒤돌아보다	☐ 見かける	눈에 띄다, 가끔 보다
☐ 見込む	기대하다, 예상하다	☐ 見下げる	멸시하다, 낮추어 보다
☐ 見付かる	발견되다	☐ 見付ける	발견하다
☐ 見詰める	응시하다, 주시하다	☐ 見直す	다시 보다
☐ 見慣れる	눈에 익다, 낯익다	☐ 見逃す	놓치다, 묵인하다
☐ 見張る	망보다, 경비하다	☐ 見舞う	병문안하다
☐ 見分ける	분별하다, 분간하다	☐ 目指す	지향하다, 목표로 하다
☐ 目覚ます	잠을 깨다	☐ 召し上がる	드시다
☐ 目立つ	눈에 띄다	☐ 申し上げる	말씀드리다
☐ 申し込む	신청하다	☐ 持ち上げる	들어 올리다, 쳐들다
☐ 持ち寄る	가지고 모이다, 추렴하다	☐ 物語る	말하다, 이야기를 하다
☐ 盛り上がる	부풀어오르다, 고조되다	☐ 役立つ	도움이 되다
☐ 役立てる	유용하게 쓰다	☐ やっつける	해치우다
☐ やり通す	끝까지 하다, 해내다	☐ やり直す	다시 하다
☐ やり抜く	끝까지 해내다	☐ 行き渡る	골고루 미치다
☐ 指差す	손가락질하다, 가리키다	☐ 横切る	가로지르다, 횡단하다
☐ 酔っ払う	몹시 취하다	☐ 呼びかける	부르다, 호소하다
☐ 呼び出す	호출하다, 불러내다	☐ 呼び止める	불러 세우다 N2문규
☐ 読み上げる	소리를 내어 읽다	☐ 読み切る	다 읽다
☐ 読み通す	끝까지 다 읽다	☐ 読み取る	읽고 이해하다
☐ 読み直す	다시 읽다	☐ 割り込む	끼어들다, 새치기하다 N2문규

④ 출제 예상 い형용사

- 青白い (あおじろい) 파르스름하다, 창백하다
- 浅い (あさい) 얕다
- 暖かい・温かい (あたたかい) 따뜻하다
- 厚い (あつい) 두껍다, 두텁다
- 熱い (あつい) 뜨겁다
- 厚かましい (あつかましい) 뻔뻔스럽다 N2표기
- 危ない (あぶない) 위험하다 N2유의
- 甘い (あまい) 달다
- 危うい (あやうい) 위태롭다 N2유의
- 怪しい (あやしい) 수상하다, 괴이하다 N2읽기
- 粗い (あらい) 거칠다, 조잡하다
- 荒い (あらい) 거칠다, 난폭하다
- ありがたい 고맙다
- 慌ただしい (あわただしい) 어수선하다, 바쁘다 N2문규·용법
- 言い難い (いいがたい) 말하기 어렵다 N2표기
- 勇ましい (いさましい) 용감하다, 용맹스럽다
- 痛ましい (いたましい) 애처롭다, 가엾다
- 薄暗い (うすぐらい) 어두침침하다 N2형성
- うまい 훌륭하다, 잘하다
- うらやましい 부럽다
- うるさい 시끄럽다 N2유의
- 偉い (えらい) 훌륭하다, (지위가) 높다
- 幼い (おさない) 어리다, 유치하다 N2읽기
- 惜しい (おしい) 아깝다
- 遅い (おそい) 늦다
- 恐ろしい (おそろしい) 무섭다 N2문규
- おとなしい 얌전하다 N2문규
- おめでたい 경사스럽다
- 思いがけない (おもいがけない) 의외이다 N2유의
- 重苦しい (おもくるしい) 답답하다, 울적하다
- おもしろい 재미있다 N2유의
- 重たい (おもたい) 무겁다, 묵직하다
- 輝かしい (かがやかしい) 빛나다, 눈부시다 N2문규
- 賢い (かしこい) 영리하다 N2유의
- 硬い (かたい) 딱딱하다, 단단하다
- 固い・堅い (かたい) 단단하다, 굳다
- 悲しい (かなしい) 슬프다
- かゆい 가렵다
- 辛い (からい) 맵다 N2읽기
- かわいらしい 사랑스럽다
- 汚い (きたない) 더럽다
- きつい 꽉 끼다 N2문규
- 厳しい (きびしい) 엄하다, 격렬하다
- 清い (きよい) 맑다, 깨끗하다
- くだらない 하찮다, 시시하다
- くどい 장황하다, 구질구질하다 N2문규

☐ <ruby>苦<rt>くる</rt></ruby>しい 괴롭다	☐ <ruby>煙<rt>けむ</rt></ruby>い (연기가) 맵다
☐ <ruby>濃<rt>こ</rt></ruby>い (농도가) 진하다	☐ <ruby>恋<rt>こい</rt></ruby>しい 그립다
☐ <ruby>心強<rt>こころづよ</rt></ruby>い 마음 든든하다 N2용법	☐ <ruby>快<rt>こころよ</rt></ruby>い 상쾌하다, 유쾌하다 N2읽기·용법
☐ <ruby>怖<rt>こわ</rt></ruby>い 무섭다	☐ <ruby>騒<rt>さわ</rt></ruby>がしい 시끄럽다, 소란하다
☐ <ruby>塩辛<rt>しおから</rt></ruby>い 짜다	☐ <ruby>四角<rt>しかく</rt></ruby>い 네모지다
☐ しかた(が)ない 어쩔 수 없다 N2문규·유의	☐ <ruby>親<rt>した</rt></ruby>しい 친하다, 의좋다
☐ しつこい 끈질기다, 집요하다 N2문규	☐ <ruby>湿<rt>しめ</rt></ruby>っぽい 축축하다, 눅눅하다 N2표기
☐ しょうがない 할 수 없다	☐ ずうずうしい 뻔뻔스럽다
☐ <ruby>少<rt>すく</rt></ruby>ない 적다	☐ すっぱい 시다, 시큼하다
☐ <ruby>素晴<rt>すば</rt></ruby>らしい 훌륭하다 N2유의	☐ すまない 미안하다 N2유의
☐ ずるい 교활하다, 능글맞다 N2유의	☐ <ruby>鋭<rt>するど</rt></ruby>い 날카롭다 N2읽기·문규
☐ <ruby>狭<rt>せま</rt></ruby>い 좁다	☐ <ruby>騒々<rt>そうぞう</rt></ruby>しい 시끄럽다, 떠들썩하다
☐ そそっかしい 경솔하다 N2문규	☐ たくましい 늠름하다 N2읽기·용법
☐ <ruby>頼<rt>たの</rt></ruby>もしい 믿음직하다, 촉망되다 N2문규	☐ たまらない 견딜 수 없다
☐ だらしない 칠칠치 못하다 N2문규	☐ <ruby>力強<rt>ちからづよ</rt></ruby>い 마음 든든하다
☐ <ruby>茶色<rt>ちゃいろ</rt></ruby>い 갈색이다	☐ つまらない 재미없다 N2유의
☐ <ruby>辛<rt>つら</rt></ruby>い 괴롭다, 고통스럽다 N2문규	☐ でかい 크다, 방대하다
☐ <ruby>手軽<rt>てがる</rt></ruby>い 손쉽다, 간단하다	☐ <ruby>乏<rt>とぼ</rt></ruby>しい 부족하다 N2읽기·용법
☐ <ruby>永<rt>なが</rt></ruby>い 아주 오래다, 영원하다	☐ なつかしい 그립다, 정겹다 N2문규
☐ <ruby>苦<rt>にが</rt></ruby>い 쓰다	☐ <ruby>憎<rt>にく</rt></ruby>い 밉다 N2읽기
☐ <ruby>憎<rt>にく</rt></ruby>らしい 밉살스럽다, 얄밉다	☐ <ruby>鈍<rt>にぶ</rt></ruby>い 둔하다, 무디다
☐ <ruby>眠<rt>ねむ</rt></ruby>たい 졸리다	☐ のろい 느리다, 둔하다
☐ ばからしい 어리석다	☐ <ruby>激<rt>はげ</rt></ruby>しい 심하다, 격렬하다 N2표기
☐ <ruby>恥<rt>は</rt></ruby>ずかしい 부끄럽다 N2유의	☐ <ruby>甚<rt>はなは</rt></ruby>だしい 심하다, 대단하다
☐ <ruby>速<rt>はや</rt></ruby>い 빠르다	☐ <ruby>低<rt>ひく</rt></ruby>い 낮다 N2문규
☐ <ruby>等<rt>ひと</rt></ruby>しい 같다, 동등하다	☐ <ruby>平<rt>ひら</rt></ruby>たい 평평하다, 넓적하다

☐ ふさわしい 어울리다 N2용법	☐ 欲(ほ)しい 갖고 싶다
☐ 貧(まず)しい 가난하다 N2문규	☐ 真(ま)っ白(しろ)い 새하얗다
☐ まぶしい 눈부시다	☐ 丸(まる)い 둥글다
☐ みっともない 보기 흉하다 N2유의	☐ みにくい 보기 싫다
☐ 蒸(む)し暑(あつ)い 무덥다	☐ 難(むずか)しい 어렵다
☐ めでたい 경사스럽다	☐ めずらしい 드물다
☐ 面倒臭(めんどうくさ)い 아주 귀찮다	☐ 申(もう)し訳(わけ)ない 미안하다, 뭐라 할 말이 없다 N2표기
☐ もったいない 아깝다	☐ ものすごい 굉장하다
☐ 物足(ものた)りない 어딘가 부족하다 N2용법	☐ やかましい 시끄럽다, 떠들썩하다 N2문규·유의
☐ 易(やさ)しい 쉽다	☐ 安(やす)っぽい 값싸다, 싸구려 같다
☐ やむをえない 어쩔 수 없다 N2문규·유의	☐ 柔(やわ)らかい 부드럽다
☐ よい 좋다 N2유의	☐ 若若(わかわか)しい 아주 젊다

⑤ 출제 예상 な형용사

☐ あいまいだ 애매하다 N2문규·유의	☐ 明(あき)らかだ 분명하다 N2문규·유의·용법
☐ 鮮(あざ)やかだ 선명하다 N2표기	☐ あたりまえだ 당연하다 N2문규
☐ 圧倒的(あっとうてき)だ 압도적이다	☐ 新(あら)ただ 새롭다
☐ 哀(あわ)れだ 가련하다, 불쌍하다	☐ 安易(あんい)だ 안이하다 N2표기·문규
☐ 案外(あんがい)だ 예상 외다 N2읽기·문규	☐ 安全(あんぜん)だ 안전하다
☐ 意外(いがい)だ 의외다 N2문규·표기	☐ 異常(いじょう)だ 이상하다 N2읽기
☐ いじわるだ 심술궂다	☐ 偉大(いだい)だ 위대하다
☐ 一生懸命(いっしょうけんめい)だ 열심이다 N2유의	☐ 一般的(いっぱんてき)だ 일반적이다
☐ 嫌(いや)だ 싫다, 지겹다	☐ 意欲的(いよくてき)だ 의욕적이다

☐ 永遠(えいえん)だ	영원하다 N2표기	☐ 永久(えいきゅう)だ	영구하다 N2표기
☐ 円熟(えんじゅく)だ	원숙하다	☐ 円満(えんまん)だ	원만하다
☐ 大柄(おおがら)だ	몸집이 크다	☐ 大(おお)げさだ	과장되다 N2유의·용법
☐ おおざっぱだ	대략적이다, 조잡하다	☐ オーバーだ	과장되다 N2유의
☐ 大幅(おおはば)だ	대폭적이다 N2읽기	☐ オープンだ	개방적이다
☐ 臆病(おくびょう)だ	겁이 많다 N2유의	☐ 穏(おだ)やかだ	온화하다 N2문규·용법
☐ 主(おも)だ	주요하다, 주되다 N2읽기·문규	☐ 温厚(おんこう)だ	온후하다 N2문규
☐ 温暖(おんだん)だ	온난하다	☐ 温和(おんわ)だ	온화하다
☐ 快適(かいてき)だ	쾌적하다	☐ 開放的(かいほうてき)だ	개방적이다
☐ 確実(かくじつ)だ	확실하다	☐ 格別(かくべつ)だ	각별하다, 유별나다 N2문규
☐ 過激(かげき)だ	과격하다	☐ 過剰(かじょう)だ	과잉이다 N2유의
☐ かすかだ	희미하다, 어렴풋하다 N2용법	☐ 勝手(かって)だ	제멋대로다 N2유의
☐ 活発(かっぱつ)だ	활발하다 N2문규	☐ 過密(かみつ)だ	과밀하다 N1용법
☐ かわいそうだ	불쌍하다, 가엾다	☐ 簡潔(かんけつ)だ	간결하다 N2읽기·표기
☐ 頑固(がんこ)だ	완고하다	☐ 頑丈(がんじょう)だ	튼튼하다 N2용법
☐ 肝心(かんじん)だ	가장 중요하다	☐ 完全(かんぜん)だ	완전하다
☐ 寛大(かんだい)だ	관대하다	☐ 簡単(かんたん)だ	간단하다 N2읽기
☐ 簡略(かんりゃく)だ	간략하다	☐ 危険(きけん)だ	위험하다
☐ 貴重(きちょう)だ	귀중하다 N2읽기	☐ 機能的(きのうてき)だ	기능적이다
☐ 奇妙(きみょう)だ	기묘하다 N2유의	☐ 急激(きゅうげき)だ	급격하다
☐ 急速(きゅうそく)だ	급속하다 N2읽기·표기	☐ 器用(きよう)だ	손재주가 있다, 요령이 좋다
☐ 強力(きょうりょく)だ	강력하다 N2표기	☐ 極端(きょくたん)だ	극단적이다 N2읽기
☐ 巨大(きょだい)だ	거대하다 N2표기	☐ 気楽(きらく)だ	속 편하다
☐ 具体的(ぐたいてき)だ	구체적이다	☐ くたくただ	느른하다, 후줄근하다, 흐물흐물하다 N2유의
☐ けちだ	인색하다, 쩨쩨하다	☐ 結構(けっこう)だ	훌륭하다, 나무랄 데 없다, 괜찮다, 이제 됐다
☐ 下品(げひん)だ	품위가 없다	☐ 謙虚(けんきょ)だ	겸허하다

☐ 健康だ けんこう	건강하다, 건전하다	☐ 現実的だ げんじつてき	현실적이다
☐ 厳重だ げんじゅう	엄중하다 N2읽기·문규	☐ けんそんだ	겸손하다
☐ 厳密だ げんみつ	엄밀하다	☐ 賢明だ けんめい	현명하다
☐ 強引だ ごういん	억지로 하다 N2표기	☐ 高価だ こうか	고가이다
☐ 豪華だ ごうか	호화롭다	☐ 公正だ こうせい	공정하다
☐ 好調だ こうちょう	순조롭다 N2표기	☐ 肯定的だ こうていてき	긍정적이다 N2읽기
☐ 幸福だ こうふく	행복하다	☐ 小柄だ こがら	몸집이 작다 N2유의
☐ 国際的だ こくさいてき	국제적이다	☐ 個人的だ こじんてき	개인적이다 N2표기
☐ 困難だ こんなん	곤란하다	☐ 幸いだ さいわ	행복하다 N2읽기
☐ 盛んだ さか	성대하다, 활발하다, 열심이다 N2표기	☐ ささやかだ	자그마하다, 아담하다
☐ さわやかだ	상쾌하다, 시원하다	☐ 残念だ ざんねん	유감스럽다 N2표기
☐ 幸せだ しあわ	행복하다	☐ 静かだ しず	조용하다 N2읽기
☐ 質素だ しっそ	검소하다 N2용법	☐ 地味だ じみ	수수하다, 검소하다 N2문규
☐ 邪魔だ じゃま	방해가 되다, 거치적거리다 N2문규	☐ 従順だ じゅうじゅん	온순하다, 고분고분하다
☐ 重大だ じゅうだい	중대하다	☐ 柔軟だ じゅうなん	유연하다 N2문규
☐ 重要だ じゅうよう	중요하다	☐ 主要だ しゅよう	주요하다 N2읽기
☐ 純粋だ じゅんすい	순수하다	☐ 順調だ じゅんちょう	순조롭다 N2읽기·표기·문규·용법
☐ 消極的だ しょうきょくてき	소극적이다	☐ 正直だ しょうじき	정직하다, 솔직하다 N2읽기·용법
☐ 上品だ じょうひん	품위가 있다	☐ 丈夫だ じょうぶ	건강하다, 튼튼하다
☐ 真剣だ しんけん	진지하다 N2유의	☐ 深刻だ しんこく	심각하다 N2표기·용법
☐ 新鮮だ しんせん	신선하다 N2읽기	☐ 慎重だ しんちょう	신중하다 N2문규·유의
☐ 心配だ しんぱい	걱정스럽다 N2표기	☐ 神妙だ しんみょう	신묘하다
☐ 好きだ す	좋아하다 N2유의	☐ 素敵だ すてき	멋지다, 근사하다
☐ スムーズだ	순조롭다 N2문규	☐ 正確だ せいかく	정확하다
☐ 清潔だ せいけつ	청결하다 N2읽기	☐ ぜいたくだ	사치스럽다, 호화롭다 N2문규
☐ 積極的だ せっきょくてき	적극적이다 N2표기·문규	☐ 全国的だ ぜんこくてき	전국적이다 N2읽기

☐ 全般的（ぜんぱんてき）だ 전반적이다	☐ 全面的（ぜんめんてき）だ 전면적이다
☐ 創造的（そうぞうてき）だ 창조적이다	☐ 相当（そうとう）だ 상당하다
☐ そっくりだ 꼭 닮다 N2유의	☐ 率直（そっちょく）だ 솔직하다 N2용법
☐ 粗末（そまつ）だ 변변치 않다	☐ 対外的（たいがいてき）だ 대외적이다
☐ 退屈（たいくつ）だ 지루하다, 따분하다 N2유의	☐ 体系的（たいけいてき）だ 체계적이다
☐ 大事（だいじ）だ 중요하다, 소중하다	☐ 対照的（たいしょうてき）だ 대조적이다
☐ 大切（たいせつ）だ 중요하다, 소중하다	☐ 大胆（だいたん）だ 대담하다
☐ 対等（たいとう）だ 대등하다	☐ 平（たい）らだ 평평하다, 평탄하다
☐ 確（たし）かだ 확실하다 N2읽기·문규	☐ 妥当（だとう）だ 타당하다 N2용법
☐ 多様（たよう）だ 다양하다	☐ 短気（たんき）だ 성질이 급하다
☐ 短期的（たんきてき）だ 단기적이다	☐ 単純（たんじゅん）だ 단순하다 N2읽기
☐ 単調（たんちょう）だ 단조롭다	☐ 忠実（ちゅうじつ）だ 충실하다
☐ 抽象的（ちゅうしょうてき）だ 추상적이다	☐ 長期的（ちょうきてき）だ 장기적이다
☐ 強気（つよき）だ 강경하다	☐ 丁寧（ていねい）だ 정중하다, 공손하다
☐ 手軽（てがる）だ 손쉽다 N2용법	☐ 的確（てきかく）だ 적확하다, 정확하다
☐ 適正（てきせい）だ 적정하다	☐ 適切（てきせつ）だ 적절하다 N2읽기
☐ 適当（てきとう）だ 적당하다	☐ 適度（てきど）だ 적당하다 N2문규
☐ 手ごろだ 적당하다 N2문규	☐ でたらめだ 무책임하다, 엉터리다
☐ 徹底的（てっていてき）だ 철저하다	☐ 透明（とうめい）だ 투명하다 N2문규
☐ 特異（とくい）だ 특이하다	☐ 独特（どくとく）だ 독특하다
☐ 特別（とくべつ）だ 특별하다	☐ なだらかだ 완만하다 N2문규
☐ ななめだ 비스듬하다	☐ 生意気（なまいき）だ 건방지다
☐ 軟弱（なんじゃく）だ 연약하다	☐ 苦手（にがて）だ 서투르다 N2문규
☐ にぎやかだ 번화하다, 활기차다, 북적이다	☐ のんきだ 한가하다
☐ ばくだいだ 막대하다	☐ はでだ 화려하다 N2문규
☐ 比較的（ひかくてき）だ 비교적이다 N2읽기·문규	☐ ひきょうだ 비겁하다 N2유의

☐ 悲惨だ (ひさん)	비참하다	☐ 必要だ (ひつよう)	필요하다 N2표기
☐ 否定的だ (ひていてき)	부정적이다	☐ 皮肉だ (ひにく)	짓궂다, 얄궂다, 비꼬다
☐ 微妙だ (びみょう)	미묘하다 N2용법	☐ 平等だ (びょうどう)	평등하다
☐ 不安だ (ふあん)	불안하다 N2용법	☐ 不完全だ (ふかんぜん)	불완전하다 N2형성
☐ 複雑だ (ふくざつ)	복잡하다 N2표기	☐ 不潔だ (ふけつ)	불결하다
☐ 不幸だ (ふこう)	불행하다	☐ 不思議だ (ふしぎ)	이상하다, 불가사의하다
☐ 無事だ (ぶじ)	무사하다 N2문규	☐ 不自由だ (ふじゆう)	자유롭지 못하다, 불편하다
☐ 不正だ (ふせい)	부정하다 N2유의	☐ 物騒だ (ぶっそう)	뒤숭숭하다, 위험하다
☐ 部分的だ (ぶぶんてき)	부분적이다 N2읽기	☐ 不利だ (ふり)	불리하다
☐ 平気だ (へいき)	태연하다, 끄떡없다	☐ 平均的だ (へいきんてき)	평균적이다
☐ 平凡だ (へいぼん)	평범하다	☐ 平和だ (へいわ)	평화롭다 N2문규
☐ 便宜的だ (べんぎてき)	편의적이다	☐ 変だ (へん)	이상하다 N2유의
☐ 膨大だ (ぼうだい)	방대하다	☐ 豊富だ (ほうふ)	풍부하다 N2읽기·문규
☐ 朗らかだ (ほがらか)	명랑하다, 쾌활하다 N2문규	☐ 保守的だ (ほしゅてき)	보수적이다
☐ まじめだ	성실하다 N2유의	☐ 真っ赤だ (まっか)	새빨갛다
☐ 真っ黒だ (まっくろ)	새까맣다	☐ 真っ青だ (まっさお)	새파랗다
☐ 真っ白だ (まっしろ)	새하얗다	☐ まれだ	드물다
☐ 見事だ (みごと)	훌륭하다 N2유의	☐ 惨めだ (みじめ)	비참하다, 참혹하다
☐ 密接だ (みっせつ)	밀접하다 N2읽기	☐ 妙だ (みょう)	묘하다 N2유의
☐ 魅力的だ (みりょくてき)	매력적이다	☐ 無口だ (むくち)	과묵하다, 말이 없다 N2유의
☐ 無責任だ (むせきにん)	무책임하다	☐ 夢中だ (むちゅう)	열중하다, 몰두하다 N2읽기·용법
☐ 無理だ (むり)	무리이다	☐ 明確だ (めいかく)	명확하다 N2표기
☐ めちゃくちゃだ	엉망진창이다	☐ 面倒だ (めんどう)	귀찮다 N2읽기·표기
☐ もっともだ	지당하다	☐ やっかいだ	귀찮다
☐ ゆううつだ	우울하다	☐ 勇敢だ (ゆうかん)	용감하다
☐ 有効だ (ゆうこう)	유효하다 N2표기·문규	☐ 優秀だ (ゆうしゅう)	우수하다

☐ 雄大だ 웅대하다		☐ 有能だ 유능하다	
☐ 裕福だ 유복하다		☐ 有利だ 유리하다	
☐ 愉快だ 유쾌하다 N2문규·유의		☐ 豊かだ 풍요롭다 N2읽기·표기	
☐ 緩やかだ 완만하다, 느릿하다		☐ 容易だ 용이하다	
☐ 陽気だ 쾌활하다		☐ 幼稚だ 유치하다 N2읽기	
☐ 余計だ 쓸데없다		☐ 弱気だ 나약하다	
☐ 楽だ 편하다 N2용법		☐ 乱暴だ 난폭하다 N2표기	
☐ 利口だ 영리하다		☐ 立派だ 훌륭하다	
☐ 理不尽だ 불합리하다, 무리이다		☐ 冷静だ 냉정하다 N2유의·용법	
☐ わがままだ 제멋대로다 N2유의		☐ わずかだ 얼마 안 되다	

6 출제 예상 부사

☐ 相変わらず 변함없이 N2유의	☐ 相次いで 잇따라, 연달아 N2문규
☐ あいにく 공교롭게도 N2문규	☐ あくまで 어디까지나, 끝까지
☐ あちらこちら 여기저기	☐ あと 앞으로, 아직
☐ あらかじめ 미리, 사전에 N2문규	☐ 改めて 다음에, 새삼 N2읽기
☐ あれこれ 이것저것, 여러 가지로	☐ 案外 뜻밖에 N2읽기·문규
☐ あんまり 너무, 지나치게	☐ 生き生き(と) 생생한 모양, 싱싱한 모양 N2용법
☐ いきなり 갑자기 N2문규	☐ いくぶん 어느 정도
☐ いずれ 결국, 어쨌든, 근간	☐ いずれにせよ 어느 쪽이든
☐ 以前(に) 이전에 N2유의	☐ 依然として 여전히 N2유의
☐ いちいち 일일이, 하나하나 N2용법	☐ 一応 일단 N2유의
☐ 一時 한때	☐ 一時的に 일시적으로

☐ 一段と	한층, 더욱	☐ 一度に	일시에, 한꺼번에
☐ 一番	가장 N2유의	☐ いつか	언젠가
☐ 一気に	단숨에, 일거에 N2문규	☐ 一緒に	함께
☐ 一斉に	일제히 N2문규	☐ 一層	한층 더
☐ 一体	도대체	☐ いったん	일단 N2용법
☐ いつでも	언제라도	☐ いつの間にか	어느새 N2문규
☐ 一般に	일반적으로 N2표기	☐ 一方的に	일방적으로
☐ いつまでも	언제까지나, 영원히 N2표기	☐ いつも	늘, 항상, 언제나 N2유의
☐ いまに	머지않아 N2용법	☐ 今にも	당장이라도 N2문규
☐ いやに	지독히, 되게, 아주	☐ いよいよ	마침내, 드디어 N2문규
☐ いらいら	초조한 모양 N2문규	☐ いわば	말하자면 N2문규
☐ うっかり	무심코, 멍청히, 깜박	☐ うっすら(と)	어렴풋이, 희미하게
☐ うとうと	꾸벅꾸벅 N2문규	☐ うろうろ	우왕좌왕, 허둥지둥
☐ うんと	매우, 썩, 많이	☐ 得てして	자칫, 자칫하면
☐ 大いに	대단히, 크게, 매우	☐ 多くても	많아야 N2유의
☐ おおむね	대개, 대강, 대체로	☐ おおよそ	대강, 대략, 대체로
☐ お先に	먼저	☐ 遅くとも	늦어도
☐ おそらく	아마 N2유의	☐ おのおの	각자, 각각 N2문규
☐ 思いきって	마음껏, 실컷 N2문규	☐ 思わず	엉겁결에, 뜻하지 않게
☐ およそ	대략 N2유의	☐ 折り返し	받은 즉시, 곧바로
☐ かえって	도리어, 오히려, 반대로	☐ かさかさ	꺼칠꺼칠(말라서 물기가 없는 모양) N2유의
☐ がっかり	낙담하는 모양	☐ かつて	일찍이 N2유의
☐ 必ず	반드시 N2표기	☐ 必ずしも	반드시(~라고는 할 수 없다) N2문규
☐ かなり	상당히 N2유의	☐ がむしゃらに	덮어놓고, 다짜고짜
☐ がらがら	텅텅 비어 있음	☐ 仮に	만일, 만약, 임시로
☐ 仮にも	적어도, 그래도	☐ 軽々	가뿐히, 거뜬히

☐ かんかん	꽝꽝, 땡땡(금속 따위를 두드릴 때 나는 소리)	☐ がんがん	심하게 야단치는 모양
☐ きちんと	정확히, 말끔히, 규칙 바르게	☐ ぎっしり(と)	가득, 꽉 N2문규
☐ きっぱり(と)	딱 잘라, 단호히	☐ 極端に	극단적으로 N2문규
☐ きらきら	반짝반짝	☐ 偶然	우연히
☐ ぐっすり	푹(깊이 잠든 모양)	☐ ぐったり	녹초가 된 모양 N2문규
☐ くどくど	장황하게, 지루하게	☐ ぐらぐら	흔들흔들
☐ ぐるぐる	빙글빙글, 둘둘	☐ くれぐれも	부디, 아무쪼록 N2용법
☐ 加えて	게다가, 그 위에	☐ ぐんぐん	무럭무럭, 쑥쑥
☐ 結局 결국 N2문규		☐ 結構	그런대로, 제법, 충분히
☐ 現に	실제로, 지금	☐ 幸運にも	운 좋게도
☐ 極	극히, 대단히	☐ こつこつ	열심히, 꾸준히 N2용법
☐ こっそり	가만히, 살짝, 몰래	☐ ころころ	대굴대굴
☐ ごろごろ	데굴데굴, 빈둥빈둥	☐ こんなに	이렇게, 이토록
☐ 再三 재삼, 여러 번 N2유의		☐ 幸い(にも)	다행히(도)
☐ 先々	먼 장래, 앞날, 장차	☐ さすが(に)	그렇다고는 하나, 역시
☐ さっき	아까, 조금 전	☐ さっさと	빨리빨리, 척척 N2용법
☐ 早速	즉시	☐ ざっと	대강
☐ さっぱり	후련한 모양, 담박한 모양, 전혀 N2문규	☐ さらさら	졸졸, 보슬보슬
☐ 更に	게다가, 더욱더	☐ しいんと	쥐 죽은 듯이
☐ 直に	직접 N2유의	☐ 直(に)	곧바로, 금방 N2문규
☐ 至急	지급, 매우 급하게	☐ しきりに	자꾸만, 자주, 빈번히
☐ 事前に	사전에	☐ 次第に	점점, 점차 N2표기·문규
☐ 実際に	실제로, 참으로	☐ じっと	가만히, 꾹, 꼼짝 않고 N2유의
☐ しっとり	촉촉히, 차분히	☐ 実に	실로
☐ 実は	실은	☐ しばしば	자주, 여러 번 N2유의
☐ しみじみ	진실로, 절실히 N2문규	☐ 順々(に)	차례차례

☐ 徐々に(じょじょ) 서서히, 점차 N2문규	☐ 知らず知らず(し し) 어느새, 저도 모르는 사이에
☐ じろじろ 유심히, 뚫어지게	☐ すいすい 척척, 술술, 거침없이
☐ すくすく 쑥쑥, 무럭무럭	☐ 少なくとも(すく) 적어도
☐ 少し(すこ) 조금, 약간 N2유의	☐ 少しも(すこ) 조금도, 전혀 N2용법
☐ すこぶる 몹시, 매우	☐ すっきり 상쾌한 모양, 산뜻한 모양 N2문규
☐ すっと 쑥, 쓱(가볍게 빨리 움직이는 모양)	☐ 既に(すで) 이미, 벌써
☐ すべて 모두 N2유의	☐ すらすら 술술, 척척, 거침없이
☐ ずらり 죽(여럿이 늘어선 모양)	☐ せいぜい 기껏, 고작(해서) N2유의
☐ せっかく 모처럼 N2용법	☐ せっせと 열심히, 부지런히
☐ 絶対(に)(ぜったい) 절대로 N2읽기·표기	☐ 是非(とも)(ぜ ひ) 꼭, 무슨 일이 있어도
☐ せめて 적어도 N2용법	☐ 全然(ぜんぜん) 전혀
☐ 全部(ぜんぶ) 전부 N2읽기·유의	☐ 相互に(そうご) 서로
☐ 相当(そうとう) 상당히 N2유의	☐ 続々と(ぞくぞく) 속속, 잇달아 N2문규
☐ そっくり 몽땅, 고스란히	☐ そっと・そうっと 살짝, 몰래
☐ それから・それと 뒤이어, 잇달아	☐ 第一(だいいち) 우선, 무엇보다도
☐ 大して(たい) 그다지, 별로	☐ 大層(たいそう) 매우, 대단히
☐ だいたい 대개, 대부분 N2유의	☐ 大半(たいはん) 태반, 대부분
☐ 大分(だいぶ) 상당히, 어지간히, 꽤	☐ 絶えず(た) 늘, 끊임없이 N2표기
☐ たしか 아마 N2용법	☐ 多少(たしょう) 다소, 약간
☐ ただ 단, 단지, 다만 N2유의	☐ ただちに 즉시, 당장 N2문규
☐ たちまち 금세	☐ たった 겨우
☐ たっぷり(と) 듬뿍, 많이 N2문규	☐ たとえ 비록 N2용법
☐ たびたび 번번이, 자주, 여러 번 N2유의	☐ だぶだぶ 헐렁헐렁
☐ たぶん 아마 N2유의	☐ たまたま 때마침, 우연히 N2유의·용법
☐ 断固(だんこ) 단호히, 단연코	☐ だんだん 점점, 점차 N2문규
☐ 単に(たん) 단지, 다만, 그저	☐ 近々(ちかぢか) 머지않아, 일간

☐ 着々(と)	착착, 한 걸음 한 걸음	☐ ちゃんと	단정하게, 정확하게, 충분히
☐ ちょいちょい	때때로, 가끔	☐ ちょいと	조금, 약간
☐ 直接 N2유의	직접	☐ つい	문득, 어느덧, 자기도 모르게 N2문규
☐ 次いで	뒤이어, 잇따라서	☐ ついでに	하는 김에
☐ ついに	드디어, 마침내, 결국	☐ 次々に・次々と	잇따라, 계속해서 N2읽기
☐ つくづく	곰곰이, 지그시, 절실히	☐ 常に	항상 N2표기·문규·유의
☐ つまり	결국, 즉	☐ つるつる	매끈매끈, 반들반들
☐ 手軽に	손쉽게, 가볍게 N2용법	☐ できれば	가능하면
☐ 転々(と)	전전, 이리저리	☐ どうか	부디, 아무쪼록
☐ どうしても	아무리 해도, 기어코	☐ どうせ	어차피, 하여간 N2문규·유의·용법
☐ 当然	당연(히)	☐ どうも	어쩐지, 도무지
☐ どきどき	두근두근	☐ どこか	어딘가
☐ 所々	여기저기	☐ とっくに	훨씬 전에, 벌써 N2문규·유의·용법
☐ 突然	갑자기	☐ どっと	우르르, 털썩
☐ とにかく・ともかく	어쨌든	☐ ともかく	하여간, 어쨌든, 여하튼
☐ とりあえず	우선, 먼저 N2유의	☐ 尚	역시, 더욱 N2문규
☐ なかなか	상당히, 좀처럼, 꽤	☐ 仲良く	사이좋게 N2읽기
☐ なにしろ	어쨌든, 여하튼	☐ なにぶん	아무래도, 아무쪼록
☐ なにも	아무것도, 굳이	☐ なんだか	왠지 모르게
☐ なんで	왜	☐ なんでも	무엇이든 N2문규
☐ 何とか	뭐라고, 어떻게든	☐ 何となく	왠지, 어쩐지 N2문규
☐ 何とも	정말, 뭐라고	☐ 何度も	몇 번이나 N2유의
☐ にこにこ	싱글벙글	☐ にっこり	생긋, 방긋
☐ 二度と	결코 다시는, 두 번 다시 N2유의	☐ にわかに	갑자기
☐ 年中	항상 N2유의	☐ 残らず	남김없이, 전부, 모두
☐ のろのろ	느릿느릿, 꾸물꾸물	☐ のんびり(と)	유유히, 한가로이 N2문규

☐ はきはき 시원시원, 또랑또랑	☐ 果^はたして 과연, 역시
☐ はっきり 확실히, 분명히 N2유의	☐ ばったり(と) 딱 마주치는 모양, 뚝 끊기는 모양 N2문규
☐ ばらばら 뿔뿔이	☐ 比較的^{ひかくてき} 비교적
☐ ひきょうにも 비겁하게도	☐ ひそひそ 소곤소곤 N2문규
☐ ぴたり 딱	☐ びっしょり 흠뻑 N2문규
☐ ぴったり(と) 꼭 맞는 모양, 틈이 없는 모양 N2문규	☐ ひときわ 유달리, 한층 더, 눈에 띄게
☐ ひとつ 아무쪼록, 한번	☐ 一通^{ひととお}り 대강, 얼추, 대충
☐ ひとまず 우선, 일단	☐ ひとりでに 저절로, 자연히
☐ 広々^{ひろびろ} 널찍한 모양	☐ ぶかぶか 헐렁헐렁 N2유의
☐ 再^{ふたた}び 재차	☐ ぶつぶつ 중얼중얼, 투덜투덜
☐ ふと 우연히, 문득, 갑자기	☐ ぶよぶよ 포동포동
☐ ぶらぶら 어슬렁어슬렁 N2문규	☐ ふわふわ 푹신푹신, 두둥실
☐ ぷんぷん 물씬, 뾰로통	☐ ふんわり 폭신폭신, 살짝, 사뿐
☐ ぺこぺこ 굽실굽실, 배가 고픔	☐ ぺちゃくちゃ 재잘재잘
☐ ぼうっと 멍하니, 희미하게	☐ 細々^{ほそぼそ}(と) 가느다랗게 N2문규
☐ ぼつぼつ 슬슬, 조금씩	☐ ほとんど 거의 N2문규
☐ ほぼ 거의 N2유의	☐ ぼろぼろ 너덜너덜, (밥 등이) 흐슬부슬
☐ ぼんやり(と) 멍하니, 어렴풋이 N2문규	☐ 本来^{ほんらい} 본래
☐ まあまあ 그런대로 N2문규	☐ 誠^{まこと}に 참으로, 대단히
☐ まごまご 우물쭈물 N2문규	☐ まさか 설마
☐ まさに 바로, 틀림없이, 정말로	☐ 全^{まった}く 전혀
☐ まもなく 머지않아, 곧 N2유의	☐ まるで 마치, 전혀
☐ 万一^{まんいち} 만일 N2읽기	☐ 自^{みずか}ら 몸소, 친히, 직접, 스스로 N2유의
☐ むしろ 차라리, 오히려 N2문법	☐ めいめい 각각
☐ めちゃくちゃ 엉망진창	☐ めっきり 뚜렷이, 현저히
☐ めったに 거의, 좀처럼	☐ もうすぐ 이제 곧 N2유의

☐ もしかしたら 어쩌면			☐ もしかして 어쩌면	
☐ もしかすると 어쩌면			☐ もしも 만약, 만일의 경우	
☐ もじもじ 꾸물꾸물, 머뭇머뭇			☐ もちろん 물론 N2문규	
☐ 最も 가장			☐ 元々 본디부터, 원래	
☐ もはや 이미, 벌써			☐ やがて 머지않아, 이윽고	
☐ 約 약 N2유의			☐ やたらに 무턱대고, 몹시 N2문규	
☐ やはり 역시			☐ やや 약간, 얼마쯤 N2유의	
☐ ゆらゆら 흔들흔들			☐ 要するに 요컨대, 결국	
☐ ようやく 겨우, 간신히			☐ よりいっそう 한층 더, 보다 더	
☐ 喜んで 기꺼이 N2표기·문규			☐ わくわく 울렁울렁, 두근두근	
☐ わざと 고의로, 일부러			☐ わざわざ 일부러, 특별히	
☐ わずか(に) 조금, 약간 N2용법·유의			☐ 割りと·割り合いに 비교적 N2유의	

⑦ 출제 예상 파생어

접두어

☐ 空き~	빈~	空き缶 빈 깡통	空き部屋 빈 방	
☐ 悪~	악~	悪影響 악영향 N2형성	悪循環 악순환	悪条件 악조건 N2형성
☐ あくる~	다음~	あくる朝 이튿날 아침	あくる年 이듬해	
☐ ある~	어떤~, 어느~	ある日 어느 날	ある人 어떤 사람	
☐ 異~	이~, 다른~	異業種 다른 업종	異文化 이문화 N2형성	異民族 이민족
☐ 幾~	몇~	幾通り 몇 가지 종류	幾日 며칠	
☐ 一~	일개~	一音楽家 일개 음악가	一社会人 일개 사회인	一新聞記者 일개 신문기자
☐ 一~	일~, 한~	一時 일시, 한때	一種 일종	一層 한층 더, 더욱더

☐ 薄(うす)~	좀 ~함	薄汚(うすぎたな)い 좀 지저분하다	薄暗(うすぐら)い 어두침침하다 N2형성	
☐ 絵(え)~	그림~	絵図面(えずめん) 평면도	絵地図(えちず) 그림지도	絵日記(えにっき) 그림일기
☐ 大(おお)~	큰~, 많은~	大急(おおいそ)ぎ 몹시 서두름	大火事(おおかじ) 큰 화재	大騒(おおさわ)ぎ 큰 소동
☐ 御(おん)~	「お」보다 존경·공손의 뜻이 강함	御身(おんみ) 옥체	御礼(おんれい) 사례(의 말)	
☐ 加(か)~	가~	加速度(かそくど) 가속도		
☐ 各(かく)~	각~	各学生(かくがくせい) 각 학생 各(かく)クラス 각 학급 各方面(かくほうめん) 각 방면	各学校(かくがっこう) 각 학교 各選手(かくせんしゅ) 각 선수	各家庭(かくかてい) 각 가정 各大臣(かくだいじん) 각 장관
☐ 角(かく)~	각~	角砂糖(かくざとう) 각설탕		
☐ 活(かつ)~	활~	活火山(かっかざん) 활화산	活社会(かっしゃかい) 현실 사회	
☐ 仮(かり)~	가~	仮契約(かりけいやく) 가계약 仮処分(かりしょぶん) 가처분 仮発注(かりはっちゅう) 가발주	仮採用(かりさいよう) 가채용 N2형성 仮調印(かりちょういん) 가조인 仮埋葬(かりまいそう) 가매장	仮釈放(かりしゃくほう) 가석방 仮登記(かりとうき) 가등기 仮免許(かりめんきょ) 가면허
☐ 管(かん)~	관~	管楽器(かんがっき) 관악기	管弦楽(かんげんがく) 관현악	
☐ 逆(ぎゃく)~	역~	逆回転(ぎゃくかいてん) 역회전	逆効果(ぎゃくこうか) 역효과	逆探知(ぎゃくたんち) 역탐지
☐ 旧(きゅう)~	구~, 옛~	旧街道(きゅうかいどう) 구가도 旧工場(きゅうこうじょう) 구공장 旧植民地(きゅうしょくみんち) 구식민지 旧大陸(きゅうたいりく) 구대륙	旧軍人(きゅうぐんじん) 옛 군인 旧首都(きゅうしゅと) 옛 수도 旧制度(きゅうせいど) 구제도 N2형성	旧憲法(きゅうけんぽう) 구헌법 旧正月(きゅうしょうがつ) 음력 설 旧体制(きゅうたいせい) 구체제
☐ 急(きゅう)~	급~	急上昇(きゅうじょうしょう) 급상승	急(きゅう)ピッチ 급피치	急(きゅう)ブレーキ 급제동
☐ 草(くさ)~	비공인의~	草競馬(くさけいば) 비공인 경마	草野球(くさやきゅう) 풋내기 야구	
☐ 軍(ぐん)~	군~	軍高官(ぐんこうかん) 군고관	軍資金(ぐんしきん) 군자금	軍施設(ぐんしせつ) 군시설
☐ 劇(げき)~	극~	劇映画(げきえいが) 극영화	劇作家(げきさっか) 극작가	劇台本(げきだいほん) 극대본
☐ 原(げん)~	원~	原材料(げんざいりょう) 원재료	原住民(げんじゅうみん) 원주민	原動力(げんどうりょく) 원동력
☐ 現(げん)~	현~	現時点(げんじてん) 현시점 現首相(げんしゅしょう) 현 수상	現社長(げんしゃちょう) 현 사장 現段階(げんだんかい) 현 단계 N2형성	現住所(げんじゅうしょ) 현 주소 現内閣(げんないかく) 현 내각
☐ 小(こ)~	약간~	小汚(こぎたな)い 추레하다, 꾀죄죄하다		小(こ)ぎれいだ 말쑥하다
☐ 誤(ご)~	오~	誤作動(ごさどう) 오작동	誤操作(ごそうさ) 오조작	誤動作(ごどうさ) 오동작

☐ 高~ (こう)	고~	高学歴 고학력	高収入 고수입 N2형성	高水準 높은 수준 N2형성
☐ 好~ (こう)	호~	好景気 호경기		
☐ 硬~ (こう)	경~	硬着陸 경착륙		
☐ 今~ (こん)	이번~	今シーズン 이번 시즌	今大会 이번 대회	
☐ 再~ (さい)	재~	再開発 재개발 再雇用 재고용 再申請 재신청 N2형성 再提出 재제출 N2형성 再認識 재인식 再利用 재이용 N2읽기	再感染 재감염 再試合 재시합 再選挙 재선거 再入学 재입학 再発行 재발행	再検討 재검토 再試験 재시험 再調査 재조사 再入国 재입국 再放送 재방송 N2형성
☐ 最~ (さい)	최~, 가장~	最下位 최하위 最高級 최고급 最高峰 최고봉 最前線 최전선 最優秀 최우수	最恵国 최혜국 最高潮 최고조 最後列 최후열, 맨 뒷줄 最先端 최첨단 最有力 가장 유력 N2형성	最敬礼 가장 정중한 절 最後尾 최후미 最盛期 전성기 最前列 최전열, 맨 앞줄
☐ 昨~ (さく)	지난~	昨十五日 지난 15일		
☐ 実~ (じつ)	실~	実社会 실제 사회	実生活 실생활	実世間 실제 세상
☐ 主~ (しゅ)	주~	主産地 주산지	主目的 주목적	
☐ 州~ (しゅう)	주~	州政府 주정부		
☐ 重~ (じゅう)	중~	重電機 중전기, 무거운 전기 기구		重労働 중노동
☐ 純~ (じゅん)	순~	純国産 순 국산 純日本風 순 일본식	純収入 순수입 純文学 순문학, 순수 문학	純日本式 순 일본식 純理論 순이론
☐ 準~ (じゅん)	준~	準会員 준회원 準社員 준사원	準契約 준계약 準宝石 준보석	準決勝 준결승 N2형성 準優勝 준우승 N2형성
☐ 諸~ (しょ)	제~, 여러~	諸外国 여러 외국 N2형성 諸条件 여러 조건 諸地方 여러 지방	諸経費 제 경비 諸症状 여러 증상 諸問題 여러 문제 N2형성	諸事情 여러 사정 諸先生 여러 선생님
☐ 初~ (しょ)	초~, 첫~	初体験 첫 경험	初対面 초대면	初年度 첫해 N2형성
☐ 助~ (じょ)	조~	助監督 조감독 助動詞 조동사	助教授 조교수	助教諭 준교사

漢字	意味	例1	例2	例3
□ 小~ (しょう)	소~	小資金(しょうしきん) 소자금	小都市(しょうとし) 소도시	小論文(しょうろんぶん) 소논문
□ 省~ (しょう)	~절약	省エネ(しょうエネ) 에너지 절약(省エネルギー의 준말)		省資源(しょうしげん) 자원 절약
□ 上~ (じょう)	좋은~	上きげん(じょうきげん) 매우 좋은 기분	上成績(じょうせいせき) 좋은 성적	
□ 新~ (しん)	신~, 새로운~	新傾向(しんけいこう) 신경향	新商品(しんしょうひん) 신상품	新生活(しんせいかつ) 새로운 생활
□ 深~ (しん)	심~	深呼吸(しんこきゅう) 심호흡		
□ 素~ (す)	맨~	素顔(すがお) 맨 얼굴	素通り(すどおり) 그대로 지나침	素泊まり(すどまり) 잠만 자는 숙박
□ 数~ (すう)	수~	数時間(すうじかん) 몇 시간	数年間(すうねんかん) 수년간	数万人(すうまんにん) 수만 명
□ 性~ (せい)	성~	性観念(せいかんねん) 성관념	性教育(せいきょういく) 성교육	性差別(せいさべつ) 성차별
□ 静~ (せい)	정~	静電気(せいでんき) 정전기		
□ 全~ (ぜん)	전~	全学生(ぜんがくせい) 전체 학생 / 全産業(ぜんさんぎょう) 전 산업 / 全人口(ぜんじんこう) 전인구 N3문규	全画面(ぜんがめん) 전 화면 / 全自動(ぜんじどう) 전자동 / 全速力(ぜんそくりょく) 전속력	全国民(ぜんこくみん) 전 국민 / 全従業員(ぜんじゅうぎょういん) 전 종업원 / 全八巻(ぜんはっかん) 전 여덟 권
□ 前~ (ぜん)	전~	前校長(ぜんこうちょう) 전 교장	前市長(ぜんしちょう) 전 시장	前社長(ぜんしゃちょう) 전 사장 N2형성
□ 総~ (そう)	총~	総売上(そううりあげ) 매상 총액 N2형성 / 総辞職(そうじしょく) 총사퇴 / 総司令官(そうしれいかん) 총사령관 / 総点検(そうてんけん) 총점검	総監督(そうかんとく) 총감독 / 総支配人(そうしはいにん) 총지배인 / 総人口(そうじんこう) 총인구 N2표기 / 総面積(そうめんせき) 총면적	総資産(そうしさん) 총자산 / 総所得(そうしょとく) 총소득 / 総選挙(そうせんきょ) 총선거 / 総領事(そうりょうじ) 총영사
□ 多~ (た)	다~	多機能(たきのう) 다기능	多方面(たほうめん) 다방면	多目的(たもくてき) 다목적
□ 他~ (た)	타~	他大学(ただいがく) 타 대학	他地域(たちいき) 타 지역	他民族(たみんぞく) 타민족
□ 対~ (たい)	대~	対米輸出(たいべいゆしゅつ) 대미 수출		
□ 大~ (だい)	대~	大歓迎(だいかんげい) 대환영	大規模(だいきぼ) 대규모	大勝利(だいしょうり) 대승리
□ 第~ (だい)	제~	第一位(だいいちい) 제1위 / 第一線(だいいっせん) 최전선	第一号(だいいちごう) 제1호 / 第一歩(だいいっぽ) 제일보, 첫걸음	第一流(だいいちりゅう) 제일류 / 第一報(だいいっぽう) 첫 보도
□ 駐~ (ちゅう)	주~	駐英(ちゅうえい) 주영, 영국에 주재함	駐日(ちゅうにち) 주일, 일본에 주재함	駐日本国(ちゅうにほんこく) 주일본
□ 超~ (ちょう)	초~	超高層(ちょうこうそう) 초고층 / 超特価(ちょうとっか) 초특가	超高速(ちょうこうそく) 초고속 / 超能力(ちょうのうりょく) 초능력	超短波(ちょうたんぱ) 초단파 / 超満員(ちょうまんいん) 초만원
□ 直~ (ちょく)	직~	直走路(ちょくそうろ) 직주로	直輸出(ちょくゆしゅつ) 직수출	直輸入(ちょくゆにゅう) 직수입
□ 低~ (てい)	저~, 낮은~	低価格(ていかかく) 낮은 가격 N2형성	低気圧(ていきあつ) 저기압	低姿勢(ていしせい) 저자세

☐ 徒~	도~	徒競走 달리기 시합		
☐ 当~	당~	当研究所 당 연구소 当ホテル 당 호텔 N1문규	当事務所 당 사무소	当博物館 당 박물관
☐ 等~	등~, 같은~	等間隔 같은 간격	等距離 등거리	
☐ 同~	동~, 같은~	同形式 같은 형식	同世代 동세대	同問題 같은 문제
☐ 生~	생~	生演奏 생연주, 라이브 연주	生ビール 생맥주	生放送 생방송
☐ 軟~	연~	軟着陸 연착륙		
☐ 難~	난~, 어려운~	難事業 어려운 사업	難事件 어려운 사건	難問題 난문제
☐ 乳~	유~	乳製品 유제품		
☐ 熱~	열~	熱機関 열기관	熱処理 열처리	熱伝道 열전도
☐ 農~	농~	農器具 농기구	農作業 농사일	農作物 농작물
☐ 濃~	농~	濃塩酸 농염산	濃硝酸 농질산	濃硫酸 농황산
☐ 初~	첫~	初会見 첫 회견 初登場 첫 등장	初公開 첫 공개 初登庁 첫 등청(관청 첫 출근)	初勝利 첫 승리 初舞台 첫 무대
☐ 反~	반~	反革命 반혁명 反重力 반중력 反物質 반물질	反作用 반작용 反政府 반정부	反社会的 반사회적 反比例 반비례
☐ 半~	반~	半永久的 반영구적	半そで 반소매	半透明 반투명 N2형성
☐ 非~	비~	非科学的 비과학적 非公認 비공인 非常勤 비상근 非同盟軍 비동맹군	非公開 비공개 非合法 비합법 非常識 몰상식 非売品 비매품	非公式 비공식 N2형성 非国民 비국민 非人道的 비인도적 非暴力 비폭력
☐ 被~	피~	被選挙権 피선거권	被任命者 피임명자	被保険者 피보험자
☐ 美~	미~	美少女 미소녀	美少年 미소년	美男子 미남
☐ 一~	한~	一勝負 한판 승부	一握り 한 줌	
☐ 無~	~하지 않음	無愛想 상냥치 못함	無遠慮 사양하지 않음	無気味 기분이 나쁨
☐ 副~	부~	副委員長 부위원장 副作用 부작용	副議長 부의장 副産物 부산물	副校長 부교장 副社長 부사장 N2형성

접두어	뜻	예시		
		副食物ふくしょくぶつ 부식물, 반찬	副大統領ふくだいとうりょう 부대통령	副知事ふくちじ 부지사
		副読本ふくどくほん 부독본	副都心ふくとしん 부도심	副保証人ふくほしょうにん 부보증인
□ 古ふる~	헌~	古着ふるぎ 헌 옷	古新聞ふるしんぶん 헌 신문	古本屋ふるほんや 헌책방
□ 別べつ~	별~, 다른~	別行動べつこうどう 다른 행동	別世界べっせかい 별세계	別問題べつもんだい 다른 문제
□ 本ほん~	본~	本建築ほんけんちく 본 건축	本事件ほんじけん 본 사건	本製品ほんせいひん 본 제품
□ 真ま~	바른~, 바로~ 새~	真新しいまあたらしい 아주 새롭다 N2형성 真っ赤まっか 새빨강 真横まよこ 바로 옆	真後ろまうしろ 바로 뒤 N2형성 真っ青まっさお 새파랑 真夜中まよなか 한밤중 N2형성	真正面ましょうめん 바로 정면 真っ白まっしろ 새하양
□ 満まん~	만~	満タンまんタン 탱크가 가득 참〈속어〉 満年齢まんねんれい 만 연령, 만 나이		満天下まんてんか 만천하
□ 未み~	미~	未解禁みかいきん 미해금 未完成みかんせい 미완성 未収録みしゅうろく 미수록 未成年みせいねん 미성년	未解決みかいけつ 미해결 未経験みけいけん 미경험 N2형성 未使用みしよう 미사용 N2형성 未発表みはっぴょう 미발표	未開拓みかいたく 미개척 未公開みこうかい 미공개 未承諾みしょうだく 미승낙
□ 明みょう~	명~, 다음~	明朝みょうちょう 내일 아침	明年みょうねん 내년	
□ 無む~	무~	無意識むいしき 무의식 無期限むきげん 무기한 無条件むじょうけん 무조건 無制限むせいげん 무제한 無担保むたんぽ 무담보 無分別むふんべつ 무분별	無意味むいみ 무의미 無資格むしかく 무자격 無所属むしょぞく 무소속 無生物むせいぶつ 무생물 無抵抗むていこう 무저항 無防備むぼうび 무방비	無関係むかんけい 무관계 無試験むしけん 무시험 無神経むしんけい 무신경 無責任むせきにん 무책임 N2형성 無批判むひはん 무비판 無免許むめんきょ 무면허
□ 元もと~	전~	元首相もとしゅしょう 전 수상	元大統領もとだいとうりょう 전 대통령	
□ 要よう~	요~	要観察ようかんさつ 요관찰 要返却ようへんきゃく 요반납	要検討ようけんとう 요검토 要予約ようよやく 예약이 필요함	要注意ようちゅうい 요주의
□ 翌よく~	다음~	翌朝よくあさ 다음 날 아침	翌営業日よくえいぎょうび 다음 영업일	翌月曜よくげつよう 다음 월요일
□ 来らい~	다음~	来夏らいか 내년 여름 来シーズンらいシーズン 다음 시즌 N2형성	来学期らいがっき 다음 학기	来場所らいばしょ 다음 씨름 흥행 장소
□ 乱らん~	난~	乱開発らんかいはつ 난개발	乱気流らんきりゅう 난기류	乱層雲らんそううん 난층운
□ 卵らん~	난~	卵細胞らんさいぼう 난세포		

☐ 両~ りょう	양~	両極端 양극단 両陣営 양 진영 両大陸 양 대륙	両巨頭 양 거두 両選手 양 선수 両手 양손	両首脳 양 수뇌 両大国 양 대국
☐ 良~ りょう	양~	良導体 양도체		
☐ 老~ ろう	노~	老学者 노학자	老教授 노교수	老婦人 노부인
☐ 和~ わ	일본(식)의~	和菓子 일본식 과자 和定食 일본식 정식	和食 일식 和服 일본 옷	和食器 일본 식기
☐ 我が~ わが	우리~	我が家 우리 집	我が校 우리 학교	我が社 우리 회사

접미어

☐ ~愛 あい	~애	人類愛 인류애	同性愛 동성애	母性愛 모성애
☐ ~明け あ	~이 끝난 직후	梅雨明け 장마가 끝난 직후 連休明け 연휴가 끝난 직후	夏休み明け 여름 방학이 끝난 직후 N2형성	
☐ ~あたり	~쯤, ~경	去年あたり 작년쯤	来月あたり 다음 달쯤	
☐ ~圧 あつ	~압	空気圧 공기압	浸透圧 삼투압	
☐ ~案 あん	~안	改革案 개혁안 契約案 계약안 修正案 수정안 変更案 변경안	改定案 개정안 決議案 결의안 折衷案 절충안 方針案 방침안	仮設案 가설안 最終案 최종안 妥協案 타협안 予算案 예산안
☐ ~位 い	~위	第一位 제1위 三位 3위	一位 1위	二位 2위
☐ ~一 いち	~최고, ~제일	世界一 세계 최고	全国一 전국 최고	日本一 일본 최고
☐ ~一式 いっしき	~일습, ~한 벌	家具一式 가구 일습	茶器一式 차 도구 한 벌	道具一式 도구 한 벌
☐ ~一色 いっしょく	~일색	反対派一色 반대파 일색 ムード一色 무드 일색 N2형성	緑一色 초록빛 일색	
☐ ~液 えき	~액	現像液 현상액 電解液 전해액	消化液 소화액 不凍液 부동액	水溶液 수용액 分泌液 분비액
☐ ~園 えん	~원	果樹園 과수원 動物園 동물원	樹木園 수목원 保育園 보육원	植物園 식물원 幼稚園 유치원

☐ ~塩(えん)	~염	自然塩(しぜんえん) 자연염	食卓塩(しょくたくえん) 식탁염	天日塩(てんじつえん) 천일염
☐ ~王(おう)	~왕	三冠王(さんかんおう) 삼관왕	打撃王(だげきおう) 타격왕	
☐ ~おきに	~걸러 N2형성	1時間(じかん)おきに 1시간 간격으로 4メートルおきに 4미터마다		一日(いちにち)おきに 하루 걸러 N2형성
☐ ~億(おく)	~억 N2읽기·표기	一億(いちおく) 1억 五億(ごおく) 5억 九億(きゅうおく) 9억	二億(におく) 2억 六億(ろくおく) 6억 十億(じゅうおく) 10억	三億(さんおく) 3억 七億(ななおく) 7억 何億(なんおく) 몇 억
☐ ~価(か)	~가	栄養価(えいようか) 영양가	原子価(げんしか) 원자가	販売価(はんばいか) 판매가
☐ ~下(か)	~하	監督下(かんとくか) 감독하	支配下(しはいか) 지배하	台風下(たいふうか) 태풍하
☐ ~化(か)	~화	一般化(いっぱんか) 일반화 近代化(きんだいか) 근대화 斜陽化(しゃようか) 사양화 情報化(じょうほうか) 정보화 不良化(ふりょうか) 불량화	温暖化(おんだんか) 온난화 N2표기 具体化(ぐたいか) 구체화 N2표기 自由化(じゆうか) 자유화 通俗化(つうぞくか) 통속화 立体化(りったいか) 입체화	機械化(きかいか) 기계화 工業化(こうぎょうか) 공업화 少子化(しょうしか) 소자화 都会化(とかいか) 도시화
☐ ~課(か)	~과	経理課(けいりか) 경리과	人事課(じんじか) 인사과	総務課(そうむか) 총무과
☐ ~科(か)	~과	家庭科(かていか) 가정과	皮膚科(ひふか) 피부과	普通科(ふつうか) 고등학교 보통 교육 과정
☐ ~画(が)	~화	西洋画(せいようが) 서양화	東洋画(とうようが) 동양화	日本画(にほんが) 일본화
☐ ~界(かい)	~계	医学界(いがくかい) 의학계 N2형성 ビジネス界(かい) 비즈니스계	映画界(えいがかい) 영화계	芸能界(げいのうかい) 연예계
☐ ~階(かい)	~층 N2표기	一階(いっかい) 1층 四階(よんかい) 4층 七階(ななかい) 7층 十階(じっかい·じゅっかい) 10층	二階(にかい) 2층 五階(ごかい) 5층 八階(はちかい·はっかい) 8층 何階(なんかい) 몇 층	三階(さんがい) 3층 六階(ろっかい) 6층 九階(きゅうかい) 9층
☐ ~街(がい)	~가	住宅街(じゅうたくがい) 주택가	商店街(しょうてんがい) 상점가 N2형성	中心街(ちゅうしんがい) 중심가
☐ ~外(がい)	~외, ~밖	問題外(もんだいがい) 문제밖	予定外(よていがい) 예정밖	領域外(りょういきがい) 영역외
☐ ~害(がい)	~해	浸水害(しんすいがい) 침수해	病虫害(びょうちゅうがい) 병충해	風水害(ふうすいがい) 풍수해
☐ ~係(がかり)	~계, ~담당	会計係(かいけいがかり) 회계 담당 出納係(すいとうがかり) 출납계	飼育係(しいくがかり) 사육 담당 接待係(せったいがかり) 접대 담당	進行係(しんこうがかり) 진행 담당 図書係(としょがかり) 도서 담당
☐ ~額(がく)	~액	限度額(げんどがく) 한도액	券面額(けんめんがく) 액면가	最高額(さいこうがく) 최고액

		出資額 출자액	生産額 생산액	評価額 평가액
		補償額 보상액	目標額 목표액	輸出額 수출액
		輸入額 수입액		
~掛け	~하다 맒	書き掛け 쓰다 맒	やり掛け 하다 맒	読み掛け 읽다 맒
~方	~님들, ~분들	先生方 선생님들		
~型	~형	血液型 혈액형	最新型 최신형	出世型 출세형
		天才型 천재형	努力型 노력형	
~側	~측	相手側 상대측	学校側 학교측	組合側 조합측
		消費者側 소비자측	通路側 통로측	道路側 도로측
~官	~관	外交官 외교관	警察官 경찰관	検査官 검사관
		裁判官 재판관	試験官 시험관	事務官 사무관
~観	~관	一面観 편견, 일방적 시각	宇宙観 우주관	価値観 가치관
		家庭観 가정관	芸術観 예술관	自然観 자연관
		職業観 직업관	女性観 여성관	人生観 인생관
		世界観 세계관	先入観 선입관	歴史観 역사관
~刊	~간(행)	２０１５年刊 2015년 간(행)		
~巻	~권	上巻 상권	中巻 중권	下巻 하권
		一巻 1권	二巻 2권	三巻 3권
~感	~감	安心感 안심감, 안도감	安定感 안정감	違和感 위화감
		危機感 위기감	虚無感 허무감	屈辱感 굴욕감
		現実感 현실감	罪悪感 죄악감	挫折感 좌절감
		使命感 사명감	充実感 충실감	勝利感 승리감
		親近感 친근감	正義感 정의감	責任感 책임감
		達成感 달성감	統一感 통일감	読後感 독후감
		満足感 만족감 N2읽기	無力感 무력감	連帯感 연대감
~管	~관	試験管 시험관	消化管 소화관	真空管 진공관
		水道管 수도관	電子管 전자관	配水管 배수관
		排水管 배수관	放電管 방전관	毛細管 모세관
~器	~기	安全器 안전기	拡声器 확성기	計算器 계산기
		呼吸器 호흡기	消火器 소화기	消化器 소화기, 소화 기관
		洗面器 세면기	聴診器 청진기	電熱器 전열기
		分度器 분도기, 각도기	変圧器 변압기	補聴器 보청기

접미어	뜻	예시		
□ ~期(き)	~기	過渡期 과도기	決算期 결산기	倦怠期 권태기
		更年期 갱년기	産卵期 산란기	試験期 시험기
		思春期 사춘기	適齢期 적령기	農繁期 농번기
		反抗期 반항기	変声期 변성기	幼児期 유아기
□ ~機(き)	~기	印刷機 인쇄기	映写機 영사기	原動機 원동기
		券売機 매표기	写真機 사진기	製粉機 제분기
		洗濯機 세탁기	扇風機 선풍기	掃除機 청소기
		探知機 탐지기	電話機 전화기	輸送機 수송기
		輪転機 윤전기		
□ ~きっての	~제일가는	クラスきっての 반에서 제일가는		
		芸能界きっての 연예계에서 제일가는		
□ ~気味(ぎみ)	~기운, ~기색	上がり気味 오를 기미	風邪気味 감기 기운 N2형성	
		疲れ気味 자주 피곤함, 피곤한 기색	太り気味 살찌는 경향이 있음	
□ ~客(きゃく)	~객	観光客 관광객	女性客 여성 손님	団体客 단체객
		登山客 등산객	婦人客 여성 손님	旅行客 여행객
□ ~強(きょう)	~정도	五百円強 500엔 정도	三キロ強 3킬로그램 정도	
□ ~教(きょう)	~교	イスラム教 이슬람교	キリスト教 기독교	仏教 불교
□ ~橋(きょう)	~교	開閉橋 개폐교	鉄鋼橋 철강교	歩道橋 육교
□ ~業(ぎょう)	~업	建築業 건축업	製造業 제조업	販売業 판매업
□ ~曲(きょく)	~곡	歌謡曲 가요곡	幻想曲 환상곡	交響曲 교향곡
		行進曲 행진곡	主題曲 주제곡	練習曲 연습곡
□ ~局(きょく)	~국	事務局 사무국	通信局 통신국	電話局 전화국
		放送局 방송국 N2읽기	法務局 법무국	郵便局 우체국 N2표기
□ ~切れ(ぎれ)	~이 다 됨	期限切れ 기한이 다 됨 N2형성		時間切れ 시간이 다 됨
		版権切れ 판권 종료		
□ ~句(く)	~구	慣用句 관용구	挿入句 삽입구	定型句 정형구
□ ~具(ぐ)	~(기)구	運動具 운동 기구	救命具 구명구	潜水具 잠수기, 잠수구
		装身具 장신구	文房具 문방구	防寒具 방한구
□ ~口(ぐち)	~구	改札口 개찰구	登山口 등산로 어귀	非常口 비상구
□ ~組(ぐみ)	~조	午前組 오전조	五人組 5인조	夜勤組 야근조

☐ ～軍(ぐん)	～군	革命軍(かくめいぐん) 혁명군 国民軍(こくみんぐん) 국민군 女性軍(じょせいぐん) 여군 反乱軍(はんらんぐん) 반란군	救世軍(きゅうせいぐん) 구세군 国連軍(こくれんぐん) 국제 연합군 政府軍(せいふぐん) 정부군 予備軍(よびぐん) 예비군	強行軍(きょうこうぐん) 강행군 十字軍(じゅうじぐん) 십자군 選手軍(せんしゅぐん) 선수군 連合軍(れんごうぐん) 연합군	
☐ ～家(け)	～가, ～의 집안	将軍家(しょうぐんけ) 장군의 집안	武家(ぶけ) 무가, 무사 집안	山本家(やまもとけ) 야마모토의 집안	
☐ ～系(けい)	～계	銀河系(ぎんがけい) 은하계	中国系(ちゅうごくけい) 중국계	文学系(ぶんがくけい) 문학계	
☐ ～形(けい)	～형	活用形(かつようけい) 활용형 終止形(しゅうしけい) 종지형	仮定形(かていけい) 가정형 正方形(せいほうけい) 정사각형	三角形(さんかくけい) 삼각형 長方形(ちょうほうけい) 직사각형	
☐ ～型(けい)	～형	流線型(りゅうせんけい) 유선형			
☐ ～劇(げき)	～극	仮面劇(かめんげき) 가면극 時代劇(じだいげき) 시대극 人形劇(にんぎょうげき) 인형극 翻訳劇(ほんやくげき) 번역극	現代劇(げんだいげき) 현대극 西部劇(せいぶげき) 서부극 舞台劇(ぶたいげき) 무대극	古典劇(こてんげき) 고전극 創作劇(そうさくげき) 창작극 放送劇(ほうそうげき) 방송극	
☐ ～権(けん)	～권	解散権(かいさんけん) 해산권 経営権(けいえいけん) 경영권 指導権(しどうけん) 지도권 選挙権(せんきょけん) 선거권 発言権(はつげんけん) 발언권	既得権(きとくけん) 기득권 財産権(ざいさんけん) 재산권 市民権(しみんけん) 시민권 著作権(ちょさくけん) 저작권	拒否権(きょひけん) 거부권 指揮権(しきけん) 지휘권 所有権(しょゆうけん) 소유권 任命権(にんめいけん) 임명권	
☐ ～軒(けん)	～채	一軒(いっけん) 한 채 四軒(よんけん) 네 채 七軒(ななけん) 일곱 채 十軒(じっけん/じゅっけん) 열 채	二軒(にけん) 두 채 五軒(ごけん) 다섯 채 八軒(はっけん) 여덟 채 何軒(なんげん) 몇 채	三軒(さんげん) 세 채 六軒(ろっけん) 여섯 채 九軒(きゅうけん) 아홉 채	
☐ ～券(けん)	～권	銀行券(ぎんこうけん) 은행권 乗車券(じょうしゃけん) 승차권 N2표기	周遊券(しゅうゆうけん) 일본 국철의 관광용 할인 승차권 商品券(しょうひんけん) 상품권		
☐ ～庫(こ)	～고	火薬庫(かやくこ) 화약고 武器庫(ぶきこ) 무기고	収納庫(しゅうのうこ) 수납고 保管庫(ほかんこ) 보관고	貯蔵庫(ちょぞうこ) 저장고 N2표기 冷凍庫(れいとうこ) 냉동고	
☐ ～個(こ)	～개	一個(いっこ) 한 개 四個(よんこ) 네 개 七個(ななこ) 일곱 개 十個(じっこ/じゅっこ) 열 개	二個(にこ) 두 개 五個(ごこ) 다섯 개 八個(はちこ/はっこ) 여덟 개 何個(なんこ) 몇 개	三個(さんこ) 세 개 六個(ろっこ) 여섯 개 九個(きゅうこ) 아홉 개	
☐ ～後(ご)	～후	放課後(ほうかご) 방과후			

	일본어	한국어	예시		
☐	～工(こう)	～공	機械工(きかいこう) 기계공	修理工(しゅうりこう) 수리공	配管工(はいかんこう) 배관공
☐	～公(こう)	～공	主人公(しゅじんこう) 주인공		
☐	～港(こう)	～항	自由港(じゆうこう) 자유항 輸入港(ゆにゅうこう) 수입항	貿易港(ぼうえきこう) 무역항 横浜港(よこはまこう) 요코하마항	輸出港(ゆしゅつこう) 수출항
☐	～号(ごう)	～호	最新号(さいしんごう) 최신호	創刊号(そうかんごう) 창간호	第一号(だいいちごう) 제1호
☐	～国(こく)	～국	共和国(きょうわこく) 공화국	先進国(せんしんこく) 선진국	
☐	～ごと	～째	まるごと 통째로		
☐	～毎(ごと)	～마다	5分毎(ふんごと)に 5분마다	月毎(つきごと)の行事(ぎょうじ) 월례 행사	
☐	～小屋(ごや)	～간	馬小屋(うまごや) 마구간	物置小屋(ものおきごや) 헛간	山小屋(やまごや) 산막
☐	～差(さ)	～차	温度差(おんどさ) 온도 차 電位差(でんいさ) 전위차	個人差(こじんさ) 개인차	時間差(じかんさ) 시간 차
☐	～座(ざ)	～좌	乙女座(おとめざ) 처녀자리	獅子座(ししざ) 사자자리	双子座(ふたござ) 쌍둥이자리
☐	～歳(さい)	～살, ～세	一歳(いっさい) 한 살 四歳(よんさい) 네 살 七歳(ななさい) 일곱 살 十歳(じっさい/じゅっさい) 열 살	二歳(にさい) 두 살 五歳(ごさい) 다섯 살 八歳(はっさい) 여덟 살 何歳(なんさい) 몇 살	三歳(さんさい) 세 살 六歳(ろくさい) 여섯 살 九歳(きゅうさい) 아홉 살
☐	～祭(さい)	～제, ～축제	映画祭(えいがさい) 영화제 感謝祭(かんしゃさい) 감사제 体育祭(たいいくさい) 체육 대회	学園祭(がくえんさい) 학교 축제 芸術祭(げいじゅつさい) 예술제 大学祭(だいがくさい) 대학 축제	歌謡祭(かようさい) 가요제 収穫祭(しゅうかくさい) 수확제 文化祭(ぶんかさい) 문화제
☐	～材(ざい)	～재	吸音材(きゅうおんざい) 흡음재 冷却材(れいきゃくざい) (원자로 등에 쓰이는) 냉각재	断熱材(だんねつざい) 단열재	
☐	～財(ざい)	～재	消費財(しょうひざい) 소비재 文化財(ぶんかざい) 문화재	生産財(せいさんざい) 생산재	耐久財(たいきゅうざい) 내구재
☐	～剤(ざい)	～제	消毒剤(しょうどくざい) 소독제	睡眠剤(すいみんざい) 수면제	洗浄剤(せんじょうざい) 세정제
☐	～罪(ざい)	～죄	横領罪(おうりょうざい) 횡령죄 脅迫罪(きょうはくざい) 협박죄 窃盗罪(せっとうざい) 절도죄 暴行罪(ぼうこうざい) 폭행죄	監禁罪(かんきんざい) 감금죄 傷害罪(しょうがいざい) 상해죄 騒乱罪(そうらんざい) 소란죄	偽証罪(ぎしょうざい) 위증죄 親告罪(しんこくざい) 친고죄 放火罪(ほうかざい) 방화죄
☐	～作(さく)	～작	最新作(さいしんさく) 최신작	代表作(だいひょうさく) 대표작	デビュー作(さく) 데뷔작

☐ ～冊(さつ)	～권	一冊(いっさつ) 한 권 四冊(よんさつ) 네 권 七冊(ななさつ) 일곱 권 十冊(じっさつ/じゅっさつ) 열 권	二冊(にさつ) 두 권 五冊(ごさつ) 다섯 권 八冊(はっさつ) 여덟 권 何冊(なんさつ) 몇 권	三冊(さんさつ) 세 권 六冊(ろくさつ) 여섯 권 九冊(きゅうさつ) 아홉 권
☐ ～史(し)	～사	古代史(こだいし) 고대사	世界史(せかいし) 세계사	文学史(ぶんがくし) 문학사
☐ ～士(し)	～사	代議士(だいぎし) 대의사, 국회의원	飛行士(ひこうし) 비행사	弁護士(べんごし) 변호사
☐ ～師(し)	～사	看護師(かんごし) 간호사 写真師(しゃしんし) 사진사 調理師(ちょうりし) 조리사 表具師(ひょうぐし) 표구사	詐欺師(さぎし) 사기꾼 宣教師(せんきょうし) 선교사 調律師(ちょうりつし) 조율사 美容師(びようし) 미용사	指圧師(しあつし) 지압사 調教師(ちょうきょうし) 조련사 伝道師(でんどうし) 전도사 薬剤師(やくざいし) 약제사
☐ ～視(し)	～시	確実視(かくじつし) 확실시	重要視(じゅうようし) 중요시	問題視(もんだいし) 문제시
☐ ～誌(し)	～지	会報誌(かいほうし) 회보지 月刊誌(げっかんし) 월간지	季刊誌(きかんし) 계간지 週刊誌(しゅうかんし) 주간지	機関誌(きかんし) 기관지 博物誌(はくぶつし) 박물지
☐ ～詞(し)	～사	感動詞(かんどうし) 감동사	形容詞(けいようし) 형용사	接続詞(せつぞくし) 접속사
☐ ～児(じ)	～아	幸運児(こううんじ) 행운아 天才児(てんさいじ) 천재아	私生児(しせいじ) 사생아 未熟児(みじゅくじ) 미숙아	新生児(しんせいじ) 신생아 優良児(ゆうりょうじ) 우량아
☐ ～式(しき)	～식	開会式(かいかいしき) 개회식 告別式(こくべつしき) 고별식 充電式(じゅうでんしき) 충전식 日本式(にほんしき) 일본식 N2형성	化学式(かがくしき) 화학식 最新式(さいしんしき) 최신식 成人式(せいじんしき) 성인식 閉会式(へいかいしき) 폐회식	結婚式(けっこんしき) 결혼식 始業式(しぎょうしき) 시업식, 시무식 卒業式(そつぎょうしき) 졸업식 方程式(ほうていしき) 방정식
☐ ～室(しつ)	～실	研究室(けんきゅうしつ) 연구실	実験室(じっけんしつ) 실험실	面会室(めんかいしつ) 면회실
☐ ～弱(じゃく)	약～, ～조금 안 됨	三千名弱(さんぜんめいじゃく) 약 삼천 명	十万円弱(じゅうまんえんじゃく) 십만 엔 빠듯	
☐ ～手(しゅ)	～수(직업)	運転手(うんてんしゅ) 운전기사	交換手(こうかんしゅ) 교환원	
☐ ～酒(しゅ)	～주	果実酒(かじつしゅ) 과실주 日本酒(にほんしゅ) 일본주	混合酒(こんごうしゅ) 혼합주 洋酒(ようしゅ) 양주	蒸留酒(じょうりゅうしゅ) 증류주
☐ ～種(しゅ)	～종	外来種(がいらいしゅ) 외래종 自然種(しぜんしゅ) 자연종	改良種(かいりょうしゅ) 개량종 生物種(せいぶつしゅ) 생물종	在来種(ざいらいしゅ) 재래종 絶滅種(ぜつめつしゅ) 절멸종, 멸종된 종
☐ ～集(しゅう)	～집	作品集(さくひんしゅう) 작품집 N2형성	問題集(もんだいしゅう) 문제집	用例集(ようれいしゅう) 용례집
☐ ～周(しゅう)	～주	一周(いっしゅう) 일주, 한 바퀴	二周(にしゅう) 두 바퀴	三周(さんしゅう) 세 바퀴

☐ ～州 しゅう	～주	大洋州 たいようしゅう 대양주, 오세아니아	ネバダ州 しゅう 네바다 주	六大州 ろくだいしゅう 6대주
☐ ～術 じゅつ	～술	会話術 かいわじゅつ 회화술 占星術 せんせいじゅつ 점성술	催眠術 さいみんじゅつ 최면술 読心術 どくしんじゅつ 독심술	処世術 しょせいじゅつ 처세술 錬金術 れんきんじゅつ 연금술
☐ ～順 じゅん	～순	アルファベット順 じゅん 알파벳순 N2형성 成績順 せいせきじゅん 성적순 番号順 ばんごうじゅん 번호순	先着順 せんちゃくじゅん 선착순	五十音順 ごじゅうおんじゅん 50음순 年代順 ねんだいじゅん 연대순 N2형성
☐ ～所 しょ	～소	刑務所 けいむしょ 형무소	事務所 じむしょ 사무소	
☐ ～署 しょ	～서	警察署 けいさつしょ 경찰서	消防署 しょうぼうしょ 소방서	税務署 ぜいむしょ 세무서
☐ ～所 じょ	～소	研究所 けんきゅうじょ 연구소		
☐ ～賞 しょう	～상	敢闘賞 かんとうしょう 감투상 努力賞 どりょくしょう 노력상	残念賞 ざんねんしょう 위로상 文学賞 ぶんがくしょう 문학상	新人賞 しんじんしょう 신인상 優秀賞 ゆうしゅうしょう 우수상 N2읽기
☐ ～商 しょう	～상	小売商 こうりしょう 소매상 貿易商 ぼうえきしょう 무역상	雑貨商 ざっかしょう 잡화상 宝石商 ほうせきしょう 보석상	青果商 せいかしょう 청과상 露天商 ろてんしょう 노점상
☐ ～省 しょう	～성	外務省 がいむしょう 외무성 文部科学省 もんぶかがくしょう 문부과학성	厚生労働省 こうせいろうどうしょう 후생노동성	法務省 ほうむしょう 법무성
☐ ～症 しょう	～증	合併症 がっぺいしょう 합병증	過敏症 かびんしょう 과민증	花粉症 かふんしょう 꽃가루 알레르기
☐ ～証 しょう	～증	学生証 がくせいしょう 학생증	免許証 めんきょしょう 면허증	領収証 りょうしゅうしょう 영수증
☐ ～章 しょう	～장	第一章 だいいっしょう 제1장	第二章 だいにしょう 제2장	第三章 だいさんしょう 제3장
☐ ～上 じょう	～상	法律上 ほうりつじょう 법률상 N2문법	見かけ上 みかけじょう 외관상 N2문법	歴史上 れきしじょう 역사상 N2형성
☐ ～状 じょう	～장	案内状 あんないじょう 안내장 質問状 しつもんじょう 질문장 信任状 しんにんじょう 신임장 遺言状 ゆいごんじょう 유언장	告訴状 こくそじょう 고소장 紹介状 しょうかいじょう 소개장 表彰状 ひょうしょうじょう 표창장	催促状 さいそくじょう 독촉장 招待状 しょうたいじょう 초대장 N2형성 免許状 めんきょじょう 면허장(자격증)
☐ ～状 じょう	～상	球状 きゅうじょう 구상 チューブ状 じょう 튜브 모양	クリーム状 じょう 크림 상태 N2형성	
☐ ～畳 じょう	～조(다다미의 수를 세는 말)	一畳 いちじょう 1조 四畳(四畳) よじょう(よんじょう) 4조 七畳 ななじょう 7조 十畳 じゅうじょう 10조	二畳 にじょう 2조 五畳 ごじょう 5조 八畳 はちじょう 8조 何畳 なんじょう 몇 조	三畳 さんじょう 3조 六畳 ろくじょう 6조 九畳(九畳) きゅうじょう(くじょう) 9조
☐ ～条 じょう	～조	一条 いちじょう 1조	八条 はちじょう 8조	九条 きゅうじょう 9조

☐ ~色	~색	国際色 국제색 N2형성		地方色 지방색		保護色 보호색	
☐ ~食	~식	栄養食 영양식		機内食 기내식		流動食 유동식	
☐ ~職	~직	一般職 일반직 研究職 연구직 名誉職 명예직		営業職 영업직 事務職 사무직		管理職 관리직 専門職 전문직	
☐ ~数	~수	学生数 학생수 無理数 무리수		周波数 주파수		得票数 득표수	
☐ ~済み	~끝남, ~필	解決済み 해결이 끝남		発送済み 발송필		予約済み 예약필	
☐ ~生	~생	研究生 연구생		新入生 신입생		留学生 유학생 N2읽기	
☐ ~性	~성	安全性 안전성 危険性 위험성 N2읽기·형성 公共性 공공성 社交性 사교성 動物性 동물성		安定性 안정성 協調性 협조성 国民性 국민성 植物性 식물성 独立性 독립성		可能性 가능성 N2읽기 現実性 현실성 社会性 사회성 生産性 생산성 人間性 인간성	
☐ ~制	~제	会員制 회원제 N2형성 全日制 전일제		共和制 공화제 罰金制 벌금제		週番制 주번제 予約制 예약제 N2형성	
☐ ~製	~제	英国製 영국제 金属製 금속제 鉄鋼製 철강제		外国製 외국제 自家製 자가제, 집에서 만듦 日本製 일본제		韓国製 한국제 中国製 중국제 米国製 미국제	
☐ ~税	~세	住民税 주민세		消費税 소비세		登録税 등록세	
☐ ~石	~석	人造石 인조석		大理石 대리석		天然石 천연석	
☐ ~席	~석	喫煙席 흡연석 指定席 지정석		貴賓席 귀빈석 特別席 특별석		禁煙席 금연석 普通席 보통석	
☐ ~節	~절	音節 음절		従属節 종속절		第一節 제1절	
☐ ~選	~선거	市長選 시장 선거		上院選 상원 선거		大統領選 대통령 선거	
☐ ~線	~선, ~노선	宇宙線 우주에 있는 방사선 境界線 경계선 国境線 국경선 水平線 수평선 電話線 전화선		延長線 연장선 国際線 국제선 最低線 최저선 対角線 대각선 動力線 동력선		海岸線 해안선 国内線 국내선 紫外線 자외선 地平線 지평선 放射線 방사선	

☐ ～船(せん)	～선	宇宙船(うちゅうせん) 우주선 沈没船(ちんぼつせん) 침몰선	海賊船(かいぞくせん) 해적선 輸送船(ゆそうせん) 수송선	貨物船(かもつせん) 화물선 旅客船(りょかくせん) 여객선	
☐ ～戦(せん)	～전	延長戦(えんちょうせん) 연장전 宣伝戦(せんでんせん) 선전전	空中戦(くうちゅうせん) 공중전 定期戦(ていきせん) 정기전	決勝戦(けっしょうせん) 결승전 復活戦(ふっかつせん) 부활전	
☐ ～全体(ぜんたい)	～전체	都内全体(とないぜんたい) 도내 전체			
☐ ～全般(ぜんぱん)	～전반	音楽全般(おんがくぜんぱん) 음악 전반 N2형성	経済全般(けいざいぜんぱん) 경제 전반		
☐ ～沿い(ぞい)	～가	海沿い(うみぞい) 바닷가, 해안길 国道沿い(こくどうぞい) 국도가	海岸沿い(かいがんぞい) 해안가 線路沿い(せんろぞい) 선로가 N2형성	川沿い(かわぞい) 강가 道路沿い(どうろぞい) 도로가	
☐ ～層(そう)	～층	支配層(しはいそう) 지배층 読者層(どくしゃそう) 독자층 婦人層(ふじんそう) 부인층	商人層(しょうにんそう) 상인층 年齢層(ねんれいそう) 연령층	知識層(ちしきそう) 지식층 農民層(のうみんそう) 농민층	
☐ ～帯(たい)	～대	亜寒帯(あかんたい) 아한대 火山帯(かざんたい) 화산대 時間帯(じかんたい) 시간대 緑地帯(りょくちたい) 녹지대	亜熱帯(あねったい) 아열대 気候帯(きこうたい) 기후대 地震帯(じしんたい) 지진대	価格帯(かかくたい) 가격대 丘陵帯(きゅうりょうたい) 구릉대 湿地帯(しっちたい) 습지대	
☐ ～卵(たまご)	～란, ~계란	温泉卵(おんせんたまご) 온천 계란	半熟卵(はんじゅくたまご) 반숙란		
☐ ～団(だん)	～단	医師団(いしだん) 의사단 使節団(しせつだん) 사절단 青年団(せいねんだん) 청년단 暴力団(ぼうりょくだん) 폭력단	応援団(おうえんだん) 응원단 少年団(しょうねんだん) 소년단 選手団(せんしゅだん) 선수단	自警団(じけいだん) 자경단 消防団(しょうぼうだん) 소방단 調査団(ちょうさだん) 조사단	
☐ ～値(ち)	～치	異常値(いじょうち) 이상치 期待値(きたいち) 기대치 測定値(そくていち) 측정치 偏差値(へんさち) 편차치	観測値(かんそくち) 관측치 推定値(すいていち) 추정치 統計値(とうけいち) 통계치 目標値(もくひょうち) 목표치	基準値(きじゅんち) 기준치 正常値(せいじょうち) 정상치 平均値(へいきんち) 평균치 予想値(よそうち) 예상치	
☐ ～着(ちゃく)	～벌, ～도착	一着(いっちゃく) 한 벌	5時着(じちゃく) 다섯 시 도착		
☐ ～庁(ちょう)	～청	気象庁(きしょうちょう) 기상청 検察庁(けんさつちょう) 검찰청 水産庁(すいさんちょう) 수산청	警察庁(けいさつちょう) 경찰청 国税庁(こくぜいちょう) 국세청 総務庁(そうむちょう) 총무청	警視庁(けいしちょう) 경시청 消防庁(しょうぼうちょう) 소방청 文化庁(ぶんかちょう) 문화청	
☐ ～兆(ちょう)	～조 N2읽기	一兆(いっちょう) 1조 四兆(よんちょう) 4조 七兆(ななちょう) 7조 十兆(じっちょう/じゅっちょう)(十兆) 10조	二兆(にちょう) 2조 五兆(ごちょう) 5조 八兆(はっちょう) 8조 何兆(なんちょう) 몇 조	三兆(さんちょう) 3조 六兆(ろくちょう) 6조 九兆(きゅうちょう) 9조	

☐ ~調(ちょう)	~조	古代調(こだいちょう) 고대조 復古調(ふっこちょう) 복고조 民謡調(みんようちょう) 민요조	七五調(しちごちょう) 칠오조 翻訳調(ほんやくちょう) 번역조	絶好調(ぜっこうちょう) 최고 상태 万葉調(まんようちょう) 만엽조	
☐ ~賃(ちん)	~요금	汽車賃(きしゃちん) 기차 요금 鉄道賃(てつどうちん) 철도 요금	航空賃(こうくうちん) 항공 요금 手間賃(てまちん) 품삯	乗車賃(じょうしゃちん) 승차 요금 電車賃(でんしゃちん) 전철 요금 N2형성	
☐ ~痛(つう)	~통	筋肉痛(きんにくつう) 근육통	神経痛(しんけいつう) 신경통	心臓痛(しんぞうつう) 심장통	
☐ ~づかい	~씀	仮名(かな)づかい かな 사용법	無駄(むだ)づかい 헛되이 씀		
☐ ~付き(つき)	~이 딸림, ~부	家具付き(かぐつき)のアパート 가구가 딸린 아파트 条件付き(じょうけんつき)の賛成 조건부 찬성		景品付き(けいひんつき) 경품이 딸림	
☐ ~漬け(づけ)	~절임	一夜漬け(いちやづけ) 벼락치기, 당일치기 砂糖漬け(さとうづけ) 사탕절임 勉強漬け(べんきょうづけ) 공부에 절임, 공붓벌레 N2형성	薬漬け(くすりづけ) 약을 달고 삶 塩漬け(しおづけ) 소금절임	氷漬け(こおりづけ) 얼음에 채운 것	
☐ ~連れ(づれ)	~와 동반함	親子連れ(おやこづれ) 부모 자식 동반 N2형성 子ども連れ(こどもづれ) 아이 동반 N2형성		家族連れ(かぞくづれ) 가족 동반 N2형성 二人連れ(ふたりづれ) 두 사람 일행	
☐ ~的(てき)	~적	圧倒的(あっとうてき) 압도적 基本的(きほんてき) 기본적 強制的(きょうせいてき) 강제적 根本的(こんぽんてき) 근본적 進歩的(しんぽてき) 진보적 相対的(そうたいてき) 상대적 日本的(にほんてき) 일본적 保守的(ほしゅてき) 보수적	意識的(いしきてき) 의식적 客観的(きゃっかんてき) 객관적 形式的(けいしきてき) 형식적 宗教的(しゅうきょうてき) 종교적 政治的(せいじてき) 정치적 東洋的(とうようてき) 동양적 熱狂的(ねっきょうてき) 열광적 本格的(ほんかくてき) 본격적	科学的(かがくてき) 과학적 教育的(きょういくてき) 교육적 効果的(こうかてき) 효과적 主観的(しゅかんてき) 주관적 精神的(せいしんてき) 정신적 日常的(にちじょうてき) 일상적 能率的(のうりつてき) 능률적 良心的(りょうしんてき) 양심적	
☐ ~点(てん)	~점	疑問点(ぎもんてん) 의문점 合計点(ごうけいてん) 합계점 最高点(さいこうてん) 최고점 妥協点(だきょうてん) 타협점 落第点(らくだいてん) 낙제점	及第点(きゅうだいてん) 급제점 交差点(こうさてん) 교차로 N2읽기 出発点(しゅっぱつてん) 출발점 平均点(へいきんてん) 평균점	共通点(きょうつうてん) 공통점 合流点(ごうりゅうてん) 합류점 小数点(しょうすうてん) 소수점 問題点(もんだいてん) 문제점	
☐ ~展(てん)	~전	作品展(さくひんてん) 작품전 図書展(としょてん) 도서전	写真展(しゃしんてん) 사진전 発明展(はつめいてん) 발명전	書道展(しょどうてん) 서예전 美術展(びじゅつてん) 미술전	
☐ ~伝(でん)	~전	自叙伝(じじょでん) 자서전			
☐ ~徒(と)	~도	異教徒(いきょうと) 이교도	仏教徒(ぶっきょうと) 불교도		

☐ ～度(ど)	～도	危険度(きけんど) 위험도	知名度(ちめいど) 지명도	理解度(りかいど) 이해도
☐ ～灯(とう)	～등	安全灯(あんぜんとう) 안전등 室内灯(しつないとう) 실내등	街路灯(がいろとう) 가로등 太陽灯(たいようとう) 태양등	蛍光灯(けいこうとう) 형광등 防犯灯(ぼうはんとう) 방범등
☐ ～党(とう)	～당	革新党(かくしんとう) 혁신당 コーヒー党(とう) 커피파 民主党(みんしゅとう) 민주당	共産党(きょうさんとう) 공산당 国民党(こくみんとう) 국민당 労働党(ろうどうとう) 노동당	紅茶党(こうちゃとう) 홍차파 保守党(ほしゅとう) 보수당
☐ ～塔(とう)	～탑	管制塔(かんせいとう) 관제탑 展望塔(てんぼうとう) 전망탑	広告塔(こうこくとう) 광고탑 時計塔(とけいとう) 시계탑	指令塔(しれいとう) 사령탑 無線塔(むせんとう) 무선탑
☐ ～等(とう)	～등	一等(いっとう) 1등 四等(よんとう) 4등 七等(ななとう) 7등 十等(じっとう・じゅっとう) 10등	二等(にとう) 2등 五等(ごとう) 5등 八等(はっとう・はちとう) 8등 何等(なんとう) 몇 등	三等(さんとう) 3등 六等(ろくとう) 6등 九等(きゅうとう) 9등
☐ ～同士(どうし)	～끼리	男同士(おとこどうし) 남자끼리	弱いもの同士(よわいものどうし) 약한 자끼리	
☐ ～殿(どの)	～님	隊長殿(たいちょうどの) 대장님	山田殿(やまだどの) 야마다 님	
☐ ～内(ない)	～내, ～안	会社内(かいしゃない) 회사 내 管轄内(かんかつない) 관할 내 基地内(きちない) 기지 내 時間内(じかんない) 시간 내 予算内(よさんない) 예산 내	学校内(がっこうない) 학교 내 期間内(きかんない) 기간 내 教室内(きょうしつない) 교실 내 敷地内(しきちない) 부지 내	家庭内(かていない) 가정 내 期限内(きげんない) 기한 내 区域内(くいきない) 구역 내 病院内(びょういんない) 병원 내
☐ ～難(なん)	～난	求人難(きゅうじんなん) 구인난 財政難(ざいせいなん) 재정난 住宅難(じゅうたくなん) 주택난	経営難(けいえいなん) 경영난 資金難(しきんなん) 자금난 食料難(しょくりょうなん) 식량난	交通難(こうつうなん) 교통난 就職難(しゅうしょくなん) 취직난 生活難(せいかつなん) 생활난
☐ ～熱(ねつ)	～열	海水熱(かいすいねつ) 해수열 太陽熱(たいようねつ) 태양열 溶解熱(ようかいねつ) 용해열	教育熱(きょういくねつ) 교육열 地中熱(ちちゅうねつ) 지중열	研究熱(けんきゅうねつ) 연구열 野球熱(やきゅうねつ) 야구열
☐ ～農(のう)	～농	小作農(こさくのう) 소작농	自作農(じさくのう) 자작농	有機農(ゆうきのう) 유기농
☐ ～能(のう)	～능	放射能(ほうしゃのう) 방사능		
☐ ～波(は)	～파	高周波(こうしゅうは) 고주파 超音波(ちょうおんぱ) 초음파 電磁波(でんじは) 전자파	地震波(じしんは) 지진파 低周波(ていしゅうは) 저주파 搬送波(はんそうは) 반송파	衝撃波(しょうげきは) 충격파 定常波(ていじょうは) 정상파 表面波(ひょうめんは) 표면파
☐ ～馬(ば)	～마	競争馬(きょうそうば) 경주마		

☐ ~敗(はい)	~패	三勝二敗(さんしょうにはい) 3승 2패	惜敗(せきはい) 석패	連敗(れんぱい) 연패
☐ ~杯(はい)	~잔	一杯(いっぱい) 한 잔 四杯(よんはい) 네 잔 七杯(七杯)(ななはい/しちはい) 일곱 잔 十杯(十杯)(じっぱい/じゅっぱい) 열 잔	二杯(にはい) 두 잔 五杯(ごはい) 다섯 잔 八杯(八杯)(はっぱい/はちはい) 여덟 잔 何杯(なんばい) 몇 잔	三杯(さんばい) 세 잔 六杯(六杯)(ろっぱい/ろくはい) 여섯 잔 九杯(きゅうはい) 아홉 잔
☐ ~倍(ばい)	~배	一倍(いちばい) 한 배 四倍(よんばい) 네 배 七倍(ななばい) 일곱 배 十倍(じゅうばい) 열 배	二倍(にばい) 두 배 五倍(ごばい) 다섯 배 八倍(はちばい) 여덟 배 何倍(なんばい) 몇 배	三倍(さんばい) 세 배 六倍(ろくばい) 여섯 배 九倍(きゅうばい) 아홉 배
☐ ~泊(はく)	~박	一泊(いっぱく) 1박	二泊(にはく) 2박	三泊(さんぱく) 3박
☐ ~発(はつ)	~발	東京駅発(とうきょうえきはつ) 도쿄 역발 N2형성	ロンドン発(はつ) 런던발	
☐ ~離れ(ばなれ)	~에서 멀어짐	活字離れ(かつじばなれ) 활자에서 멀어짐 日本離れ(にほんばなれ) 일본에서 멀어짐	現実離れ(げんじつばなれ) 현실에서 동떨어짐 N2형성	
☐ ~犯(はん)	~범	現行犯(げんこうはん) 현행범 知能犯(ちのうはん) 지능범	殺人犯(さつじんはん) 살인범 放火犯(ほうかはん) 방화범	窃盗犯(せっとうはん) 절도범 誘拐犯(ゆうかいはん) 유괴범
☐ ~版(ばん)	~판	海賊版(かいぞくばん) 해적판 限定版(げんていばん) 한정판 縮約版(しゅくやくばん) 축약판	改訂版(かいていばん) 개정판 豪華版(ごうかばん) 호화판 普及版(ふきゅうばん) 보급판	原色版(げんしょくばん) 원색판 最新版(さいしんばん) 최신판 保存版(ほぞんばん) 보존판
☐ ~板(ばん)	~판	案内板(あんないばん) 안내판 製図板(せいずばん) 제도판	掲示板(けいじばん) 게시판 番号板(ばんごうばん) 번호판	広告板(こうこくばん) 광고판 表示板(ひょうじばん) 표시판
☐ ~判(ばん)	~판	A4判(ばん) A4판 名刺判(めいしばん) 명함판	規格判(きかくばん) 규격판	太鼓判(たいこばん) 큰 도장, 확실한 보증
☐ ~番(ばん)	~번	一番(いちばん) 1번 四番(四番)(よんばん/よばん) 4번 七番(七番)(ななばん/しちばん) 7번 十番(じゅうばん) 10번	二番(にばん) 2번 五番(ごばん) 5번 八番(はちばん) 8번 何番(なんばん) 몇 번	三番(さんばん) 3번 六番(ろくばん) 6번 九番(九番)(きゅうばん/くばん) 9번
☐ ~費(ひ)	~비	運動費(うんどうひ) 운동비	人件費(じんけんひ) 인건비	生活費(せいかつひ) 생활비
☐ ~美(び)	~미	直線美(ちょくせんび) 직선미		
☐ ~匹(ひき)	~마리 N2표기	一匹(いっぴき) 한 마리 四匹(よんひき) 네 마리 七匹(ななひき) 일곱 마리	二匹(にひき) 두 마리 五匹(ごひき) 다섯 마리 八匹(八匹)(はちひき/はっぴき) 여덟 마리	三匹(さんびき) 세 마리 六匹(六匹)(ろっぴき/ろくひき) 여섯 마리 九匹(きゅうひき) 아홉 마리

			じっぴき じゅっぴき 十匹(十匹) 열 마리	なんびき 何匹 몇 마리
□ ～表 ひょう	～표	いちらんひょう 一覧表 일람표 こんだてひょう 献立表 식단표 せいごひょう 正誤表 정오표 とうけいひょう 統計表 통계표	かかくひょう 価格表 가격표 じかんひょう 時間表 시간표 せいせきひょう 成績表 성적표 よていひょう 予定表 예정표	きごうひょう 記号表 기호표 じこくひょう 時刻表 시각표 つうちひょう 通知表 통지표 らんすうひょう 乱数表 난수표
□ ～評 ひょう	～평	えいがひょう 映画評 영화평	かんしょうひょう 鑑賞評 감상평	しんさひょう 審査評 심사평
□ ～標 ひょう	～표	そくりょうひょう 測量標 측량표	ばんごうひょう 番号標 번호표	りていひょう 里程標 이정표
□ ～病 びょう	～병	しょくぎょうびょう 職業病 직업병	せいじんびょう 成人病 성인병	ひふびょう 皮膚病 피부병
□ ～秒 びょう	～초 N2읽기	いちびょう 一秒 1초 よんびょう 四秒 4초 ななびょう 七秒 7초 じゅうびょう 十秒 10초	にびょう 二秒 2초 ごびょう 五秒 5초 はちびょう 八秒 8초 なんびょう 何秒 몇 초	さんびょう 三秒 3초 ろくびょう 六秒 6초 きゅうびょう 九秒 9초
□ ～符 ふ	～부, ～증표	いんようふ 引用符 따옴표 きゅうしふ 休止符 쉼표 だくおんぷ 濁音符 탁음부	かんたんふ 感嘆符 느낌표 ごしんぷ 護身符 호신부 ちょうおんぷ 長音符 장음부	ぎもんふ 疑問符 물음표 しゅうしふ 終止符 마침표 めんざいふ 免罪符 면죄부
□ ～婦 ふ	～부	かせいふ 家政婦 가정부	じょさんぷ 助産婦 조산부	はしゅつふ 派出婦 파출부
□ ～府 ふ	～부	おおさかふ 大阪府 오사카부	そうりふ 総理府 총리부	りっぽうふ 立法府 입법부
□ ～夫 ふ	～부	せんすいふ 潜水夫 잠수부		
□ ～部 ぶ	～부	いがくぶ 医学部 의과대학 かせんぶ 下線部 밑줄 친 부분 さんがくぶ 山岳部 산악부 そうむぶ 総務部 총무부 いちぶ 一部 1부	えいぎょうぶ 営業部 영업부 きかくぶ 企画部 기획부 さんかんぶ 山間部 산간부 へんしゅうぶ 編集部 편집부 にぶ 二部 2부	かいがんぶ 海岸部 해안부 こうばいぶ 購買部 구매부 しっこうぶ 執行部 집행부 やきゅうぶ 野球部 야구부 さんぶ 三部 3부
□ ～風 ふう	～풍	ビジネスマン風 비즈니스맨풍 N2형성		わふう 和風 일본풍, 일본식 N2형성
□ ～服 ふく	～복	うちゅうふく 宇宙服 우주복	さくぎょうふく 作業服 작업복	ふじんふく 婦人服 여성복
□ ～物 ぶつ	～물	かんこうぶつ 刊行物 간행물	もくてきぶつ 目的物 목적물	
□ ～ぶり	～만임	さんねん 3年ぶり 3년 만		
□ ～兵 へい	～병	えいせいへい 衛生兵 위생병 しょうねんへい 少年兵 소년병	がくとへい 学徒兵 학도병 せんとうへい 戦闘兵 전투병	しがんへい 志願兵 지원병 ほじゅうへい 補充兵 보충병

☐ ~別(べつ)	~별	職業別(しょくぎょうべつ) 직업별	地方別(ちほうべつ) 지방별	能力別(のうりょくべつ) 능력별
☐ ~片(へん)	~조각, ~토막	一片(いっぺん) 한 조각	金属片(きんぞくへん) 금속편	
☐ ~返(へん)	~번	一返(いっぺん) 한 번	二返(にへん) 두 번	三返(さんぺん) 세 번
☐ ~辺(へん)	~변	二等辺(にとうへん) 이등변		
☐ ~補(ほ)	~보	警部補(けいぶほ) 경부보, 경위	長老補(ちょうろうほ) 장로보	判事補(はんじほ) 판사보
☐ ~歩(ほ)	~보	一歩(いっぽ) 한 발짝	二歩(にほ) 두 발짝	
☐ ~法(ほう)	~법	回想法(かいそうほう) 회상법 帰納法(きのうほう) 귀납법 現行法(げんこうほう) 현행법 実定法(じっていほう) 실정법 防止法(ぼうしほう) 방지법	仮定法(かていほう) 가정법 教授法(きょうじゅほう) 교수법 国際法(こくさいほう) 국제법 訴訟法(そしょうほう) 소송법 料理法(りょうりほう) 요리법	慣習法(かんしゅうほう) 관습법 行政法(ぎょうせいほう) 행정법 国内法(こくないほう) 국내법 治療法(ちりょうほう) 치료법 労働法(ろうどうほう) 노동법
☐ ~報(ほう)	~보	院内報(いんないほう) 원내보 社内報(しゃないほう) 사내보, 사보	四季報(しきほう) 계보, 계간지 第一報(だいいっぽう) 제 일보	至急報(しきゅうほう) 지급보 注意報(ちゅういほう) 주의보
☐ ~帽(ぼう)	~모	安全帽(あんぜんぼう) 안전모 登山帽(とざんぼう) 등산모	学生帽(がくせいぼう) 학생모 防寒帽(ぼうかんぼう) 방한모	戦闘帽(せんとうぼう) 전투모 野球帽(やきゅうぼう) 야구모
☐ ~米(まい)	~미	一般米(いっぱんまい) 일반미	胚芽米(はいがまい) 배아미	
☐ ~枚(まい)	~장	一枚(いちまい) 한 장 四枚(よんまい·よまい) 네 장 七枚(ななまい·しちまい) 일곱 장 十枚(じゅうまい) 열 장	二枚(にまい) 두 장 五枚(ごまい) 다섯 장 八枚(はちまい) 여덟 장 何枚(なんまい) 몇 장	三枚(さんまい) 세 장 六枚(ろくまい) 여섯 장 九枚(きゅうまい) 아홉 장
☐ ~末(まつ)	~말	学期末(がっきまつ) 학기 말	今月末(こんげつまつ) 이달 말	世紀末(せいきまつ) 세기말
☐ ~味(み)	~미	現実味(げんじつみ) 현실미	人間味(にんげんみ) 인간미	人情味(にんじょうみ) 인정미
☐ ~面(めん)	~면	演技面(えんぎめん) 연기 면 技術面(ぎじゅつめん) 기술 면 興行面(こうぎょうめん) 흥행 면 需要面(じゅようめん) 수요 면	演奏面(えんそうめん) 연주 면 供給面(きょうきゅうめん) 공급 면 構成面(こうせいめん) 구성 면 設備面(せつびめん) 설비 면	価格面(かかくめん) 가격 면 経済面(けいざいめん) 경제면 社会面(しゃかいめん) 사회면 第一面(だいいちめん) 제1면
☐ ~役(やく)	~역	相手役(あいてやく) 상대역 説明役(せつめいやく) 설명을 담당하는 사람 取締役(とりしまりやく) 임원, 중역	監査役(かんさやく) 감사역 世話役(せわやく) 남을 잘 돌보는 사람	参謀役(さんぼうやく) 참모 역 相談役(そうだんやく) 상담역

☐ ~油(ゆ)	~유, ~기름	硬化油(こうかゆ) 경화유 / 脂肪油(しぼうゆ) 지방유 / 潤滑油(じゅんかつゆ) 윤활유 / 植物油(しょくぶつゆ) 식물유 / 食用油(しょくようゆ) 식용유 / 大豆油(だいずゆ) 콩기름
☐ ~浴(よく)	~욕	温水浴(おんすいよく) 온수욕 / 日光浴(にっこうよく) 일광욕 / 冷水浴(れいすいよく) 냉수욕
☐ ~欲(よく)	~욕	購買欲(こうばいよく) 구매욕 / 出世欲(しゅっせよく) 출세욕 / 知識欲(ちしきよく) 지식욕
☐ ~ら	~들	彼ら(かれら) 그들 / それら 그것들 / 我ら(われら) 우리들
☐ ~来(らい)	~전부터	10年来(ねんらい) 10년 전부터
☐ ~卵(らん)	~란, ~계란	受精卵(じゅせいらん) 수정란
☐ ~裏(り)	~리	暗々裏(あんあんり) 암암리 / 極秘裏(ごくひり) 극비리 / 盛況裏(せいきょうり) 성황리 / 成功裏(せいこうり) 성공리 / 秘密裏(ひみつり) 비밀리 / 平和裏(へいわり) 평화리
☐ ~率(りつ)	~율/률	競争率(きょうそうりつ) 경쟁률 / 合格率(ごうかくりつ) 합격률 / 自殺率(じさつりつ) 자살률 / 支持率(しじりつ) 지지율 / 視聴率(しちょうりつ) 시청률 / 失業率(しつぎょうりつ) 실업률 / 死亡率(しぼうりつ) 사망률 / 就職率(しゅうしょくりつ) 취직률 N2형성 / 出生率(しゅっせいりつ) 출생률 / 進学率(しんがくりつ) 진학률 N2읽기 / 成功率(せいこうりつ) 성공률 N2형성 / 生存率(せいぞんりつ) 생존율 / 投票率(とうひょうりつ) 투표율 N2형성 / 発生率(はっせいりつ) 발생률 / 普及率(ふきゅうりつ) 보급률 / 離婚率(りこんりつ) 이혼율
☐ ~流(りゅう)	~류, ~식	自己流(じこりゅう) 자기식 / 西洋流(せいようりゅう) 서양식 / 日本人流(にほんじんりゅう) 일본인식 / 日本流(にほんりゅう) 일본식 N2형성
☐ ~量(りょう)	~량	許容量(きょようりょう) 허용량 / 原子量(げんしりょう) 원자량 / 降水量(こうすいりょう) 강수량 / 交通量(こうつうりょう) 교통량 / 仕事量(しごとりょう) 업무량 / 積載量(せきさいりょう) 적재량 / 絶対量(ぜったいりょう) 절대량 / 致死量(ちしりょう) 치사량 / 排水量(はいすいりょう) 배수량 / 分子量(ぶんしりょう) 분자량 / 輸出量(ゆしゅつりょう) 수출량 / 輸入量(ゆにゅうりょう) 수입량
☐ ~領(りょう)	~령	オランダ領(りょう) 네덜란드령 / フランス領(りょう) 프랑스령
☐ ~力(りょく)	~력	経済力(けいざいりょく) 경제력 / 集中力(しゅうちゅうりょく) 집중력 N2형성 / 理解力(りかいりょく) 이해력
☐ ~類(るい)	~류	雑誌類(ざっしるい) 잡지류 / 食器類(しょっきるい) 식기류 N2형성 / 宝物類(たからものるい) 보물류 / ビタミン類(るい) 비타민류 / 文書類(ぶんしょるい) 문서류 / 文房具類(ぶんぼうぐるい) 문방구류
☐ ~例(れい)	~예	記載例(きさいれい) 기재 예 / 記入例(きにゅうれい) 기입 예 / 具体例(ぐたいれい) 구체적인 예
☐ ~歴(れき)	~력, ~경력	活動歴(かつどうれき) 활동 경력 / 指導歴(しどうれき) 지도 경력 / 取材歴(しゅざいれき) 취재 경력 / 受賞歴(じゅしょうれき) 수상 경력 / 主婦歴(しゅふれき) 주부 경력 / 選手歴(せんしゅれき) 선수 경력
☐ ~路(ろ)	~로	迂回路(うかいろ) 우회로 / 滑走路(かっそうろ) 활주로 / 供給路(きょうきゅうろ) 공급로 / 競走路(きょうそうろ) 경주로 / 作業路(さぎょうろ) 작업로 / 通学路(つうがくろ) 통학로

		分水路 분수로	補給路 보급로	輸送路 수송로
☐ ~録	~록	会議録 회의록 議事録 의사록 速記録 속기록	回顧録 회고록 見聞録 견문록 備忘録 비망록	回想録 회상록 職員録 직원 명부 芳名録 방명록
☐ ~論	~론	外交論 외교론 芸術論 예술론 国防論 국방론 抽象論 추상론 平和論 평화론	観念論 관념론 現実論 현실론 集合論 집합론 読書論 독서론 理想論 이상론	教育論 교육론 合理論 합리론 制限論 제한론 文学論 문학론 歴史論 역사론
☐ ~湾	~만	伊勢湾 이세만	真珠湾 진주만	東京湾 도쿄만

⑧ 출제 예상 외래어

- ☐ アーケード 아케이드
- ☐ アート 아트, 예술, 미술
- ☐ アイスクリーム 아이스크림
- ☐ アイデア・アイディア 아이디어
- ☐ アイテム 아이템, 항목
- ☐ アイボリー 아이보리, 상앗빛
- ☐ アイロン 아이론, 다리미
- ☐ アウト 밖, 실격
- ☐ アクセサリー 액세서리
- ☐ アクセス 액세스, 접근, 교통로
- ☐ アクセント 악센트, 억양
- ☐ アクチブ 활동적임, 적극적임
- ☐ アップ 상승, 인상
- ☐ アピール 어필 N2문규
- ☐ アプローチ 어프로치, 접근
- ☐ アルファベット 알파벳
- ☐ アレンジ 어레인지, 각색, 배치
- ☐ アンテナ 안테나
- ☐ アンバランス 언밸런스, 불균형
- ☐ イージー 간편함, 손쉬움
- ☐ イコール 등호, 같음
- ☐ イベント 이벤트
- ☐ イメージ 이미지
- ☐ Eメール 이메일
- ☐ インキ・インク 잉크
- ☐ インタビュー 인터뷰 N2문규

☐ ウイスキー 위스키	☐ ウーマン 여성, 여자
☐ ウール 울, 양털	☐ ウエートレス 웨이트리스, 여자 종업원
☐ エアメール 항공 우편	☐ エチケット 에티켓, 예의범절
☐ エネルギー 에너지 N2문규	☐ エプロン 에이프런, 앞치마
☐ エンジニア 엔지니어, 기술자	☐ エンジン 엔진
☐ オイル 오일 N2유의	☐ オーケストラ 오케스트라, 관현악(단)
☐ オートメーション 자동 조작 (장치)	☐ オーバー 오버, 과장됨 N2유의
☐ オーバーコート 오버코트	☐ オフィス 사무실
☐ オリジナル 독창적, 고유의	☐ オリンピック 올림픽
☐ オルガン 오르간, 풍금	☐ オレンジ 오렌지
☐ オンライン 온라인	☐ カー 자동차
☐ カード 카드	☐ カーブ 커브, 굽음
☐ ガイド 가이드	☐ ガイドブック 가이드북
☐ カセット(テープ) 카세트(테이프)	☐ カバー 커버
☐ ガム 껌	☐ カラー 컬러, 색, 색깔
☐ カロリー 칼로리 N2문규	☐ キャプテン 캡틴, 주장
☐ ギャング 갱, 강도(단)	☐ キャンセル 캔슬, 취소, 해약
☐ キャンパス 캠퍼스 N2문규	☐ キャンプ 캠프
☐ クイズ 퀴즈	☐ クーラー 쿨러, 냉각기
☐ クラシック 클래식, 고전	☐ グラス 글라스, 유리컵, 안경
☐ クラブ 클럽	☐ グランド 대형의
☐ クリア 깨끗함, 통과함	☐ クリーニング 클리닝, 세탁
☐ クリーム 크림	☐ クリスマス 크리스마스
☐ グループ 그룹, 집단	☐ クレジットカード 신용 카드
☐ ケース 케이스, 상자, 경우	☐ ゲーム 게임
☐ ゲスト 게스트, 손님	☐ コース 코스, 진로, 방향

☐ コーチ 코치, 지도자		☐ コート 코트	
☐ コード 코드, 부호		☐ コーラス 코러스, 합창(단)	
☐ ゴール 골, 목표		☐ コック 쿡, 요리사	
☐ コピー 카피, 복사 N2문규		☐ コミュニケーション 커뮤니케이션 N2문규	
☐ ゴム 고무, (고무)지우개		☐ コメント 코멘트, 논평, 의견	
☐ コラム 칼럼		☐ コレクション 컬렉션, 수집품	
☐ コンクール 경연 대회, 콩쿠르		☐ コンクリート 콘크리트	
☐ コンセント 콘센트		☐ コントロール 컨트롤, 통제, 조절	
☐ サークル 서클, 동아리		☐ サービス 서비스 N2문규	
☐ サイレン 사이렌		☐ サイン 사인, 서명 N2유의	
☐ サラリーマン 샐러리맨		☐ サンドイッチ 샌드위치	
☐ サンプル 샘플 N2유의		☐ シーズン 시즌 N2문규	
☐ シーツ 시트		☐ ジーンズ 진, 청바지	
☐ ジェット 제트		☐ ジェット機 제트기	
☐ シグナル 시그널, 신호		☐ システム 시스템	
☐ ジャーナリスト 저널리스트		☐ シャッター 셔터 N2문규	
☐ ジュース 주스		☐ ショック 쇼크, 충격 N2문규	
☐ ショップ 숍, 상점, 가게		☐ シリーズ 시리즈	
☐ シンプル 심플, 검소함, 단순함		☐ スイッチ 스위치	
☐ スーパー(マーケット) 슈퍼마켓		☐ スープ 수프	
☐ スカーフ 스카프, 목도리 N2문규		☐ スキー 스키	
☐ スクール 스쿨		☐ スケート 스케이트	
☐ スケジュール 스케줄 N2문규		☐ スター 스타	
☐ スタート 스타트 N2문규		☐ スタイル 스타일, 모습, 모양	
☐ スタッフ 스태프, 담당자		☐ スタミナ 스태미나, 정력, 끈기	
☐ スタンド 스탠드, 관람석, 판매대		☐ スタンプ 스탬프, 우편물의 소인	

☐ スチュワーデス 스튜어디스		☐ ステージ 스테이지, 무대, 연단	
☐ ステーション 정거장, 역		☐ スト(ライキ) 스트라이크, 동맹 파업	
☐ ストッキング 스타킹		☐ ストップ 정지, 멈춤	
☐ スピーカー 스피커		☐ スピーチ 스피치	
☐ スピード 스피드, 속도 N2용법		☐ スペース 공간, 여백	
☐ スポーツカー 스포츠카		☐ スマート 말쑥함, 단정하고 멋짐	
☐ スムーズ 원활함, 순조로움 N2문규		☐ スライド 슬라이드	
☐ セット 세트		☐ ゼミ 세미나	
☐ セメント 시멘트		☐ センター 센터	
☐ センチ(メートル) 센티(미터)		☐ ソファー 소파	
☐ ソフト 소프트, 부드러움		☐ タイプライター 타자기	
☐ タイマー 타이머		☐ タイミング 타이밍	
☐ タイム 시각, 시간		☐ タイヤ 타이어	
☐ ダイヤグラム 다이어그램, 도표		☐ ダイヤモンド 다이아몬드	
☐ ダイヤル 다이얼		☐ ダウン 다운, 아래, 작동하지 않음	
☐ タオル 수건		☐ ダブル 더블, 이중, 2배	
☐ ダム 댐		☐ タワー 타워, 탑	
☐ ダンス 춤		☐ チーズ 치즈	
☐ チーム 팀 N2문규		☐ チップ 팁	
☐ チャンス 찬스 N2유의		☐ チョーク 초크, 분필	
☐ データ 데이터, 자료		☐ デート 데이트	
☐ テーマ 테마, 주제 N2문규		☐ テクニック 테크닉, 기교, 기술	
☐ デザイン 디자인 N2문규		☐ テニスコート 테니스 코트	
☐ デモ 데모, 시위		☐ テント 텐트	
☐ テンポ 템포, 빠르기 N2유의		☐ トップ 톱, 정상, 1위 N2문규	
☐ ドライブ 드라이브		☐ トラック 트럭, 화물차	

- ☐ ドラマ 드라마 N2문규
- ☐ トレーニング 트레이닝, 훈련, 연습 N2유의
- ☐ トン 톤 (무게 단위)
- ☐ ナイロン 나일론
- ☐ ニーズ・ニード 수요, 요구
- ☐ ノック 노크 N2문규
- ☐ パーセント 퍼센트
- ☐ バイオリン 바이올린
- ☐ バイバイ 안녕
- ☐ パイロット 파일럿, 비행 조종사
- ☐ パス 패스, 통과
- ☐ パターン 패턴, 유형
- ☐ パブリック 퍼블릭, 공공적
- ☐ パンク 펑크, 구멍이 남 N2문규
- ☐ パンツ 팬츠, 바지
- ☐ ハンドル 핸들, 손잡이
- ☐ ビール 맥주
- ☐ ピストル 피스톨, 권총
- ☐ ピックアップ 픽업, 집어냄
- ☐ ビデオ 비디오
- ☐ ビルディング 빌딩
- ☐ ピンク 핑크
- ☐ ファン 팬
- ☐ プライベート 프라이빗, 개인적, 사적
- ☐ ブラシ 브러시, 솔
- ☐ プラスチック 플라스틱

- ☐ トランプ 트럼프, 카드
- ☐ ドレス 드레스
- ☐ トンネル 터널, 굴
- ☐ ナンバー 번호
- ☐ ネックレス 목걸이
- ☐ ノルマ 노르마, 할당량
- ☐ パートナー 파트너, 상대, 짝, 동료
- ☐ ハイキング 하이킹
- ☐ パイプ 파이프, 관
- ☐ バケツ 양동이, 들통
- ☐ パスポート 패스포트, 여권
- ☐ バック 배경
- ☐ バランス 밸런스, 균형 N2문규
- ☐ ハンサム 핸섬, 미남임
- ☐ ハンドバッグ 핸드백
- ☐ ピーク 피크, 정상, 정점
- ☐ ピクニック 피크닉
- ☐ ビタミン 비타민
- ☐ ヒット 히트, 큰 성공
- ☐ ビニール 비닐
- ☐ ピン 핀
- ☐ ファスナー 지퍼
- ☐ フライパン 프라이팬
- ☐ ブラウス 블라우스
- ☐ プラス 플러스
- ☐ プラットホーム 플랫폼

☐ プラン 계획 N2유의	☐ フリー 프리, 자유로움
☐ プリント 프린트, 인쇄	☐ ブレーキ 브레이크, 제동(기)
☐ フレッシュ 신선함, 참신함	☐ プロ 프로, 전문적
☐ ブローチ 브로치	☐ プログラム 프로그램 N2문규
☐ プロジェクト 프로젝트, 계획	☐ ペース 페이스, 속도, 보조
☐ ベスト 베스트, 최선, 최고	☐ ベテラン 베테랑, 노련한 사람
☐ ヘリコプター 헬리콥터	☐ ベルト 벨트
☐ ペンキ 페인트	☐ ベンチ 벤치
☐ ペンチ 펜치	☐ ボーイ 보이, 웨이터
☐ ボート 보트	☐ ボーナス 보너스, 상여금
☐ ホーム 홈	☐ ボール 공
☐ ポスター 포스터	☐ ポスト 우체통
☐ マーケット 마켓, 시장, 판로	☐ マイク 마이크
☐ マイナス 마이너스	☐ マイペース 마이 페이스 N2문규
☐ マスク 마스크, 가면	☐ マスター 마스터, 숙달함
☐ マフラー 머플러, 목도리	☐ マラソン 마라톤
☐ マンション 맨션	☐ ミーティング 미팅
☐ ミシン 재봉틀	☐ ミス 미스, 실패, 실수
☐ ミリメートル 밀리미터	☐ ミルク 우유
☐ メーター 미터	☐ メール 메일
☐ メニュー 메뉴	☐ メモ 메모
☐ メンバー 멤버, 구성원	☐ モーター 모터
☐ モダン 모던, 현대적	☐ モデル 모델
☐ モノレール 모노레일	☐ ユーモア 유머 N2용법
☐ ヨーロッパ 유럽	☐ ヨット 요트
☐ ライター 라이터	☐ ライト 라이트, 빛

- ☐ ライバル 라이벌, 경쟁 상대
- ☐ ライフスタイル 생활 방식
- ☐ ラウンジ 라운지, 휴게실
- ☐ ラケット 라켓
- ☐ ランチ 점심
- ☐ リアル 리얼, 사실적
- ☐ リスト 리스트, 목록
- ☐ リットル 리터 (부피 단위)
- ☐ リラックス 릴랙스, 긴장을 품 N2문규
- ☐ ルール 룰, 규칙 N2유의
- ☐ レクリエーション 오락, 휴양
- ☐ レベル 레벨 N2문규
- ☐ レンタル 렌털, 임대 N2유의
- ☐ ロケット 로켓
- ☐ ロビー 로비, 휴게실
- ☐ ワンピース 원피스

- ☐ ライブ 라이브, 생방송, 실황
- ☐ ライン 라인, 선, 줄
- ☐ ラウンド 라운드, 일주, 순환
- ☐ ラッシュアワー 러시아워
- ☐ ランニング 달리기, 러닝셔츠
- ☐ リーダー 리더, 지도자 N2문규
- ☐ リズム 리듬 N2문규
- ☐ リボン 리본
- ☐ ルーズ 루즈함, 허술함, 헐렁함
- ☐ レインコート 레인코트, 비옷
- ☐ レジャー 여가, 레저 N2유의
- ☐ レンズ 렌즈
- ☐ ローマ字 로마자
- ☐ ロッカー 로커, 사물함
- ☐ ワイン 와인, 포도주

9 출제 예상 유의어

□ アーム 팔	≒	腕(うで) 팔
□ 相変(あいか)わらず 변함없이, 여전히 N2유의	≒	依然(いぜん)として 여전히
□ あいさつ 인사	≒	会釈(えしゃく) 가벼운 인사
□ 相次(あいつ)いで 연달아 N2문규	≒	次々(つぎつぎ)(に)・続々(ぞくぞく) 잇따라 / 連続(れんぞく)して 연속하여
□ アイデア 아이디어	≒	案(あん) 안, 생각
□ 相棒(あいぼう) 짝, 한패	≒	パートナー 파트너
□ あいまいだった 애매했다 N2문규·유의	≒	はっきりしなかった 분명하지 않았다
□ 明(あき)らかだ 분명하다	≒	確(たし)かだ 확실하다
□ あきらめる 단념하다	≒	断念(だんねん)する 단념하다
□ あくる日(ひ) 다음 날, 익일	≒	翌日(よくじつ) 다음 날, 익일
□ あつかましい 뻔뻔스러운	≒	無理(むり)な 무리한
□ 脂(あぶら) 기름 N2유의	≒	オイル 오일
□ 怪(あや)しいと 수상하다고	≒	不審(ふしん)に 의심스럽게
□ 過(あやま)ちだ 과실이다 N2유의	≒	過失(かしつ)だ 과실이다
□ 歩(あゆ)み 걸음, 발걸음	≒	歩行(ほこう) 보행
□ 歩(あゆ)む 걷다	≒	歩(ある)く 걷다
□ あらかじめ 미리, 사전에 N2문규	≒	前(まえ)もって 미리 / 事前(じぜん)に 사전에
□ あるいは 혹은	≒	または 또는
□ 安易(あんい)に 안이하게	≒	軽(かる)く 가볍게
□ 言(い)い訳(わけ) 변명, 핑계 N2용법	≒	弁解(べんかい) 변명
□ 息抜(いきぬ)きする 한숨 돌리다 N2유의	≒	休(やす)む 쉬다
□ 一応(いちおう) 우선, 일단 N2유의	≒	とりあえず 우선
□ 一日(いちにち)おきに 하루 걸러 N2형성	≒	二日(ふつか)ごとに 이틀마다

□ いまに 이제, 조만간, 언젠가 N2용법	≒	近いうちに 근일 중에 / いつか 언젠가
□ 疑いがない 의심이 없다	≒	確かだ 확실하다
□ 打ち消した 부정했다 N2유의	≒	正しくないと言った 옳지 않다고 말했다
□ うつむいて 고개를 숙이고 N2유의	≒	下を向いて 아래를 보고
□ えらい 훌륭한	≒	立派な 훌륭한
□ 往々(にして) 왕왕, 이따금	≒	時々 때때로, 가끔
□ 往生した 손들었다, 애를 먹다	≒	閉口した 손들었다 / 困った 곤란했다, 난처했다
□ 終える 끝마치다, 종결짓다 N2유의	≒	済ます 마치다
□ 大柄だ 몸집이 크다	≒	体が大きい 체격이 크다
□ 大げさだ 과장되다 N2유의	≒	オーバーだ 과장되다
□ 大幅に 대폭적으로 N2읽기	≒	格段に 현격히 / はるかに 훨씬, 매우
□ 怒る 화를 내다, 꾸짖다	≒	しかる 꾸짖다
□ 押し出す 나가다, 진출하다	≒	進出する 진출하다
□ おだやかだ 조용하다, 차분하다	≒	しずかだ 조용하다
□ 思いがけない 뜻밖인 N2유의	≒	意外な 뜻밖의
□ 思い切って 과감히 N2문규	≒	断然 단호히
□ およそ 대강, 대략 N2유의	≒	だいたい 대개 N2유의
□ 概して 대체로, 일반적으로	≒	大体 대개 / 一般的に 일반적으로
□ 買い占めた 매점했다 N2유의	≒	全部買った 전부 샀다
□ 回復する 회복하다	≒	よくなる 나아지다
□ 開放的な 개방적인	≒	オープンな 개방적인
□ 掛かり 비용, 경비	≒	出費 지출
□ かさかさだ 물기가 없다 N2유의	≒	乾燥している 말라 있다
□ 賢い 현명하다, 영리하다 N2읽기·문규·유의	≒	頭がいい 머리가 좋다
□ がっかりする 실망하다	≒	失望する 실망하다
□ かつて 일찍이 N2유의	≒	以前 이전에

☐ 勝手(かって) 제멋대로 굶 N2유의	≒	わがまま 제멋대로 굶
☐ かなりの 상당한	≒	十分(じゅうぶん)な 충분한
☐ からい 짜다, 박하다	≒	きびしい 엄하다, 심하다
☐ 感謝(かんしゃ) 감사	≒	お礼(れい) 사례(의 말)
☐ 願望(がんぼう) 소원	≒	望(のぞ)み 소망
☐ 勧誘(かんゆう)する 권유하다	≒	求(もと)める 구하다, 바라다
☐ 競(きそ)う 다투다, 경쟁하다 N2읽기	≒	張(は)り合(あ)う・競争(きょうそう)する 경쟁하다
☐ 規則(きそく) 규칙	≒	ルール 룰
☐ きちんとした 규칙적인	≒	規則的(きそくてき)な 규칙적인
☐ きっかけ 계기 N2용법	≒	契機(けいき) 계기
☐ ギフト 선물	≒	贈(おく)り物(もの) 선물
☐ 規模(きぼ) 규모 N2읽기	≒	スケール 스케일, 규모
☐ 奇妙(きみょう)な 기묘한 N2유의	≒	変(か)わった 별난 / 変(へん)な 이상한 N2유의
☐ 偶然(ぐうぜん)(に) 우연히 N2표기·유의	≒	ふと 우연히, 문득 / たまたま 우연히 N2유의
☐ 苦情(くじょう) 불평, 불만 N2유의	≒	不平(ふへい) 불평 / 不満(ふまん) 불만 N2유의
☐ くたくただ 녹초가 되었다 N2유의	≒	ひどくつかれた 몹시 지쳤다
☐ くたびれた 지쳤다 N2유의	≒	疲(つか)れた 피곤하다 N2유의
☐ 首輪(くびわ) 목걸이	≒	ネックレス 목걸이
☐ クリアした 깨끗이 치웠다, 해결했다	≒	解決(かいけつ)した 해결했다 / 達成(たっせい)した 달성했다
☐ クリアな 뚜렷한, 맑은	≒	はっきりした 뚜렷한 / 明(あき)らかな 분명한
☐ 加(くわ)えて 더구나, 게다가	≒	その上(うえ) 게다가, 또한
☐ 計画(けいかく) 계획 N2유의	≒	プラン 플랜 N2유의
☐ けっこう 제법	≒	かなり 제법, 꽤
☐ げんに 실제로	≒	実際(じっさい)に 실제로
☐ 貢献(こうけん)できる 공헌할 수 있다 N2유의	≒	役(やく)に立(た)つ 도움이 되다
☐ コーチ 코치, 감독	≒	監督(かんとく) 감독

☐ 小柄だ 몸집이 작다 N2유의	≒	体が小さい 체격이 작다
☐ 箇々 개개, 낱낱	≒	おのおの・それぞれ 각각, 각기
☐ 心強い 마음 든든하다 N2용법	≒	気丈夫だ 마음이 든든하다
☐ こつ 요령	≒	要領 요령
☐ コピー 복사	≒	複写 복사
☐ こまかい 세심하다, 미세하다	≒	くわしい 상세하다
☐ 娯楽 오락 N2유의	≒	レジャー 레저, 여가
☐ コンテナ 컨테이너, 용기	≒	入れ物 용기
☐ コンビネーション 콤비네이션, 조합, 배합	≒	組み合わせ 짜맞춤, 편성, 조합
☐ コンプレックス 콤플렉스	≒	劣等感 열등감
☐ 差異 차이	≒	違い 다름, 차이
☐ 雑談 잡담 N2유의	≒	おしゃべり 잡담
☐ ざっと 대충	≒	一応 우선, 대충
☐ さっぱりする 상쾌하다	≒	さわやかだ 상쾌하다
☐ 仕上がる 마무리되다, 다 되다	≒	完成する 완성되다
☐ 仕上げる 일을 끝내다, 완성시키다 N2유의	≒	完成させる 완성시키다
☐ 幸せだ 행복하다	≒	幸福だ 행복하다
☐ 仕かけ 장치	≒	装置 장치
☐ 至急 시급, 급히 N2읽기·문규	≒	すぐに 바로
☐ 事業 사업	≒	ビジネス 비즈니스, 사업
☐ 支持 지지 N2용법	≒	サポート 서포트, 지지
☐ 視線 시선	≒	まなざし 시선
☐ 次第に 점차, 점점	≒	だんだん 점점 / 徐々に 서서히 / 少しずつ 조금씩
☐ シナリオ 시나리오, 각본	≒	脚本 각본
☐ 終日 온종일	≒	一日中 하루 종일
☐ 柔軟に 유연하게 N2문규	≒	しなやかに 유연하게

☐ 十年来の 10년 전부터의	≒	十年間ずっと 10년간 쭉
☐ 主要な 주요한	≒	おもな 주된
☐ 紹介したい 소개하고 싶다	≒	会ってもらいたい 만나 주었으면 좋겠다
☐ 少々 잠시, 조금	≒	すこし 조금
☐ 上手に 잘	≒	有効に 유효하게
☐ 丈夫だ 건강하다	≒	健康だ 건강하다
☐ ショック 쇼크, 충격	≒	衝撃 충격
☐ 署名 서명 N2유의	≒	サイン 사인
☐ 真剣に 진심으로, 진지하게	≒	一生懸命 열심히 / まじめに 성실하게
☐ 慎重に 신중하게 N2문규·유의	≒	十分注意して 충분히 주의하여
☐ シンプルな 심플한, 단순한	≒	素朴な 소박한, 검소한 / 簡素な 간소한
☐ シンプルに 단순하게	≒	簡潔に 간결하게 / 単純に 단순하게
		手短に 짧게
☐ ずうずうしい 뻔뻔스럽다	≒	あつかましい 뻔뻔스럽다
☐ スケッチ 스케치, 사생	≒	写生 사생
☐ すこぶる 몹시, 매우	≒	とても 몹시, 아주 / 非常に 상당히
☐ ずっと 훨씬	≒	かなり 상당히
☐ すてきだ 멋지다	≒	すばらしい 멋지다
☐ すまない 미안하다	≒	申し訳ない 죄송하다, 드릴 말씀이 없다
☐ スムーズに 원활하게, 순조롭게 N2문규	≒	円滑に 원활하게 / 順調に 순조롭게
☐ 寸前 직전	≒	間際・直前 직전
☐ せいぜい 기껏, 고작 N2유의	≒	多くても 많아 봤자
☐ せめて 적어도	≒	少なくとも 적어도
☐ 全然 전혀	≒	さっぱり 전혀 / まったく 전혀
☐ 相互 상호	≒	互い 서로
☐ そっと 살짝, 가만히	≒	静かに 조용히

☐ ソフトな 부드러운	≒	柔(やわ)らかい 부드러운	
☐ そろいました 모두 모였습니다	≒	集(あつ)まりました 모였습니다	
☐ 蓄(たくわ)えている 저축하고 있다	≒	貯金(ちょきん)している 저금하고 있다	
☐ 確(たし)かめる 확인하다	≒	確認(かくにん)する 확인하다	
☐ 妥当(だとう)な 타당한 N2용법	≒	手(て)ごろな 적당한, 알맞은	
☐ 例(たと)え 비유, 예	≒	比喩(ひゆ) 비유	
☐ 頼(たの)もしい 믿음직한, 기대할 만한	≒	希望(きぼう)に満(み)ちた 희망에 찬	
☐ たびたび 번번이 N2유의 / 再三(さいさん) 재삼, 여러 번 N2유의	≒	しばしば 자주 N2유의 / 何度(なんど)も 몇 번이나 N2유의	
☐ だめだ 안 된다	≒	いけない 안 된다	
☐ たやすい 쉽다, 용이하다	≒	やさしい 쉽다	
☐ 単(たん)なる 단순한 N2유의	≒	ただの 단순한	
☐ 縮(ちぢ)んで 줄어들어 N2유의	≒	小(ちい)さくなって 작아져	
☐ チャンス 찬스	≒	機会(きかい) 기회	
☐ つい 생각지도 않게, 무심결에	≒	思(おも)わず 엉겁결에 / うっかり 무심코	
☐ ついている 재수가 있다 N2유의	≒	運(うん)が良(よ)い 운이 좋다	
☐ ついに 드디어	≒	とうとう 드디어	
☐ 使(つか)い道(みち) 용법, 용도	≒	用途(ようと) 용도	
☐ 努(つと)めた 애썼다, 힘썼다	≒	専念(せんねん)した 전념했다	
☐ つまらない 재미없는	≒	退屈(たいくつ)な 지루한	
☐ 強気(つよき)の 강경한	≒	大胆(だいたん)な 대담한 / 確固(かっこ)とした 확고한	
☐ つらい 괴롭다, 고통스럽다	≒	苦(くる)しい 괴롭다 / 耐(た)えがたい 참기 어렵다	
☐ 停止(ていし)する 정지하다	≒	とまる 멈추다	
☐ 手軽(てがる)に 손쉽게 N2용법	≒	容易(ようい)に 용이하게 / 簡単(かんたん)に 간단하게	
☐ テンポ 템포, 진행 속도 N2유의	≒	速(はや)さ 빠르기	
☐ どうも 아무래도	≒	どうしても 아무리 해도	
☐ 年寄(としよ)り 노인	≒	老人(ろうじん) 노인	

☐ 突然(とつぜん) 돌연, 갑자기	≒	いきなり 갑자기	
☐ 乏(とぼ)しい 모자라다, 가난하다 N2용법	≒	まずしい 가난하다	
☐ 伴(ともな)う 함께 가다, 동반하다	≒	連(つ)れる 거느리다, 동반하다	
☐ トラブル 트러블, 분쟁	≒	もめごと 분규	
☐ トラブル 트러블, 고장	≒	故障(こしょう) 고장	
☐ 直(なお)す 고치다	≒	修理(しゅうり)する 수리하다	
☐ なかなか 상당히, 꽤	≒	ずいぶん 몹시, 아주 / 相当(そうとう) 상당히 N2유의	
☐ なかなか見捨(みす)てたものではない 꽤 볼 만하다	≒	かなりよい 상당히 좋다	
☐ ながめ 경치 N2문규	≒	景色(けしき) 경치 N2표기	
☐ 悩(なや)ます 괴롭히다	≒	苦(くる)しめる 괴롭히다	
☐ 悩(なや)む 고민하다	≒	心配(しんぱい)する 걱정하다	
☐ なるべく 되도록	≒	できるだけ 가능한 한	
☐ にぎわう 붐비다	≒	込(こ)む・混(こ)む 붐비다 / 混雑(こんざつ)する 혼잡하다	
☐ にわかに 즉각, 당장	≒	すぐに 바로	
☐ 乗(の)り越(こ)える 극복하다 N2읽기·문규	≒	克服(こくふく)する 극복하다	
☐ はずかしくない 부끄럽지 않은	≒	きちんとした 제대로 된	
☐ バランス 밸런스, 균형 N2문규	≒	均衡(きんこう) 균형	
☐ 判明(はんめい)する 판명되다	≒	確認(かくにん)される 확인되다	
☐ 比較的(ひかくてき) 비교적 N2유의·문규	≒	わりと・割合(わりあい)に 비교적	
☐ ひきょうな 비겁한 N2유의	≒	ずるい 교활한	
☐ 引(ひ)き分(わ)け 무승부, 비김	≒	同点(どうてん) 동점	
☐ 非常(ひじょう)な勢(いきお)いで 비상한 기세로	≒	急速(きゅうそく)に 급속하게	
☐ びっくりする 깜짝 놀라다	≒	驚(おどろ)く 놀라다	
☐ 一際(ひときわ) 한층 더, 눈에 띄게, 유달리	≒	目立(めだ)って 눈에 띄게 / 一段(いちだん)と 한층 더	
☐ ひとつ 아무쪼록	≒	どうぞ 부디	
☐ 標準的(ひょうじゅんてき) 표준적	≒	普通(ふつう) 보통	

☐ ブーム 붐, 유행 N2유의	≒	流行 유행	
☐ ぶかぶかだ 헐렁헐렁하다 N2유의	≒	とても大きい 너무 크다	
☐ ふく 닦다	≒	きれいにする 깨끗하게 하다	
☐ 不思議な 신기한	≒	意外な 의외인	
☐ 無事だ 무사하다	≒	大丈夫だ 괜찮다	
☐ 無事に 무사히	≒	事故もなく 사고도 없이	
☐ 付着する 부착되다	≒	くっつく 붙다	
☐ 普通の 보통의	≒	よくある 자주 있는	
☐ 太い 담대한	≒	大胆な 대담한	
☐ ふと気がつくと 문득 정신이 드니	≒	知らぬ間に 어느새	
☐ 踏み切る 결단하다, 단행하다	≒	突入する 돌입하다	
☐ 不明だ 불명하다	≒	明らかでない 분명하지 않다	
☐ 触れる 언급하다 N2읽기	≒	言及する 언급하다	
☐ へとへと 녹초가 됨	≒	くたくた 녹초가 됨	
☐ ポイント 포인트, 요점	≒	要点 요점	
☐ ほがらかだ 명랑하다, 쾌활하다	≒	明るい 밝다, 명랑하다	
☐ まさに 틀림없이	≒	たしかに 확실히	
☐ 町の催しを 마을의 행사를	≒	町で何が行われているのかを 마을에서 무엇이 행해지고 있는지를	
☐ まもなく 머지않아	≒	やがて 머지않아 / もうすぐ 곧, 머지않아	
☐ まれな 드문	≒	ほとんどない 거의 없는 / めずらしい 드문	
☐ 見落として 못 보고 넘기고	≒	つかみそこなって 잡지 못하고 놓치고	
☐ 見込み違い 예상이 틀림	≒	期待外れ 기대가 빗나감	
☐ みじめだ 비참하다	≒	あわれだ 불쌍하다	
☐ ミス 미스, 실수	≒	間違い 실수, 틀림	
☐ 自ら 스스로, 몸소 N2유의	≒	自分で 스스로, 자기가	
☐ みっともない 보기 흉하다, 꼴불견이다 N2유의	≒	はずかしい 창피하다	

□ みなで 모두 해서	≒	全部で 전부 해서
□ 無口だ 말수가 적다 N2유의	≒	あまり話さない 그다지 이야기하지 않다
□ むずかしい 까다로운, 귀찮은	≒	やっかいな 성가신, 귀찮은
□ 夢中だ 열중하다	≒	熱心だ 열심이다
□ メニュー 메뉴	≒	献立 식단, 메뉴
□ 申し込み 신청	≒	申請 신청 / 応募 응모
□ 目録 목록	≒	カタログ 카탈로그, 목록
□ 用いる 사용하다	≒	使う 쓰다
□ もっともだ 지당하다	≒	当然だ 당연하다
□ 元 근원, 원인	≒	原因 원인
□ 求める 구하다, 사다	≒	買う 사다
□ やかましい 시끄럽다, 성가시다 N2문규	≒	うるさい 시끄럽다, 귀찮다
□ 安くゆずる 싸게 넘기다	≒	売る 팔다
□ 病 병	≒	病気 병, 나쁜 버릇
□ 山のふもと 산기슭 N2용법·유의	≒	山の下の方 산 아래쪽
□ やや 약간 N2유의	≒	少し 조금
□ 愉快だ 유쾌하다 N2유의	≒	面白い 재미있다
□ 譲る 양도하다, 물려주다	≒	あげる 주다
□ 様子 사정, 모양, 기미, 기색	≒	外見 외견, 겉보기 / 模様 모양 / 状態 상태 情勢 정세 / 態度 태도 / 兆候 징후 / 気配 낌새
□ ようやく 겨우, 간신히	≒	やっと 겨우 / かろうじて 겨우, 간신히
□ 弱る 난처해지다	≒	困る 곤란해지다
□ ランキング 랭킹, 순위	≒	順位 순위
□ ランプ 램프, 전등	≒	電灯 전등
□ リーダー 리더	≒	指導者 지도자
□ 利点 이점	≒	長所 장점 / 強み 강점

☐ 理不尽な 무리한	≒	無理な 무리한
☐ 略す 생략하다, 간단히 하다 N2읽기	≒	省く 생략하다 / 短縮する 단축하다
☐ リラックスさせる 편안하게 하다 N2문규	≒	くつろがせる 편안하게 하다
☐ 冷静な 침착한 N2유의	≒	おちついた 침착한, 진정된
☐ レース 레이스	≒	競走 경주
☐ レッスン 레슨, 수업, 연습	≒	稽古 연습
☐ わずかに 간신히, 겨우	≒	かろうじて・やっと 간신히, 겨우
☐ わびる 사과하다 N2유의	≒	謝る 사과하다
☐ 割合に 비교적	≒	比較的 비교적

⑩ 기타

☐ 足を運ぶ 찾아가보다	☐ 頭をひねる 머리를 쥐어짜다
☐ あらゆる 모든, 일체의 N2유의	☐ あるいは 혹은, 또는 N2용법
☐ 至る所 도처에, 가는 곳마다 N2표기	☐ いわゆる 소위, 이른바 N2문규
☐ おかまいなく 신경 쓰지 마세요 N2문규	☐ おきのどくに 불쌍하게도 N2문규
☐ お世話になりました 신세졌습니다 N2문규	☐ 音頭を取る 선창하다, 앞장서다
☐ 顔が広い 발이 넓다 N2문규	☐ 気が長い 성미가 느긋하다 N2문규
☐ 気が引ける 기가 죽다, 주눅이 들다	☐ 気に入る 마음에 들다 N2유의
☐ 気にかかる 마음에 걸리다	☐ 気にかける 마음에 두다, 걱정하다
☐ 決まりが悪い 쑥스럽다, 멋쩍다	☐ 気を落とす 낙심하다, 실망하다
☐ 気を配る 마음을 쓰다, 배려하다	☐ 気をつける 조심하다 N2유의
☐ 気を張る 정신을 긴장시키다, 마음을 다잡다	☐ 口がかたい 입이 무겁다 N2문규

- ☐ 首を長くする 애타게 기다리다 N2문규
- ☐ ご遠慮なく 사양 말고 N2문규
- ☐ ご苦労さま 수고하십니다 N2문규
- ☐ さて 그건 그렇고 N2문규
- ☐ しかも 게다가, 그 위에 N2문규
- ☐ したがって 따라서 N2문규
- ☐ しまった 아차, 아뿔싸, 큰일났다(실패하여 몹시 분할 때 쓰는 말)
- ☐ しめた 됐다(자기 뜻대로 되었을 때 기뻐서 하는 말) N2문규
- ☐ すなわち 즉 N2문규
- ☐ そういえば 그러고 보니 N2문규
- ☐ そこで 그래서 N2문규
- ☐ それでも 그런데도 N2문규
- ☐ それとも 그렇지 않으면 N2용법
- ☐ 大した 대단한, 이렇다 할 정도의 N2용법
- ☐ ただし 다만 N2문규
- ☐ ～だらけ ~투성이 N2용법
- ☐ 単なる 단순한 N2유의·용법
- ☐ 腹を立てる 화를 내다
- ☐ ひどい目にあう 호된 일을 당하다 N2문규
- ☐ ほこりが立つ 먼지가 일다
- ☐ 骨が折れる 힘들다
- ☐ ほんの～ 그저~, 명색뿐인~
- ☐ 見通しが甘い 전망이 낙관적이다
- ☐ 耳が遠い 귀가 어둡다
- ☐ 耳にする 듣다 N2문규
- ☐ 目に見える 눈에 보이다, 결과가 뻔히 보이다 N2문규
- ☐ 面と向かって 맞대면해서, 맞대 놓고
- ☐ やっかいになる 신세를 지다

콕콕 예상 문제 01 한자읽기 　　　　　　　　　　　　　　　　　　/ 10

問題 1 ＿＿＿の言葉の読み方として最もよいものを、1・2・3・4から一つ選びなさい。

[1] あの病人には今月末まで退院の許可はおりないだろう。
　1　たいいん　　　2　だいいん　　　3　たいえん　　　4　だいえん

[2] その記事について、新聞社にたくさんの投書が来た。
　1　としょ　　　　2　とうしょ　　　3　とじょ　　　　4　とうじょ

[3] あの連続テレビドラマは今回が最終回だ。
　1　さいじゅう　　2　さいじゅ　　　3　さいしゅ　　　4　さいしゅう

[4] この本は難しいから彼らには消化できない。
　1　しょか　　　　2　しょうか　　　3　しょけ　　　　4　しょうけ

[5] 最近少年犯罪が増えている。
　1　はんさい　　　2　ばんさい　　　3　ばんざい　　　4　はんざい

[6] 戦争が終わり、人々は武器を捨てて平和のために働いた。
　1　ふき　　　　　2　ぶき　　　　　3　むき　　　　　4　むぎ

[7] 機械の進歩は作業の単純化につながった。
　1　さくぎょう　　2　さっぎょう　　3　さぎょう　　　4　さごう

[8] 頭痛がひどく、熱もあった。
　1　ずつう　　　　2　すつう　　　　3　どうつう　　　4　とうつう

[9] 駅のそばには飲食店が多い。
　1　のみたべ　　　2　いんちょく　　3　いんしょく　　4　いんじょく

[10] その絵は比較にならないほど美しい。
　1　ひかく　　　　2　びかく　　　　3　ひこう　　　　4　びこう

답　1① 2② 3④ 4② 5④ 6② 7③ 8① 9③ 10①

콕콕 예상 문제 02 한자읽기   / 10

問題 1 ＿＿＿の言葉の読み方として最もよいものを、1・2・3・4から一つ選びなさい。

1. 妹は母と一緒に正門から入りました。
   1 しょうもん   2 せいもん   3 ぜいもん   4 じょうもん

2. 彼は信頼できない男だと断定せざるを得なかった。
   1 だんてい   2 たんてい   3 だんじょう   4 たんじょう

3. 彼は必死の努力をつづけている。
   1 じっし   2 ひじ   3 ひつし   4 ひっし

4. 山田選手はこの試合が終わったら引退するそうだ。
   1 いんてい   2 いんでい   3 いんたい   4 いんだい

5. このグラウンドでオリンピックのいろいろな競技が行われた。
   1 きょうき   2 ぎょうぎ   3 きょうぎ   4 ぎょうき

6. 彼はそんなことは言わなかったと否定した。
   1 ひてい   2 ひじょう   3 ふてい   4 ふじょう

7. 寒いからもっとスートブに石炭を入れてください。
   1 せきだん   2 せきたん   3 せっだん   4 せったん

8. 答えは指示されたところに書いてください。
   1 しじ   2 しいじ   3 じし   4 じいし

9. 音楽が速くなるにつれて、踊りの動作も速くなる。
   1 とうさく   2 どうさく   3 とうさ   4 どうさ

10. オレンジはしっかり包装してあった。
    1 ほうしょう   2 ほしょう   3 ほうそう   4 ほそう

답 1② 2① 3④ 4③ 5③ 6① 7② 8① 9④ 10③

콕콕 예상 문제 03 한자읽기 / 10

問題 1 ＿＿＿＿の言葉の読み方として最もよいものを、1・2・3・4から一つ選びなさい。

① このごろの学生は、先生を敬っていない。
　　1　おぎなって　　2　うやまって　　3　したがって　　4　うたがって

② 見かけは大人(おとな)だが、考え方(かんがかた)はまだ幼い。
　　1　くさい　　2　するどい　　3　おさない　　4　にぶい

③ それはわれわれの耳に親しい言葉(ことば)だ。
　　1　したしい　　2　おしい　　3　くやしい　　4　くるしい

④ 今朝(けさ)、旅行(りょこう)から戻ったところです。
　　1　のぼった　　2　もどった　　3　まいった　　4　かえった

⑤ パンにバターやジャムを塗って食べる。
　　1　ねって　　2　のって　　3　なって　　4　ぬって

⑥ 肉(にく)を減らして、野菜(やさい)をもっと食べたほうがいい。
　　1　ふらして　　2　へらして　　3　ならして　　4　ちらして

⑦ 万一に備えて財布(さいふ)には1万円札(さつ)を1枚入れている。
　　1　そなえて　　2　かかえて　　3　くわえて　　4　ささえて

⑧ 昼間は農作業(のうさぎょう)をして、夜は本を読む。
　　1　なかま　　2　ちゅうま　　3　ひるま　　4　だるま

⑨ 彼は話す(はな)ことは上手(じょうず)だが、書くことは苦手らしい。
　　1　にがしゅ　　2　にがて　　3　くしゅ　　4　くて

⑩ 相手(あいて)が強い(つよ)から、なかなか倒せない。
　　1　たおせない　　2　こせない　　3　ゆるせない　　4　ころせない

답 1② 2③ 3① 4② 5④ 6② 7① 8③ 9② 10①

콕콕 예상 문제 04 한자읽기   / 10

問題1 _____の言葉の読み方として最もよいものを、1・2・3・4から一つ選びなさい。

1 これを書留(ねが)に、お願いします。
　　1　しょりゅう　　2　しょとめ　　3　かきとめ　　4　かきりゅう

2 警察(けいさつ)はいなくなった子どもの行方(さが)を捜している。
　　1　こうほう　　2　ぎょうほう　　3　ゆくほう　　4　ゆくえ

3 1万円を千円札(さつ)10枚(まい)に両替する。
　　1　りょたい　　2　りょうたい　　3　りょがえ　　4　りょうがえ

4 人に任せないで、自分(じぶん)でしましょう。
　　1　たのませ　　2　まかせ　　3　とかせ　　4　かたせ

5 病人(びょうにん)は胸(むね)が苦しいと言った。
　　1　おそろしい　　2　あやしい　　3　くわしい　　4　くるしい

6 急(いそ)いで走(はし)ってきたので、息(いき)が荒くなった。
　　1　あらく　　2　きつく　　3　くるしく　　4　つらく

7 旅行(りょこう)に行くのでかばんに荷物(にもつ)を詰めた。
　　1　つめた　　2　しめた　　3　おさめた　　4　ふくめた

8 重い荷物(にもつ)は二人か三人で運ぶとよい。
　　1　ならぶ　　2　はこぶ　　3　むすぶ　　4　ころぶ

9 この小鳥(ことり)はとてもよい声(こえ)で鳴きます。
　　1　さきます　　2　ときます　　3　まきます　　4　なきます

10 耳にえんぴつを挟んで仕事(しごと)をする。
　　1　はさんで　　2　つつんで　　3　しずんで　　4　くんで

답 1③ 2④ 3④ 4② 5④ 6① 7① 8② 9④ 10①

콕콕 예상 문제 05 한자읽기   / 10

問題 1 ＿＿＿の言葉の読み方として最もよいものを、1・2・3・4から一つ選びなさい。

1 前から聞いて知ってはいたが、実際に見たのは初めてだ。
　　1　じっさい　　　2　じさい　　　3　じっざい　　　4　じざい

2 税関に申告するものがあります。
　　1　せいかん　　　2　ぜいかん　　　3　せいけん　　　4　ぜいけん

3 この都市は工場が多いので公害がひどい。
　　1　こがい　　　2　こうがい　　　3　きんがい　　　4　きんかい

4 父の会社は資本金1千万円の小さな会社です。
　　1　じぼん　　　2　じほん　　　3　しぼん　　　4　しほん

5 このごろ体の調子が悪くて、あまり働けない。
　　1　ちょうし　　　2　ちょし　　　3　ちょうす　　　4　ちょず

6 わが国はその国と友好的な関係にある。
　　1　うこう　　　2　ういこう　　　3　ゆうこう　　　4　ゆいこう

7 ここで解散しますから、あとは自由にしてください。
　　1　かいざん　　　2　がいつん　　　3　かいさん　　　4　がいづん

8 このことを特に強調して言いたいのです。
　　1　きょちょ　　　2　きょうちょ　　　3　きょちょう　　　4　きょうちょう

9 東京の防災対策は安全だろうか。
　　1　ぼうさい　　　2　ほうさい　　　3　ぼうざい　　　4　ほうざい

10 美容と健康のためにジョギングをしています。
　　1　みよう　　　2　みよ　　　3　びよう　　　4　びよ

답　1① 2② 3② 4④ 5① 6③ 7③ 8④ 9① 10③

콕콕 예상 문제 06 한자읽기 　　　　　　　　　　　　　　　　　/ 10

問題 1 ＿＿＿の言葉の読み方として最もよいものを、1・2・3・4から一つ選びなさい。

1 山田さんは態度が率直な人だ。
　1　りっちょく　　2　りつちょく　　3　そっちょく　　4　そつちょく

2 この仕事の要領がまだつかめない。
　1　ようりょう　　2　ようりょ　　3　よりょう　　4　よりょ

3 この機械は前のより、改善されている。
　1　かいせん　　2　かいぜん　　3　がいせん　　4　がいぜん

4 子どもが人形に着物を着せて遊んでいる。
　1　にんぎょう　　2　にんけい　　3　じんぎょう　　4　じんけい

5 親のいない不幸な子どもたちの世話をする。
　1　ふこ　　2　ふこう　　3　ぶこ　　4　ぶこう

6 日本人の国際化を望む。
　1　こくざい　　2　ごくざい　　3　ごくさい　　4　こくさい

7 それは事実であることが確認された。
　1　がくいん　　2　かくいん　　3　がくにん　　4　かくにん

8 仕事の能率を上げようとして工夫する。
　1　のりつ　　2　のそつ　　3　のうりつ　　4　のうそつ

9 彼は年600万円の収入がある。
　1　しゅうにゅ　　2　しゅうにゅう　　3　しゅにゅ　　4　しゅにゅう

10 星印の符号をつけてください。
　1　ふごう　　2　ぶごう　　3　ふご　　4　ぶご

답　1 ③　2 ①　3 ②　4 ①　5 ②　6 ④　7 ④　8 ③　9 ②　10 ①

콕콕 예상 문제 07 한자읽기   / 10

問題1 ＿＿＿の言葉の読み方として最もよいものを、1・2・3・4から一つ選びなさい。

1 あの店はおもちゃを<u>専門</u>に売っている。
  1 せんぶん　　2 せんごう　　3 せんもん　　4 せんこう

2 自分の短所(たんしょ)を改(あらた)めるのは、<u>容易</u>なことではない。
  1 ようい　　2 ようえき　　3 あんい　　4 あんえき

3 人員整理(せいり)の<u>対象</u>となる。
  1 たいそう　　2 たいぞう　　3 たいしょう　　4 たいじょう

4 あの子はどういう<u>環境</u>に育(そだ)ったのだろうか。
  1 かんけい　　2 かんげい　　3 かんきょ　　4 かんきょう

5 いろいろな意見(いけん)が出て、事(こと)が<u>複雑</u>になってしまった。
  1 ふくさい　　2 ふくざい　　3 ふくさつ　　4 ふくざつ

6 照明(しょうめい)<u>効果</u>を考(かんが)えた設計(せっけい)をお願(ねが)いします。
  1 ごうか　　2 こうか　　3 げいか　　4 けいか

7 <u>印刷</u>技術(ぎじゅつ)の発達(はったつ)で、情報(じょうほう)が速(はや)く流(なが)れるようになった。
  1 いんぜい　　2 いんざつ　　3 いんせい　　4 いんさつ

8 両親(りょうしん)の<u>期待</u>を裏切(うらぎ)らないように、しっかりがんばります。
  1 きだい　　2 きたい　　3 ごだい　　4 ごたい

9 町(まち)で友人(ゆうじん)と<u>偶然</u>会(あ)った。
  1 ぐうぜん　　2 ぐうねん　　3 ぐぜん　　4 ぐねん

10 宇宙(うちゅう)旅行(りょこう)も、今や<u>夢物語</u>(ゆめものがたり)ではなくなった。
  1 うちゅ　　2 うちゅう　　3 うちょ　　4 うちょう

답 1③ 2① 3③ 4④ 5④ 6② 7④ 8② 9① 10②

콕콕 예상 문제 08 한자읽기   / 10

問題1 ＿＿＿の言葉の読み方として最もよいものを、1・2・3・4から一つ選びなさい。

1 お荷物は私が預かります。
　1　うかります　　2　もうかります　　3　あずかります　　4　たすかります

2 川に石を放って遊んだ。
　1　かざって　　2　こおって　　3　さわって　　4　ほうって

3 有名な先生を招いて、話をしてもらった。
　1　はぶいて　　2　まいて　　3　わいて　　4　まねいて

4 病気の母のことを考えると悲しくなる。
　1　はげしく　　2　かなしく　　3　したしく　　4　けわしく

5 きょうは、おなかの具合が悪いのです。
　1　ぐあい　　2　ぐごう　　3　ぐうあい　　4　ぐうごう

6 迷子のご案内を申しあげます。
　1　まいご　　2　まいし　　3　めいご　　4　めいし

7 景色のよい部屋がいい。
　1　けいしょく　　2　けしょく　　3　けいしき　　4　けしき

8 きょうは眠くて、どうも頭の回転が鈍い。
　1　まずい　　2　おそい　　3　にぶい　　4　とろい

9 汚い水を飲むと病気になる。
　1　けむい　　2　きよい　　3　あやしい　　4　きたない

10 どうぞ温かいうちに召し上がってください。
　1　やわらかい　　2　あたたかい　　3　あつかい　　4　だんかい

답　1③　2④　3④　4②　5①　6①　7④　8③　9④　10②

콕콕 예상 문제 09 한자읽기 / 10

問題1 ＿＿＿の言葉の読み方として最もよいものを、1・2・3・4から一つ選びなさい。

① 家が貧しいので、学校へ行かないで働きました。
　　1 したしい　　2 ひとしい　　3 はげしい　　4 まずしい

② たいてい訪ねる前に、電話をかけておきます。
　　1 おとずねる　2 かさねる　　3 たずねる　　4 はねる

③ 「きれいではない」を「きれくない」と言うのは誤りである。
　　1 あやつり　　2 しくじり　　3 あつまり　　4 あやまり

④ 山は吹雪になりそうだ。
　　1 ふきゆき　　2 ふぶき　　　3 すいゆき　　4 すいせつ

⑤ さくらの花ももうじき散ってしまうでしょう。
　　1 よって　　　2 ちって　　　3 ぬって　　　4 つって

⑥ 今日は風が吹いて、海が荒れているから、船は港から出ない。
　　1 やぶれて　　2 ゆれて　　　3 かれて　　　4 あれて

⑦ 会社でいちばん偉いのは社長だ。
　　1 えらい　　　2 ゆるい　　　3 おもたい　　4 ずるい

⑧ そのかぜを治さないと外出できませんよ。
　　1 もどさない　2 たおさない　3 こわさない　4 なおさない

⑨ もうたたみの生活に慣れましたか。
　　1 ふれ　　　　2 はれ　　　　3 なれ　　　　4 ぬれ

⑩ 大人になったら何になりたいの。
　　1 おとな　　　2 おんな　　　3 おおびと　　4 だいじん

답 1④ 2③ 3④ 4② 5② 6④ 7① 8④ 9③ 10①

콕콕 예상 문제 10 한자읽기   / 10

問題 1 ＿＿＿の言葉の読み方として最もよいものを、1・2・3・4から一つ選びなさい。

1 その教師は数学で5人の学生を落第させた。
　　1　らくたい　　2　らくだい　　3　らくてい　　4　らくでい

2 中学に入ってから宿題の分量が増えた。
　　1　ふんりょう　2　ぶんりょう　3　ふんりょ　　4　ぶんりょ

3 彼女は高血圧のため食事が制限されている。
　　1　けつあつ　　2　けちあつ　　3　けっあつ　　4　ちあつ

4 むだをなくして合理的な生活をする。
　　1　あいり　　　2　こおり　　　3　ごうり　　　4　こうり

5 国際協調には相互の理解が欠かせない。
　　1　しょうごう　2　しょうご　　3　そうごう　　4　そうご

6 この船は、長年貨物の運送に使われてきた。
　　1　かもつ　　　2　にもつ　　　3　さくもつ　　4　こくもつ

7 そのような失敗はとても人間的なものだ。
　　1　じんげん　　2　じんけん　　3　にんげん　　4　にんけん

8 どうぞ気楽にしてください。
　　1　けがく　　　2　けらく　　　3　きがく　　　4　きらく

9 彼からの伝言を頼まれています。
　　1　でんごん　　2　でんげん　　3　てんげん　　4　でんごと

10 この空港にはすぐれた航空管制設備があります。
　　1　よび　　　　2　じゅんび　　3　せつび　　　4　せいび

답 1②　2②　3①　4③　5④　6①　7③　8④　9①　10③

콕콕 예상 문제 11 표기　　　　　　　　　　　　　　　　　　　/ 10

問題 2 ＿＿＿＿の言葉を漢字で書くとき、最もよいものを 1・2・3・4 から一つ選びなさい。

1 私は写真の左下のすみにいます。
　　1 床　　　　　2 横　　　　　3 隅　　　　　4 岸

2 私は毎朝こいコーヒーを一杯飲みます。
　　1 味い　　　　2 薄い　　　　3 甘い　　　　4 濃い

3 彼にさからう勇気はなかった。
　　1 反らう　　　2 抗らう　　　3 背らう　　　4 逆らう

4 寒いので窓をしめてもいいですか。
　　1 閑めても　　2 閉めても　　3 間めても　　4 関めても

5 今年のおもな事件をあげてみよう。
　　1 主な　　　　2 注な　　　　3 柱な　　　　4 註な

6 水の中に入れても、水より軽いものは上にうかんでくる。
　　1 浮かんで　　2 受かんで　　3 表かんで　　4 植かんで

7 さいわい、タクシーが来たので、すぐ乗って出かけた。
　　1 辛い　　　　2 幸い　　　　3 福い　　　　4 偶い

8 部品は月曜までにおさめてください。
　　1 払めて　　　2 治めて　　　3 修めて　　　4 納めて

9 日本語を覚えるのはやさしくない。
　　1 易しく　　　2 難しく　　　3 優しく　　　4 簡しく

10 あぶなくて、近づくことができません。
　　1 険なくて　　2 恐なくて　　3 危なくて　　4 怖なくて

답　1③　2④　3④　4②　5①　6①　7②　8④　9①　10③

콕콕 예상 문제 12 표기　　　　　　　　　　　　　　　/ 10

問題2　____の言葉を漢字で書くとき、最もよいものを1・2・3・4から一つ選びなさい。

1　彼女の子どもたちはみな<u>れいぎ</u>正（ただ）しい。
　　1　札儀　　　　2　札義　　　　3　礼儀　　　　4　礼義

2　長崎（ながさき）は日本の古（ふる）い<u>ぼうえき</u>港（こう）だ。
　　1　貿役　　　　2　貿液　　　　3　貿益　　　　4　貿易

3　この列（れつ）の<u>せんとう</u>にいる人が山田（やまだ）さんです。
　　1　先頭　　　　2　先踏　　　　3　矢頭　　　　4　矢踏

4　展覧会（てんらんかい）までにこの絵（え）を<u>かんせい</u>しなければならない。
　　1　完正　　　　2　完成　　　　3　刊正　　　　4　刊成

5　日本人の友だちに東京を<u>あんない</u>してもらった。
　　1　暗内　　　　2　安内　　　　3　行内　　　　4　案内

6　<u>ぶたい</u>が遠（とお）くてよく見えない。
　　1　無台　　　　2　無代　　　　3　舞台　　　　4　舞代

7　今、夏休（なつやす）みの旅行（りょこう）<u>けいかく</u>をたてている。
　　1　訃確　　　　2　訃画　　　　3　計確　　　　4　計画

8　彼の話（はなし）は結局（けっきょく）<u>ようてん</u>には触（ふ）れなかった。
　　1　要占　　　　2　要点　　　　3　栗占　　　　4　栗点

9　兄は自動車（じどうしゃ）<u>かんれん</u>の企業（きぎょう）に勤（つと）めている。
　　1　関連　　　　2　関練　　　　3　閑連　　　　4　閑練

10　クラス<u>いいん</u>が集（あつ）まって、その問題（もんだい）について話（はな）し合（あ）った。
　　1　医員　　　　2　委員　　　　3　移員　　　　4　位員

답　1③　2④　3①　4②　5④　6③　7④　8②　9①　10②

콕콕 예상 문제 13 표기

問題2 ＿＿＿の言葉を漢字で書くとき、最もよいものを1・2・3・4から一つ選びなさい。

1 彼は自分の<u>り</u>がいばかり考えている。
 1 刔害   2 刔割   3 利害   4 利割

2 この点を<u>めいかく</u>にする必要がある。
 1 明確   2 明鶴   3 名確   4 名鶴

3 この統計表は<u>しんらい</u>できますか。
 1 新瀬   2 新頼   3 信瀬   4 信頼

4 水温の変化を<u>そくてい</u>する。
 1 測程   2 測定   3 則程   4 則定

5 それはあまり<u>りこう</u>なやり方じゃない。
 1 利口   2 利工   3 理口   4 理工

6 いまごろ雪が降るなんて、<u>いじょう</u>な天気だ。
 1 位状   2 位常   3 異状   4 異常

7 彼は私の<u>ねんれい</u>を考慮してはくれなかった。
 1 年歯   2 年霊   3 年零   4 年齢

8 この券の有効<u>きげん</u>は切れている。
 1 期間   2 期限   3 其間   4 其限

9 このスイッチで部屋の温度を<u>ちょうせつ</u>できる。
 1 彫節   2 彫切   3 調節   4 調切

10 北海道は<u>めんせき</u>のわりに人口が少ない。
 1 面積   2 面責   3 面績   4 面蹟

답 1③ 2① 3④ 4② 5① 6④ 7④ 8② 9③ 10①

콕콕 예상 문제 14 표기　　　　　　　　　　　　　　/ 10

問題2　＿＿＿の言葉を漢字で書くとき、最もよいものを１・２・３・４から一つ選びなさい。

1　そんなことをするのは泥棒(どろぼう)にひとしい。
　　1　同しい　　　　2　似しい　　　　3　等しい　　　　4　近しい

2　この絵(え)は昔(むかし)から私の家に伝(つた)わるたからです。
　　1　額　　　　　　2　管　　　　　　3　玉　　　　　　4　宝

3　みなさまにあつくお礼(れいもう)申し上(あ)げます。
　　1　暖く　　　　　2　厚く　　　　　3　温く　　　　　4　熱く

4　テストを受けるとき、あせる必要はない。
　　1　競る　　　　　2　暴る　　　　　3　焦る　　　　　4　騒る

5　降(ふ)ってもてっても必(かなら)ず参(まい)ります。
　　1　昭っても　　　2　照っても　　　3　晴っても　　　4　曇っても

6　あの人はひたいが広(ひろ)い。
　　1　背　　　　　　2　鼻　　　　　　3　額　　　　　　4　肩

7　君(きみ)の言うことをうたがっているわけではない。
　　1　質って　　　　2　問って　　　　3　議って　　　　4　疑って

8　この句(く)は、文(ぶん)の中で名詞(めいし)のはたらきをしている。
　　1　役き　　　　　2　働き　　　　　3　割き　　　　　4　動き

9　道(みち)にたばこや紙(かみ)くずをすてないでください。
　　1　育てないで　　2　払てないで　　3　捨てないで　　4　拾てないで

10　きょうは手がこごえるような寒さですね。
　　1　氷える　　　　2　冷える　　　　3　凍える　　　　4　寒える

답　1③　2④　3②　4③　5②　6③　7④　8②　9③　10③

콕콕 예상 문제 15 표기   / 10

問題2 ＿＿＿の言葉を漢字で書くとき、最もよいものを１・２・３・４から一つ選びなさい。

1　彼女の才能（さいのう）を大（おお）いにそんけいしている。
　　1　尊兄　　　　2　尊啓　　　　3　尊掲　　　　4　尊敬

2　料金（りょうきん）を払（はら）わないと、電話（でんわ）の使用（しよう）がていしされる。
　　1　停止　　　　2　定止　　　　3　亭止　　　　4　程止

3　山田（やまだ）先生からピアノの個人（こじん）きょうじゅを受（う）けています。
　　1　教助　　　　2　教受　　　　3　教綬　　　　4　教授

4　あの人はすぐにれいせいさを失（うしな）う。
　　1　令静　　　　2　令請　　　　3　冷静　　　　4　冷請

5　私の父はごかいされやすい人です。
　　1　互解　　　　2　後解　　　　3　誤解　　　　4　語解

6　毎日（まいにち）家で３時間日本語をべんきょうする。
　　1　強勉　　　　2　勉強　　　　3　勉勤　　　　4　勤勉

7　友だちと話（はな）しながらかいがんを散歩（さんぽ）した。
　　1　海岸　　　　2　海間　　　　3　海群　　　　4　海岩

8　この小説（しょうせつ）は現代（げんだい）の世相（せそう）をはんえいしている。
　　1　反営　　　　2　反映　　　　3　半営　　　　4　半映

9　そのアパートのゆうりな点（てん）は駅（えき）に近（ちか）いということである。
　　1　有理　　　　2　有里　　　　3　有利　　　　4　有利

10　この道（みち）のせいげん速度（そくど）は時速（じそく）80キロだ。
　　1　製限　　　　2　製恨　　　　3　制限　　　　4　制恨

답　1④　2①　3④　4③　5③　6②　7①　8②　9③　10③

콕콕 예상 문제 16 표기 　　　　　　　　　　　　　　/ 10

問題2 　　　　の言葉を漢字で書くとき、最もよいものを1・2・3・4から一つ選びなさい。

1 その先生はクラスのせいとみんなに人気(にんき)があった。
　 1　生都　　　　2　成都　　　　3　生徒　　　　4　成徒

2 この列車(れっしゃ)は次(つぎ)の駅(えき)でバスとれんらくしている。
　 1　連洛　　　　2　連絡　　　　3　練洛　　　　4　練絡

3 軍事(ぐんじ)たいせいの中では、人々(ひとびと)の自由(じゆう)はゆるされない。
　 1　体製　　　　2　体制　　　　3　休製　　　　4　休制

4 きのうの夜、ぎゅうにゅうを飲(の)んだら、おなかが痛(いた)くなりました。
　 1　牛乳　　　　2　生乳　　　　3　午乳　　　　4　水乳

5 全国(ぜんこく)で公害反対(こうがいはんたい)の運動(うんどう)をてんかいしよう。
　 1　転閉　　　　2　転開　　　　3　展閉　　　　4　展開

6 けがをしたので、薬(くすり)をつけて、ほうたいをまいた。
　 1　泡帯　　　　2　泡滞　　　　3　包帯　　　　4　包滞

7 あの通(とお)りはマラソンのために交通(こうつう)せいりが行(おこな)われている。
　 1　整理　　　　2　整里　　　　3　正理　　　　4　正里

8 とうあんに赤い鉛筆(えんぴつ)で印(しるし)をつける。
　 1　答安　　　　2　答案　　　　3　答暗　　　　4　答按

9 女の人が姿(すがた)を美(うつく)しくするために美容(びよう)たいそうをしている。
　 1　体操　　　　2　体燥　　　　3　休操　　　　4　休燥

10 あの先生の話(はなし)はろくおんしてあるから、あとでもう一度(いちど)聞こう。
　 1　縁音　　　　2　禄音　　　　3　録音　　　　4　緑音

답　1 ③　2 ②　3 ②　4 ①　5 ④　6 ③　7 ①　8 ②　9 ①　10 ③

콕콕 예상 문제 17 표기   / 10

問題2 ＿＿＿の言葉を漢字で書くとき、最もよいものを１・２・３・４から一つ選びなさい。

1 父はぼくのそつぎょうを楽しみに待っている。
   1 倅業   2 率業   3 卒業   4 倖業

2 近いしょうらいだれでも月へ行けるようになるでしょう。
   1 将来   2 召来   3 招来   4 奨来

3 政府はぶっかの上昇を年５パーセントに抑えようとしている。
   1 物値   2 物価   3 物科   4 物貨

4 私の家では夏より冬のほうが電力を余計にしょうひする。
   1 省費   2 省資   3 消費   4 消資

5 日本には日記文学のでんとうがある。
   1 伝承   2 伝授   3 伝達   4 伝統

6 俳句を始めてから自然に対するかんかくが鋭くなった。
   1 慣角   2 感覚   3 感角   4 慣覚

7 老婦人に手を貸して道路をおうだんさせた。
   1 往段   2 横断   3 横段   4 往断

8 われわれの神経伝達の仕組みは大変ふくざつになっている。
   1 復雑   2 福雑   3 副雑   4 複雑

9 それぞれの国の社会は固有のこうぞうを持っている。
   1 構像   2 講像   3 構造   4 講造

10 彼女は５年以上もその番組のしかいを務めている。
   1 司会   2 司介   3 仕会   4 仕介

답 1③ 2① 3② 4③ 5④ 6② 7② 8④ 9③ 10①

콕콕 예상 문제 18 표기　　　　　　　　　　　　　　　　　　　　/ 10

問題2 ＿＿＿の言葉を漢字で書くとき、最もよいものを1・2・3・4から一つ選びなさい。

① 夏の太陽（たいよう）が庭（にわ）をてらしている。
　　1　明らして　　　2　光らして　　　3　照らして　　　4　映らして

② 彼女は結婚生活（けっこんせいかつ）に大きな夢（ゆめ）をいだいている。
　　1　祝いて　　　　2　持いて　　　　3　捜いて　　　　4　抱いて

③ バケツには水がみちている。
　　1　落ちて　　　　2　詰ちて　　　　3　満ちて　　　　4　充ちて

④ ずいぶんかしこい子どもですね。
　　1　賢い　　　　　2　命い　　　　　3　利い　　　　　4　悪い

⑤ 川があさいので歩（ある）いて渡（わた）れます。
　　1　低い　　　　　2　薄い　　　　　3　浅い　　　　　4　弱い

⑥ 人命（じんめい）をすくったので、警察（けいさつ）からほめられた。
　　1　助った　　　　2　救った　　　　3　拾った　　　　4　援った

⑦ きのう覚（おぼ）えた漢字（かんじ）をもうわすれた。
　　1　失れた　　　　2　忘れた　　　　3　消れた　　　　4　亡れた

⑧ デパートで洋服（ようふく）のきじを買（か）った。
　　1　生地　　　　　2　生紙　　　　　3　布地　　　　　4　布紙

⑨ 教師（きょうし）は教（おし）えるのがやくめだ。
　　1　約自　　　　　2　約目　　　　　3　役自　　　　　4　役目

⑩ この箱（はこ）のなかみは何ですか。
　　1　中未　　　　　2　中見　　　　　3　中身　　　　　4　中実

답　1③　2④　3③　4①　5③　6②　7②　8①　9④　10③

콕콕 예상 문제 19 표기   / 10

問題2 ＿＿＿の言葉を漢字で書くとき、最もよいものを1・2・3・4から一つ選びなさい。

1 しょうごから15分間ニュースがあります。
　　1　正午　　　　2　正牛　　　　3　政午　　　　4　政牛

2 かぐをたくさん置いたら、部屋が狭くなった。
　　1　家貝　　　　2　家具　　　　3　稼貝　　　　4　稼具

3 兄は父のぎょぎょうの仕事を手伝っている。
　　1　漁業　　　　2　漁僕　　　　3　魚業　　　　4　魚僕

4 あなたにひつようなものは勇気である。
　　1　必用　　　　2　必容　　　　3　必要　　　　4　必様

5 母は夕食のよういをしていた。
　　1　用異　　　　2　用意　　　　3　容易　　　　4　容位

6 体験者のじっかんのこもった話に感激した。
　　1　実間　　　　2　実勘　　　　3　実観　　　　4　実感

7 閉会式当日はかいせいにめぐまれた。
　　1　快晴　　　　2　快清　　　　3　開晴　　　　4　開清

8 彼女は彼との結婚をしょうちした。
　　1　招知　　　　2　招智　　　　3　承知　　　　4　承智

9 今したくしていますから、ちょっと待ってください。
　　1　枝択　　　　2　枝度　　　　3　支択　　　　4　支度

10 ここに駐車するのはきそく違反です。
　　1　規即　　　　2　規則　　　　3　規測　　　　4　規側

답　1① 2② 3① 4③ 5② 6④ 7① 8③ 9④ 10②

콕콕 예상 문제 20 표기 / 10

問題 2 ＿＿＿＿の言葉を漢字で書くとき、最もよいものを1・2・3・4から一つ選びなさい。

[1] 冷蔵庫(れいぞうこ)の中にすいかが<u>ひえて</u>ますよ。
　1　凍えて　　　2　氷えて　　　3　冷えて　　　4　寒えて

[2] 足(た)りない原料(げんりょう)は輸入(ゆにゅう)で<u>おぎなって</u>いる。
　1　補って　　　2　充って　　　3　助って　　　4　満って

[3] <u>のき</u>につばめがすを作(つく)った。
　1　床　　　　　2　宿　　　　　3　軒　　　　　4　緑

[4] この家の<u>うら</u>は林(はやし)になっている。
　1　隅　　　　　2　裏　　　　　3　宿　　　　　4　畑

[5] このスポンジはよく水を<u>すう</u>。
　1　吸う　　　　2　収う　　　　3　飲う　　　　4　食う

[6] 薬(くすり)は<u>にがい</u>方がよく効(き)くと言われています。
　1　苦い　　　　2　若い　　　　3　者い　　　　4　煮い

[7] 何より<u>いのち</u>が大切(たいせつ)です。
　1　血　　　　　2　命　　　　　3　生　　　　　4　体

[8] ご飯(はん)をもっと<u>やわらかく</u>たいてください。
　1　固らかく　　2　味らかく　　3　速らかく　　4　柔らかく

[9] 彼女は2児(じ)の母親(ははおや)として忙(いそが)しく<u>くらして</u>いる。
　1　募らして　　2　幕らして　　3　墓らして　　4　暮らして

[10] あの人はめがねを<u>はずす</u>と顔(かお)が変(か)わる。
　1　外す　　　　2　汚す　　　　3　逃す　　　　4　取す

답　1③　2①　3③　4②　5①　6①　7②　8④　9④　10①

콕콕 예상 문제 21 단어형성 　　　　　　　　　　　　　　 / 10

問題3 （　　）に入れるのに最もよいものを、1・2・3・4から一つ選びなさい。

1　年齢は投票日基準の（　　）年齢です。
　　1　総　　　　　2　満　　　　　3　被　　　　　4　副

2　食卓（　　）は人工のもので体に悪いです。
　　1　製　　　　　2　液　　　　　3　調　　　　　4　塩

3　このいすを（　　）間隔に置いてください。
　　1　等　　　　　2　副　　　　　3　準　　　　　4　純

4　市では、防犯上必要な箇所に防犯（　　）を設置しています。
　　1　状　　　　　2　塔　　　　　3　灯　　　　　4　帯

5　毎年100人ぐらいの少年殺人（　　）が逮捕されている。
　　1　犯　　　　　2　職　　　　　3　課　　　　　4　劇

6　食中毒注意（　　）発令期間は終了しました。
　　1　秒　　　　　2　管　　　　　3　戦　　　　　4　報

7　このカーテンを取りつけてもらうのに手間（　　）がいくらかかりましたか。
　　1　船　　　　　2　液　　　　　3　賃　　　　　4　塔

8　既婚婦人（　　）の雇用者への進出は、最近における一つの特徴的な動きだといえる。
　　1　層　　　　　2　率　　　　　3　流　　　　　4　式

9　南の沖縄は雪の降らない亜熱（　　）です。
　　1　界　　　　　2　帯　　　　　3　符　　　　　4　調

10　この本は海賊（　　）がたくさん出まわっている。
　　1　式　　　　　2　版　　　　　3　流　　　　　4　戦

답　1② 2④ 3① 4③ 5① 6④ 7③ 8① 9② 10②

콕콕 예상 문제 22 단어형성   / 10

問題3 （　　）に入れるのに最もよいものを、1・2・3・4から一つ選びなさい。

① 2009年1月は、会社が深刻な資金（　　）に陥っていた時だ。
1 調　　　　2 署　　　　3 難　　　　4 乱

② 新宿は（　　）都心としての要素をそなえている。
1 再　　　　2 諸　　　　3 総　　　　4 副

③ その団体に内容証明郵便として「公開質問（　　）」を送付した。
1 状　　　　2 補　　　　3 層　　　　4 額

④ 広告（　　）や広告塔などを設置するには、市の許可が必要だ。
1 販　　　　2 板　　　　3 判　　　　4 版

⑤ 新しい宇宙（　　）を開発する。
1 船　　　　2 製　　　　3 税　　　　4 階

⑥ 2（　　）3日の海外旅行に向いている国を教えてください。
1 軒　　　　2 畳　　　　3 便　　　　4 泊

⑦ 製品は（　　）国産でもあり、品質は最高レベルのものです。
1 準　　　　2 純　　　　3 総　　　　4 諸

⑧ 当時の鉄鋼生産目標（　　）は、9,000万トン未満であった。
1 液　　　　2 層　　　　3 額　　　　4 階

⑨ 特に、16歳の男女において、全国平均（　　）を大きく上回っている。
1 値　　　　2 調　　　　3 代　　　　4 権

⑩ 凍った水道（　　）が破裂した。
1 局　　　　2 官　　　　3 板　　　　4 管

답 1③ 2④ 3① 4② 5① 6④ 7② 8③ 9① 10④

콕콕 예상 문제 23 단어형성 / 10

問題3 （　　）に入れるのに最もよいものを、1・2・3・4から一つ選びなさい。

1 これは日本（　　）の車ではない。
1 児　　　2 種　　　3 術　　　4 製

2 あきらめずに敗者復活（　　）でがんばろう。
1 周　　　2 戦　　　3 選　　　4 役

3 市長は市の消防（　　）全部を視察することになっている。
1 師　　　2 誌　　　3 署　　　4 感

4 ピアノの音が二（　　）にまで聞こえてきた。
1 軒　　　2 階　　　3 層　　　4 段

5 人事（　　）は、職員の人事、給料、研修、福利厚生に関することを担当している。
1 署　　　2 官　　　3 職　　　4 課

6 都心に向かう通勤時の電車は、いつも（　　）満員です。
1 超　　　2 総　　　3 非　　　4 乱

7 駐屯地の中に、火薬（　　）は全部で23か所です。
1 庫　　　2 巻　　　3 液　　　4 額

8 最近は時代（　　）の人気が下がり、視聴率もよくないと聞く。
1 婦　　　2 課　　　3 劇　　　4 祭

9 食べ物はすべて消化（　　）によって分解され、体の中に吸収される。
1 種　　　2 額　　　3 製　　　4 液

10 農民の土地喪失による小作（　　）化が広範に進行した。
1 農　　　2 劇　　　3 裏　　　4 層

답 1④ 2② 3③ 4② 5④ 6① 7① 8③ 9④ 10①

콕콕 예상 문제 24 단어형성 / 10

問題3 （　　）に入れるのに最もよいものを、1・2・3・4から一つ選びなさい。

① 会話（　　）とは、会話を円滑にし、良好な人間関係を築くための技術である。
　1 術　　　　2 役　　　　3 種　　　　4 戦

② 彼のお母さんは派出（　　）をしていたが、今は病気で寝ている。
　1 部　　　　2 婦　　　　3 師　　　　4 士

③ 7月のわが国の完全失業（　　）は、ついに5％に達した。
　1 派　　　　2 界　　　　3 産　　　　4 率

④ 山の上に無線（　　）を建てる。
　1 帯　　　　2 塔　　　　3 塩　　　　4 層

⑤ 幕末には、全国に多くの写真（　　）が誕生しました。
　1 師　　　　2 種　　　　3 状　　　　4 補

⑥ 本製品の使用はライセンス契約の（　　）条件に基づいて許可される。
　1 誤　　　　2 再　　　　3 諸　　　　4 副

⑦ このような問題を解決するには、小売（　　）の強力な団結と組織が必要だ。
　1 農　　　　2 団　　　　3 戦　　　　4 商

⑧ 進学者数のだいたい40％が大学教員か研究（　　）に就いているそうだ。
　1 誌　　　　2 師　　　　3 職　　　　4 権

⑨ 彼は、急死した兄から（　　）宝石の輸入会社をはじめ全資産を受け継いだ。
　1 未　　　　2 準　　　　3 乱　　　　4 誤

⑩ その宝物（　　）の観覧は許されている。
　1 術　　　　2 額　　　　3 類　　　　4 版

답　1 ①　2 ②　3 ④　4 ②　5 ①　6 ③　7 ④　8 ③　9 ②　10 ③

콕콕 예상 문제 25 단어형성 /10

問題 3 （　　）に入れるのに最もよいものを、1・2・3・4から一つ選びなさい。

1. 彼女なら何があっても最後までやり（　　）だろう。
   1. まわす　　2. かえす　　3. とおす　　4. なおす

2. 郵便局の前を通り（　　）手紙の返事を書くのを思い出した。
   1. かかって　　2. かえて　　3. まわって　　4. まわして

3. 遊び（　　）子どもは帰りの車の中で寝てしまった。
   1. つかれた　　2. ぬいた　　3. すてた　　4. こえた

4. 彼女はいま私が考えていることを見事（みごと）に言い（　　）。
   1. かえた　　2. いれた　　3. あてた　　4. よせた

5. 私は兄とときどき洋服（ようふく）を取り（　　）着ます。
   1. いれて　　2. くんで　　3. かかって　　4. かえて

6. 会社も、いまの苦しさを切り（　　）、あとは楽になりますよ。
   1. かえれば　　2. ぬければ　　3. すてれば　　4. あがれば

7. 彼女は一日じゅう忙しく飛び（　　）いた。
   1. まわして　　2. まわって　　3. かけて　　4. かかって

8. この事業だけは何があってもやり（　　）所存（しょぞん）であります。
   1. つく　　2. ぬく　　3. かえす　　4. なおす

9. おおぜいのファンがサインを求めて彼のところへ押し（　　）。
   1. よせた　　2. いれた　　3. ぬいた　　4. とおした

10. メーカーに働き（　　）、高齢者（こうれいしゃ）に配慮（はいりょ）した自動車を開発してもらった。
    1. まわって　　2. まわして　　3. かかって　　4. かけて

답 1③ 2① 3① 4③ 5④ 6② 7② 8② 9① 10④

콕콕 예상 문제 26 단어형성 /10

問題3 （　）に入れるのに最もよいものを、1・2・3・4から一つ選びなさい。

1 夜中にそんな大きな音の音楽をかけるなんて、（　）常識ですね。
　1 無　　　2 非　　　3 不　　　4 未

2 （　）試験を受けたが、成績は前とほとんど同じだった。
　1 副　　　2 諸　　　3 再　　　4 無

3 今度の観光旅行で、私は説明（　）を務めます。
　1 調　　　2 科　　　3 書　　　4 役

4 国会は国の唯一の立法（　）である。
　1 府　　　2 官　　　3 部　　　4 館

5 うちの息子に（　）教育をするころだ。
　1 半　　　2 無　　　3 主　　　4 性

6 防寒（　）は登山の際の必需品の一つである。
　1 夫　　　2 組　　　3 具　　　4 石

7 得票（　）は候補者たちの間で等分された。
　1 法　　　2 部　　　3 席　　　4 数

8 卒業式でお客様の接待（　）になりました。
　1 係　　　2 面　　　3 案　　　4 官

9 田中さんは戦争へ行ってきてから、人生（　）が変わったようだ。
　1 徒　　　2 観　　　3 欲　　　4 師

10 彼女は（　）試験で大学に入った。
　1 無　　　2 非　　　3 未　　　4 不

답 1② 2③ 3④ 4① 5④ 6③ 7④ 8① 9② 10①

콕콕 예상 문제 27 단어형성   / 10

問題3 （　　　）に入れるのに最もよいものを、1・2・3・4から一つ選びなさい。

[1] 第一編の第四（　　）を開いてください。
　　1　誌　　　　2　額　　　　3　章　　　　4　署

[2] 健康のために日光（　　）をする。
　　1　劇　　　　2　浴　　　　3　帽　　　　4　畳

[3] （　　）時点では情勢の先行きは不透明としか言えない。
　　1　乱　　　　2　誤　　　　3　当　　　　4　現

[4] 紫外（　　）は日焼けをおこし、肌に害を与える。
　　1　線　　　　2　度　　　　3　選　　　　4　席

[5] 兄はいま東京都（　　）に住んでいます。
　　1　上　　　　2　内　　　　3　帯　　　　4　状

[6] 郵便（　　）へ小包を出しに行きました。
　　1　館　　　　2　庁　　　　3　府　　　　4　局

[7] 彼は通路（　　）の席を望んでいるとはっきり言った。
　　1　法　　　　2　費　　　　3　側　　　　4　点

[8] あの事件は、新聞の社会（　　）に大きく取り上げられていた。
　　1　面　　　　2　的　　　　3　化　　　　4　冊

[9] 彼は計算（　　）を使って答えを得た。
　　1　材　　　　2　位　　　　3　面　　　　4　器

[10] 原稿のコピーが二（　　）必要です。
　　1　通　　　　2　枚　　　　3　巻　　　　4　冊

답　1③　2②　3④　4①　5②　6④　7③　8①　9④　10②

콕콕 예상 문제 28 단어형성   / 10

問題3　(　　)に入れるのに最もよいものを、1・2・3・4から一つ選びなさい。

[1] 学期(　　)には試験が6つあります。
　1　末　　　　2　制　　　　3　州　　　　4　路

[2] 政権を投げ出すというのは、一国の総理大臣として本当に(　　)責任だと思う。
　1　非　　　　2　未　　　　3　無　　　　4　不

[3] 大学を出たら外交(　　)になりたいと思います。
　1　者　　　　2　員　　　　3　家　　　　4　官

[4] 医師(　　)はこの不可解な死をどう説明しますか。
　1　徒　　　　2　団　　　　3　面　　　　4　府

[5] 日本の近代(　　)は明治天皇の代になってから行われた。
　1　化　　　　2　的　　　　3　用　　　　4　派

[6] 科学教育は子どもに科学(　　)な考え方を植えるものである。
　1　時　　　　2　界　　　　3　帯　　　　4　的

[7] 時刻(　　)で汽車の時間を調べました。
　1　表　　　　2　界　　　　3　巻　　　　4　券

[8] 周遊(　　)を使って旅行すると便利です。
　1　巻　　　　2　券　　　　3　線　　　　4　枚

[9] 地震対策は(　　)家庭で十分に行わなければならない。
　1　短　　　　2　約　　　　3　各　　　　4　半

[10] 初めての海外旅行だったので、ジェット(　　)を降りる時はわくわくした。
　1　器　　　　2　塔　　　　3　機　　　　4　流

답　1① 2③ 3④ 4② 5① 6④ 7① 8② 9③ 10③

콕콕 예상 문제 29 단어형성　　　　　　　　　　/ 10

問題3　（　　　）に入れるのに最もよいものを、1・2・3・4から一つ選びなさい。

① （　　　）国民の関心が選挙に集まっている。
　　1　半　　　　2　約　　　　3　各　　　　4　全

② 事件は（　　　）解決のまま越年することになった。
　　1　無　　　　2　未　　　　3　非　　　　4　不

③ 土地収用の（　　　）処分を申請する。
　　1　仮　　　　2　加　　　　3　角　　　　4　徒

④ 彼はなかなか知識（　　　）がさかんだ。
　　1　層　　　　2　価　　　　3　面　　　　4　欲

⑤ その新しい犯罪防止（　　　）は今まで一番厳しいものとして歓迎されている。
　　1　番　　　　2　法　　　　3　史　　　　4　節

⑥ 君はあの教授の芸術（　　　）を聞いたことがあるの。
　　1　財　　　　2　座　　　　3　録　　　　4　論

⑦ 店の人が（　　　）愛想なのでお客があまり来ない。
　　1　非　　　　2　未　　　　3　無　　　　4　仮

⑧ 首相の医療改革（　　　）を支持します。
　　1　案　　　　2　倍　　　　3　図　　　　4　徒

⑨ 教育（　　　）は日本の多くの家庭の負担になっている。
　　1　部　　　　2　費　　　　3　課　　　　4　史

⑩ このチームが（　　　）下位から浮かび上がるのは難しい。
　　1　末　　　　2　徒　　　　3　最　　　　4　無

답　1 ④　2 ②　3 ①　4 ④　5 ②　6 ④　7 ③　8 ①　9 ②　10 ③

콕콕 예상 문제 30 단어형성   / 10

問題3 （　　）に入れるのに最もよいものを、1・2・3・4から一つ選びなさい。

1 彼女は美人コンテストに入賞^{にゅうしょう}してから、思い（　　）いる。
　1　ついて　　　2　かけて　　　3　うつって　　　4　あがって

2 暫定^{ざんてい}政府の支配権^{しはいけん}はまだ国家全体に行き（　　）いない。
　1　あがって　　2　まわって　　3　わたって　　　4　かけて

3 監督^{かんとく}はその場面をもう一度やり（　　）ように言った。
　1　きる　　　　2　ぬく　　　　3　なおす　　　　4　まわる

4 彼女は店内を見（　　）目的の商品に歩み寄^{あゆよ}った。
　1　あわせて　　2　ぬいて　　　3　のがして　　　4　まわして

5 このあたりへおいでの節はお立ち（　　）ください。
　1　きり　　　　2　より　　　　3　わたり　　　　4　うつり

6 彼はちょっと困ったことがあるとすぐに人に泣き（　　）くせがある。
　1　つける　　　2　つく　　　　3　ぬける　　　　4　ぬく

7 子ざるは、木から木へ飛び（　　）遊んでいる。
　1　うつって　　2　あがって　　3　なおして　　　4　よって

8 彼の前には多くの困難^{こんなん}が待ち（　　）いた。
　1　うけて　　　2　いれて　　　3　なれて　　　　4　よせて

9 悪口を言われると、すぐ言い（　　）からけんかになるんですよ。
　1　まわす　　　2　かえす　　　3　はたす　　　　4　つくす

10 ひさしぶりの雨に庭の木が生き（　　）。
　1　かえった　　2　なれた　　　3　よった　　　　4　うけた

답　1④　2③　3③　4④　5②　6②　7①　8①　9②　10①

콕콕 예상 문제 31 문맥규정   / 10

問題４ （　　　）に入れるのに最もよいものを、１・２・３・４から一つ選びなさい。

① 彼は仕事をなまける（　　　）がある。
　１　傾向　　　　２　条件　　　　３　方針　　　　４　規則

② 二つの事件は同一人物の犯行に（　　　）ない。
　１　差異　　　　２　相互　　　　３　相当　　　　４　相違

③ ２と８を（　　　）、10になります。
　１　ひいたら　　２　わったら　　３　かけたら　　４　たしたら

④ 高校時代の友だちとの話は（　　　）そうにない。
　１　衰え　　　　２　限り　　　　３　尽き　　　　４　枯れ

⑤ ここは（　　　）勉強ができる環境ではない。
　１　いさましくて　２　やかましくて　３　たのもしくて　４　わかわかしくて

⑥ 彼は（　　　）仕事を持ち込んできた。
　１　のんきな　　２　ぶっそうな　　３　なだらかな　　４　やっかいな

⑦ あなたと話していると、（　　　）山本さんと話している気がする。
　１　ちょうど　　２　そっくり　　３　まるで　　４　ようやく

⑧ 本当は勝てるのに、彼は（　　　）試合に負けた。
　１　わざわざ　　２　わざと　　３　無理に　　４　やっと

⑨ 勉強すること（　　　）つくえに向かうこと、と考えている人は割合に多いようだ。
　１　スマート　　２　マイナス　　３　イコール　　４　プラス

⑩ 彼は純粋すぎるんだ。（　　　）世間知らずなんだ。
　１　つまり　　　２　あるいは　　３　ところで　　４　だって

답　1① 2④ 3④ 4③ 5② 6④ 7③ 8② 9③ 10①

콕콕 예상 문제 32 문맥규정 / 10

問題 4 （　　）に入れるのに最もよいものを、1・2・3・4から一つ選びなさい。

① 口が（　　）なるほど忠告したのに、彼は聞かない。
　1　すっぱく　　　2　いたく　　　3　あまく　　　4　あかく

② 将来に（　　）になると思ったら、なんでもやっておくといいですね。
　1　プラン　　　2　プラス　　　3　プロ　　　4　プリント

③ その話を聞くと、彼女の顔は（　　）まっさおになった。
　1　さっさと　　　2　さっそく　　　3　たちまち　　　4　ようやく

④ （　　）通りかかった人が親切に道を教えてくれた。
　1　ときどき　　　2　たまたま　　　3　ともかく　　　4　たまに

⑤ 出会ったほとんどの人はいい人だけど、なかには（　　）人もいる。
　1　なだらかな　　　2　わがままな　　　3　さわやかな　　　4　あいまいな

⑥ もう少し後にならないと（　　）情報は入りません。
　1　くわしい　　　2　せまい　　　3　くどい　　　4　くるしい

⑦ フランス語は少し（　　）いるだけです。
　1　ひねって　　　2　ねじって　　　3　あぶって　　　4　かじって

⑧ 彼は人前に出るのが好きな（　　）学生だった。
　1　めだつ　　　2　めざす　　　3　やくだつ　　　4　ちかづく

⑨ 父は（　　）が悪く、朝から怒ってばかりいる。
　1　気体　　　2　気圧　　　3　機嫌　　　4　機能

⑩ 隣の部屋のステレオの音が大きいので、（　　）を言いに行った。
　1　文句　　　2　文脈　　　3　欠陥　　　4　欠点

답　1① 2③ 3③ 4② 5② 6① 7④ 8① 9③ 10①

콕콕 예상 문제 33 문맥규정

問題4 （　　　）に入れるのに最もよいものを、1・2・3・4から一つ選びなさい。

1. あの選手は（　　　）から調子よく走っている。
   1 スタート　　2 ゲーム　　3 コース　　4 ゴール

2. おばあさんは耳が（　　　）から、大きな声で話さなければならない。
   1 にぶい　　2 とおい　　3 おそい　　4 のろい

3. 会社をやめるという決心が（　　　）、いくら説得しても気持ちを変えてくれない。
   1 おもくて　　2 たかくて　　3 つよくて　　4 かたくて

4. パーティーの客が思ったより少なくて、用意した料理のほとんどが（　　　）になった。
   1 むだ　　2 ぜいたく　　3 じみ　　4 ほぞん

5. 明日までにあなたの考えを（　　　）来てください。
   1 そろえて　　2 集めて　　3 まとめて　　4 収集して

6. 雨が降り出したので、ハイキングに行くのを（　　　）。
   1 断定した　　2 あきらめた　　3 思い切った　　4 いやがった

7. 次の日曜（　　　）には桜が咲くだろう。
   1 まわり　　2 あかり　　3 ほこり　　4 あたり

8. イギリスの統治から（　　　）して20年が過ぎた。
   1 自立　　2 独立　　3 対立　　4 成立

9. 仕事が思うようにいかないので、彼女は（　　　）している。
   1 いらいら　　2 うろうろ　　3 そろそろ　　4 ふわふわ

10. 最後に見事なゴールを決めるところは、（　　　）名プレーヤーだ。
    1 きちんと　　2 おおいに　　3 いがいと　　4 さすがに

답　1① 2② 3④ 4① 5③ 6② 7④ 8② 9① 10④

콕콕 예상 문제 34 문맥규정 　　　　　　　　　　　　　　　　　　　　　　　　　　　　　　　　 / 10

問題 4　（　　）に入れるのに最もよいものを、1・2・3・4から一つ選びなさい。

1. 魚はあまり（　　）ように焼いてください。
　 1　こがさない　　　2　はがさない　　　3　もえない　　　4　もやさない

2. 人には笑顔で（　　）ように努力しています。
　 1　属する　　　　　2　接する　　　　　3　熱する　　　　4　値する

3. 学校からの（　　）によると、来週P・T・Aがあるそうだ。
　 1　通信　　　　　　2　通用　　　　　　3　通路　　　　　4　通知

4. 本日のプロ野球巨人ー阪神戦は雨のため（　　）になった。
　 1　禁止　　　　　　2　中止　　　　　　3　休止　　　　　4　停止

5. 彼が出席しないと、パーティーが（　　）もりあがらない。
　 1　どうか　　　　　2　どうぞ　　　　　3　どうせ　　　　4　どうも

6. 早く（　　）しなければ、悪影響が出てくる。
　 1　なにも　　　　　2　なんとなく　　　3　なんだか　　　4　なんとか

7. 彼は会議の準備に（　　）を使いはたしてしまった。
　 1　ビタミン　　　　2　コレクション　　3　エネルギー　　4　カロリー

8. 食事にしますか、（　　）お風呂にしますか。
　 1　すると　　　　　2　それとも　　　　3　それに　　　　4　そのうえ

9. このあたりは夜になると（　　）だ。
　 1　ぶっそう　　　　2　けんめい　　　　3　あいまい　　　4　やっかい

10. 年を取るとだれでも動作が（　　）なる。
　 1　のろく　　　　　2　ゆるく　　　　　3　ぬるく　　　　4　ずるく

답　1① 2② 3④ 4② 5④ 6④ 7③ 8② 9① 10①

콕콕 예상 문제 35 문맥규정   / 10

問題 4 （　　）に入れるのに最もよいものを、1・2・3・4から一つ選びなさい。

① 彼は（　　）またやって来た。
　1 あやうく　　2 うらやましく　　3 だらしなく　　4 ずうずうしく

② 山田さんはたいへん（　　）性格で、いい人ですよ。
　1 まじめな　　2 大柄な　　3 ぜいたくな　　4 深刻な

③ 市民参加のマラソンはスタートの合図で（　　）かけだした。
　1 どっと　　2 そっと　　3 ずっと　　4 じっと

④ 経済不況の原因は、（　　）何だったのだろうか。
　1 ようやく　　2 はたして　　3 つまり　　4 あらためて

⑤ 季節の（　　）を肌で感じます。
　1 変化　　2 変動　　3 移動　　4 活動

⑥ 父の（　　）でわたしがまいりました。
　1 代表　　2 代金　　3 代理　　4 交代

⑦ 今度の仕事が（　　）旅行に行きます。
　1 近づいたら　　2 すれちがったら　　3 ことづけたら　　4 かたづいたら

⑧ 良質な商品を提供しつづけることで、会社の（　　）も上がっていくはずだ。
　1 アイデア　　2 イコール　　3 モデル　　4 イメージ

⑨ 早く彼の家に行ってケンカを（　　）ください。
　1 やめて　　2 とめて　　3 終わって　　4 中止して

⑩ この切手を（　　）、コレクションのひとつにしてもよろしいですか。
　1 つぶして　　2 むいて　　3 はがして　　4 こいで

답　1 ④　2 ①　3 ①　4 ②　5 ①　6 ③　7 ④　8 ④　9 ②　10 ③

콕콕 예상 문제 36 문맥규정   / 10

問題 4 （　　）に入れるのに最もよいものを、1・2・3・4から一つ選びなさい。

① 時間がないので（　　）調べておいた。
　1　もっと　　　2　ざっと　　　3　じっと　　　4　やっと

② 寒い地方に住む動物たちは、冬を迎える前に（　　）食べ物を蓄えておくのです。
　1　せっせと　　2　ぼうっと　　3　ゆうゆうと　　4　のんびりと

③ ここは近代化された（　　）工場だから、人があまりいない。
　1　レクリエーション　2　オートメーション　3　コミュニケーション　4　コンクリート

④ 外出は自由だ。（　　）10時までには帰らなければならない。
　1　さて　　　2　または　　　3　たとえば　　　4　ただし

⑤ 議案を一部（　　）のうえで総会に出す。
　1　改正　　　2　改善　　　3　修正　　　4　修繕

⑥ 他の国に比べて韓国は（　　）の発生率が低い。
　1　犯罪　　　2　犯行　　　3　罪　　　4　悪

⑦ しめ切りの日が（　　）いるので、急いでください。
　1　つまって　2　残って　　3　せまって　　4　よって

⑧ 掃除をする時は、ほこりが（　　）ので窓を開けてください。
　1　のぼる　　2　つもる　　3　たつ　　4　ちる

⑨ 高橋さんは友情に（　　）人だ。
　1　大きい　　2　ふとい　　3　長い　　4　あつい

⑩ 契約書のこの部分は（　　）書かれていて誤解を招く。
　1　ささやかに　2　質素に　3　あいまいに　4　軟弱に

답 1② 2① 3② 4④ 5③ 6① 7③ 8② 9④ 10③

콕콕 예상 문제 37 문맥규정　　　　　　　　　　　　　　　　　　　　　　　/ 10

問題4 （　　　）に入れるのに最もよいものを、1・2・3・4から一つ選びなさい。

1 自分の（　　　）から車の事故を起こす若者が多い。
　　1　不得意　　　　2　不注意　　　　3　不幸　　　　4　不便

2 日本国憲法は（　　　）的人権を保障している。
　　1　基準　　　　2　基盤　　　　3　基礎　　　　4　基本

3 このシャツは大きすぎるので、小さいのがあれば（　　　）ください。
　　1　とりかえて　　2　でかけて　　3　かえして　　4　つかまえて

4 お風呂に水を入れているのを忘れて、水が（　　　）しまった。
　　1　おぼれて　　2　あふれて　　3　こぼれて　　4　あきれて

5 この部屋の荷物を（　　　）隣の部屋に運んでください。
　　1　そっくり　　2　まったく　　3　はっきり　　4　たちまち

6 （　　　）遠くまでおいでくださり、ありがとうございます。
　　1　せっかく　　2　わざと　　3　わざわざ　　4　やっと

7 （　　　）友人をさそって食事をしながら話すのは楽しい。
　　1　しつこい　　2　したしい　　3　あわただしい　　4　ずうずうしい

8 今度の旅行にかかる費用は、（　　　）に計算してみたところ、ざっと8万円ほどです。
　　1　おおよそ　　2　だいたい　　3　おおざっぱ　　4　ほぼ

9 わざわざ遠くから足を（　　　）。
　　1　まわす　　2　うつす　　3　はこぶ　　4　おくる

10 周囲のことは気にせず（　　　）でいこう。
　　1　マイペース　　2　アプローチ　　3　テクニック　　4　フレッシュ

답　1②　2④　3①　4②　5①　6③　7②　8③　9③　10①

콕콕 예상 문제 38 문맥규정   / 10

問題4 （   ）に入れるのに最もよいものを、1・2・3・4から一つ選びなさい。

1 （   ）なければ、この仕事はあなたに任せたいんだが。
　1　まちがい　　　2　さしつかえ　　　3　ひっこし　　　4　つきあたり

2 少し早く着いたので、駅前の喫茶店で時間を（   ）。
　1　こわした　　　2　やぶった　　　　3　つぶした　　　4　くずした

3 これは（   ）つまらないものですが、どうぞ。
　1　いわゆる　　　2　たえず　　　　　3　ほんの　　　　4　なお

4 両国の貿易額の（   ）がくずれないように話し合いをもつことにした。
　1　レベル　　　　2　リズム　　　　　3　エチケット　　4　バランス

5 日本語のむずかしさを（   ）知った。
　1　まったく　　　2　いまにも　　　　3　あらためて　　4　かならずしも

6 タクシーに乗ったら、電車より（   ）時間がかかった。
　1　せめて　　　　2　かえって　　　　3　たいして　　　4　あらためて

7 彼の死はわれわれにとって（   ）損失である。
　1　びみょうな　　2　ばくだいな　　　3　でたらめな　　4　おおざっぱな

8 海外旅行をするのは、最近では（   ）ことではない。
　1　奇妙な　　　　2　めったな　　　　3　めずらしい　　4　貴重な

9 今では天気予報が当たる（   ）は、8割だといわれている。
　1　確率　　　　　2　確認　　　　　　3　確実　　　　　4　的確

10 （   ）的な大雪のため、電車が止まった。
　1　記念　　　　　2　記号　　　　　　3　記事　　　　　4　記録

답　1②　2③　3③　4④　5③　6②　7②　8③　9①　10④

콕콕 예상 문제 39 문맥규정   / 10

問題４（　　　）に入れるのに最もよいものを、１・２・３・４から一つ選びなさい。

1. 彼は余裕（　　　）の様子でどうどうと座っていた。
   1　しっかり　　　2　そっくり　　　3　たっぷり　　　4　めっきり

2. 彼は苦労に苦労を重ね、（　　　）成功をおさめた。
   1　たんに　　　　2　じかに　　　　3　にわかに　　　4　ついに

3. 風で髪の毛が（　　　）になった。
   1　そっくり　　　2　わがまま　　　3　かわいそう　　4　めちゃくちゃ

4. ちょっと雲行きが（　　　）なってきましたね。
   1　くやしく　　　2　はげしく　　　3　あやしく　　　4　まぶしく

5. われわれは公演の（　　　）がぎっしり詰まっている。
   1　スケジュール　2　カレンダー　　3　ラッシュアワー　4　プリント

6. すぐ帰りますから、どうぞ（　　　）。
   1　ごえんりょなく　2　おじゃまします　3　おかまいなく　4　おきのどくに

7. 日本は精密機械の（　　　）では世界のトップクラスである。
   1　分析　　　　　2　理解　　　　　3　分野　　　　　4　野原

8. その会社に対する処分は業務（　　　）と決定した。
   1　禁止　　　　　2　中止　　　　　3　防止　　　　　4　停止

9. 放課後も学校に（　　　）一人で勉強する。
   1　あまって　　　2　とまって　　　3　つまって　　　4　のこって

10. ちょっとこのスカートの後ろのリボンを（　　　）もらえませんか。
    1　つないで　　　2　むすんで　　　3　くるんで　　　4　とめて

답 1③ 2④ 3④ 4③ 5① 6③ 7③ 8④ 9④ 10②

콕콕 예상 문제 40 문맥규정   / 10

問題4 （　　　）に入れるのに最もよいものを、1・2・3・4から一つ選びなさい。

1 バスの窓からみると（　　　）丘が続いていた。
　　1　おおざっぱな　　2　おだやかな　　3　なだらかな　　4　さわやかな

2 今度の失敗は、私の見通しが（　　　）からです。
　　1　あまかった　　2　からかった　　3　にがかった　　4　すっぱかった

3 彼はこの写真の男の人と（　　　）人物だろうか。
　　1　同様　　2　同一　　3　同格　　4　等しい

4 国へ帰ったときの話の（　　　）にしよう。
　　1　たね　　2　はな　　3　み　　4　えだ

5 3人が頭を（　　　）考えても、この問題は解けなかった。
　　1　ひねって　　2　ねじって　　3　まわして　　4　あけて

6 最初の日は、どの教室へ行ったらいいかきっと（　　　）だろう。
　　1　なやむ　　2　くるしむ　　3　こまる　　4　まよう

7 山田さんは、高価な（　　　）をたくさん持っている。
　　1　レジャー　　2　アクセサリー　　3　イメージ　　4　バランス

8 （　　　）点を考慮してみると、それは高い買い物ではない。
　　1　あらゆる　　2　たいした　　3　すべて　　4　さまざま

9 入学祝いにいただいた万年筆で（　　　）お礼の手紙を書いた。
　　1　急に　　2　たちまち　　3　さっそく　　4　いきなり

10 ラーメンなら高い店でも（　　　）600円くらいだよ。
　　1　せいぜい　　2　やっと　　3　ようやく　　4　すくなくとも

답　1③　2①　3②　4①　5①　6④　7②　8①　9③　10①

콕콕 예상 문제 41 유의표현 / 10

問題5 ＿＿＿の言葉に意味が最も近いものを、1・2・3・4から一つ選びなさい。

1　<ruby>少々<rt>しょうしょう</rt></ruby>辛すぎるようですね。
　　1　すこし　　　2　たぶん　　　3　かえって　　　4　もっと

2　日本語<ruby>能力<rt>のうりょく</rt></ruby><ruby>試験<rt>しけん</rt></ruby>で150<ruby>点<rt>てん</rt></ruby>は<ruby>無理<rt>むり</rt></ruby>でも、せめて130点はとりたいね。
　　1　せっかく　　2　必ずしも　　3　どうしても　　4　少なくとも

3　あぶないから、そんなことをしてはだめだ。
　　1　いけない　　2　かしこい　　3　おそろしい　　4　とんでもない

4　今日は仕事でまたミスをしてしまった。
　　1　間違い　　　2　支払い　　　3　取り締まり　　4　締め切り

5　彼はカメラを安くゆずってほしいと言った。
　　1　買って　　　2　直して　　　3　貸して　　　　4　売って

6　いたずらをして父にひどくおこられた。
　　1　ことわられた　2　すくわれた　3　たたかれた　　4　しかられた

7　あの人がおこるのはまれなことです。
　　1　よくある　　2　時々ある　　3　まったくない　4　ほとんどない

8　彼はそのグループのリーダーです。
　　1　指導者　　　2　専門家　　　3　支配者　　　　4　活動家

9　雨でびしょぬれになってみじめな気持ちだった。
　　1　ぜいたくな　2　はでな　　　3　やっかいな　　4　あわれな

10　彼は<ruby>海外旅行<rt>かいがいりょこう</rt></ruby>をあきらめた。
　　1　支度した　　2　計画した　　3　断念した　　　4　用意した

답　1①　2④　3①　4①　5④　6④　7④　8①　9④　10③

콕콕 예상 문제 42 유의표현 / 10

問題 5 ＿＿＿の言葉に意味が最も近いものを、1・2・3・4から一つ選びなさい。

1 徹夜（てつや）したがようやく一通（ひととお）り読めただけだ。
　1　さっそく　　　2　まもなく　　　3　やっと　　　4　もうすぐ

2 君（きみ）のレポートをざっと読んだが、よくできているようだよ。
　1　いちおう　　　2　すぐに　　　3　さっそく　　　4　すっと

3 そんなにずうずうしいことばかりすると、人に嫌（きら）われますよ。
　1　あわただしい　2　おとなしい　3　だらしない　　4　あつかましい

4 やがて春が訪（おとず）れる。
　1　いつか　　　　2　まもなく　　　3　いま　　　　4　たちまち

5 今後（こんご）とも、ひとつよろしくお願（ねが）い申（もう）し上（あ）げます。
　1　どうせ　　　　2　どうぞ　　　　3　できれば　　4　ぜひとも

6 この学校の生徒は、割合によく勉強をする。
　1　教育的　　　　2　効果的　　　　3　熱狂的　　　4　比較的

7 和食（わしょく）は初（はじ）めてだがけっこうおいしい。
　1　かなり　　　　2　ほぼ　　　　　3　もっとも　　4　さらに

8 彼の予言したことがげんにいま起こっている。
　1　実際に　　　　2　正確に　　　　3　確実に　　　4　特別に

9 彼は大げさな身ぶりで話している。
　1　オープンな　　2　エネルギーがある　3　オーバーな　4　ユーモアがある

10 何時間も待（ま）っていたが、彼女はついに現（あらわ）れなかった。
　1　すでに　　　　2　とうとう　　　3　めったに　　4　ちっとも

답 1③　2①　3④　4②　5②　6④　7①　8①　9③　10②

콕콕 예상 문제 43 유의표현　　　/ 10

問題 5　＿＿＿の言葉に意味が最も近いものを、1・2・3・4から一つ選びなさい。

1　10年間で100万円をためる<u>計画</u>を立てた。
　　1　スケジュール　　2　プラン　　3　アイデア　　4　テーマ

2　彼女はあれから<u>さっぱり</u>姿を見せない。
　　1　だいたい　　2　たまに　　3　しばしば　　4　全然

3　<u>なるべく</u>わかりやすく説明してください。
　　1　あくまで　　2　ともかく　　3　できるだけ　　4　しだいに

4　彼は<u>全然</u>心あたりがないと言っている。
　　1　ほぼ　　2　そうとう　　3　たしか　　4　まったく

5　電話では<u>こまかい</u>事は言えませんから、お会いした時にお話しします。
　　1　くわしい　　2　おさない　　3　あやしい　　4　まずしい

6　彼とは<u>どうも</u>うまくいかない。
　　1　いつのまにか　　2　そうとう　　3　どうしても　　4　まるで

7　あの人とは、<u>ずっと</u>前にどこかで会ったことがある。
　　1　たった　　2　かなり　　3　ざっと　　4　およそ

8　会場には<u>えらい</u>学者が大勢いた。
　　1　手軽な　　2　気楽な　　3　立派な　　4　地味な

9　自動車があまりにもたくさん走っているので、<u>びっくりした</u>。
　　1　うたがった　　2　みちびいた　　3　おぎなった　　4　おどろいた

10　Aあるいは<u>B</u>のコースを通ってあの山にのぼったとしよう。
　　1　それとも　　2　それは　　3　または　　4　ところで

답 1② 2④ 3③ 4④ 5① 6③ 7② 8③ 9④ 10③

콕콕 예상 문제 44 유의표현 / 10

問題 5 ＿＿＿ の言葉に意味が最も近いものを、1・2・3・4から一つ選びなさい。

1 私は今、むずかしい立場にいます。
　1　よけいな　　　2　やっかいな　　　3　ぜいたくな　　　4　あいまいな

2 品物が少ないので、早めにおもとめください。
　1　買って　　　　2　売って　　　　　3　渡して　　　　　4　捨てて

3 他人に対して思いやりがある開放的な性格を表す。
　1　スマートな　　2　オープンな　　　3　オーバーな　　　4　シャープな

4 今日は一日中デパートを歩きまわったので、くたびれた。
　1　しびれた　　　2　くずれた　　　　3　つかれた　　　　4　やぶれた

5 この機械にはどんな使い道があるのですか。
　1　用途　　　　　2　種類　　　　　　3　形式　　　　　　4　効果

6 このブームは長くは続かないでしょう。
　1　効果　　　　　2　状態　　　　　　3　緊張　　　　　　4　流行

7 とりあえずメールにて失礼します。
　1　一応　　　　　2　直接　　　　　　3　すぐに　　　　　4　さっき

8 その実験はまさに大成功だった。
　1　わずかに　　　2　たしかに　　　　3　きのどくに　　　4　ひにくに

9 彼女は息子の教育のことで非常になやんでいる。
　1　満足して　　　2　失望して　　　　3　安心して　　　　4　心配して

10 彼女は来ると思うが、たしかめたほうがいい。
　1　理解した　　　2　確認した　　　　3　実行した　　　　4　実施した

답　1② 2① 3② 4③ 5① 6④ 7① 8② 9④ 10②

콕콕 예상 문제 45 유의표현　　　　/ 10

問題 5 　　　　の言葉に意味が最も近いものを、1・2・3・4から一つ選びなさい。

1 彼が犯罪にかかわったというあきらかな証拠がある。
　1　てごろな　　　2　たしかな　　　3　妥当な　　　4　公平な

2 友だちに自転車をなおしてもらった。
　1　調査して　　　2　修理して　　　3　調整して　　　4　研修して

3 親しく、楽しく過ごすためには、会員相互の理解が大切だと思います。
　1　われわれ　　　2　みなさん　　　3　たがい　　　4　あいて

4 彼女はいつもほがらかです。
　1　おとなしい　　　2　あかるい　　　3　まじめ　　　4　りっぱ

5 あの２人はカメラの話に夢中だ。
　1　本気　　　2　感心　　　3　熱心　　　4　本音

6 私はよい友人をもってしあわせです。
　1　幸福　　　2　素直　　　3　正直　　　4　皮肉

7 試験問題が難しくて、とてもよわった。
　1　投げた　　　2　間違えた　　　3　驚いた　　　4　困った

8 すてきなお住まいに住んでいらっしゃるんですね。
　1　きびしい　　　2　ただしい　　　3　すばらしい　　　4　めずらしい

9 ひどい目にあったのだから、あの人がおこるのももっともだ。
　1　当日　　　2　当然　　　3　当時　　　4　当番

10 この計画を成功させるには、有能な専門家をもちいる必要がある。
　1　みちびく　　　2　ひきいる　　　3　つかう　　　4　まねく

답　1②　2②　3③　4②　5③　6①　7④　8③　9②　10③

콕콕 예상 문제 46 유의표현 / 10

問題 5 ＿＿＿の言葉に意味が最も近いものを、1・2・3・4から一つ選びなさい。

1 そのパーティーはつまらなかった。
   1 愉快だった　　2 退屈だった　　3 真剣だった　　4 微妙だった

2 この犬はとてもかしこい。
   1 めずらしい　　2 おとなしい　　3 頭がいい　　4 目がない

3 それがきっかけとなって戦争が始まった。
   1 契機　　2 契約　　3 不満　　4 不平

4 彼はおだやかな口調で私たちに忠告した。
   1 うるさい　　2 やかましい　　3 にぎやかな　　4 しずかな

5 彼女はその結果にがっかりした。
   1 満足　　2 心配　　3 失望　　4 安心

6 バスは交差点で停止した。
   1 とまった　　2 やけた　　3 まわった　　4 ぶつかった

7 私たちは2時間も雑談してしまった。
   1 報告　　2 説明　　3 あいさつ　　4 おしゃべり

8 そのとき突然、いいアイデアが浮かんだ。
   1 型　　2 案　　3 図　　4 説

9 現在子どもの野球チームのコーチをしています。
   1 監視　　2 選手　　3 監督　　4 選挙

10 わが社には遅刻したら残業という規則がある。
   1 ルール　　2 コース　　3 ゲーム　　4 チップ

답 1② 2③ 3① 4④ 5③ 6① 7④ 8② 9③ 10①

콕콕 예상 문제 47　유의표현　　　／10

問題5　＿＿＿＿の言葉に意味が最も近いものを、1・2・3・4から一つ選びなさい。

1　彼女がいつになく親切だったのであやしいと思った。
　　1　意外に　　　2　不審に　　　3　質素に　　　4　大胆に

2　物価の上昇に伴って生活が苦しくなってきた。
　　1　はれて　　　2　あがって　　3　つれて　　　4　さがって

3　この雑誌は町の催しを知るのに便利です。
　　1　町でどの店がいいのか　　　　2　町で何が行われているのか
　　3　町で何が売られているのか　　4　町でだれが有名なのか

4　彼は有名になりたいという願望が強すぎる。
　　1　考え　　　　2　感じ　　　　3　ねらい　　　4　のぞみ

5　時間がないので簡潔にお願いします。
　　1　手短に　　　2　手近に　　　3　手分けに　　4　手入れに

6　物事を安易に考えるなと言われつづけた。
　　1　軽く　　　　2　重く　　　　3　安く　　　　4　高く

7　彼女は愉快な女の子だ。
　　1　かわいい　　2　おしゃれな　3　じみな　　　4　おもしろい

8　祖母の病気のため、母は旅行を見合わせた。
　　1　解約した　　2　断念した　　3　中止した　　4　拒絶した

9　彼は時間を上手に使った。
　　1　無効に　　　2　有効に　　　3　無理に　　　4　有利に

10　家を買うためにお金をたくわえている。
　　1　送金して　　2　貯金して　　3　両替して　　4　交換して

답　1② 2② 3② 4④ 5① 6① 7④ 8③ 9② 10②

콕콕 예상 문제 48 유의표현   / 10

問題5　＿＿＿の言葉に意味が最も近いものを、1・2・3・4から一つ選びなさい。

1　このスリラー映画もなかなか見捨てたものではない。
　　1　少しよい　　　2　かなりよい　　　3　少しわるい　　　4　かなりわるい

2　彼に寄付を勧誘した。
　　1　ふかめた　　　2　かためた　　　3　もとめた　　　4　まとめた

3　作者の意図が不明だ。
　　1　あきらかでない　2　あきらかだ　　3　きよらかでない　4　きよらかだ

4　今朝からストライキに踏み切った。
　　1　吸収した　　　2　加入した　　　3　押収した　　　4　突入した

5　彼はそれをやれるだけの太い神経を持っている。
　　1　素朴な　　　2　大胆な　　　3　派手な　　　4　質素な

6　ふと街で彼に会った。
　　1　時々　　　2　かろうじて　　　3　偶然　　　4　何度も

7　彼は法律についてかなりの知識がある。
　　1　不完全な　　　2　わずかな　　　3　十分な　　　4　貧弱な

8　ファウルチップしたボールが審判に当たったが、幸い彼は無事だった。
　　1　大丈夫　　　2　愉快　　　3　衝撃的　　　4　大胆

9　その試合は5対5の引き分けに終わった。
　　1　敗北　　　2　勝利　　　3　同時　　　4　同点

10　この店は比較的安い。
　　1　一応　　　2　だいたい　　　3　わりと　　　4　たしかに

답　1② 2③ 3① 4④ 5② 6③ 7③ 8① 9④ 10③

콕콕 예상 문제 49 유의표현   / 10

問題5 ＿＿＿の言葉に意味が最も近いものを、1・2・3・4から一つ選びなさい。

1 弟は<u>真剣に</u>勉強している。
　　1 依然として　　2 一生懸命　　3 仕方なく　　4 相次いで

2 要点を<u>見落として</u>しまった。
　　1 つかみ続けて　2 言い続けて　3 つかみそこなって　4 言いそこなって

3 人口が非常な<u>いきおいで</u>増加している。
　　1 急速に　　　2 次第に　　　3 相変わらず　　4 徐々に

4 <u>ふと気がつくと</u>列車はトンネルに入っていた。
　　1 わずかに　　2 そういえば　3 あらかじめ　　4 知らぬまに

5 そのような行動は幼児には<u>普通の</u>ことだ。
　　1 よくある　　2 たまにある　3 ほとんどない　4 たまにしかない

6 <u>不思議な</u>ことに彼は試験に失敗した。
　　1 残念な　　　2 幸いな　　　3 面倒な　　　　4 意外な

7 この靴はテニスには<u>ふさわしくない</u>。
　　1 間に合わない　2 思いがけない　3 役に立たない　4 気に入らない

8 ハンカチで眼鏡を<u>ふいた</u>。
　　1 切り換えた　2 きれいにした　3 包んだ　　　　4 求めた

9 彼は<u>無口な</u>男だ。
　　1 よく怒る　　2 あまり怒らない　3 よく話す　　4 あまり話さない

10 彼女はいつもはずかしくない<u>身なりを</u>している。
　　1 思いきった　2 ぼんやりと　3 ぐったりとした　4 きちんとした

답 1② 2③ 3① 4④ 5① 6④ 7③ 8② 9④ 10④

콕콕 예상 문제 50 유의표현   / 10

問題5　＿＿＿の言葉に意味が最も近いものを、1・2・3・4から一つ選びなさい。

1　彼女は息子の看病につとめた。
　　1　断念した　　　2　専念した　　　3　執務した　　　4　公務した

2　彼の心配のもとが何であったかだれも知らない。
　　1　原因　　　　　2　目的　　　　　3　上昇　　　　　4　下落

3　彼は空手部に入部の申し込みをした。
　　1　脱退　　　　　2　面接　　　　　3　応募　　　　　4　就職

4　100歳以上まで生きる人はめずらしい。
　　1　たくさんいる　2　だいぶいる　　3　まったくない　4　ほとんどない

5　お母さん、紹介したい人がいるんだけど。
　　1　会ってはいけない　　　　　　　2　会ってほしくない
　　3　会ってもらいたい　　　　　　　4　会ったことがない

6　彼は背が高くて格好がよい。
　　1　スタイル　　　2　スキル　　　　3　サンプル　　　4　デザイン

7　私はみなで6冊の本を買った。
　　1　無料で　　　　2　全部で　　　　3　優先的に　　　4　一般的に

8　それは見込み違いだった。
　　1　錯覚　　　　　2　感覚　　　　　3　町はずれ　　　4　期待はずれ

9　あつかましいお願いでしょうか。
　　1　無理な　　　　2　簡単な　　　　3　可能な　　　　4　容易な

10　すみませんが会議があるので、短めにお願いします。
　　1　短期に　　　　2　単純に　　　　3　好調に　　　　4　簡潔に

답　1② 2① 3③ 4④ 5③ 6① 7② 8④ 9① 10④

콕콕 예상 문제 51 용법   /5

問題6 次の言葉の使い方として最もよいものを、1・2・3・4から一つ選びなさい。

1 循環
1　学校の図書館閉鎖の決定に不満が循環した。
2　水質を保つには、絶えず水が循環していることが必要だ。
3　君は循環されている。手を上げて出て来なさい。
4　社長は会社の資金についてきびしい循環をしている。

2 マスター
1　彼はシャワーをあびている間に、本のマスターを思いついた。
2　鉄道会社の従業員がラッシュアワーのマスターにストをした。
3　市は新空港建設マスターをどんどん進めている。
4　英語をマスターするのは簡単なことではない。

3 飢饉
1　今、この辺りは未曾有の飢饉におそわれているらしい。
2　私が生産コストの説明を終わるまで飢饉しないでください。
3　あの地方は台風のたびに飢饉を受けている。
4　友達の結婚式とか飢饉とかで、今月は出費が多かった。

4 のぞく
1　トイレの水を流すときは、このひもをのぞいてください。
2　ときどき赤ちゃんをのぞくのを忘れないでください。
3　うちの息子はまだ親指をのぞくので、恥ずかしい。
4　その子には母親の病気が重症であることをのぞいておいた。

5 こっそり
1　遠く離れていますが、心はあなたとこっそりです。
2　この仕事で体力をこっそり消耗してしまった。
3　拾ったお金は半年後にこっそり彼のものになった。
4　ボディーガードは銃声を聞くと大統領をこっそりと連れ去った。

답 1② 2④ 3① 4② 5④

콕콕 예상 문제 52 용법   /5

問題6　次の言葉の使い方として最もよいものを、1・2・3・4から一つ選びなさい。

1 続々
1　その子は続々に歩けるようになった。
2　朝になると空港には続々と飛行機が到着する。
3　オリンピックの準備が続々に進んでいる。
4　卒業後は続々の道に進んだ。

2 カバー
1　今日、ソファーのカバーをきれいなものにとり替えた。
2　炊飯器の時間を明日の午前7時にカバーした。
3　次のカバーでスピードを出しすぎないように気をつけて。
4　どうぞカバーを脱いで、ゆっくりして行ってください。

3 ためす
1　だれかが助けをためして叫んでいるのが聞こえた。
2　その新聞社では20人の警備員をためしている。
3　隣に座るように彼は身ぶりでためした。
4　新しいゴルフクラブをあしたためしてみよう。

4 我慢
1　彼の演奏には、何点か技術上の我慢があった。
2　戦争は国の経済に我慢をもたらした。
3　会社は全従業員にこの試験を受けることを我慢します。
4　彼女の無礼にはこれ以上我慢できないよ。

5 こげる
1　電話している間に肉がかりかりにこげてしまった。
2　彼女はペットのウサギをやさしくこげた。
3　その点であなたと意見がこげると思う。
4　彼は自分の望みをこげて画家になった。

답　1② 2① 3④ 4④ 5①

콕콕 예상 문제 53 용법　　　　　　　　　　　　　　　　　　　　/5

問題6 次の言葉の使い方として最もよいものを、1・2・3・4から一つ選びなさい。

1 しめきり
1. 少年のしめきりが母親からしかられる原因となった。
2. 警察(けいさつ)がよっぱらい運転のしめきりを強化(きょうか)しようとしている。
3. 彼女はいつもしめきり寸前(すんぜん)にレポートを提出(ていしゅつ)する。
4. 彼女は打ち合わせもしないでしめきり仕事にかかった。

2 異常
1. 彼らは港にいたので、あらしが来ても異常だった。
2. 日本人の平均寿命(へいきんじゅみょう)は年々のびる異常にある。
3. あなたがお留守(るす)の間、異常なことは何もなかったですよ。
4. 彼女は歌手としての異常にめぐまれている。

3 次第に
1. 彼女は試験に次第に合格しました。
2. 彼女は次第に快方(かいほう)にむかっている。
3. 10年間次第に働(はたら)いて家を建てた。
4. 先日彼と町で次第に出会った。

4 対照(たいしょう)
1. 各自切符をもっているか、対照してください。
2. 彼らはわれわれの提案(ていあん)に対照している。
3. この地域は商業地区として対照されている。
4. 二つの事典の違いはいくつか項目を対照してみればわかる。

5 にらむ
1. 彼女はすごい目つきでその男をにらんだ。
2. 彼らは新婚の2人にお祝いの言葉をにらんだ。
3. 彼はアルコール中毒(ちゅうどく)で家族をにらむことになった。
4. 私は父よりも母のほうににらんでいる。

답　1③　2③　3②　4④　5①

콕콕 예상 문제 54 용법 /5

問題6　次の言葉の使い方として最もよいものを、1・2・3・4から一つ選びなさい。

[1] 消耗（しょうもう）
1. よいエンジンオイルはエンジンの部品の消耗を小さくする。
2. 盗難車（とうなんしゃ）はうらどおりで、消耗された状態で見つかった。
3. 私は仕事の量の多さに消耗されている。
4. この薬はすばやく体に消耗される。

[2] くせ
1. クレジットカードがあると現金を持ち歩くくせが省（はぶ）ける。
2. 彼には鼻をほじくるいやなくせがある。
3. あれだけくせなら金もたまるだろう。
4. その風習（ふうしゅう）は迷信（めいしん）のくせがないでもない。

[3] アイディア
1. 社長のアイディアで昼は戸外（こがい）で食べることになった。
2. 彼は試験にパスするために、アイディアという手段に出た。
3. このプリンターの特長はアイディアです。
4. 大統領のアイディアのすぐあとに、暴動（ぼうどう）が起こった。

[4] 傾向
1. 結果が発表された時ほんとうに傾向だった。
2. メートル法への傾向について長年協議されてきた。
3. 調査結果は喫煙者（きつえんしゃ）の減少傾向をしめしている。
4. 電話をしないで出かけたのは傾向でした。

[5] 結局
1. そのうわさは結局事実無根（じじつむこん）だった。
2. 調査の結局ははっきりと国民のいかりを証明している。
3. 結局として私はあなたの提案に賛成（さんせい）です。
4. 日本人でも納豆（なっとう）がきらいな人は結局多い。

답 1① 2② 3① 4③ 5①

콕콕 예상 문제 55 용법   /5

問題6　次の言葉の使い方として最もよいものを、1・2・3・4から一つ選びなさい。

[1] がっかり
1. 彼女は人を見る目ががっかりしている。
2. 彼女は結婚式での両親の欠席にひどくがっかりした。
3. コーヒーを1杯飲んだら頭ががっかりした。
4. がっかりして切手をはらずに手紙を出した。

[2] 発揮
1. 大会当日は風邪を引いて実力を十分に発揮できなかった。
2. 警察は殺人の動機が復讐だったと発揮している。
3. この新しい発揮で会社での喫煙がなくなるはずだ。
4. 警察の発揮の結果、運転をしていた両方が悪かった。

[3] 日課
1. ガイドは今日は何を日課してくれているのかしら。
2. そのテストでは重要なことはなにも日課できなかった。
3. インターネットで日本のニュースを見るのが日課になっている。
4. みんなきみの仕事をとても高く日課している。

[4] 案外
1. 強そうなチームだと思ったら案外弱かった。
2. 関係者案外の方の立ち入りを禁止します。
3. この本はだれにでも案外してすすめられる。
4. 彼女が私をわざわざ病院まで案外してくれた。

[5] 異なる
1. 彼がまた歩けるようになるにはたいへんな努力が異なった。
2. 前の日までに異なれば、欠席してもいいです。
3. この2種類の物質は、互いに異なった性質を持っている。
4. 異なる間違いからとんでもないことが起こった。

답　1② 2① 3③ 4① 5③

콕콕 예상 문제 56 용법　　/5

問題6　次の言葉の使い方として最もよいものを、1・2・3・4から一つ選びなさい。

1 テーマ
1　2コースの馬はテーマの出場を取り消された。
2　コンサートのテーマはみな売り切れた。
3　よいテーマがないかと百科事典を徹底的に探した。
4　彼女はテーマを時速50マイルで回った。

2 ベテラン
1　家の中をきれいにしておくには、多くの時間とベテランを要する。
2　3度の失敗で、彼らはその計画をベテランすることにした。
3　町はチームの帰省を盛大なベテランで祝った。
4　このゴルフコースは初心者からベテランまで楽しめる。

3 たっぷり
1　この問題にたっぷりと決着をつけよう。
2　いすにたっぷりとくつろいで映画をお楽しみください。
3　時間がたっぷりあったのに、なぜ彼は終えられなかったのか理解できない。
4　ダイビングマスクが顔にたっぷりくっついているか確認してください。

4 いらいら
1　そんなにいらいらまわると、目がまわるわよ。
2　少年はベンチに座って足をいらいらした。
3　私はわけもなくいらいらして夜眠れない時がある。
4　ささいなことはいらいら説明しなくともよい。

5 維持
1　彼は維持して大切な書類をすべてコピーしている。
2　給料が下がって別荘を維持するのが難しくなった。
3　学生はつねに維持して授業にのぞむべきだ。
4　新しい市長は、今日の午後宣誓して維持した。

답　1③　2④　3③　4③　5②

콕콕 예상 문제 57 용법　　　　　　　　　　　　　　　　　　/ 5

問題6　次の言葉の使い方として最もよいものを、1・2・3・4から一つ選びなさい。

1 ねらう
　1　ボクサーは相手のパンチをねらって左右に体を動かした。
　2　彼は次期(じき)社長のいすをねらっている。
　3　あなたがネコをしつこくねらうからかまれたのよ。
　4　彼女をねらう言葉(ことば)を見つけることができなかった。

2 キャプテン
　1　これは新しいキャプテンですから、よく聞いてください。
　2　爆破(ばくは)事件は市民をキャプテン状態におとしいれた。
　3　彼はチームのキャプテンとしてよくやった。
　4　セールスマンは私の手の中にキャプテンを押し込んだ。

3 ぐっすり
　1　このくつは私の足にぐっすりと合います。
　2　今日は気分がぐっすりしない。
　3　ひまがあるとわれわれはぐっすりと散歩(さんぽ)する。
　4　一晩(ひとばん)ぐっすり眠れば気分がよくなるよ。

4 ちゃんと
　1　ちゃんと足りているかスプーンの数を数えてください。
　2　君と昼ご飯の約束をしていたのをちゃんと忘れていたよ。
　3　彼女がちゃんと歌がうまいとは知らなかった。
　4　目的の駅に着いたのに、ちゃんと乗り越してしまった。

5 まごまご
　1　いいくつだったけど、犬がまごまごにさいてしまった。
　2　彼の講義(こうぎ)はまごまごおもしろかったが、長すぎた。
　3　土曜日は家でまごまごしているのが好きです。
　4　慣(な)れない土地に来て、まごまごしている。

답　1② 2③ 3④ 4① 5④

콕콕 예상 문제 58 용법 /5

問題6 次の言葉の使い方として最もよいものを、1・2・3・4から一つ選びなさい。

1 めっきり
1 朝から風邪ぎみで気分がめっきりしない。
2 きのう習ったことばはもうめっきり覚えた。
3 あの子のピアノはめっきりうまくなった。
4 テープの声をめっきり聞いてください。

2 安定
1 歩行者の安定を第一にすべきである。
2 子どもが無事に帰ったので安定した。
3 結果を目で見るまでは安定ではない。
4 安定した天候がひと月続いた。

3 丁寧
1 あの人はいつも丁寧なことばを使う。
2 首相は外交方針を丁寧にした。
3 赤と黄色の丁寧なシャツを着ている。
4 彼女は丁寧な生活をしている。

4 相違
1 2人の態度には大きい相違がある。
2 彼女とは相違が合わない。
3 彼の相違は認めてやらなければならない。
4 彼は収入に相違な生活をしている。

5 半ば
1 彼と私は古くから親しい半ばです。
2 私たちは子どものころから半ばだった。
3 8月の半ばには帰ってくるでしよう。
4 心の半ばを打ちあけることのできる友がいない。

답 1 ③ 2 ④ 3 ① 4 ① 5 ③

콕콕 예상 문제 59 용법　　　　/5

問題6　次の言葉の使い方として最もよいものを、1・2・3・4から一つ選びなさい。

1　うっかり
　1　年をとっても頭はうっかりしている。
　2　このことをうっかり覚えておきなさい。
　3　うっかりして駅を3つも乗り過ごしてしまった。
　4　それがうそだということはうっかりしている。

2　膨大
　1　努力がみな膨大になってしまった。
　2　この国は膨大な天然資源に恵まれている。
　3　子ども5人の世話をするのは本当に膨大だ。
　4　彼女は膨大な成績で卒業した。

3　やっかい
　1　彼女はやっかいな人なので、私はとても助かっている。
　2　やっかいな思いで、どうにか仕事を終えることができた。
　3　あすは試験があるのに、彼はやっかいに遊んでいる。
　4　やっかいなことに彼は警官をなぐってしまった。

4　おだやか
　1　あすはおだやかな天気になるでしょう。
　2　この木は10度ばかりおだやかになっている。
　3　おだやかな計算で約1万円かかる。
　4　祖母は杖をついておだやかな坂道を登った。

5　退屈
　1　ラジオの音が退屈で本が読めない。
　2　彼は話題が豊富で、相手を決して退屈させない。
　3　もっと退屈にふるまってほしい。
　4　手を退屈にしてからご飯を食べなさい。

답　1③　2②　3④　4①　5②

콕콕 예상 문제 60 용법 /5

問題6 次の言葉の使い方として最もよいものを、1・2・3・4から一つ選びなさい。

1 役割
1. グループの中には自分の役割が気に入らない者もいた。
2. 彼はよく役割を守る人だ。
3. 会社で役割異動があった。
4. 今から2時間は自由役割の時間です。

2 気楽
1. もらうお金は少なくても気楽な仕事のほうがいい。
2. この部屋は暗くて気楽がよくない。
3. 彼は悪口を言われて、気楽を悪くした。
4. 仕事を気楽にかたづけて早く帰りましょう。

3 無事
1. 妹はこのバンドに無事です。
2. このキノコは食べても無事です。
3. 彼を納得させようとしても無事なことだ。
4. 宇宙飛行士は無事に地球に帰って来た。

4 ざっと
1. ざっと飛行機に間に合った。
2. 私はざっと新聞に目を通した。
3. こわれないようにざっと降ろしてください。
4. ざっと遠くに富士山が見える。

5 さかん
1. あの人はさかんな仕事に就いているんですね。
2. 彼は学校の行事にさかんに活動している。
3. さかんな道は、自動車の運転が楽だ。
4. 火事の原因はさかんではない。

답 1① 2① 3④ 4② 5②

부록

파이널 테스트 1~4회
파이널 테스트 정답

JLPT N2
파이널 테스트 1회

問題 1 _____ の言葉の読み方として最もよいものを、1・2・3・4から一つ選びなさい。

1 この柱は<u>垂直</u>に立っている。
    1 すうじき   2 すうちょく   3 すいじき   4 すいちょく

2 <ruby>内田<rt>うちだ</rt></ruby>さんは現在、<ruby>腕<rt>うで</rt></ruby>の骨折の<u>治療</u>を受けている。
    1 じりょう   2 ちりょう   3 じりょ   4 ちりょ

3 彼女のしゃべり方にはどこか<u>幼稚</u>なところがある。
    1 ようし   2 ようち   3 ゆうし   4 ゆうち

4 ぼくを裏切った彼女が<u>憎</u>い。
    1 にくい   2 こわい   3 けむい   4 きよい

5 このグラスは質の点ではそちらのより<u>劣</u>る。
    1 おちる   2 へる   3 おとる   4 まける

問題 2 _____ の言葉を漢字で書くとき、最もよいものを1・2・3・4から一つ選びなさい。

6 君の計画をもっと<u>かんけつ</u>に言ってください。
    1 簡喫   2 簡潔   3 間喫   4 間潔

7 家に帰る途中、財布を<u>ひろった</u>。
    1 拾った   2 捨った   3 授った   4 採った

8 報告書は３つの重大な問題を<u>してき</u>している。
    1 脂滴   2 脂摘   3 指滴   4 指摘

9 ニュージーランドは温暖な気候に<u>めぐまれて</u>いる。
    1 恵まれて   2 択まれて   3 恩まれて   4 選まれて

10 米倉さんは私の願いをこころよく引き受けてくれた。

　　1　諾く　　　　2　潔く　　　　3　快く　　　　4　承く

問題 3　（　　　）に入れるのに最もよいものを、1・2・3・4から一つ選びなさい。

11 ゲストハウスでは、外国の方も多く宿泊されるので（　　　）文化交流もできます。

　　1　差　　　　2　違　　　　3　異　　　　4　離

12 われわれは妥協（　　　）を見いだす努力をすべきだ。

　　1　点　　　　2　度　　　　3　作　　　　4　路

13 この前の日曜日、動物園は家族（　　　）でいっぱいだった。

　　1　込み　　　　2　連れ　　　　3　伴い　　　　4　つき

14 彼女が次期社長の（　　　）有力候補です。

　　1　極　　　　2　最　　　　3　頂　　　　4　特

15 この食品の（　　　）成分は、納豆と、蜂蜜のような液状糖質だ。

　　1　本　　　　2　要　　　　3　真　　　　4　主

問題 4　（　　　）に入れるのに最もよいものを、1・2・3・4から一つ選びなさい。

16 たとえ便秘になったとしても（　　　）薬に頼るのは危険です。

　　1　柔軟に　　　　2　短期に　　　　3　率直に　　　　4　安易に

17 キャンプの間じゅう、彼女はすぐれたリーダーシップを（　　　）した。

　　1　発明　　　　2　発行　　　　3　発揮　　　　4　発生

18 大雨が降って川の水が（　　　）。

　　1　にごった　　　　2　くもった　　　　3　かくれた　　　　4　くずれた

19 どうしてもっと家族と時間を過ごさなかったかと（　　）いる。
　1　ことわって　　2　うたがって　　3　くやんで　　4　あきらめて

20 あと10分でそちらに着くから、彼女を（　　）おいてください。
　1　受け入れて　　2　持ち寄って　　3　取り付けて　　4　引き止めて

21 たった1キロ走っただけで汗（　　）になった。
　1　びっしょり　　2　ぴったり　　3　ぎっしり　　4　すっきり

22 彼はでこぼこの斜面で（　　）を崩して転倒した。
　1　スタイル　　2　バランス　　3　フォーム　　4　ポーズ

問題5　＿＿＿の言葉に意味が最も近いものを、1・2・3・4から一つ選びなさい。

23 最近今村さんをたびたび見かけました。
　1　偶然　　2　何度も　　3　ようやく　　4　必ず

24 そういうことは往々にして起こるものだ。
　1　時々　　2　よく　　3　めったに　　4　とっくに

25 彼はその家を娘に譲った。
　1　貸した　　2　あげた　　3　もらった　　4　借りた

26 あの先生は採点がからい。
　1　しつこい　　2　するどい　　3　くるしい　　4　きびしい

27 彼はひきょうなやり方でレースに勝った。
　1　しつこい　　2　危ない　　3　ずるい　　4　厳しい

問題6 次の言葉の使い方として最もよいものを、1・2・3・4から一つ選びなさい。

28 発達
1 今度の舞台には役者としての彼の発達の跡が見られる。
2 販売員のコミュニケーション能力を発達させる必要がある。
3 その国では鉄道があまり発達していない。
4 カエデの枝が塀を越えて隣の家まで発達している。

29 手軽
1 山田さんはいつでも手軽に相談に乗ってくれます。
2 座席を調節して手軽な姿勢でお座りください。
3 あの野球選手は引退後、手軽に暮らしています。
4 当店は子どもでも使えるお手軽なカメラからプロ仕様までそろっています。

30 会見
1 アメリカの国務長官は日本の外務大臣と会見した。
2 女の子たちは映画スターについてぺちゃくちゃ会見していた。
3 あす、アルバイトの会見があるので、持っていく履歴書を用意した。
4 会見は日本人だけど、彼女は日系3世のアメリカ人だ。

31 中断
1 座談会の話題の中断は最近の円高についてだった。
2 お話の中断で申し訳ありませんが、お電話が入っています。
3 臨時ニュースのために番組が一時中断された。
4 地雷除去中、彼は右足中断の大けがを負った。

32 生じる
1 この川を泳いで渡るのには大変な勇気が生じる。
2 1か月前から作っていた自分のホームページがやっと生じた。
3 道に沿って1メートルおきに桜の木を生じた。
4 新しい機械にまったく予想できなかったトラブルが生じた。

JLPT N2 파이널 테스트 2회

問題1 _____の言葉の読み方として最もよいものを、1・2・3・4から一つ選びなさい。

1 大統領はA国を訪問して各種記念行事に出席した。
　　1　ぎょうじ　　2　ぎょじ　　3　こうじ　　4　こじ

2 春の野山では、さまざまな花が競って咲く。
　　1　ねらって　　2　きそって　　3　うばって　　4　あらそって

3 住所は省略せずに書いてください。
　　1　せりゃく　　2　せいりゃく　　3　しょりゃく　　4　しょうりゃく

4 試合で負けた日の晩は悔しくてよく眠れなかった。
　　1　はずかしくて　　2　おそろしくて　　3　くやしくて　　4　かなしくて

5 アパートのぐるりを警官隊が囲んでいる。
　　1　きざんで　　2　かこんで　　3　なやんで　　4　すすんで

問題2 _____の言葉を漢字で書くとき、最もよいものを1・2・3・4から一つ選びなさい。

6 事件のショックで頭がこんらんしていた。
　　1　混難　　2　込難　　3　混乱　　4　込乱

7 詳細は別紙をさんしょうしてください。
　　1　参照　　2　参考　　3　賛照　　4　賛考

8 この計画はくわしく検証(けんしょう)する必要がある。
　　1　許しく　　2　詳しく　　3　討しく　　4　評しく

9 彼の上着はくぎにひっかかってやぶれた。
　　1　削れた　　2　割れた　　3　被れた　　4　破れた

10 紅葉が夕日に照らされてひときわあざやかに見えた。
　　1　鮮やか　　　2　健やか　　　3　賑やか　　　4　軽やか

問題3 （　　）に入れるのに最もよいものを、1・2・3・4から一つ選びなさい。

11 ビジネス（　　）では急激(きゅうげき)な変化が生じている。
　　1　区　　　　2　界　　　　3　域　　　　4　帯

12 それらの事件を年代（　　）に並べなさい。
　　1　序　　　　2　番　　　　3　連　　　　4　順

13 私たちの車の（　　）後ろをパトカーが走っていた。
　　1　真　　　　2　正　　　　3　本　　　　4　完

14 日本企業の生産拠点はますます日本（　　）しつつあるということがデータではっきりと分かる。
　　1　切れ　　　2　連れ　　　3　明け　　　4　離れ

15 筋肉（　　）を和(やわ)らげるために熱いおふろに入ったほうがいいよ。
　　1　局　　　　2　片　　　　3　痛　　　　4　管

問題4 （　　）に入れるのに最もよいものを、1・2・3・4から一つ選びなさい。

16 この農場での小麦(こむぎ)の（　　）はヘクタール当たりどのくらいですか。
　　1　採集(さいしゅう)　2　取得(しゅとく)　3　収穫(しゅうかく)　4　成立(せいりつ)

17 両親と私の間には価値観の（　　）があります。
　　1　間隔　　　2　同格　　　3　相違　　　4　区画

[18] この小説は若者に全然（　　）しない。
1　インストール　　2　アピール　　3　チャージ　　4　セット

[19] 雨の後で大地は（　　）水を吸っていた。
1　すっきり　　2　たっぷり　　3　ふんわり　　4　ぼんやり

[20] 人気グループには必ず魅力的な（　　）がいるものです。
1　リーダー　　2　ライバル　　3　ゲスト　　4　オーナー

[21] この報告書は（　　）です。もっと簡潔にできませんか。
1　のろい　　2　きよい　　3　くどい　　4　つらい

[22] 湖に（　　）そのホテルからはすばらしい風景が楽しめます。
1　介した　　2　画した　　3　属した　　4　面した

問題5　＿＿＿の言葉に意味が最も近いものを、1・2・3・4から一つ選びなさい。

[23] 年末をひかえ、商店街は終日混雑していた。
1　夜中　　2　夕方のころ　　3　最後の日　　4　一日中

[24] 今回は「酵素」に注目したカフェやレストランをご紹介します。
1　関心を持った　　2　疑問を持った　　3　感動した　　4　驚いた

[25] その試合で彼のプレーはひときわすばらしかった。
1　思いきって　　2　相次いで　　3　二度と　　4　一段と

[26] めいに電車の中で大泣きされて往生した。
1　ためらった　　2　困った　　3　疲れた　　4　つまずいた

[27] 彼女は姉を起こさないようにそっと部屋を出た。
1　静かに　　2　うるさく　　3　すぐに　　4　やかましく

問題6 次の言葉の使い方として 最もよいものを、1・2・3・4から一つ選びなさい。

28 作成
1 戻ってくるまで事務所の作成をお願いします。
2 父はあすの会議の書類を作成しなければならない。
3 彼は新人研修の作成を待たずに、会社をやめた。
4 つぎの金曜日までに作成を書かなければならない。

29 きっかけ
1 そのきっかけを利用してブロードウェイをおとずれた。
2 この風習のきっかけは明らかではないようだ。
3 スピードの出しすぎがその交通事故のきっかけだった。
4 その事故は大規模なデモのきっかけとなった。

30 支持
1 私たちは彼の支持に従ってその計画を実行した。
2 いつ訪ねようと彼女は君を温かく支持してくれるだろう。
3 その計画は世論の全面的な支持を得た。
4 体育館を使いたいのなら先生の支持をもらった方がいい。

31 頑丈
1 そんな頑丈なことを言わずに要求を入れてやりなさいよ。
2 これはお客様から預かった頑丈な品だから心して扱うように。
3 学校のいすや机は頑丈にできていて簡単には壊れない。
4 県大会では優勝したが、全国大会の壁は頑丈で歯が立たなかった。

32 たくましい
1 僕たちは想像力をたくましくして恐竜の模型を作った。
2 彼女は母親の言いつけにたくましく従った。
3 秋のたくましい日ざしがリビングに差し込んでいた。
4 私たちがいっしょに過ごしたころをたくましく思い出す。

JLPT N2
파이널 테스트 3회

問題1　＿＿＿の言葉の読み方として最もよいものを、1・2・3・4から一つ選びなさい。

① きのう地震があったが、実際には何の損害もなかった。
　　1　そんかい　　2　そんがい　　3　へいかい　　4　へいがい

② 私を含めて8人がその会に参加した。
　　1　まとめて　　2　みとめて　　3　もとめて　　4　ふくめて

③ 申し訳ないが、君たちの演奏は批評に値しない。
　　1　ひひょう　　2　ひへい　　3　ひびょう　　4　ひべい

④ バスには運転手を除いて10人の人がいた。
　　1　ひいて　　2　ぬいて　　3　のぞいて　　4　はぶいて

⑤ 彼はリーダーとしての経験が乏しい。
　　1　まずしい　　2　とぼしい　　3　くるしい　　4　くわしい

問題2　＿＿＿の言葉を漢字で書くとき、最もよいものを1・2・3・4から一つ選びなさい。

⑥ 目まいがして夫のうでに寄りかかった。
　　1　服　　2　脚　　3　腕　　4　腹

⑦ 雨の日はしめっぽい。
　　1　湿っぽい　　2　汗っぽい　　3　泡っぽい　　4　汚っぽい

⑧ たばこの火で畳が所々こげている。
　　1　傷げて　　2　焼げて　　3　症げて　　4　焦げて

⑨ スピーカーをCDプレーヤーにせつぞくしてください。
　　1　接続　　2　設続　　3　接属　　4　設属

10 田中さんの手術後の経過は<u>じゅんちょう</u>だ。
　　1　訓彫　　　2　訓調　　　3　順彫　　　4　順調

問題3 （　　）に入れるのに最もよいものを、1・2・3・4から一つ選びなさい。

11 首相の特使は（　　）閣僚の中から起用される模様だ。
　　1　直　　　2　現　　　3　当　　　4　近

12 出演者が入れ替わって、この番組は視聴（　　）が上がった。
　　1　率　　　2　度　　　3　倍　　　4　割

13 その国は国連平和維持軍の管理（　　）に置かれている。
　　1　付　　　2　属　　　3　限　　　4　下

14 旅行は（　　）経費を含めると、10万円以上かかるだろう。
　　1　複　　　2　類　　　3　諸　　　4　雑

15 彼は私のアイディアは（　　）現実的だと言って反対した。
　　1　不　　　2　非　　　3　未　　　4　無

問題4 （　　）に入れるのに最もよいものを、1・2・3・4から一つ選びなさい。

16 私たちは彼に（　　）真実を伝えたが、むだだった。
　　1　うっかり　　　2　せっかく　　　3　思い切って　　　4　知らず知らず

17 遺伝子組み換え食品の健康に対する影響は、だれにも（　　）がつかない。
　　1　予備　　　2　予定　　　3　予測　　　4　予防

18 退職後は田舎で（　　）暮らしたいと思います。
　　1　がらがら　　　2　だぶだぶ　　　3　ぐっすり　　　4　のんびり

19 京都の町は伝統的な日本の（　　　）を与えてくれる。
　　1　アレンジ　　　2　イメージ　　　3　ラウンジ　　　4　デザイン

20 子どもたちはジェットコースターに何回乗っても興が（　　　）様子だった。
　　1　尽きない　　　2　衰えない　　　3　限りない　　　4　枯れない

21 約束の時間まで40分もあるから、ゲームセンターで時間を（　　　）。
　　1　はずそう　　　2　つぶそう　　　3　とばそう　　　4　つるそう

22 このことが本田さんの人生を大きく前進させる（　　　）となった。
　　1　始発　　　　　2　先端　　　　　3　契機　　　　　4　合図

問題5　＿＿＿の言葉に意味が最も近いものを、1・2・3・4から一つ選びなさい。

23 あの店はいつでもにぎわっている。
　　1　客で混雑して　　　　　　2　客が途絶えて
　　3　品物が切れて　　　　　　4　品物を豊富にそろえて

24 田中さんが至急お電話くださいとのことです。
　　1　あらかじめ　　2　とっくに　　　3　とりあえず　　4　すぐに

25 分からないところがあったら、じかに彼に聞いてみるといいよ。
　　1　すべて　　　　2　直接　　　　　3　あとで　　　　4　確実に

26 僕は自分の容貌にコンプレックスを持っていた。
　　1　劣等感　　　　2　優越感　　　　3　挫折感　　　　4　勝利感

27 この扉は煙を感知すると閉まる仕かけになっている。
　　1　処置　　　　　2　措置　　　　　3　設置　　　　　4　装置

問題6　次の言葉の使い方として　最もよいものを、1・2・3・4から一つ選びなさい。

28 妥当
1　どんなに説得しても彼の妥当な気持ちは変わらなかった。
2　1,000人の中から選ばれるなんて、きみは妥当だよ。
3　ビールの売り上げはその日の妥当な天気に大きく左右される。
4　鈴木さんがこの企画を進めているやり方は全く妥当だ。

29 畳む
1　健太は女の子と腕を畳んで歩いていた。
2　このテントは簡単に畳んでバッグに入れられるので便利だ。
3　少女は、小さな紙を器用に畳んで鶴を作った。
4　妻が髪を畳んでいるのに彼は気づかなかった。

30 引退
1　今年は一度も授業を引退しなかった。
2　組合はストライキを引退するよう指示された。
3　田中選手は今シーズン限りで現役を引退すると発表した。
4　私たちはテレビ番組冒頭の部分を引退してしまった。

31 いったん
1　その件に関するいったんの質問にはお答えできません。
2　記者たちは彼に対していったん質問を浴びせかけた。
3　彼はいったんはその仕事を引き受けたが、その後で断った。
4　景気が悪化するにつれ職を見つけるのがいったん困難になった。

32 合図
1　老人はもっとそばに来るように私に手で合図した。
2　彼とはどこかで会ったような合図がある。
3　私たちの感謝の合図としてこのささやかな贈り物をお受け取りください。
4　契約を解除するにあたっては1か月の猶予を置いて合図しなくてはならない。

JLPT N2 파이널 테스트 4회

問題1 ＿＿＿の言葉の読み方として最もよいものを、1・2・3・4から一つ選びなさい。

① そのテレビ番組の人気は一時的な現象にすぎない。
　1　げんしょう　　2　げんじょう　　3　げんとう　　4　げんぞう

② 極端に辛いものは胃によくない。
　1　きょたん　　2　きょてん　　3　きょくたん　　4　きょくてん

③ この交通事故は運転手の一瞬の油断から起こった。
　1　ゆうたん　　2　ゆうだん　　3　ゆたん　　4　ゆだん

④ その店は宮内庁(くないちょう)に家具を納めている。
　1　さだめて　　2　おさめて　　3　ためて　　4　もとめて

⑤ 時々画面を清潔な布でふいてください。
　1　せっきつ　　2　せいきつ　　3　せっけつ　　4　せいけつ

問題2 ＿＿＿の言葉を漢字で書くとき、最もよいものを1・2・3・4から一つ選びなさい。

⑥ 部屋の掃除をするのはとてもめんどうだ。
　1　面到　　2　面倒　　3　免到　　4　免倒

⑦ 彼は彼女に会ってはいけないという私の命令にさからった。
　1　逆らった　　2　敵らった　　3　拒った　　4　争った

⑧ 彼は冷静にひはんを受け入れた。
　1　非判　　2　批判　　3　批反　　4　非反

⑨ 患者には軽い脱水しょうじょうが見られた。
　1　焦状　　2　病状　　3　傷状　　4　症状

10 彼は自分の弟と議長のいすをあらそった。

1 争った　　　2 荒った　　　3 競った　　　4 戦った

問題3 （　　）に入れるのに最もよいものを、1・2・3・4から一つ選びなさい。

11 私は学生のころは部品を買ってラジオを組み（　　）のが好きでした。

1 いれる　　　2 なれる　　　3 たてる　　　4 かける

12 遊園地は多くの親子（　　）でにぎわっていた。

1 連れ　　　2 添え　　　3 伴い　　　4 付き

13 無数の広告（　　）が街の美観を損なっている。

1 品　　　2 板　　　3 物　　　4 味

14 駅周辺は（　　）開発が進められている。

1 再　　　2 重　　　3 復　　　4 改

15 （　　）博物館では本邦初公開の貴重な資料を展示している。

1 自　　　2 主　　　3 当　　　4 実

問題4 （　　）に入れるのに最もよいものを、1・2・3・4から一つ選びなさい。

16 選手たちは優勝を（　　）、毎日遅くまで練習している。

1 みはって　　　2 とらえて　　　3 にぎって　　　4 めざして

17 彼女は5時間かけて（　　）マフラを編み上げた。

1 一斉に　　　2 一気に　　　3 一時的に　　　4 一方的に

18 彼女は（　　）した気分でピアノを演奏した。

1 クリア　　　2 ダウン　　　3 リラックス　　　4 キャンセル

19 当時は水洗トイレはまだ（　　　）していなかった。
1　進行　　　　2　伝染　　　　3　充満　　　　4　普及

20 オーディションでは、彼女の演技が（　　　）目立っていた。
1　とっくに　　2　ぼんやり　　3　ひときわ　　4　いちいち

21 女性の方が男性よりも勘が（　　　）というのは、どうも本当らしい。
1　するどい　　2　やかましい　　3　まぶしい　　4　かがやかしい

22 このマンションは、先日防犯カメラを（　　　）ところなんです。
1　引き止めた　　2　持ち寄った　　3　取り付けた　　4　受け入れた

問題5　＿＿＿の言葉に意味が最も近いものを、1・2・3・4から一つ選びなさい。

23 この標語は会社のビジョンをシンプルに表現している。
1　円滑に　　2　簡潔に　　3　順調に　　4　複雑に

24 これらの新聞は重要な問題に触れていない。
1　比較して　　2　動揺して　　3　否定して　　4　言及して

25 あの店は高すぎるし、くわえて品揃えも少ない。
1　そのうえ　　2　そのあと　　3　およそ　　4　やはり

26 タクシーとバスが衝突した。
1　やぶれた　　2　ぶつかった　　3　壊れた　　4　倒れた

27 新築費用は予算を大幅に超えた。
1　しきりに　　2　めったに　　3　とっくに　　4　はるかに

問題6 次の言葉の使い方として最もよいものを、1・2・3・4から一つ選びなさい。

28 こつこつ
1 しばらく一緒に暮らしてみて、こつこつと彼女のことがわかり始めた。
2 その件についてはこつこつと話し合いましょう。
3 妹は毎月こつこつとおこづかいをためている。
4 太郎(たろう)にでんわをかけ続けて今朝こつこつと連絡がとれた。

29 言い訳
1 彼女はいくつかの例を挙げて自分の考えを言い訳した。
2 彼女に「つきあって」と言われて言い訳に困ってしまった。
3 A党はその問題に関する公式見解を言い訳した。
4 彼は締め切りに間に合わなかったことのうまい言い訳を思いついた。

30 縮(ちぢ)む
1 このセーターは洗濯すると縮(ちぢ)むかもしれない。
2 追突(ついとつ)されたが、バンパーが縮(ちぢ)んだだけですんだ。
3 交通機関の発展に伴って世界は縮(ちぢ)んでいる。
4 夏至(げし)も過ぎて日がだんだん縮(ちぢ)んできている。

31 順調
1 きみにメールするつもりだったのに、順調に忘れてしまった。
2 その投手は今シーズン順調な滑(すべ)りだしを見せた。
3 初めての論文にしては順調によく書けている。
4 英語だけでなくドイツ語も順調に話せるなんてすごいね。

32 思いつく
1 その少女は怖くて母親にぴったり思いついていた。
2 思ったとおり彼はわれわれの申し出に思いついてきた。
3 この問題を解決するいいアイディアが何も思いつかない。
4 そのゲームソフトは生産が需要に思いつかないほどの人気だ。

JLPT N2 파이널 테스트 정답

1회 ▶ p.350

問題 1	1. ④	2. ②	3. ②	4. ①	5. ③		
問題 2	6. ②	7. ①	8. ④	9. ①	10. ③		
問題 3	11. ③	12. ①	13. ②	14. ②	15. ④		
問題 4	16. ④	17. ③	18. ①	19. ③	20. ④	21. ①	22. ②
問題 5	23. ②	24. ①	25. ②	26. ④	27. ③		
問題 6	28. ③	29. ④	30. ①	31. ③	32. ④		

2회 ▶ p.354

問題 1	1. ①	2. ②	3. ④	4. ③	5. ②		
問題 2	6. ③	7. ①	8. ②	9. ④	10. ①		
問題 3	11. ②	12. ④	13. ①	14. ④	15. ③		
問題 4	16. ③	17. ③	18. ②	19. ②	20. ①	21. ③	22. ④
問題 5	23. ④	24. ①	25. ④	26. ②	27. ①		
問題 6	28. ②	29. ④	30. ③	31. ③	32. ①		

3회 ▶ p.358

問題 1	1. ②	2. ④	3. ①	4. ③	5. ②		
問題 2	6. ③	7. ①	8. ④	9. ①	10. ④		
問題 3	11. ②	12. ①	13. ④	14. ③	15. ②		
問題 4	16. ③	17. ③	18. ④	19. ②	20. ①	21. ②	22. ③
問題 5	23. ①	24. ④	25. ②	26. ①	27. ④		
問題 6	28. ④	29. ②	30. ③	31. ③	32. ①		

4회 ▶ p.362

問題 1	1. ①	2. ③	3. ④	4. ②	5. ④		
問題 2	6. ②	7. ①	8. ②	9. ④	10. ①		
問題 3	11. ③	12. ①	13. ②	14. ①	15. ④		
問題 4	16. ④	17. ②	18. ③	19. ④	20. ③	21. ①	22. ③
問題 5	23. ②	24. ④	25. ①	26. ②	27. ④		
問題 6	28. ③	29. ④	30. ①	31. ②	32. ③		

MEMO

MEMO